INSTITUTES

DU

DROIT NATUREL

ET DU

DROIT DES GENS

INSTITUTES

DU

DROIT NATUREL

ET DU

DROIT DES GENS

LES GRANDES QUESTIONS DU SIÈCLE

INSTITUTES

DU

DROIT NATUREL

PRIVÉ ET PUBLIC

ET DU

DROIT DES GENS

Par M** B**

Licencié en droit.

Justitia elevat gentem; misereros autem facit populos peccatum.
Proverb. XIV. 34.

TOME SECOND

PARIS
ÉTIENNE GIRAUD, LIBRAIRE-ÉDITEUR
Rue Saint-Sulpice, 20.

1866.

INSTITUTES

DU

DROIT NATUREL

PRIVÉ ET PUBLIC

ET DU

DROIT DES GENS

LIVRE VIII

DE LA SOCIÉTÉ DOMESTIQUE

348. — La société domestique, que les Grecs appelaient *économique*, par opposition à la société *politique*, est celle qui est renfermée dans les limites d'une maison *(domus)*, et qui unit plusieurs personnes dans la recherche des fins individuelles de l'humanité. On appelle ici *maison*, dans un sens large, la collection des choses qui sont à notre usage personnel et sous notre main, par exemple dans la même habitation. L'ensemble des droits qui se rapportent à ces choses forme le droit domestique.

La société domestique en contient sous sa généralité trois autres plus déterminées : la société conjugale, qui pose le premier fondement de la famille ; la société paternelle, suite de la première, qui unit les parents aux enfants nés du mariage, et la société de service *(herilis)*, unissant le maître et les serviteurs.

On peut ajouter à ces sociétés, comme leur complément, les associations d'amitié et les autres qui peuvent se former, entre des personnes particulières, pour atteindre avec plus de facilité et de perfection le bonheur domestique. Mais celles-ci, comme la société de service elle-même, quoique répondant aux instincts et aux besoins de la nature humaine, ont cependant dans leur formation quelque chose de plus artificiel, et dépendent moins directement d'une institution naturelle. Nous n'entrerons donc point dans le détail de ce qui les concerne : nous nous bornerons à traiter dans les articles suivants des trois sociétés simples qui constituent pleinement la famille, la société conjugale, la société paternelle et la société de service (1).

CHAPITRE I

DE LA SOCIÉTÉ CONJUGALE

349. — Nous nous bornerons, suivant les exigences de notre but, à examiner par rapport à cette société

(1) Ceux qui voudront, en cette matière importante, joindre à l'étude des principes les enseignements de l'expérience et prendre en même temps une juste notion de la société gréco-romaine, si vantée, consulteront avec fruit l'ouvrage, très-instructif à ce point de vue, intitulé : *Histoire de la Famille*, par Mgr Gaume.

trois points principaux : 1° sa nature et la fin de son institution ; 2° sa constitution et ses propriétés ; 3° enfin ses relations avec les divers ordres de sociétés qui existent parmi les hommes.

ARTICLE I

NATURE ET FIN DE LA SOCIÉTÉ CONJUGALE.

L'inclination et l'aptitude donnée à l'homme pour la propagation de son espèce indiquent que celle-ci est conforme à la volonté divine, et que par conséquent la société de l'homme et de la femme, formée dans ce but et d'une manière convenable à procurer la naissance et l'éducation des enfants, est dans l'ordre de la nature. Aussi, selon Cicéron, qui se rencontre ici avec la Genèse, le mariage a été la première société de l'homme. Et quoiqu'il soit volontaire dans sa formation, sa constitution est néanmoins naturelle et immédiatement établie par le Créateur, comme la société paternelle qui en découle, la société universelle du genre humain, et la société religieuse, application de celle-ci ; tandis que les autres associations participent plus ou moins de l'institution humaine (1).

(1) « *Prima societas ad quam, auctore Aristotele (I Politicorum, cap. I), natura homini propensionem indidit est illi quidem cum bestiis communis, nempe, quæ cernitur inter marem et fœminam gratiâ generationis. Est namque cunctis animantibus innatum desiderium, tale alterum post se relinquendi, quale ipsum : ad generationisque actum, tanquàm ad rem specierum conservationi omninò necessariam, vehementiorem multò, quàm ad alios actus, propensionem illis natura impressit : in eumdemque finem tantum amoris affectum inter marem et fœmi-*

Le mariage considéré dans l'acte même de sa forma-

nam veluti gluten, quo societas illa contineretur, naturæ auctor esse voluit. Ex hâc autem societate familiæ, communitas, societasve, ortum habuit inter homines. » (Molina, *de justitiâ*, Disp. 22.) — Suter expose en ces termes le fondement des préceptes moraux qui règlent cette matière. « *Deus non potuit non præcipere liberorum educationem parentibus, quia justitia exigit ut qui generant etiam educent : Educatio autem est grande onus parentum annexum matrimonio. Undè solo præcepto (cum multi præcepta valdè onerosa negligant) ineundi matrimonium, non satis prospectum fuisset fini creationis, propagationi generis humani. Itaque Deus debuit urgere homines ad matrimonium stimulo quodam valdè forti; nàm fines suos Deus obtinet in mundo aut per stimulos, aut per præcepta, porò hìc præceptum fuisset insufficiens. Talis stimulus est venerea voluptas, cujus finis itaque est propagatio generis humani per matrimonium. Itaque matrimonium nemini est præceptum qui potest et vult ista voluptate carere : tale enim præceptum esset inutile cùm hæc voluptas moveat satis multos homines ad matrimonium; atqui omnis lex inutilis est nulla. Deus necessariò prohibuit sub pœnâ damnationis omnem hujus modi voluptatem extrà matrimonium, quia pœna levis contrà tam fortem stimulum ferè nullam vim habet, si enim eam permisisset extrâ matrimonium, jam non esset stimulus ad illud. Ergo nullo medio sufficiente Deus providisset generationi et educationi filiorum. Qui talem voluptatem captat extrà matrimonium, non naturalitatis, sed meræ sensualitatis stimulum sequitur; adeòque suî ut entis rationalis dignitatem, et finem illius stimuli sanctissimum, propter voluptatem merè sensualem pessumdat et bruto fit similis. Itaque voluptas illa qualiscumque est illicita et si* liberè *capiatur (seu cogitatione, seu aspectu, seu tactu, aut quomodocumque) semper est peccatum grave extrà matrimonium : est enim prohibita sub pœnâ damnationis et legi moralitatis è diametro opposita.* » — Suter, *Philosophia practica*, t. II, § 76. Solodori, 1816.

tion est le consentement par lequel chacune des parties se donne à l'autre pour la fin spéciale de cette association. Considéré comme société déjà existante, on peut le définir *une société amicale et constante de l'homme et de la femme pour la procréation légitime et la bonne éducation des enfants, et pour le secours mutuel des époux.*

Le mariage en effet a une double fin : l'une relative à l'humanité entière, la propagation de l'espèce; l'autre regardant les époux eux-mêmes, l'accroissement de leur bien physique et moral par l'union de leurs forces : car l'auteur du genre humain a tellement distribué les inclinations et les aptitudes entre les deux sexes, que chacun d'eux semble être le complément et le soutien de l'autre. Aussi la nature de cette société consiste en une sorte de fusion de deux personnalités en une seule plus complète, qui devient un principe unique de propagation de la vie dans le genre humain, et qui satisfait aux besoins divers des deux parties qui la composent. C'est ce qu'exprime très-bien la définition du mariage donnée par la loi romaine : *Conjunctio viri et mulieris individuam vitæ consuetudinem retinens.*

Nous avons dit que cette société est amicale, parce qu'elle est fondée sur un amour parfait, duquel découlent comme de leur source les devoirs de chacune des parties envers l'autre, devoirs auxquels il serait presque impossible de satisfaire, si une affection très-intime n'avait fait d'elles comme une seule personne. Or cet amour, en tant que raisonnable et pour répondre à la dignité humaine, doit s'attacher surtout aux qualités qui distinguent l'homme comme être moral, en reléguant à un rang fort inférieur celles qui ne regardent que la nature sensible.

Telles sont la nature et la fin du mariage. Voyons maintenant quels en sont les propriétés et les effets.

ARTICLE II

DES PROPRIÉTÉS DE LA SOCIÉTÉ CONJUGALE

SECTION I

De la nécessité du mariage

PROPOSITION

Le mariage est absolument nécessaire au genre humain ; néanmoins, régulièrement, il demeure libre pour l'individu.

350. — *Preuve de la première partie contre les communistes.* Sa raison fondamentale est que la société humaine ne saurait subsister dans son état naturel sans cette association constante de l'homme et de la femme ; car, si cette association était fortuite et fugitive, comme chez les animaux, elle ne suffirait pas (surtout dans l'état présent de la nature humaine, si portée ici aux abus), pour la propagation et l'éducation physique de la race, comme le démontrent la physiologie et l'expérience ; mais elle serait surtout insuffisante pour l'éducation morale des enfants. Or, si celle-ci était universellement négligée, comme il arriverait dans cette hypothèse, bientôt tout le genre humain serait réduit à la

condition des brutes ; ce qui répugne absolument à la nature raisonnable et morale de l'homme.

Et de fait, l'expérience montre que la fréquence de ces unions passagères diminue la fécondité des femmes et abrége la vie des enfants, abandonnés la plupart du temps ou même étouffés par leurs parents. Et puis le petit nombre de ceux qui survivent, privé de toute éducation morale, végète dans un état de dégradation qui réagit sur toute la société. Si donc cette licence de mœurs devenait dominante, l'état physique et moral du genre humain en serait profondément altéré. Ceci n'a pas besoin d'être confirmé par des raisonnements et des autorités empruntées au christianisme ; puisque, parmi les païens mêmes, Aristote a poursuivi chez Platon et victorieusement réfuté, dans ses livres sur la politique, la honteuse chimère du communisme, que l'on reproduit aujourd'hui. Ce n'est donc pas seulement la prospérité, mais bien la conservation elle-même de l'espèce humaine, qui réclament la société conjugale, telle que presque tous les peuples, guidés par la nature, l'ont retenue, au moins quant à sa substance.

Preuve de la seconde partie. Quoique la nécessité de conserver l'espèce demande qu'une portion notable des hommes se marie ; lorsque le genre humain est déjà suffisamment multiplié, comme il est certain par l'expérience que le plus grand nombre, poussé par l'instinct de la nature et attiré par les biens propres à l'état du mariage, continuera de s'y engager, on ne voit pas de raison pour y obliger les autres au détriment de leur liberté naturelle. Il y a même des motifs qui peuvent en éloigner raisonnablement plusieurs personnes. Car, dans la condition présente, cet état entraîne une foule de désirs, de besoins et d'obligations, relativement à l'ordre matériel, qui enchaînent pour ainsi dire l'homme au bien sensible et lui créent des obstacles pour les occupations spirituelles, qui sont cependant son plus grand bien. Un tel état, hors le cas de nécessité, ne peut donc être obligatoire, et il est par lui-même moins parfait qu'un honnête célibat ; aussi les anciens disaient-ils qu'il ne convenait pas au sage de se marier (1). Dans l'hypothèse que nous considérons, il reste donc libre à chacun de s'abstenir du mariage ; ce qu'il peut faire pour deux motifs : ou pour se livrer plus facilement à ses passions, tout en évitant les charges et les obligations du mariage, ce qui est absolument condamnable, ou, au contraire, pour vaquer avec une plus grande liberté à la pratique de la vertu ; cette dernière abstension, loin d'être blâmable, est digne d'éloges et a été fort estimée chez divers peuples, comme ce qui élève au plus haut point la dignité humaine (2). D'ailleurs, en supposant toujours le genre humain déjà multiplié, loin que le célibat de quelques-uns nuise à la société et les rende inutiles au bien public, ce genre de vie les rend plus propres à certains offices nécessaires dans la cité, comme la milice, par exemple. L'expérience montre aussi qu'il entre dans le plan de la Providence qu'un certain nombre de personnes s'abstiennent du mariage pour quelques bons motifs, et

(1) Voyez Taparelli, *Essai sur le droit naturel,* § 1515.

(2) Voyez S. Thomas, *Supplem.*, q. 41, a. 1—2, 2; q. 152, a. 2.

que cela est nécessaire au bien de l'Etat et des familles elles-mêmes, qui pourrait souffrir de l'excès de la population. On en voit un exemple en Chine et même chez plusieurs peuples de l'Europe, où les sophistes ont discrédité et détruit autant qu'ils l'ont pu le célibat chrétien.

On peut lire avec fruit, sur ce sujet, les excellents ouvrages écrits sur l'économie politique par MM. Rubichon et Mounier.

351. — COROLLAIRE. — « On doit donc regarder comme contraire au droit naturel le concubinage ou l'union temporaire et dissoluble à volonté de deux personnes de différents sexes, et bien plus encore les unions fortuites et purement accidentelles qu'elles forment en passant. »

Toutes ces unions, en effet, sont contraires à la fin de la nature, qui n'est pas seulement la génération, mais aussi l'éducation physique et surtout morale de l'homme. L'association des parents doit donc avoir une durée proportionnée aux exigences de cette double éducation, lors même qu'elle ne serait pas absolument indissoluble ; ce que nous examinerons bientôt. L'homme, en effet, n'est pas seulement, comme l'ont dit certains *savants*, un *animal bipède ;* mais un être raisonnable et existant surtout pour son intelligence, qui domine en lui. Les parents sont donc encore plus obligés à cultiver celle de leurs enfants qu'à conserver leur vie corporelle.

SECTION II

De l'unité de mariage.

PROPOSITION

L'unité simultanée du mariage du côté de l'homme est de droit naturel. Du côté de la femme, elle est tout-à-fait conforme à ce droit, quoique la polygamie ne lui soit pas absolument contraire.

352. — *Preuve de la première partie.* Tous tombent d'accord que le mariage de plusieurs hommes avec une seule femme répugne au droit de la nature comme étant opposé aux fins pour lesquelles cette société est instituée. Car d'abord il nuit en plusieurs manières à la fin principale, surtout en rendant la paternité incertaine.

Il nuit aussi à la fin secondaire, le bien de la société domestique, en divisant l'autorité maritale; ce qui produit la confusion et la discorde, et met obstacle au bon gouvernement de la famille. Et comme de si grands inconvénients ne peuvent être autorisés ici par aucune fin raisonnable, on doit en conclure qu'une telle association est entièrement contraire à la nature.

Preuve de la seconde partie. La polygamie qui unit plusieurs femmes à un seul homme ne lui est pas opposée, il est vrai, d'une manière aussi absolue; et c'est pour cela qu'elle a pu être permise, quelquefois pour une cause grave, afin de multiplier certaines familles; comme il est arrivé chez les Hébreux. Néanmoins elle offre tant d'inconvénients que les fins du mariage n'y sont atteintes que d'une manière fort imparfaite. Car si la fin principale n'est pas détruite, elle souffre néanmoins beaucoup en ce qui regarde l'éducation des enfants, et elle est bien plus nuisible encore à la fin secondaire qui consiste dans l'amour mutuel des époux, la concorde et les secours de toutes sortes qu'ils doivent se prêter. La polygamie, en effet, partage, et par conséquent diminue l'affection de l'homme pour ses épouses; et elle multiplie entre celles-ci et leurs enfants les occasions de jalousie, d'envie et de discorde, comme l'expérience le montre chez les peuples qui ont admis cette institution.

En outre la polygamie ne s'accorde ni avec l'institution primitive du mariage qui n'a eu lieu qu'entre deux personnes, ni avec la nature de ce contrat, dans lequel les parties contractantes sont égales par rapport à ce qui en fait l'objet; car chaque époux se donne également et entièrement à l'autre, par rapport à la fin du mariage, sans se réserver aucun droit qu'il puisse transmettre à une troisième personne. Le caractère natif de ce contrat s'accorde donc mal avec la polygamie. — Et en effet toute puissance supporte impatiemment le partage. Or chacun des époux étant également le maître de l'autre, en ce qui touche les droits de l'union conjugale, tous les deux répugnent naturellement d'une manière égale au partage de cette puissance. De là cette jalousie violente que la nature même leur inspire contre les personnes qui sont admises à ce partage. Il est donc vrai que la polygamie s'accorde peu avec l'institution, la nature et la fin, au moins secondaire, du mariage. Par conséquent l'unité entière de ce contrat est beaucoup plus naturelle, et a été prescrite à bon droit par l'Evangile comme plus convenable au bien de la famille et de la cité.

On peut encore remarquer que l'égalité qui se trouve sensiblement dans le nombre des hommes et des femmes indique assez que la polygamie ne saurait être l'état ordinaire et commun du genre humain; mais qu'elle n'a pu être tout au plus accordée pour un temps à quelques-uns qu'à titre d'exception. Enfin la comparaison que l'histoire nous présente entre les nations qui ont admis la polygamie et celles qui l'ont rejetée, démontre évidemment *à posteriori* combien cette coutume est opposée, sous presque tous les rapports, au bien de la société.

La nature ne demande que l'unité simultanée du mariage. Mais, lorsqu'il est dissous par la mort de l'un des époux, rien n'empêche régulièrement l'autre d'en contracter un nouveau. Il pourrait arriver néanmoins que l'intérêt des enfants nés du mariage y mît un obstacle absolu, et alors ces secondes noces deviendraient accidentellement illicites, en vertu de l'obligation qui lie l'époux survivant à ses enfants.

SECTION III

De l'indissolubilité du mariage.

PROPOSITION

L'indissolubilité du mariage, sans être strictement prescrite pour tous les cas par le droit naturel, en dérive néanmoins régulièrement parlant, et a été rigoureusement établie de droit divin parmi les chrétiens.

353. — *Preuve.* Le divorce ayant été quelquefois toléré pour des raisons graves, en vertu d'une sorte de dispense, comme il est arrivé dans la loi de Moïse, et comme il arrive encore en certains cas pour les infidèles convertis à la foi, c'est une preuve qu'il ne répugne pas absolument à la loi naturelle; sans quoi cette dispense eût été impossible, ainsi qu'on l'a montré plus haut (143-145).

Néanmoins il s'accorde fort peu avec les fins que la nature se propose dans l'institution du mariage. En effet l'éducation des enfants les plus jeunes se prolongeant jusqu'à la vieillesse des parents, les besoins de cette éducation, qui est une des fins du mariage, s'opposent à sa dissolution avant cette époque. Mais une autre fin de la même société, savoir la consolation et le secours mutuel des époux, s'oppose d'autre part à ce qu'elle soit dissoute précisément à l'époque où ce secours mutuel et celui de leurs enfants devient plus nécessaire à des parents affaiblis par l'âge. La nature du mariage ne permet donc d'assigner aucune époque où il puisse être dissous sans les plus graves inconvénients; et par conséquent elle réclame, régulièrement parlant, son indissolubilité.

L'expérience montre d'ailleurs que la moindre espérance de pouvoir réaliser un jour le divorce, devient une source de discorde entre les époux, bien loin d'y apporter un remède. Et puis, non seulement le divorce consomme la division qui pouvait exister entre eux; mais il sème encore l'inimitié entre les familles que ce mariage avait alliées, et étend jusque dans la cité le trouble qui existait au foyer domestique. L'amour et le respect que les enfants doivent à leurs parents ne peuvent manquer aussi de recevoir une atteinte grave par le divorce de ceux-ci. Enfin toute l'histoire nous montre que la facilité du divorce est une des causes les plus efficaces de la corruption des mœurs, et que sa multiplicité a toujours été le caractère d'une société en décadence. Or ce qui est si contraire au bien public ne saurait être d'accord avec le vœu de la nature. C'est donc avec raison que la loi évangélique a rétabli parmi les chrétiens l'indissolubilité primitive en ce qui touche le mariage.

En vain objecterait-on que le mariage, se formant par un contrat, peut, comme les autres pactes, se dissoudre par le même consentement mutuel qui l'a formé; car ce contrat diffère de beaucoup d'autres, en ce qu'il n'a pas tant pour objet l'utilité propre des époux que celle des enfants à naître, et par conséquent de tout le genre humain. Or les pactes qui concernent le bien d'un tiers, et surtout le bien social, passent dans le droit public et ne dépendent plus de la seule volonté des contractants. Quand même, dans quelque cas spécial, les inconvénients du divorce viendraient à cesser, si par exemple il n'y avait pas d'enfants, il ne deviendrait pas licite pour cela, parce que ce qui est établi pour une cause universelle reste en vigueur, lors même que la fin de la loi cesserait pour un cas particulier (170).

Quant aux raisons sur lesquelles on veut établir la nécessité du divorce, leur exigence réelle ne s'étend pas au-delà du divorce imparfait ou de la séparation de corps; et celui-ci peut être permis pour des causes très-graves opposées à la fin du mariage, comme l'adultère, des procédés intolérables, et autres motifs de ce genre; en prenant les précautions nécessaires pour mettre à couvert l'intérêt des enfants. Cette séparation, ne permettant pas de contracter une nouvelle alliance, n'est pas sujette aux mêmes inconvénients, et n'entraîne pas le même danger de discorde ni des autres crimes auxquels l'espoir d'un nouveau mariage peut porter les époux. Si l'on veut approfondir cette question, on peut consulter l'excellent ouvrage de M. de Bonald, intitulé : *Du divorce au XIXe siècle*. Cet illustre écrivain, qui a si bien mérité de la religion et de la société par ses écrits et sa conduite politique, s'était attaché, avec une insistance spéciale, à la défense des vrais principes sur ce point capital; et la France doit à son initiative dans la Chambre de 1815, où il en fit la proposition, l'abrogation de la loi immorale du divorce qui déshonorait son Code.

On peut voir, sur les analogies qui se trouvent entre le protestantisme et le divorce, Taparelli, *Essai sur le droit naturel*, § 1532. — Dans ses lettres apostoliques du 10 juin et du 22 août 1851, portant condamnation des erreurs de Lima et de Nuytz, le Souverain-Pontife Pie IX établit l'indissolubilité naturelle du mariage, et en même temps la dépendance où il est de l'Eglise, chez les chrétiens.

SECTION IV

De l'autorité dans la société conjugale.

PROPOSITION

L'autorité dans le mariage appartient naturellement au mari.

354. — *Preuve.* Quoique le mariage soit une société égale dans sa formation, puisque les deux époux sont pareillement libres, cette société une fois formée a besoin, comme toutes les autres, d'un gouvernement; et par conséquent elle devient inégale à sa manière. Or, en comparant les qualités naturelles des époux, on reconnaît aisément que l'homme est plus propre que la femme à ce gouvernement. Car il l'emporte par la prudence, par les forces du corps et de l'âme et par la hardiesse dans les entreprises; tandis que la femme est peu propre aux affaires, timide, délicate et soumise en outre, pour ce qui regarde la naissance et l'éducation des enfants, à mille embarras qui lui rendent difficile la direction surtout des choses extérieures. Aussi toutes les nations ont-elles reconnu l'empire de l'époux sur l'épouse; ce qui est l'indice de l'ordre naturel, car ce qui se fait partout et toujours doit être regardé comme une inspiration de la nature, et non comme l'effet des conventions libres. Plusieurs cependant, tourmentés par la manie d'égalité universelle qui est l'utopie du siècle, regardent le mariage comme une société égale de part et d'autre, et assignent par conséquent le seul consentement de l'épouse comme le principe de l'autorité maritale, de même

qu'ils font remonter la souveraineté à la volonté seule des sujets. Mais ils se trompent dans les deux cas, et ici le consentement de la femme est une pure condition, laquelle étant une fois posée, l'autorité du mari naît d'elle-même de la nature du mariage. Il est bien vrai que sans ce consentement de la femme, l'homme n'eût jamais acquis la qualité d'époux et les droits qui y sont naturellement attachés; et par conséquent elle peut demeurer libre en s'abstenant du mariage; mais, si elle veut le contracter, elle ne peut empêcher, même par une convention expresse, que l'homme ne soit son chef; un tel pacte serait nul, comme contraire au droit naturel. Aussi Saint Paul dit-il : *Vir est caput mulieris, non mulier viri.*

355. — COROLLAIRE I. — « Une conséquence de ce qui précède, c'est que le mari a sur sa femme un certain droit de correction, sans pouvoir néanmoins la traiter comme une servante; car sa qualité de compagne exclut la servitude, qui est incompatible avec une société mutuelle. »

Le propre des associés, en effet, est de tendre au bien commun, ce qui fait que l'un ne saurait user de l'autre pour son bien propre sans blesser son droit. Mais la justice sociale demande que chacun regarde son associé comme participant à la même fin que lui, et qu'il n'en fasse pas un pur instrument pour son utilité privée. C'est ce qui aurait lieu cependant si la femme était traitée en esclave. Il faut donc reconnaître qu'elle est à l'égard du mari *soumise,* mais non *servante,* et que l'empire de celui-ci n'est point *despotique,* ou dirigé à son bien propre ; mais *politique*, comme celui du prince sur ses sujets. Et comme il est restreint aux choses qui regardent la vie conjugale, par exemple, le choix du domicile, le mode de cohabitation, les lois de l'économie et autres choses semblables, on peut proprement l'appeler *domestique*. Ce pouvoir, qui dans l'état d'innocence eût été purement directif, s'étend depuis le péché originel jusqu'à une sorte de contrainte dont il faut néanmoins user modérément, comme il convient à l'égard d'une aide dont le mari doit respecter la faiblesse; *quasi infirmiori vasculo impartiens honorem*. Cette recommandation de l'apôtre est le fondement de la protection et du respect dont les peuples chrétiens environnent la femme, réduite partout ailleurs presque à la condition servile.

L'exercice de l'autorité maritale peut souvent être modifié par les circonstances, de telle sorte qu'il passe de fait presque tout entier entre les mains de l'épouse; mais elle demeure toujours en droit l'apanage du mari (1).

356. — COROLLAIRE II. — « On peut facilement déduire les droits, les obligations et les offices des époux de la fin du mariage et des pactes licites qui peuvent y être ajoutés expressément ou tacitement. »

La fin du mariage, qui est la naissance et l'éducation des enfants, demande dans les époux l'amour mutuel, sans lequel elle ne pourrait être obtenue ; ce qui

(1) Voyez Taparelli, *Essai sur le droit naturel*, § 1551 à 1553, et Molina, *de justitiâ*, disput. XXII.

entraîne comme conséquence l'obligation d'habiter ensemble, d'administrer en commun les affaires domestiques, de partager les charges du mariage dans l'éducation des enfants, et de s'aider mutuellement dans tout ce qui est nécessaire au bien-être et au bonheur de la vie. La principale obligation des époux est la fidélité qu'ils doivent se garder réciproquement. Sa violation constitue une faute qui, bien qu'égale dans tous les deux sous le rapport de l'injustice, a toujours été regardée néanmoins généralement comme plus grave chez l'épouse, à raison de ses conséquences, et comme plus injurieuse au mari, à cause de l'incertitude qu'elle jette sur l'origine des enfants.

Outre ces obligations communes, la nature assigne à chacun des époux dans l'administration domestique des offices divers qu'il suffit d'indiquer ici. A l'homme, dont l'intelligence plus vaste conçoit plus aisément l'ordre et les rapports de la famille avec la société générale, il appartient de gouverner la maison comme chef et de la représenter au dehors. Au contraire, ce qui regarde l'administration intérieure va mieux à la femme, plus capable de bien saisir et de diriger les relations intimes qui en sont l'objet. Ainsi chacun supplée à ce qui manque à l'autre et l'assiste dans les choses auxquelles il ne saurait pourvoir par lui-même.

357. — Remarque. — Le mariage étant une société contractuelle, sa validité, comme celle des autres contrats, exige certaines conditions relatives, les unes à sa qualité de pacte considérée en général, les autres à

sa nature particulière (1). La nature lui impose des lois dont les contractants ne peuvent s'affranchir, malgré la liberté qu'ils ont de ne pas le contracter; car ils doivent vouloir la fin qui lui est propre et les moyens nécessaires pour l'atteindre. De là la nécessité absolue du consentement personnel, qui ne peut être suppléée ici par aucun domaine humain éminent, comme cela a lieu quelquefois dans d'autres contrats. Il faut aussi que ce consentement soit exempt des défauts qui pourraient le vicier, comme l'absence d'usage de la raison, une crainte grave ou une erreur substantielle. Il faut de plus que les parties offrent une matière propre au contrat et que leur droit ne soit entravé par aucun obstacle légitime. De là découlent les empêchements que l'on appelle de droit naturel, comme l'incapacité physique, la consanguinité au moins au premier degré de la ligne directe, et d'autres dont l'exposition dépasserait les bornes de ce traité.

ARTICLE III

RAPPORTS DU MARIAGE AVEC LES DIFFÉRENTS ORDRES DE SOCIÉTÉS.

358. — L'homme étant un être raisonnable et moral, et de plus destiné dans l'ordre présent de la Providence à une fin surnaturelle, le but de l'union conjugale n'est pas purement matériel comme chez les brutes, et ne se borne pas à la production de l'animal humain ; mais il s'étend à la propagation de l'homme

(1) Voyez Taparelli, *Essai sur le droit naturel*. § 1548.

comme être raisonnable, et il embrasse par conséquent son éducation morale. Aussi tous les peuples ont-ils regardé le mariage comme quelque chose de sacré, parce que l'ordre moral renferme au moins la religion naturelle. Considérant donc le caractère religieux de l'union conjugale comme la dominant tout entière, ils l'ont mise sous la protection spéciale de la divinité. Ce point de vue domine surtout dans la société chrétienne, où l'ordre purement raisonnable lui-même, non moins que l'ordre matériel, est subordonné à l'ordre surnaturel. Le mariage appartenant à ces trois ordres chez les chrétiens, est donc soumis à trois sortes de lois : — 1° Partout et toujours aux lois naturelles; — 2° dans la société civile, aux lois que peut lui imposer le pouvoir politique, auquel il appartient de suppléer en bien des choses le silence des lois naturelles ou de fixer leur indétermination, sans attaquer toutefois leur substance; — enfin dans la société chrétienne, aux lois ecclésiastiques ou de droit divin positif qui, sans toucher aux lois naturelles, y ont ajouté des préceptes spéciaux. Ainsi la fin la plus noble l'emportant toujours sur les autres, les lois civiles sont au plus bas degré de force et de dignité, étant primées par les lois naturelles; et les lois divines, qui perfectionnent celles-ci, tiennent le premier rang. — Voir les actes pontificaux cités plus haut (353).

PROPOSITION

La société conjugale appartient à ces trois ordres : le naturel, le civil et le spirituel. Elle est soumise en conséquence à leur triple influence ; mais d'une manière proportionnée à leur subordination nécessaire.

359. — *Preuve de la première partie.* Le mariage est un office de la nature, tendant à la propagation de l'homme comme animal raisonnable, partout où cette fin doit être obtenue, même dans la vie purement domestique et en dehors de la cité, qui suppose déjà une certaine multiplication du genre humain ; la société conjugale a ses conditions et ses lois tracées par la nature seule, aux fins de laquelle elle est nécessaire : et nul ne peut changer les lois que la nature rend indispensables.

Preuve de la seconde partie. La famille étant l'élément de la société politique, au bien de laquelle contribue beaucoup sa prospérité, le pouvoir civil peut travailler à procurer celle-ci selon sa nature (1). Or son objet propre et direct est l'ordre extérieur ou matériel, auquel se rapportent surtout ses lois. Il peut donc, parmi les choses relatives au mariage, régler celles qui tiennent à cet ordre, comme les conventions sur la fortune des époux, l'hérédité des enfants et autres choses semblables, que l'on appelle commu-

(1) Nous disons *selon sa nature*, parce que l'autorité politique n'atteint pas directement le bien de la famille, en tant que celui-ci est renfermé dans l'enceinte des murs domestiques ; cela regarde le droit naturel. Il ne l'atteint que dans les choses extérieures et directement liées à l'ordre civil. Dans une société composée, en effet, chacune de celles qui la composent retient sa fin propre, ses moyens et son rang, que ne doivent point troubler ni usurper les autres, quoiqu'étant d'un ordre supérieur. — Voyez Taparelli, § 1530, 1543, 1544.

nément les effets civils du mariage. Quant au lien conjugal formé par la nature même, il ne peut ni le dissoudre, ni y mettre obstacle, en restreignant arbitrairement la liberté laissée par la nature. Cependant, à ne considérer que l'ordre purement naturel, il peut déterminer et déclarer en quelque sorte authentiquement des empêchements fondés sur quelque convenance laissée par la nature dans un certain vague, ou faire les réglements que le bien public pourrait exiger dans des circonstances spéciales. Mais il ne peut permettre validement ni le divorce ni la polygamie là où n'existe pas, comme chez les patriarches et les Hébreux, une concession divine. Sans cette tolérance de la part de l'auteur de la nature, la loi civile ne saurait rendre licite en conscience ces coutumes, qui s'éloignent trop de la perfection de l'ordre naturel.

Preuve de la troisième partie. En supposant l'ordre surnaturel tel qu'il existe dans le christianisme, le mariage appartient aussi d'une manière particulière à la société spirituelle constituée dans cet ordre. Car il y a reçu la dignité de sacrement, ce qui entraîne de nombreuses conséquences et donne lieu à de nouvelles lois nécessaires, ou du moins très-utiles, qui perfectionnent les lois naturelles, tout en respectant la substance. Or ces lois sont du ressort de l'autorité qui gouverne cette société ; et voilà pourquoi, chez les chrétiens, l'Eglise, laissant à l'autorité politique les questions purement civiles, revendique le pouvoir d'interpréter et de déterminer le droit naturel par rapport au mariage, et de faire sur cet objet de nouvelles lois convenables à sa fin propre, par exemple, sur les empêchements du mariage, dont il lui appartient de décider.

On voit comment la société conjugale est soumise tout à la fois à l'ordre naturel, à l'ordre civil et à l'ordre spirituel sous des rapports différents, et avec la subordination qui découle nécessairement de la fin propre à chacun de ces ordres (1).

CHAPITRE II

DE LA SOCIÉTÉ PATERNELLE

360. — De la société conjugale dérive naturellement une société nouvelle entre les époux et les enfants auxquels ils donnent la vie, société évidemment inégale, dont le fondement se trouve dans la faiblesse physique et morale de l'enfant : celui-ci demeure longtemps dans une telle impuissance d'exercer par lui-même ses droits à la conservation et au développement nécessaires à l'homme, que si un autre ne les exerçait pour lui, sa perte serait certaine, et le genre humain ne tarderait pas à s'éteindre. C'est pour cela que la nature a mis dans le cœur des parents, de la mère surtout, un amour tendre et capable de leur adoucir les longs et pénibles soins que réclame l'éducation de leurs enfants. Ce sen-

(1) Voyez Taparelli, *Cours élémentaire de droit naturel*. § 349. Au sujet du pouvoir de l'Eglise sur le mariage, on peut consulter Audisio, *Fundamenta juris natural.*, lib. III, tit. XIV. — Voyez aussi les Lettres apostoliques des 10 juin et 22 août 1851.

timent se retrouve en quelque manière jusque chez les animaux; car, dit Cicéron : *Etiam in bestiis vis naturæ inspici potest, quarum in fœtu educationis laborem cùm cernamus, naturæ ipsius vocem audire videmur.* Cet amour établit une sorte de communauté de vie entre les enfants et leurs parents, qui redoutent moins la mort lorsqu'ils laissent après eux des descendants dans lesquels semble se prolonger leur propre existence. De là les regrets amers que cause la perte des enfants; de là une tendre commisération sur leurs infortunes et une vive sollicitude sur le sort d'un enfant absent; de là encore un zèle industrieux pour leur procurer une fortune convenable; de là enfin cette communauté, non pas seulement de biens, mais encore d'estime et d'honneur, qui rend les pères et les enfants solidaires devant l'opinion publique, et qui semble bien plutôt fondée sur la nature même que sur de vains préjugés, comme l'ont prétendu les sophistes du dernier siècle. Cette nécessité extrême de l'éducation des enfants est une des causes principales de la perpétuité imposée au mariage; aussi l'obligation de donner cette éducation est-elle renfermée en germe dans le pacte conjugal, qui constitue déjà hypothétiquement la famille, à laquelle la naissance des enfants donnera plus tard son développement complet.

On peut donc définir la société paternelle *l'union de plusieurs personnes associées par la nature même, en vue de l'éducation des enfants,* parce que les parents s'y trouvent engagés sans aucun pacte, par l'effet seul de la naissance de leur postérité. Cette obligation existant aussi à l'égard des enfants illégitimes, ceux-ci se trouvent de droit engagés dans cette société, quoique de fait ce lien soit le plus souvent brisé; et la nécessité de réprimer cet abus est la principale cause pour laquelle le droit naturel réprouve les unions irrégulières.

Cette société, comme toutes les autres, demande une autorité qui la conduise à sa fin, et cette autorité, bien que commune aux deux parents, réside néanmoins principalement dans l'homme, à cause de la dépendance où l'épouse se trouve à son égard; aussi prend-elle le nom de puissance *paternelle*. Comme il n'y a point de société plus naturelle et plus exempte de toute intervention d'un contrat que celle qui se forme par le seul fait de la naissance; il n'y a point aussi d'autorité qui soit plus immédiatement établie par la nature seule que l'autorité paternelle : ce qui n'a pas empêché les modernes de disputer beaucoup sur son origine.

Hobbes, cet apôtre de la force, qu'il rend arbitre de tout le droit naturel, la déduit de la supériorité de force dans le père par droit d'occupation et de victoire; sans égard à la dignité personnelle de l'enfant, qu'il confond avec les choses : opinion absurde et subversive de tout droit.

Ahrens la fait venir de l'éducation seule, comme une compensation des travaux que celle-ci impose. Mais ce sentiment est inadmissible; car, bien qu'une personne, même étrangère, puisse à ce titre acquérir quelque puissance sur un enfant dont elle aurait pris soin, néanmoins l'éducation est plutôt par elle-même la fin pour laquelle la nature donne la puissance paternelle que la cause qui la produit dans les parents.

Puffendorff, au titre de l'éducation, ajoute celui d'un pacte tacite qu'il suppose, selon sa coutume, intervenu entre les parents et les enfants, comme si l'on pouvait imaginer un consentement de la part de celui qui n'a aucun usage de la raison. Mais il faut mettre des contrats partout!... Comment, d'ailleurs, ce contrat serait-il libre, puisque les parties ne pourraient le rétracter, même d'un commun accord? Et si on le suppose nécessaire, quelle est son utilité, puisqu'il existerait déjà une obligation en vertu de la loi qui le rendrait nécessaire? (Voyez *Liberatore, jur. natur.*, § 136, 10e édition.)

Nous préférons donc le sentiment de Grotius, qui donne le fait de la génération pour fondement à la puissance paternelle; mais nous n'excluons pas pour cela les titres accessoires de gratitude pour les bienfaits reçus ou à recevoir par l'enfant, et du rapport social de cohabitation, qui développent la force et les effets de cette puissance, surtout quant à leur durée.

On peut donc dire qu'elle est fondée sur la génération, et par conséquent perpétuelle quant à sa substance; mais que son exercice peut être diversément modifié par d'autres causes, et spécialement par sa fin, l'éducation. C'est ce qu'établiront les propositions suivantes :

PROPOSITION I

L'autorité paternelle tire principalement sa source du fait de la génération.

361. — *Preuve.* Cette preuve se tire de la signification même du mot *autorité* corrélatif à celui *d'auteur;*

titre qui convient aux parents plus qu'à tout autre parmi les choses créées; car ils sont les principes naturels de l'existence de leurs enfants, qui sans eux n'auraient jamais vu le jour.

Or tous s'accordent à regarder l'auteur d'une chose comme en étant légitimement le maître; et quoique l'âme des enfants procède de Dieu seul par voie de création, dans l'ordre de la Providence celle-ci n'a pas lieu sans le concours des parents, auxquels par conséquent l'enfant doit tout ce qu'il est, soit comme à sa cause productrice quant au corps, soit comme à sa cause morale quant à l'âme. On a donc coutume de le regarder simplement comme une sorte de production et de continuation de la personne de ses parents, et le rapport qui existe entre eux est celui de la cause à l'effet. Ainsi il y a d'une part une supériorité naturelle qui donne l'autorité pour commander, et de l'autre une dépendance également naturelle, d'où suit l'obligation d'obéir. Telle est l'origine naturelle de l'empire légitime d'un homme sur un autre et de la hiérarchie. Le premier gouvernement qu'on ait vu en ce monde a été le gouvernement paternel et patriarchal, modèle de tous les autres.

Les parents ont donc sur leurs enfants un certain domaine, perpétuel comme le titre sur lequel il repose. Mais ce domaine, ayant pour objet un être raisonnable, respecte les droits de la personnalité et la dignité humaine. Par là il est conforme aux intentions de la Providence qui, en réglant comme elle l'a fait l'ordre de la propagation du genre humain, a eu plus d'égard à l'utilité des enfants qu'à celle des parents, sans toutefois exclure celle-ci. Nous avons dit dans la proposition que l'autorité paternelle reposait *surtout* sur le fait de la génération ; mais le soin de l'éducation physique et morale complète dans les parents la qualité d'*auteur;* parce que c'est à ces soins qu'il faut attribuer la conservation et l'accroissement du corps, ainsi que le développement des facultés de l'âme. En outre, les bienfaits innombrables que les enfants reçoivent de leurs parents par l'éducation et de mille autres manières, les lient par une dette de reconnaissance qu'ils ne sauraient jamais acquitter et qui les rend pour toujours leurs obligés. La dépendance naturelle des enfants est donc la plus grande que l'on puisse imaginer entre les hommes, à raison des titres sur lesquels elle repose, titres perpétuels de soi, quoique leur application puisse s'amoindrir lorsque la nécessité pour laquelle la nature l'a principalement établie vient à diminuer. En un mot, cette dépendance plus sacrée et plus indestructible que les autres, est néanmoins plus variable dans ses effets, selon l'état des personnes.

PROPOSITION II

La fin adéquate de la puissance paternelle est la mesure de son étendue dans l'application.

362. — *Preuve.* Toute puissance étant donnée pour une fin, elle s'étend dans l'intention de celui qui la confère à tout ce qui est nécessaire pour cette fin, et à cela seulement. Il faut donc examiner quelle est la fin de la puissance paternelle pour en bien déterminer les limites,

sans l'exagérer, comme l'ont souvent fait les anciens, et sans l'affaiblir aussi outre mesure, comme il arrive plus communément aujourd'hui. Or la puissance donnée au père de famille a un triple but : la protection et l'éducation des enfants, le gouvernement de la société domestique et l'utilité même des parents. Nous allons l'examiner à ces trois points de vue.

I.— La première et la principale cause de la puissance paternelle est certainement la nécessité de l'éducation des enfants, et par conséquent elle s'étend à tout ce que réclame cette éducation. Or les exigences de celle-ci varient selon les circonstances et surtout selon l'âge de l'enfant; car, dans le premier âge où il ne peut en aucune façon exercer ses droits ni diriger ses actions, le pouvoir, comme la sollicitude des parents, doit être très-grand et absorber en quelque sorte sa personnalité dans la leur. Dans la période qui suit, jusqu'à l'adolescence, les enfants ayant l'usage de la raison, peuvent déjà faire beaucoup de choses par eux-mêmes; leur dépendance diminue donc, bien qu'ils aient encore besoin d'une direction assidue et de fréquents secours. De l'âge de puberté à celui de l'émancipation, le besoin de protection et de vigilance diminue encore. Néanmoins la nécessité habituelle de l'inspection, de la direction, de l'instruction, de l'assistance et de la correction demeure commune à ces trois périodes de la vie, malgré la diversité de son application.

Enfin, lorsque les enfants sont devenus capables de se diriger sûrement eux-mêmes selon la raison, et surtout lorsqu'en se mariant ils sont devenus la tige d'une famille nouvelle, on les regarde avec raison comme naturellement émancipés de la puissance paternelle ordinaire, quant à l'influence qu'elle exerce sur les détails de la vie (1). En effet l'amour qui porte les parents à n'exercer leur pouvoir que pour le bien de leurs enfants fait qu'ils renoncent d'eux-mêmes à cet exercice lorsque le besoin ne s'en fait plus sentir, et qu'ils ont alors plus de plaisir à voir leurs enfants user sagement et honnêtement de leur liberté qu'ils n'en auraient à leur commander. — Plusieurs assignent ici le dernier terme de la puissance paternelle; mais c'est à tort, comme nous allons le voir en parlant du gouvernement de la société domestique et patriarchale.

II. — En effet la famille est une société, et dès lors, en faisant même abstraction de la qualité des relations qui existent entre ses membres, elle a toujours besoin d'une autorité que l'on peut, à cause de cela, appeler *domestique*, en même temps qu'elle est *paternelle*, parce que, par la nature des choses, elle réside dans le père. Les enfants sont donc soumis à cette autorité dans tout ce qui regarde le bien de cette société, dépendance qui est plus grande lorsqu'ils habitent avec le père

(1) La nature ne détermine point avec précision l'âge convenable pour l'émancipation des enfants. C'est aux lois civiles, dont l'office est de tirer du vague ce que le droit naturel y a laissé, qu'il appartient de fixer cet âge, selon le développement plus ou moins grand qu'ont atteint les peuples ou les individus. Mais les majorités précoces sont un grand péril pour l'individu, pour la famille et même pour l'Etat. — Voyez l'*Histoire de la famille*, par Mgr Gaume, partie IV, chap. VI.

que lorsqu'ils vivent à part. Néanmoins, dans ce dernier cas, il se rencontre encore des occasions où le premier auteur de la famille peut leur demander certaines actions nécessaires au bien de celle-ci, à laquelle ils ne deviennent étrangers que dans le cas d'une émigration lointaine, qui brise toutes les relations pratiques.

Ce reste de dépendance est la base de la société patriarchale et en explique la formation. Car à l'époque où la longévité humaine était plus grande qu'aujourd'hui, comme nous l'apprend la Bible, plusieurs générations formaient autour de l'auteur commun une société où il ne se trouvait d'autres personnes étrangères à cette race que des serviteurs. Au degré inférieur de cette hiérarchie se trouvaient de nombreuses familles (en prenant ce mot au sens le plus restreint), composées d'un arrière-descendant de l'auteur commun, de sa femme et de ses enfants, et où la puissance paternelle ordinaire et proprement dite existait à l'égard de ces derniers. Au degré supérieur étaient les fils de l'auteur commun, émancipés par rapport à lui, comme ses petits-fils mariés l'étaient par rapport à eux-mêmes; mais soumis à son autorité *domestique* et exerçant à leur tour, sous sa direction, une autorité semblable sur leurs fils et petits-fils, à raison de l'unité de race et de la cohabitation. Enfin au plus haut degré de cette hiérarchie, l'auteur commun dirigeait tout le monde avec une autorité paternelle et domestique tout à la fois, autorité moindre quant à l'objet que celle qu'exerçaient ses petits-fils sur leurs propres enfants, mais qui, d'autre part, s'étendait sur un plus grand nombre de personnes. Ainsi s'établit dans des familles nombreuses, dont la puissance égalait souvent celle des premières cités, le gouvernement paternel d'un ordre supérieur, ou *patriarchal*, qui a fourni le modèle du gouvernement civil et semble en avoir été la première origine. Ce gouvernement ne pouvait raisonnablement avoir d'autre chef que l'auteur commun pendant qu'il vivait; aussi l'histoire nous le montre-t-elle toujours entre ses mains. On voit pourquoi la plupart des peuples retinrent pendant des siècles le nom de l'homme dont ils tiraient leur origine, ce qui se retrouve encore aujourd'hui chez les tribus arabes de l'Algérie, désignées par le mot *beni* (fils) joint au nom de leur auteur; les *beni-raten*, c'est-à-dire les fils de *Raten*. Voilà comment il se fait que le premier auteur d'une race conserve toujours pendant sa vie quelque chose de la puissance paternelle qu'il a exercée d'abord sur ses descendants immédiats.

III. — Mais cette permanence de l'autorité s'appuie encore sur un titre plus personnel que celui de chef d'une société domestique vivant en commun. Deux sentiments naturels en effet portent l'homme à se perpétuer dans sa race, son bien propre et celui de ses enfants. Du premier but naît le droit qu'il a de tirer de ceux-ci les avantages qu'ils peuvent lui procurer sans compromettre leur dignité naturelle. Or à cette sorte de domaine correspond dans les enfants le devoir d'être utiles à leurs parents autant qu'ils le peuvent, et par conséquent de ne pas leur refuser, non seulement les secours qu'ils leur doivent par reconnaissance, dans le cas de nécessité extrême, mais encore les actions que ceux-ci peuvent leur demander pour leur utilité propre.

Du second but que les parents se proposent en fondant une famille naît le droit, ou plutôt la charge de pourvoir autant qu'ils le peuvent au bien de leurs descendants. Ce droit l'emporte sans doute sur le premier dans l'intention de la nature, comme dans l'inclination des parents eux-mêmes, lorsque celle-ci n'est pas dépravée ; cependant il ne le détruit pas entièrement, comme quelques-uns semblent le supposer. La puissance paternelle renferme donc deux éléments dont l'un, appartenant au domaine et à l'utilité des parents, persévère même au-delà du besoin des enfants, et l'autre, plus important, appartenant à la bienfaisance, a leur intérêt pour mesure. L'usage complet de cette puissance tend donc au bien de toute la famille, parents et enfants ; par conséquent elle persiste, quant à sa substance, tant que les premiers sont en état de l'exercer, quoique son usage diminue peu à peu à mesure que les enfants atteignent un âge plus mûr. Ceux-ci peuvent donc toujours, selon l'occasion, être assujettis à certains ordres donnés, soit dans leur intérêt, soit dans celui de leurs auteurs. (Voyez Solimani, *Ethicæ, tome II, page 73,* et *Liberatore jur. nat.*, § *137.)*

Des principes que nous venons d'exposer découlent les corollaires suivants.

363. — COROLLAIRE I. — « La puissance paternelle appartient par le droit de la nature au père et à la mère, de telle sorte néanmoins que le père y ait la

prééminence comme chef de son épouse et de toute la famille (1). »

La manière de l'exercer peut varier dans de certaines limites, selon les circonstances ou les conventions matrimoniales, sans détruire toutefois la prééminence naturelle du chef. Elle renferme d'ailleurs des fonctions, comme les soins de la première enfance, que la nature des choses assigne de préférence à la mère; tandis que d'autres, comme l'éducation intellectuelle des fils, conviennent mieux au père. Ainsi l'autorité de celui-ci, quoique monarchique et absolue, en ce sens que rien ne peut s'opposer légitimement à son exercice raisonnable, est néanmoins tempérée dans l'exécution par l'amour dans le père lui-même. Elle l'est aussi par le droit de représentation que possède la mère, en vertu de sa participation réelle, quoique subalterne, à cette autorité, et de la connaissance plus parfaite qu'elle a des choses qui conviennent au gouvernement intérieur d'une maison.

364. — COROLLAIRE II. — « Le droit, comme l'obligation de pourvoir à l'éducation physique et surtout morale des enfants, appartient naturellement aux parents seuls. Les personnes étrangères à la famille et par conséquent l'autorité politique du pays où elle vit n'y peuvent rien prétendre.

Le fils, dit Saint Thomas, tant qu'il ne peut se gou-

(1) *Generatione parentibus jus acquiritur in liberos; utrique inquam parentum patri ac matri; sed si contendant inter se imperia, præfertur patris imperium ob sexûs præstantiam.* — Grotius, *De jure belli et pacis, lib. II, cap. V.*

verner par lui-même, est la chose du père, *res patris;* c'est donc à celui-ci qu'il appartient de soigner son corps et de former son âme, et il ne s'agit nullement de les *frapper à l'effigie de l'Etat,* comme le voulait M. Thiers dans son fameux rapport sur la liberté de l'enseignement. L'Etat ne peut s'arroger le droit d'élever les enfants, que lui attribuent les politiques modernes, plus ou moins imbus des utopies socialistes de Platon, de Lycurgue et de Fourrier. Tout son pouvoir se borne à encourager indirectement les familles dans l'accomplissement de leurs devoirs à ce sujet, et à les y aider en fondant des écoles auxquelles elles puissent confier librement le soin de leurs enfants (1).

En vain objecterait-on que la bonne éducation de la jeunesse importe au bien public. Rien n'est plus vrai; mais ce bien ne peut se trouver dans le renversement de l'ordre naturel, qui attribue aux parents le droit d'élever leurs enfants et qui les astreint à l'indissolubilité du mariage, précisément en vue de cette éducation. Et de fait, la meilleure garantie de la perfection de celle-ci est l'amour paternel, qui dirige les enfants vers le bien avec d'autant plus d'efficacité qu'ils obéissent à l'autorité du père plus volontiers qu'à toute autre, et que l'influence de cette autorité s'accroît par la continuité d'une habitation commune.

(1) Voir, contre les prétentions étranges de l'Etat moderne en matière d'éducation et d'enseignement, l'allocution consistoriale de Pie IX, du 1er novembre 1850, et sa lettre à l'archevêque de Fribourg, du 14 juillet 1864.

Néanmoins, lorsque la famille vit au sein d'une société politique, si les parents abusent notoirement de leur autorité pour corrompre chez leurs enfants l'honnêteté naturelle, le souverain peut réprimer ce délit comme les autres par diverses peines, et spécialement en privant de tels parents de l'exercice d'un droit dont ils abusent. Mais il y a loin de cette surveillance générale au droit de s'attribuer directement l'éducation des enfants (1).

365. — COROLLAIRE III. — « La puissance paternelle ne renferme pas par elle-même le droit de vie et de mort, soit pour l'infanticide, soit à titre de juridiction criminelle. »

(1) « *Nec dicas filios membra esse societatis quæ ipsis invigilare debet. Nàm membra societatis sunt non per se, sed mediantibus familiis ex quibus proximè civilis societas efformatur. Quarum naturalis organismus destrui nequit quin ordini rationis contradicatur et ipsa societas pessum abeat. Hæc animadversio denuò ostendit quam præpostera sint et naturæ repugnantia* MONOPOLIA *illa universitaria, ut dici solet, vi quorum parentibus determinata, et propriæ voluntati contraria, educatio et disciplina pro liberis imponitur; aperit etiam causam non levem dissolutionis socialis quam propè imminentem deploramus. Cùm enim societas ut se magnificaret, jura inferiorum societatum sibi adscripsit, non advertit se hoc modo vitalia elementa destruere quibus constat; proinde non incrementum potestatis, sed solutionem et mortem esse subituram. Hæc pessima agendi ratio ex protestantismo manavit, qui societatem ad paganismum sensìm sine sensu adducens, ethnicam absorptionem omnium jurium individuorum et familiarum in fictam personam publicam societatis revocavit.* » (Liberatore, *Jur. natur.*, § 138.)

L'infanticide, quoique pratiqué de tous temps chez les nations payennes même les plus célèbres pour leur civilisation, et justifié par Aristote, après Platon et Lycurgue, est une chose trop révoltante pour qu'il soit nécessaire d'insister sur ce point (1). Quant à la peine capitale, elle n'est autorisée dans les grandes sociétés que parce qu'elle y semble nécessaire pour contenir les hommes dans le devoir. Mais la même nécessité n'existe pas dans la famille, qui trouve des moyens de sécurité suffisants dans l'amour réciproque de ses membres, dans la bonne éducation qu'elle est spécialement chargée de leur donner, et enfin dans l'expulsion de celui qui se rendrait coupable envers elle de quelque crime atroce. Que si celui-ci persistait à la molester, elle pourrait sans doute lui résister jusqu'à la mort; mais ce serait en vertu du droit de défense qui resterait distinct du droit du *glaive* ou de la juridiction. Il est d'ailleurs contraire à l'instinct de la nature que le père ôte la vie au fils auquel il l'a donnée : aussi ne peut-on voir cette action sans une certaine horreur, lors même que le père l'exerce comme magistrat civil. Il ne répugne pas néanmoins absolument que l'autorité politique communique au père son pouvoir, en le revêtant d'une sorte de magistrature, surtout par rapport aux crimes domestiques. Les enfants trouvent même ainsi dans l'amour paternel plus de garanties contre l'abus de ce pouvoir, abus fréquent dans une société barbare, dont l'imper-

(1) Voyez *Histoire de la famille*, par Mgr Gaume, 1re partie, chap. V, IX, X, XI.

fection même peut exiger plus de sévérité dans le régime domestique. Telle paraît avoir été l'origine de cette coutume, reçue à Rome et chez d'autres peuples, qui permettait au père de punir de mort ses enfants (1).

Mais, lorsqu'une société domestique indépendante existe en dehors d'un État plus vaste, comme il arriva d'abord dans la société patriarchale, son chef, à raison de son indépendance, réunit en lui tous les droits nécessaires au bien de cette société; non seulement ceux qui tiennent strictement à la paternité, mais encore ceux qui conviennent de soi à la puissance politique. Car une telle famille, quelque nom qu'on lui donne, peut être regardée en fait comme un État. « Il n'importe, dit Aristote, que la cité soit grande ou petite; elle est toujours cité. » On voit par la Genèse qu'Abraham, Isaac et Jacob ne le cédaient ni en indépendance ni en puissance aux rois parmi lesquels ils vivaient, et auxquels on peut très-bien les assimiler. Ils pouvaient donc exercer le droit du glaive dans les limites de la société domestique qu'ils gouvernaient; mais c'était plutôt à titre de souveraineté qu'à titre de paternité, puisque cette double qualité se trouvait réunie en eux.

Une autre question analogue à la précédente, est celle du droit attribué aux parents de vendre leurs enfants pour les réduire en servitude : J'entends celle qui consiste dans la location perpétuelle de son travail, et non cette servitude proscrite par le droit naturel, qui va jusqu'à la destruction des droits innés dans

(1) Voyez Solimani, *Ethicæ*, tome II, page 79.

l'homme et de sa dignité personnelle. Dans ces termes, tous conviennent que le père peut exercer ce pouvoir, non arbitrairement; mais lorsque cela est nécessaire pour conserver la vie soit des enfants eux-mêmes, soit des parents, puisque les enfants, même adultes, sont obligés de droit naturel à sauver la vie de leurs parents au prix de leur propre liberté. Cette solution confirme par un argument *à fortiori* ce que nous avons dit plus haut du droit qu'ont les parents de commander à leurs fils émancipés les actions nécessaires au bien commun de la société domestique ou des parents eux-mêmes.

366. — COROLLAIRE IV. — « Lorsque la famille vit au sein d'un État, les droits naturels de la puissance paternelle peuvent être modifiés par les lois civiles, comme la plupart des autres facultés que la nature accorde aux particuliers. »

Néanmoins, comme ils sont tous nécessaires au bien de la famille, on ne peut les restreindre notablement sans danger, ou même sans injustice. Il est bien plus aisé et souvent très-utile de les étendre au contraire; parce que le prince étant libre de déléguer à des ministres inférieurs une partie de son autorité, il peut y faire participer sur plusieurs points les pères de famille avec avantage. Il y a plus, dans une grande société, qui a coutume d'absorber plus ou moins la famille, il est souvent nécessaire que les lois positives fortifient le régime domestique pour le préserver de l'influence dissolvante des mœurs publiques. Aussi l'histoire nous montre-t-elle que la vigueur ou la décadence des sociétés dépendent surtout de la force ou de la faiblesse du pouvoir paternel, et on a observé avec raison que plus il y a de liberté dans la société politique, plus il est nécessaire, par compensation, qu'il y ait d'autorité dans la famille.

367. — COROLLAIRE V. — « Les parents ont le droit d'employer dans l'éducation de leurs enfants le secours de personnes étrangères, professeurs, tuteurs, etc..., auxquelles il commettent l'exercice de leur autorité. »

Lorsque la mort ou quelque autre accident met les parents hors d'état de pourvoir aux besoins et surtout à l'éducation de leurs enfants, la loi de la bienveillance universelle, qui oblige à un titre spécial les proches et les alliés, engage ceux-ci à prendre soin des pupilles. Telle est l'origine des *tutelles*, qu'il a presque toujours fallu régler soigneusement par des lois, faute d'une indication naturelle assez précise et assez évidente pour imposer à une personne déterminée l'obligation de ce soin. Régulièrement néanmoins, la raison et la justice demandent qu'il soit confié aux ascendants les plus proches, et, à défaut de ceux-ci, aux collatéraux, qui portent naturellement plus d'affection aux orphelins que les étrangers, à moins toutefois que les parents n'aient eux-mêmes confié cette charge à quelqu'un qui l'ait acceptée. Toutes ces personnes, malgré la différence du titre qui peut les y appeler, doivent employer les mêmes moyens pour atteindre le but charitable qui leur est proposé. Elles ont pour cela à peu près les mêmes pouvoirs et les mêmes obligations à l'égard de leurs pupilles, qui, de leur côté, ont envers toutes des devoirs semblables. On voit que cette société, qui s'établit entre eux par la communauté de devoirs tendant à une même fin, ressemble beaucoup à celle qui existe entre les parents et les enfants.

Quoique les personnes dont nous parlons ne soient point strictement obligées par le seul droit naturel à se charger de l'éducation d'enfants qui ne sont point les leurs, néanmoins, tant qu'elles exercent la tutelle, elles sont rigoureusement obligées à la gérer convenablement, *quasi ex contractu ;* car celui qui accepte un office est censé promettre de s'en acquitter avec diligence. Il suffit d'avoir indiqué ici les fondements de l'institution des tutelles ; les détails de cette matière appartiennent au droit civil.

368. — Remarque. — Les devoirs des enfants se déduisent naturellement des bienfaits qu'ils ont reçus de leurs parents ; savoir l'existence, la nourriture et l'éducation, auxquels répondent de la part des enfants la reconnaissance, l'amour, le respect, la docilité et l'obéissance, compris généralement sous le nom de piété filiale. Les enfants, en effet, ayant reçu de leurs parents, après Dieu, l'existence qui est le fondement de tous les autres biens, leur doivent toujours à ce titre, et plus qu'à toute autre personne, le respect, la déférence et l'amour. Aux bienfaits de la nourriture et de l'éducation répond directement le devoir de la gratitude et de l'assistance, que les enfants doivent à leur tour à leurs parents dans le besoin. L'éducation morale exige l'obéissance et la docilité ; car, dans le premier âge, la raison de l'enfant consiste presque uniquement dans la

doctrine reçue de ses parents. De là pour lui l'immense besoin de croire, qui diminue peu à peu à mesure que le développement de son esprit le rend capable de trouver la vérité par lui-même. De même, l'obéissance qui doit d'abord être universelle, devient plus rare à mesure que l'enfant devient plus capable de diriger lui-même ses actions. Cependant cette obligation ne s'éteint jamais entièrement, surtout lorsque les enfants continuent d'habiter avec leurs parents ou près d'eux, dans les conditions de la société patriarchale. Mais, en général, les enfants émancipés et surtout mariés peuvent se séparer de la société domestique dirigée par le père.

Il est aussi des choses auxquelles ne s'étend pas l'obéissance due aux parents : comme celles qui sont l'objet des préceptes et même des conseils divins, ou certains droits inhérents à la personne, et dont elle ne peut être privée lorsqu'elle est devenue capable de les exercer. Tels sont le choix d'un état de vie, le mariage et les autres choses qui regardent moins l'éducation et la famille que la personne même des enfants adultes et la vie qu'ils doivent mener désormais. Dans ces matières, ils doivent à la vérité écouter avec respect et déférence les conseils prudents et bienveillants de leurs parents; mais régulièrement ils ne sont point obligés d'y suivre leurs ordres.

CHAPITRE III

DE LA SOCIÉTÉ DE SERVICE

369. — La société de la famille, prise dans son acception la plus étendue, nous apparaît dès la plus

haute antiquité composée non seulement de personnes unies par le sang; mais encore de plusieurs autres soumises au chef de différentes manières, pour l'aider dans ses entreprises et ses travaux domestiques. Ces personnes, que l'on appelait autrefois *esclaves*, portent, depuis les changements introduits dans leur condition, le nom de *serviteurs*. Cette sorte de sujétion se partage donc en deux classes principales : la *servitude* et la *domesticité*. Prise dans sa généralité, elle appartient certainement à l'état naturel de l'humanité déchue, comme une conséquence nécessaire de l'inégalité des fortunes et des autres qualités qui obligent un grand nombre d'hommes à louer leurs travaux à de plus riches qu'eux, afin de pourvoir à leur subsistance. Mais quand on vient à considérer les choses dans le détail, c'est une question fort controversée de savoir si le degré de cette sujétion, qui constitue proprement la servitude, est contraire au droit de la nature. Tous les anciens philosophes soutenaient la négative, et plusieurs, avec Aristote, regardaient cet état comme naturel à certains hommes. Les écrivains modernes, que la faveur de la liberté emporte souvent au-delà des bornes, l'affirment communément. Dans la réalité, la question ne peut se résoudre que par une distinction fondée sur l'analyse exacte des différents degrés de l'assujettissement des serviteurs.

La servitude proprement dite ou parfaite, constituant l'homme esclave *(mancipium)*, est cet état qui le rend la *chose* de son maître, non seulement quant aux travaux, mais quant à la personne même au point de vue de ces travaux. Elle confère par conséquent à celui-ci, outre le droit d'user de son esclave, celui d'en disposer comme de ses autres biens par la vente ou d'autres contrats. Cette servitude peut être pratiquée de deux manières. L'une, reçue chez la plupart des nations payennes, refusait à l'esclave, sans égard pour la dignité et la personnalité humaine, les droits propres à tout homme, et livrait aux caprices du maître sa vie, sa conscience, sa pudeur, etc..... Rien ne saurait légitimer cet abus, certainement contraire à la loi naturelle. Un autre mode de servitude que le christianisme, corrigeant ces excès, introduisit dès son origine, respecte à la vérité dans l'esclave les droits essentiels à l'humanité; mais il laisse cependant au maître un grand pouvoir sur le travail et la personne de l'esclave. Il peut le gouverner, le corriger raisonnablement et même le vendre, pourvu qu'il ne viole pas les droits naturels de la famille, par exemple en séparant les époux par cette vente. C'est surtout ce genre de servitude dont la légitimité est mise en question. Dans la réalité, on ne saurait prouver qu'il répugne strictement au droit naturel, puisqu'il a subsisté longtemps comme légitime chez les nations chrétiennes. M. de Maistre montre même assez bien qu'un certain degré d'imperfection dans la société peut le lui rendre nécessaire.

Néanmoins on doit dire qu'il est peu en harmonie avec les intentions primitives de la nature, et c'est en ce sens que Justinien le définit : *Constitutio juris gentium quâ quis alieno dominio contrà naturam subjicitur.* Il le dit *contre la nature*, parce que ce n'est point par elle seule, mais par un fait accidentel que les hommes sont réduits à cette condition. Aussi l'Église a-t-elle toujours tendu à l'abolition graduelle de cette sorte d'esclavage, aujourd'hui à peu près consommée chez les peuples chrétiens.

Après cette servitude vient le *servage* féodal, beaucoup plus doux, mais résultant comme elle de la naissance seule, indépendamment de la volonté du serf, ce qui l'a fait regarder comme une servitude imparfaite. Le servage a subi bien des modifications, selon les temps et les lieux. Son caractère général était néanmoins de laisser au serf sa famille et sa maison propre, qu'il gouvernait à son gré, et de l'attacher plutôt à la culture de telle terre qu'au service de tel maître. Aussi n'était-il vendu qu'avec cette terre, ce qui le fit appeler *esclave de la glèbe*; et il était bien moins exposé que l'esclave proprement dit à voir empirer sa condition par ce changement de maître qui laissait intactes toutes ses autres relations. Ce genre de sujétion est aussi détruit partout; mais, quoi qu'il appartienne à un état social imparfait, on ne peut apporter aucune raison solide pour prouver qu'il répugne au droit naturel.

Au troisième rang vient *la domesticité (famulatus)*, qui subsiste seule parmi nous et admet aussi bien des variétés; mais toujours avec ce caractère commun qu'elle naît d'un pacte libre au moins dans sa source. Aussi, loin qu'elle répugne au droit naturel, comme le prétendent nos communistes (1), elle est indispensable à la société publique. Il se rencontre, en effet,

(1) Voyez Zallinger, *Juris natur., lib. II, cap. IV*. § 188.

souvent des circonstances où un homme ne peut conserver et soutenir sa vie, ou du moins la passer commodément, qu'en louant d'une manière perpétuelle ou temporaire ses travaux à un autre, sous la condition de recevoir de lui les aliments nécessaires ou quelque autre récompense. Or, dans ce cas, la raison même conseille de choisir le moindre de deux maux, et d'assurer sa vie en se soumettant à ce que cette dépendance a de pénible. Il peut arriver aussi que quelqu'un ne puisse satisfaire à une dette qu'en engageant son travail à son créancier sous la seule condition d'être nourri par lui, et alors, en vertu d'une obligation antérieure, il peut être forcé d'embrasser cette vie d'assujettissement.

370. — Après ces explications, il sera facile de définir ce que nous entendons aujourd'hui par société *de service*. C'est celle qui existe en vertu d'un pacte ou d'une obligation entre deux personnes, dont l'une acquiert ainsi le droit de diriger à son utilité propre les actions de l'autre, et s'oblige réciproquement à la nourrir ou à lui donner quelque autre dédommagement qui puisse la faire vivre d'une manière plus commode.

On peut distinguer trois sortes de services ou de domesticité. La première est celle des *colons* ou fermiers, qui cultivent les terres d'un autre à la charge de lui rendre une portion des fruits et qui sont libres sous tous les autres rapports. — La seconde est celle des *mercenaires,* qui vivent hors de la maison du maître, et lui rendent pour un salaire convenu quelques services déterminés. — La troisième est celle des serviteurs ou *domestiques* proprement dits, qui mènent habituellement avec le maître une vie commune dans sa propre maison, où ils remplissent divers offices, et dont la dépendance est beaucoup plus grande que celle des précédents. Du reste, cette dépendance se mesure dans tous les cas, d'après le pacte qui a donné lieu à ces diverses associations et qui les distingue de la servitude, soit parfaite, soit imparfaite, dont l'origine était presque toujours quelque nécessité antérieure à tout consentement. Le contrat de service peut de sa nature être perpétuel, mais aujourd'hui les lois civiles, pour favoriser la liberté, permettent toujours de le résoudre en dommages-intérêts, ou même interdisent la perpétuité du contrat.

371. — On assigne communément trois causes de la servitude en général : la loi, la guerre et les pactes ; et cette dernière est la seule qui soit applicable à la domesticité. Quant à la servitude parfaite, elle a pu aussi naître d'une convention, surtout lorsqu'elle était tempérée par les mœurs, comme dans la société patriarchale ; car alors les causes que nous avons indiquées plus haut ont pu amener souvent des hommes à se soumettre volontairement au pouvoir d'un autre.

La guerre, qui entraînait autrefois d'une certaine manière la servitude légale, puisque ses conséquences étaient consacrées par le droit des gens, semble avoir été l'origine de la servitude involontaire, parce que les vainqueurs, au lieu de tuer leurs captifs, préféraient souvent, soit commisération, soit intérêt, les réserver pour leur service. L'histoire nous montre un grand nombre de nations asservies ainsi presque tout entières; et l'aggravation qui rendit peu à peu la servitude si cruelle provint sans doute de l'irritation des vainqueurs contre leurs anciens ennemis et de l'espèce de nécessité où ils étaient de sévir pour les contenir dans la soumission.

La servitude légale est celle à laquelle on réduisait en punition de leur délit des criminels appelés pour cela esclaves de la peine *(servi penæ)*, comme nous l'apprend Justinien; et celle qui, par une disposition à peu près universelle, attribuait le domaine des enfants d'esclaves aux maîtres de leur mère, comme étant en quelque sorte une partie d'elle-même et un fruit appartenant au propriétaire.

On peut facilement admettre la légitimité de la servitude pénale que nous voyons encore exister de fait, quoi qu'il en soit du nom, pour ceux qui sont condamnés aux travaux forcés.

Quant à la servitude provenant de la guerre, le droit des gens, tel qu'il existait chez les anciens, étant une fois supposé, les vaincus n'avaient pas à se plaindre si, au lieu de les mettre à mort, on les réduisait en servitude. Et quoiqu'un tel droit soit extrêmement dur et qu'il ait été corrigé avec raison par l'influence du christianisme, on ne saurait démontrer qu'il répugne absolument à la loi naturelle. La loi mosaïque, qui permet aux Hébreux de réduire en servitude leurs ennemis vaincus, suppose la légitimité de cet usage. Mais si la guerre était injuste du côté des vainqueurs, il est manifeste que toutes ses conséquences, et en particulier l'asservissement des vaincus, participaient à la même injustice.

Il y a plus de difficultés pour la servitude légale provenant de la naissance, car il n'est pas aisé d'assigner un titre clair en vertu duquel on puisse adjuger ainsi les enfants aux maîtres de leurs parents. Cela ne saurait se faire à titre de peine, puisqu'ils sont innocents ; ni à titre de propriété et de droit d'accroissement, puisque le corps des hommes, vivifié par une âme raisonnable, ne paraît pas pouvoir être un objet de propriété absolue comme celui des animaux, mais seulement d'un droit sur ses travaux. Telles sont les raisons qui militent contre ces dispositions légales : elles ont leur valeur sans doute. Néanmoins elles ne sont pas péremptoires, car nous touchons ici aux questions profondes et mystérieuses de la solidarité et de l'espèce d'identité morale que la génération établit entre les parents et leurs enfants ; questions qui donnent lieu dans d'autres matières aussi aux plus grandes difficultés. Il ne faut pas se hâter dans de tels problêmes de regarder comme absurde et injuste tout ce dont notre raison ne se rend pas bien compte du premier coup-d'œil. Il y a des choses que le raisonnement n'atteint que d'une manière très-imparfaite et à l'égard desquelles il faut être fort circonspect. Le péché originel en est un exemple, et l'Ecriture-Sainte en offre bien d'autres, qui sont plus ou moins analogues à celui-là. On ne doit donc pas condamner facilement ce que le genre humain a généralement regardé comme juste pendant des siècles, si l'on n'y voit une répugnance manifeste avec des principes certains.

Quoi qu'il en soit, la servitude légale provenant de la naissance semble pouvoir se justifier par deux raisons. La première est une sorte d'équité à l'égard du maître qui, nourrissant et élevant à ses frais les enfants de ses esclaves, pouvait prétendre un droit sur leurs travaux à titre de compensation. La seconde est l'utilité de ces enfants même qui demandait que leur maître eût intérêt à les bien soigner. La constitution du droit des gens qui atteignait ce but, en assurant du même coup le droit du maître et le bien-être des enfants de l'esclave, ne peut donc être taxée d'injustice.

La conclusion légitime de cette discussion est que toute servitude contenue dans les bornes assignées plus haut, de manière à sauvegarder la dignité de la personne humaine, est à la vérité une institution fort imparfaite; mais qu'elle ne répugne pas essentiellement au droit naturel. A plus forte raison en est-il de même du servage féodal, qui était beaucoup plus doux que la servitude, et dont l'origine était semblable. Car il provenait en partie du droit de la guerre et de la conquête, en partie de pactes et de concessions de terres faites à cette condition, auquel cas il était moins une charge qu'un bienfait. Enfin il se perpétuait par le droit légal de la naissance.

Ce que nous avons dit de la servitude ne sera peut-être pas du goût de ceux qui pensent que l'on ne saurait jamais la juger trop sévèrement. Certes, nous n'avons ni sympathies ni regrets pour une institution qui a heureusement disparu de nos mœurs. Mais encore faut-il être juste envers les sociétés qui l'ont admise. On ne fait pas de la science avec des impressions, et quand il s'agit d'une question de doctrine, il faut examiner avec soin jusqu'où portent les principes, et ne pas s'aventurer au-delà.

On voit par ce qui précède qu'il n'est pas toujours nécessaire, pour expliquer l'origine de la servitude, de recourir à un pacte, comme le veut Puffendorf à son ordinaire.

372. — C'est un caractère commun à la servitude proprement dite et à la domesticité d'être des sociétés inégales, dans lesquelles le pouvoir appartient au maître pour son propre avantage, à la différence de la juridiction civile, qui tend au bien de la communauté, et cette différence en produit beaucoup d'autres. Néanmoins, en vertu de la loi de justice et de charité qui découle de la société humaine universelle, le maître lui-même est tenu, tout en cherchant son intérêt personnel, de viser aussi à l'utilité et surtout au bien spirituel de ses esclaves et de ses serviteurs, comme le demandent la douceur et l'équité du gouvernement domestique.

Aujourd'hui les obligations et les droits des maîtres et des serviteurs sont déterminés surtout par leurs conventions, qui donnent naissance au seul genre de service actuellement en usage. Voici cependant quelques règles générales qui trouvent toujours leur application. Le serviteur est tenu d'obéir à son maître, de lui rendre les services auxquels il s'est engagé, et de veiller à ses intérêts selon sa position : il lui doit par conséquent l'honneur, le respect, la crainte, l'obéissance et la fidélité. Le maître, de son côté, doit le traiter avec bonté, payer exactement son salaire, veiller sur ses mœurs et le diriger selon son pouvoir vers la pratique de la vertu, surtout s'il vit dans sa maison.

L'opinion d'Aristote, qui prétendait que certains hommes étaient esclaves par nature, n'est pas moins fausse en ce qui touche la domesticité que par rapport à la servitude proprement dite, si on la prend à la rigueur, et en ce sens que leur faiblesse donne aux autres le droit de leur ravir violemment la liberté. Mais, dans un certain sens, elle n'est pas dépourvue de toute vérité. Car beaucoup d'hommes, soit dès leur naissance, soit par des accidents de fortune éprouvés dans le cours de leur vie, se trouvent privés des ressources nécessaires, et obligés par conséquent de se les procurer en se rattachant au service d'autrui. De plus, leurs facultés mentales sont souvent si faibles ou si dépravées que leur intérêt même réclame pour eux une dépendance plus étroite et plus habituelle que celle qui résulte de la seule soumission au pouvoir civil. Il est donc vrai que, par divers accidents ou par leur caractère natif ou acquis, beaucoup d'hommes sont nés pour une dépendance plus grande que les autres. Cela a surtout lieu chez les peuples corrompus, comme l'étaient les païens, parmi lesquels on trouvait peu de gens capables de la liberté civile. On peut dire en ce sens que ces hommes sont naturellement serviteurs, sans que le besoin qu'ils ont de cette plus grande dépendance donne directement aux autres le droit d'y soumettre violemment chacun d'eux, en le privant de sa liberté.

On peut consulter utilement M. de Tocqueville sur les changements fâcheux apportés depuis la révolution dans les relations mutuelles des maîtres d'une part, et des fermiers ou serviteurs de l'autre, par le développement de la démocratie. (*De la Démocratie*, tome II) (1).

(1) *Voyez à l'appendice la note* XII.

LIVRE IX

DE LA SOCIÉTÉ CIVILE

CHAPITRE I

DE LA NATURE, DE LA FIN ET DES CAUSES DE LA SOCIÉTÉ CIVILE

373. — Après avoir traité de la société domestique, l'ordre des matières nous amène à parler de la société civile, qui en est le complément. Sujet important, mais difficile, et enveloppé d'une obscurité que les sophistes modernes ont singulièrement accrue par leurs théories dangereuses. Nous commencerons donc, pour dissiper ces ténèbres, par donner une idée nette et précise de cette société, en exposant sa nature, sa fin, son origine et les qualités qui lui sont propres.

La société civile peut être définie *une réunion d'hommes ou plutôt de familles, en nombre suffisant pour assurer la sécurité et la commodité de la vie, sous le gouvernement d'une autorité suprême et indépendante.* En supposant en effet, d'une part la multiplication du genre humain, de l'autre les besoins et la corruption qui résultent pour lui du péché originel, la société domestique ne suffit pas seule pour satisfaire aux exigences de sa condition. Elle doit s'épanouir en États, au sein desquels elle se développe plus à l'aise, selon cette parole de Platon : *Ex patribusfamilias paulatìm factos reges.* Car la multiplication des enfants et petits-enfants qu'une seule maison ne peut plus contenir, la difficulté d'y nourrir tant de personnes, les mariages contractés dans d'autres familles, souvent même des dissensions domestiques, sont autant de causes qui obligent les enfants adultes de quitter la maison paternelle et d'en fonder d'autres auprès d'elle. Ainsi se forme le *village*, réunion d'hommes plus nombreuse que la famille restreinte à une ou deux générations, telle que peut la contenir une seule maison. Mais chacun des pères de famille, maîtres de ces maisons nouvelles, ne peut ni cultiver tous les arts, ni produire toutes les choses nécessaires à la vie, ni se défendre contre les violences et les rapines qui se multiplient avec les hommes. Il faut donc qu'il recoure à l'assistance des autres et qu'il leur prête la sienne à son tour ; ce qui ne peut se faire avec ordre et constance, sans un principe dirigeant les efforts de chacun vers le but commun ; c'est-à-dire sans une autorité. De là naît une nouvelle association, la *cité* ou l'*État* (*respublica*) (1), qui tient le milieu entre la société universelle du genre humain et la société domestique.

Malgré la distinction qui existe entre cette société et la famille, le passage de l'une à l'autre s'opère d'une

(1) *Cité, Etat, République*, sont trois mots qui désignent également une réunion d'hommes soumis à une autorité politique indépendante, quelle que soit la forme de celle-ci. Le mot *république* est cependant plus spécialement affecté aujourd'hui à la forme polyarchique.

manière insensible, comme l'indique très-bien Platon, de sorte qu'il est difficile d'assigner le moment où la cité naissante cesse d'être mêlée au régime patriarchal. Les politiques modernes se sont donc bien trompés en présentant la fondation de la cité comme une œuvre conçue *à priori* et créée dans un moment indivisible. Autres sont les œuvres de la nature, autres les conceptions des faiseurs de théories. L'une des sources les plus fécondes de pernicieuses erreurs, c'est la manie de vouloir ramener toutes les choses morales et sociales à ces formes symétriques, dont les hommes spéculatifs et oublieux des conditions pratiques sont si fort épris (1).

374. — La cité est donc une réunion d'hommes maîtres d'eux-mêmes *(sui juris)*, sous une autorité commune, pour la sécurité et la commodité de la vie temporelle. Les pères de famille *sui juris* en sont la matière ou les éléments directs; car ceux qui sont soumis à leurs parents ou à des maîtres ne sont pas membres immédiats de la cité, qui est proprement une association de familles; ils ne lui appartiennent que par l'intermédiaire des chefs de ces familles, auxquels seuls convient, à la rigueur, le titre de *citoyen*. Aussi les femmes, les mineurs et les esclaves n'ont-ils jamais été admis à exercer les droits politiques qui, dans certains États, sont accordés à tous les citoyens, quoique ces personnes aient part cependant à la vie civile sous un autre rapport, celui des droits et des devoirs privés. Quant

(1) Voyez sur ce point Taparelli, *Degli Ordini rappresentativi*, tome I, p. 159 à 166.

aux simples serviteurs, l'usage a varié selon les temps et les lieux (1).

Ceux qui possèdent l'autorité souveraine faisant partie de la cité, de même que la tête est la partie principale du corps, on doit diviser les citoyens en supérieurs et sujets; et, comme les membres du

(1) Le sens du mot *citoyen* n'est pas le même chez tous les auteurs. Selon Aristote *(Politique*, L. III, C. I), on ne doit donner ce titre qu'à celui qui peut être appelé aux fonctions publiques. — Voici comment le cardinal Gerdil explique la chose: « Entre les sujets de l'Etat, dit-il, on distingue les citoyens et les simples habitants. Les premiers sont ceux qui jouissent des priviléges de l'association; je dirais ceux qui participent aux droits que la constitution accorde à ceux qui sont proprement regardés comme membres de l'Etat. La qualité de citoyen a plus ou moins d'étendue, suivant les différentes formes de gouvernement. Dans la démocratie, suivant la définition d'Aristote, le citoyen est celui qui a droit de suffrage. Le commentateur Burlamaqui dit qu'une société bien réglée ne doit pas admettre à ce rang une vile populace, c'est-à-dire que dans un gouvernement même démocratique bien constitué, il y a un peuple qui commande et un peuple qui est assujetti à l'autorité de l'autre partie, sans y avoir aucune part. Cela prouve bien qu'il n'y a aucun gouvernement où l'autorité souveraine soit le résultat d'un pacte actuel de tous ceux qui composent la société; sans quoi la *vile populace* devrait aussi entrer dans ce pacte, d'où les lois et le gouvernement seraient censés tirer toute leur autorité. Dans l'aristocratie, la qualité de simple citoyen n'a d'autre étendue que de jouir des droits que la constitution accorde aux membres de l'Etat. Dans la monarchie, tous les sujets peuvent parvenir par leur mérite et leurs services à tous les emplois de l'Etat, ce qui fait que la qualité de citoyen y est accompagnée de prérogatives plus éminentes que dans l'aristocratie. » *Du Souverain*, p. 30.

corps humain, ils se subdivisent encore en diverses classes, lorsque la société est bien ordonnée, c'est-à-dire organisée hiérarchiquement.

375. — La forme *substantielle* de toute société existante consiste dans la *souveraineté* considérée d'une manière concrète en la personne qui la possède, que celle-ci soit une ou multiple. — La forme *accidentelle* de chaque cité, qui détermine son mode d'existence propre, consiste dans des combinaisons diverses des droits et des obligations naissant de l'association civile. — La souveraineté, lien de la république, selon Sénèque, est donc ce que plusieurs appellent la *cause formelle* de la cité. Le possesseur de la souveraineté est ou une personne physique, comme dans la monarchie, ou une personne morale ; et celle-ci se compose ou de quelques grands, comme dans l'aristocratie, ou du plus grand nombre, et même de l'universalité des citoyens (autant que cela est possible), comme dans la démocratie. Dans ce dernier cas, la multitude, prise collectivement, est considérée comme une personne distincte des citoyens pris à part, et ayant à l'égard de chacun d'eux des devoirs propres, comme ils en ont de corrélatifs envers elle. L'être qui possède l'autorité souveraine est appelé *prince* ou *souverain*, qu'il soit une personne physique ou morale.

376. — Puffendorf, suivi en cela par beaucoup d'autres, assigne pour origine ou *cause efficiente* à la cité un pacte exprès ou tacite qu'il décompose en trois autres pactes. Ce sont : 1° le *pacte d'union*, par lequel les hommes, jouissant de la liberté naturelle et maîtres

d'eux-mêmes, veulent former une association pour donner une direction commune à tout ce qui concerne la sécurité et la commodité de la vie; — 2° le *décret de forme*, qui détermine si le pouvoir sera exercé par plusieurs ou par tous agissant collectivement; — 3° enfin le *pacte de soumission*, par lequel chacun s'engage à obéir au monarque, au sénat ou au peuple, selon la forme adoptée par le décret précédent (1). C'est ainsi que la chose est décrite par Puffendorf, qui semblerait avoir assisté à ces comices du genre humain, quoi qu'il veuille bien avouer que le temps en a détruit les actes. D'autres prétendent que les deux pactes d'union et de soumission suffisent pour constituer la république. — Enfin Hobbes, plus réservé que les autres, se contente d'un seul pacte de tous avec tous, consistant dans la renonciation à la volonté propre faite par chacun, excepté le souverain, qui retient ainsi sur tous un droit universel.

Laissant de côté ces fables, nous montrerons que la cause prochaine ou l'origine de la cité, n'est autre que le fait humain, quel qu'il soit, qui constitue entre certains hommes un rapport réel et concret de supériorité et de soumission, dans l'ordre des choses qui sont l'objet de la société civile; car toute société concrète naît d'un fait, comme la société conjugale, du mariage;

(1) Il peut sembler étrange que Rousseau rejette ce pacte comme nul et impossible et fasse consister dans le pacte d'union son fameux *Contrat social*. C'est cependant ce qu'il fait au chap. 16, liv. III, intitulé : *Que l'institution du gouvernement n'est point un contrat*. Mais, selon son usage, il se contredit ici comme ailleurs. — Voyez Maury, *Opinion sur la souveraineté du peuple*, p. 181.

la société paternelle, de la génération. Sans doute, il ne répugne pas qu'une association civile puisse résulter d'une convention entre un petit nombre de pères de famille. Mais nous montrerons plus loin que le plus souvent, surtout à l'origine des choses, la cité est sortie d'un fait qui n'avait rien de conventionnel. On a donc grand tort de présenter ce pacte comme l'explication philosophique et si nécessaire de la formation de la cité, que ceux-là même qui en reconnaissent la fausseté historique se croient obligés d'y recourir comme à une fiction sans laquelle on ne pourrait rendre raison de l'origine des Etats. Mais comment une fiction pourrait-elle produire quelque chose de réel? Tout au plus pourrait-on peut-être donner ce pacte comme l'explication historique de l'origine de quelques sociétés particulières, s'il en est toutefois qui n'aient pas commencé par la monarchie, ce qui est nié par Aristote *(Politique I. C. I.)*. Et certes, même en admettant ce fait, de telles cités ne se seraient pas formées par un contrat d'une multitude d'égaux; mais seulement par l'union de quelques chefs de famille, frères ou parents, ce qui diminue beaucoup les difficultés pratiques d'une telle association.

Il est plus facile d'expliquer par des pactes entre les princes et les sujets, les modifications que le temps amène dans une société déjà constituée; chose fort différente, et qu'il ne faut pas confondre avec la théorie métaphysique du contrat social.

Nous avons dit que la cause prochaine de la cité est un fait humain. Mais sa cause éloignée et *impulsive* est, selon Platon, le besoin que les hommes ont de se secourir mutuellement pour la sécurité et la commodité de la vie; et selon Aristote, cette inclination pour la société qui est naturelle à l'homme, ou sa *sociabilité*.

Ce penchant, il est vrai, trouve sa première satisfaction dans la famille; il ne laisse pas néanmoins de tendre encore à des associations plus vastes, lorsque la multiplication du genre humain en fournit l'occasion. Or ce besoin et cette inclination étant fondés sur la nature de l'homme, on peut avec raison les rapporter à son auteur, et dire que Dieu est la cause première de la société civile comme de toute autre. Il la produit comme auteur de la nature par le moyen des besoins qu'il a donnés à l'homme.

Quelques faits humains viennent ensuite, comme causes secondes, appliquer notre sociabilité générale à des associations déterminées, formées dans le but d'atteindre les fins de la vie civile.

La société civile n'est donc pas une institution purement arbitraire et artificielle, comme le prétendent les partisans du contrat social; mais elle est en un certain sens très-vrai, naturelle, d'abord à l'individu, parce qu'elle répond à son inclination et à ses aptitudes, quoi qu'elle ne soit pas aussi indispensable à chacun que l'est par exemple la nourriture.

Aussi certains hommes pourraient-ils s'en passer dans des circonstances spéciales, comme ils peuvent renoncer au mariage. Mais elle est surtout naturelle et nécessaire au genre humain, pris dans son ensemble et dans sa condition présente; comme l'institution de la propriété, qui suppose aussi un fait; l'occupation.

Ce serait mal raisonner que de vouloir restreindre le titre de naturel à ce qui procède de la seule force de la nature sans aucune coopération de l'homme (1).

Cela est manifeste par l'exemple du mariage, société naturelle s'il en fut jamais, bien qu'elle suppose une action de l'homme; et nécessaire à l'espèce, quoique libre pour chaque individu. Ainsi ce n'est pas sans raison que S. Thomas, après Aristote, fait remonter à l'auteur de la nature la société civile, et qu'il la déclare de droit et d'institution naturelle.

377. — La société civile a pour *fin* de procurer à ses membres, par l'union des forces, une sécurité et

(1) C'est ce qu'explique très-bien en ces termes le cardinal Gerdil : « *Neque enim*, dit-il, *quod imprimis ac diligenter notandum est, id solùm naturale reputari debet, quod est in homine dùm nascitur, sed jure optimo id quoque naturale dicitur ad quod insitæ facultates velut ad bonum naturæ congruum propendent, licet hoc ipsum non sine facto humano, nec sine aliquo rationis usu, quæ facultas maximè naturalis est, parari et obtineri minimè possit. Illud verò apertissimè patet in conjugio : neque enim quisquam negaverit conjugii statum naturalem meritò dici, licet conjugium nonnisi facto humano, seu viri mulierisque consensu habeatur; quo circà conjugium naturalis instituti nomine donatur; institutum quidem, quia humano facto initur; naturale autem, quia in id ex principiis naturalibus, homines velut in bonum suæ naturæ congruens inclinantur. Pari jure perfecta communitas non immeritò naturale institutum dicetur : institutum quidem, quia facto humano coalescit; naturale autem, quatenùs ad mutuam eamdemque ordinatam associationem homines ex insitâ propensione et naturalis ordinis ductu tanquàm ex principiis naturalibus inclinantur.* » V. Gerdil, *De principatu civili, Opusc.*, p. 17. — V. *etiam Oper.*, t. VII, p. 37.

un bonheur temporel plus grands que ne peut les donner la société domestique toute seule. Elle atteint ce but en multipliant les commodités de la vie, et en faisant respecter l'honnêteté des mœurs, extérieurement du moins ; car elle n'atteint qu'indirectement la pratique intérieure de la vertu, en tant que l'ordre public serait impossible, si celle-ci faisait entièrement défaut ; mais enfin cette vertu ne lui est pas étrangère. Telle est la fin prochaine et spéciale dans le sens le plus strict de la société civile. — Mais si l'on considère cette fin d'une manière adéquate, même dans l'ordre purement naturel, elle est pour la cité, ainsi que pour la société domestique, le bonheur de l'homme comme être raisonnable. Or ce bonheur est surtout intérieur, et consiste principalement dans la conformité des actions de l'homme aux lois de la religion et de la justice. Le bien-être matériel et la tranquillité de la vie ne viennent qu'au second rang, comme un moyen d'atteindre la félicité intérieure qui naît de la vertu. Voilà ce que les politiques oublient trop souvent de nos jours, en sacrifiant tout aux jouissances matérielles, comme si elles étaient le but unique de la société (1). Dans l'hypothèse de l'élévation de l'homme à l'ordre surnaturel, la société civile (comme la société domestique et tout le reste) tend en dernier

(1) Aristote était mieux inspiré lorsqu'il disait : « Comme » c'est surtout à la vertu et à la corruption politiques que s'at- » tachent ceux qui regardent à de bonnes loix, il est clair que » la vertu doit être le premier soin d'un Etat qui mérite vraiment » ce titre et qui n'est pas un Etat seulement de nom. » *Politiq.*, L. III, ch. V.

lieu par une relation extrinsèque à la béatitude surnaturelle, comme un moyen d'y parvenir, et elle est subordonnée à la religion révélée.

Ce point de vue, le seul complètement vrai, et qui était le principe fondamental des Etats chrétiens, est méconnu aujourd'hui par la politique qui caractérise ce que l'on appelle la *société moderne*. Celle-ci tend à organiser la cité sans aucun égard à la religion; je dirais presque à l'ordre moral : tendance aussi funeste que fausse, et qui constitue l'essence intime de la *révolution*.

La société civile favorise l'acquisition de la félicité en développant les moyens qui y conduisent et en protégeant les droits de chacun. Car, comme on ne peut attendre des hommes livrés entièrement à leur liberté qu'ils règlent toujours l'usage de leur force sur leurs devoirs, il a fallu les soumettre à une autorité commune qui remédiât à la divergence de leurs opinions et de leurs désirs, et les forçât de respecter le droit d'autrui. Ainsi tout ce qui appartient aux devoirs, soit parfaits, soit imparfaits, de l'homme envers les autres, rentre en quelque manière dans l'objet de la société civile; et réciproquement, ce que chaque citoyen ne peut se proposer pour fin, ne saurait être celle de cette société. C'est pourquoi ceux qui s'unissent pour se livrer à des violences et à des rapines ne forment point une cité, mais une conspiration; et quoiqu'ils soient organisés en corps et soumis à une sorte de gouvernement, on ne peut les regarder comme un peuple : ils n'en ont pas les droits; mais ils ne sont qu'une troupe de brigands.

378. — Si l'on considère la fin de la société civile

et le développement qui conduit les sociétés moindres jusqu'à cette institution, on reconnaîtra que le bien public ne peut être séparé du bien-être et de la sécurité des citoyens, ou du moins de la plus grande partie d'entre eux. Les théories qui détruisent cette sécurité ne sauraient donc être les principes légitimes du droit public. Ici, pour parvenir à des déterminations plus exactes, certains publicistes distinguent dans la cité trois sortes de biens : le bien *commun*, le bien *public* et le bien *privé.*

Le bien *commun*, qu'ils appellent *civil*, parce qu'il répond surtout à la liberté civile dont il dépend, est celui de tous les individus résultant pour chacun de l'usage libre et sûr qu'il peut faire de ses droits. Ce bien regarde les particuliers, mais il les regarde tous; tandis que le bien qu'on appelle *privé* ne concerne qu'un petit nombre de personnes.

Le bien *public* ou *politique* est celui du corps social lui-même, pris comme une personne morale qui se perpétue par l'accession de nouveaux membres à mesure qu'elle perd les anciens. Ce bien concerne plus ou moins de personnes dans les différentes formes de gouvernement, selon le nombre de ceux qui participent à la souveraineté, dont le bien importe si fort au bonheur de tous. Dans la démocratie, il concerne la plus grande partie des citoyens; dans l'aristocratie, les familles nobles, dont les chefs gouvernent l'Etat; dans la monarchie, il regarde surtout la famille régnante et celles qui ont avec elle des rapports plus étroits (1).

On voit par là comment se justifie cette parole at-

(1) Voyez Solimani, *Ethic.*, t. II, p. 85.

tribuée à un grand prince : L'*Etat c'est moi*, que l'on a voulu rendre odieuse en la détournant dans un sens égoïste qui n'était pas le sien. La société tout entière, en effet, ne saurait être prospère lorsque la souveraineté et celui qui l'exerce ne sont pas eux-mêmes dans des conditions favorables, puisqu'ils résument en eux tous les intérêts de la société qu'ils représentent et qu'ils dirigent. C'est pour cela que l'on confond ordinairement le bien *commun* et le bien *public*, à cause du rapport étroit qui les rend inséparables.

Le bien commun est la fin propre et prochaine de la société civile, puisqu'elle a pour but de protéger les droits des associés de manière à en assurer à chacun l'exercice le plus libre et le plus complet possible. Cela ne veut pas dire toutefois que chacun doive en retirer un fruit égal, car les droits que les hommes apportent en entrant dans la société civile étant inégaux, les fruits qu'ils produisent doivent l'être aussi, et ce principe suffit pour réfuter l'utopie des communistes qui veulent substituer une égalité absolue à cette égalité proportionnelle.

On doit aussi viser au bien politique en le faisant servir au bien commun ou civil dont il est le moyen le plus efficace. Il n'est donc pas permis, sous prétexte du bien public, d'usurper le droit des particuliers, sans une juste compensation, autant qu'elle est possible : ce qui montre l'iniquité de cette loi de Lycurgue qui, pour procurer le bien de la république en la composant de citoyens robustes, ordonnait le meurtre des enfants d'une faible constitution.

Enfin on doit avoir égard aussi au bien privé,

en permettant à chacun des citoyens qui sont dans des conditions semblables de parvenir aux mêmes avantages, et excluant ainsi l'injuste acception des personnes ou l'inégalité condamnable. Par ce moyen le bien privé retombe en quelque sorte dans le bien commun, puisque chacun peut à l'occasion en profiter à son tour. Du reste le bien privé doit être subordonné au bien commun et au bien public.

CHAPITRE II

DES PROPRIÉTÉS DE LA SOCIÉTÉ CIVILE

379. — Les propriétés de la société civile se déduisent aisément de sa fin.

I. — La cité est une personne morale, capable d'imputation et de responsabilité ; parce que l'autorité commune qui y préside réunit les opinions, les volontés et les forces des citoyens en une seule volonté, formant un être moral auquel on peut attribuer des droits, des devoirs et des actes. De là plusieurs cités sont entre elles comme autant de personnes morales dans un état d'égalité, de liberté et d'indépendance, et elles jouissent respectivement des droits naturels de conservation, de défense, etc., comme des particuliers qui vivraient dans l'état d'isolement. Les lois de la société civile déduites de sa fin sont naturelles et universelles, ou communes à toutes les cités. Elles sont donc aussi nécessaires, éternelles et immuables tant que la société subsiste. Les unes sont intérieures et règlent les rapports mutuels des citoyens entre eux et avec la cité ; les autres sont extérieures et concernent les relations de chaque cité avec les autres, ou avec les personnes qui lui sont étrangères.

380. — II. — La société civile est *stable* et perpétuelle par succession de nouveaux citoyens qui remplacent les mourants ; ce qui a fait dire que l'État ne meurt point. Ce n'est pas qu'une cité particulière ne puisse périr ; mais alors elle est remplacée par une autre, de sorte que le genre humain n'est jamais dépourvu de ce genre d'association.

381. — III. — La société civile est *inégale* et essentiellement gouvernée ; car, même dans la démocratie complète, quoique la souveraineté soit supposée appartenir à tout le peuple, chaque citoyen est cependant soumis à la totalité considérée comme un seul corps.

382. — IV. — La société civile est *complète* en deux sens : 1° En tant qu'elle est indépendante, tandis que les autres sociétés de l'ordre naturel lui sont subordonnées et sont renfermées dans son sein ; 2° en tant qu'elle embrasse toute l'activité humaine et qu'elle a pour objet toute la félicité au moins extérieure de cette vie, et non pas seulement tel et tel bien particulier, comme les sociétés d'industrie et de commerce.

384. — V. — Elle est la plus parfaite des sociétés naturelles, qui se rapportent à elle comme des parties au tout ; tandis qu'elle n'a cette sorte de dépendance à l'égard d'aucune autre, et parce qu'elle se suffit à elle-même pour obtenir sa fin, le bien-être des hommes. Or c'est ce qui n'a pas lieu pour la société domestique, qui leur procure bien la vie, mais non avec cette commodité et cette sécurité qu'elle a été obligée de cher-

cher dans la cité, comme dans son complément (1).

384. — VI. — La cité domine toutes les autres sociétés naturelles, tant par la force des armes qui est entre ses mains, que par la puissance morale qu'elle exerce sur les sujets. L'État, toutefois, doit exercer son influence sur les sociétés inférieures, et particulièrement sur la famille, de telle sorte qu'il laisse intactes leurs fins particulières et les moyens nécessaires pour y parvenir, selon les lois de l'association hypotattique (334). Il ne doit donc pas attirer tout à lui, ni usurper, si l'on peut s'exprimer ainsi, jusqu'aux détails du ménage de chaque maison par une centralisation excessive, qui détruirait toute activité légitime dans les sociétés subordonnées.

385. — VII. — La société civile est *naturelle* au genre humain multiplié, car l'homme est naturellement un *animal politique*, dit Aristote, que S. Thomas suit en ce point. Nous avons expliqué plus haut le sens de cette assertion (2).

386. — VIII. — La société civile est moralement *nécessaire* au genre humain, au moins dans sa condi-

(1) « *Quia hominis domus*, dit Saint Augustin, *initium sive particula debet esse civitatis; omne autem initium ad aliquem sui generis finem, et omnis pars ad universi, cujus pars est, integritatem refertur; satis apparet, esse consequens, ut ad pacem civilem pax domestica referatur; id est, ut ordinata imperandi obediendique concordia cohabitantium referatur ad ordinatam imperandi, obediendique concordiam civium. Ita fit, ut ex lege civitatis præcepta sumere patrem familias oporteat, quibus domum suam sic regat, ut sit paci accommodata civitatis. (Lib. XIX, C. 16, de civitate Dei.)*

(2) *Voyez à l'appendice la note* XIII.

tion présente. Cette nécessité pourrait se prouver par ce seul fait que, partout où les hommes ont été nombreux, on trouve cette société établie à quelque degré, et qu'aussitôt que le lien de l'association civile vient à se relâcher, des calamités de tout genre fondent sur les peuples. De plus, elle peut se démontrer directement par l'inclination puissante qui y porte les hommes et par le besoin qu'ils en ont pour mener une vie tranquille, pour développer leurs facultés et pour favoriser l'honnêteté des mœurs, qui tire de grands avantages d'une société bien organisée et de l'influence d'une sage autorité. C'est ce que montre l'état misérable des nations barbares, chez lesquelles l'organisation de la société civile est restée à l'état rudimentaire, quoiqu'elles n'en soient point entièrement dépourvues. Enfin cette nécessité résulte de ce que l'institution de la cité est naturelle, car ce qu'inspire la nature doit, ordinairement du moins, recevoir son accomplissement. Il est donc faux que, dans l'origine, la crainte et la violence aient seules porté les hommes à s'associer ainsi (1).

CHAPITRE III

DE L'ORIGINE DE LA SOCIÉTÉ CIVILE

ARTICLE I

ORIGINE HISTORIQUE DE LA SOCIÉTÉ CIVILE

387. — On peut envisager de deux manières la formation de la cité : ou historiquement d'après les traditions qui nous restent, principalement dans la Bible,

(1) Voyez sur ce point Bensa, *Juris natur. summa*, t. I, § 441.

sur la manière dont s'est formé ce genre d'association dès le commencement du monde; ou philosophiquement, en recherchant comment une multitude a pu se constituer en corps social sous une autorité légitime, tout en sauvegardant (dans les limites où il peut être admis) le droit d'indépendance de chacun. Nous traiterons d'abord brièvement la question historique : les erreurs si répandues dans ce siècle nous obligeront de donner à l'autre plus de développement.

La Genèse, en nommant une ville bâtie par Caïn, nous apprend que la société civile a existé longtemps avant le déluge. Mais elle se borne à indiquer ce fait; et il suffit de remarquer ici que les choses ont dû se passer alors à peu près de la même manière qu'après le déluge, puisque les raisons étaient les mêmes. Depuis ce cataclysme, nous ne trouvons le nom d'aucune ville avant la dispersion de Babel. Cependant la multitude des hommes, déjà si nombreux, doit faire supposer qu'un autre lien était venu s'ajouter à celui de la société purement domestique, qui n'aurait pu suffire à la maintenir dans la concorde. Déjà, à cette époque, on parle de Nemrod, petit-fils de Cham, *qui commença à être puissant sur la terre*, ce que l'on entend ordinairement d'une puissance militaire (*Genèse*, C. X). — Nous voyons au même livre que les nations primitives dans lesquelles s'établirent des Etats descendaient chacune d'un auteur commun dont elles retinrent le nom pendant plusieurs siècles, comme les Assyriens d'Assur, les Sabéens de Saba, etc.

Mais, quoi qu'il en soit de ce qui a précédé la confusion des langues, il est certain du moins que dans ce moment les nations se dispersèrent par familles, dont chacune donna ensuite naissance à une cité. Tant que l'auteur commun vivait et que ses descendants dressaient leurs tentes ou bâtissaient leurs maisons autour de la sienne, il demeurait leur chef et dirigeait les affaires communes, laissant au maître de chaque maison le soin de celles qui regardaient sa propre famille (1).

Ainsi, quoique l'on pût en la présence du père commun conserver à une telle société le nom de *famille*, cependant elle commençait à participer, en quelque chose, aux conditions et à la fin de la cité. C'est ce qui eut lieu surtout lorsqu'un grand nombre de serviteurs vinrent avec leur propre famille s'unir à la multitude des enfants qui, vu la longévité des hommes à cette

(1) Voici comment Rollin expose ce développement primitif de la famille se changeant en cité : « Dans ces premiers temps, » chaque père était le chef et le souverain de sa famille, l'arbitre » et le juge des différends, le législateur-né de la petite so- » ciété qui lui était soumise. A mesure que chaque famille » croissait, par la naissance des enfants et la multiplicité des » alliances, leur petit domaine s'étendait, et elles vinrent peu » à peu à former des bourgs et des villes. Ces sociétés étant » devenues fort nombreuses par la succession des temps, les » familles se partagèrent en diverses branches qui avaient » chacune leurs chefs. » *Hist. ancienne, t. I.* »

« A cette époque, dit Pope, chaque père de famille, couronné » par la nature, devenait roi, prêtre et père de son état nais- » sant; ses sujets mettaient en lui tout leur espoir, comme » en une seconde providence; son regard était leur loi, sa » langue leur oracle. » — Voyez Fénélon, *Essai sur le gouvernement civil, p. 354, édit. Lebel.* — Saint Thomas, de son côté, expose en ces termes comment le pouvoir civil est dérivé époque, pouvait se grouper autour de l'auteur commun (1). L'histoire d'Abraham nous offre un exemple remarquable de cet état de choses, qui différait beaucoup de la famille telle qu'on la voit maintenant dans nos sociétés civiles, où réunissant à peine trois générations dans une même maison, elle n'atteint guères le nombre de trente à quarante personnes.

Pour distinguer avec plus de précision les différents degrés qui se trouvent dans la société, depuis la famille dans son sens le plus restreint, jusqu'à la cité la plus développée, on peut appeler celui que nous venons de décrire *société patriarchale*. Il est aisé de concevoir comment cette société reste soumise à l'autorité du père commun, que la nature elle-même indique comme

de la paternité. *Omnis domus regitur ab aliquo antiquissimo, sicut à patre familias reguntur filii. Et exindè contingit, quod etiam tota vicinia, quæ erat instituta ex consanguineis, regebatur propter cognationem ab aliquo qui erat principalis in cognatione, sicut rex in civitate. Ideò autem hoc regimem à domibus et vicis processit ad civitates, quia diversi vici sunt, sicut civitas dispersa in diversas partes; et ideò antiquitùs habitabant homines dispersi per vicos, non autem congregati in unam civitatem. Sic ergò patet quod regimem regis super civitatem vel gentem, processit à regimine antiquioris in domo vel vico. (S. Th., in lib. I. Politicor., cap. I.)*

(1) Aussi Bellarmin dit-il : « *Patriarchas regiâ potestate præditos fuisse indicant res gestæ ipsorum : Abraham (Gen. 14) bellum gessit contra quatuor reges, nec legitur ab ullo senatu optimatum potestatem accepisse; sed nec ullum quidem senatum consuluisse. Judas (Gen. 38) nurum suam quæ stupri fuerat accusata igni adjudicavit; nec ipse ullum senatum consuluit aut rogavit. De Rom. Pont. L. III, C. II.*

son chef, quoiqu'elle ne le lui impose pas avec une rigueur métaphysique et absolue (1).

388. — Mais lorsque la mort a enlevé celui-ci, la société passe à un nouvel état, celui de la *tribu*, qui tient le milieu entre la société patriarchale et la société politique proprement dite, dont elle diffère tant par la grandeur que par le caractère différent de l'autorité qui la gouverne; car celle-ci étant moindre que dans la cité, laisse plus de pouvoir aux pères de famille sur une foule d'objets.

Cette diversité, toutefois, n'est qu'accidentelle, et l'on trouve déjà dans la *tribu* la différence spécifique qui distingue la société dont le supérieur tient son autorité de la nature seule, c'est-à-dire de la paternité, de celle où le supérieur est établi soit par élection, soit par tout autre fait humain, comme on l'expliquera bientôt. C'est là, en effet, le trait qui distingue la famille prise au sens le plus large, ou la société patriarchale, de celle que la présence d'un élément autre que la génération, fait considérer comme plus propre-

(1) C'est sans doute l'absence de cette obligation rigoureuse qui a porté certains auteurs à limiter la puissance paternelle au temps de l'enfance, parce qu'ils ne la supposent fondée que sur le besoin de l'enfant. Suarez insinue cette opinion (*de oper. sex Dier. L. V, C. VII, § 14*). Mais cela n'est vrai que dans une certaine mesure, et si cette puissance diminue, elle ne cesse pas entièrement, parce que les besoins de l'enfance ne sont pas son seul titre, comme nous l'avons vu plus haut (362). D'ailleurs, l'homme adulte a encore besoin de la direction civile, et à qui convient-il mieux qu'au père de la donner dans une société formée de ses descendants?

ment *civile*, et dont le premier degré est la *tribu* (1).

389. — Lorsque la tribu se développe et voit ses villages se changer en villes, l'autorité qui la dirige doit se développer aussi et acquérir plus de puissance. Cela arrive soit par la multiplication d'une même tribu, soit par l'union de plusieurs tribus d'abord isolées, qui passent sous l'autorité d'un chef commun, et qui échangent la vie nomade, assez ordinaire aux tribus, pour une vie sédentaire et plus policée. Ainsi se forme une société plus grande à laquelle les titres de *cité* et de *royaume* sont proprement réservés. Toutefois l'histoire nous apprend que les cités et les royaumes n'étaient pas d'abord fort étendus. Une ville avec son territoire les composait le plus souvent, jusqu'à ce que les alliances ou la conquête eussent formé de plus grands empires, comme fut celui des Assyriens; mais cette diversité d'étendue est ici purement accidentelle.

390. — La difficulté qu'on trouve à expliquer dans la tribu la formation du lien social et l'établissement de l'autorité qui lui est nécessaire, vient de ce que, à ne considérer que la nature seule, aucun des pères de famille que la mort de l'auteur commun a rendus arbitres d'eux-mêmes et pleinement *sui juris*, ne semble avoir le droit de commander aux autres. Voilà pourquoi beaucoup de publicistes pensent que l'on ne peut sortir de cet état, qu'ils appellent *anarchique*, que par une élection libre et convenue *à priori* entre ces pères de famille. Sans doute, les choses ont pu se passer ainsi à l'origine, de même que nous voyons aujourd'hui

(1) *Voyez à l'appendice la note* XIV.

des élections de ce genre se faire en diverses sociétés. Mais, bien loin que ce soit là le seul mode de constituer la souveraineté, il ne paraît pas même qu'il ait été commun dans le principe, si l'on en juge par le peu de rapports qu'il a avec les mœurs antiques et les circonstances propres à ces premières sociétés. L'autorité s'y trouvait presque naturellement attribuée à quelqu'un, le plus souvent par le droit de primogéniture.

Bien que ce droit ne suffise peut-être pas par lui-même pour conférer cette autorité sans le secours de quelques institutions positives; il était néanmoins généralement regardé dans ces premiers temps comme quelque chose de sacré, qui assurait une haute prééminence et qui appartenait au droit des gens intérieur; ce qui suffisait pour compléter l'efficacité qu'il n'aurait pas eue par lui-même. C'était comme une institution coutumière qui pouvait bien étendre son influence sans aucun pacte formel jusque sur la souveraineté. — Dans d'autres occasions, celle-ci pouvait être le résultat de la volonté et d'un testament de l'auteur commun, auquel le respect singulier pour l'autorité paternelle, qui distingue ces premiers âges, donnait une grande force. On voit des exemples de cela dans les bénédictions d'Isaac et de Jacob données à leurs enfants, et qui assignent pour chacun un ordre perpétuel de supériorité ou de dépendance, non sans faire allusion au droit d'aînesse, qu'elles transfèrent de l'un à l'autre des enfants pour des raisons spéciales. — *Genèse,* ch. XXV, XXVII et XLIX.

Enfin une supériorité de génie, de force et de richesse

pouvait désigner quelqu'un des frères aux autres comme le plus capable de les diriger et de les aider ; de sorte que sans élection formelle de leur part, et sans violence de la sienne, son autorité se trouvât comme naturellement établie à titre de convenance et d'utilité commune, tacitement reconnue par les autres. C'est ainsi que la plupart du temps les hommes qui l'emportent sur les autres par certaines qualités, établissent insensiblement leur autorité sur eux, selon cet axiôme, dont la vérité expérimentale met à néant bien des théories soi-disant philosophiques : *l'autorité se prend et ne se donne pas.* C'est ce qu'il serait aisé de démontrer par les exemples mêmes où l'élection populaire semble dominer avec le plus d'éclat.

391. — Ce que nous venons de dire de l'établissement d'un supérieur dans la tribu primitive s'applique facilement aux degrés supérieurs d'association qui changèrent la tribu en cité, soit par la multiplication de la même peuplade, soit par l'union de plusieurs. Car dans le premier cas la multiplication des inférieurs n'apportait aucun obstacle à ce que le supérieur, une fois établi, transmît naturellement son droit à ses fils dans l'ordre de primogéniture, selon ce que nous voyons pratiquer plus tard dans de plus grands empires.

Lorsque l'Etat se formait, au contraire, par l'association de plusieurs tribus indépendantes, le chef qui obtenait l'autorité sur elles, soit par l'élection, soit à titre d'excellence ou de conquête, transmettait régulièrement ensuite ce pouvoir à son fils. Tel est, en effet, l'ordre naturel, dont les peuples primitifs trouvaient le type dans la famille et auquel on voit, par ce qui nous reste de l'histoire des premiers siècles, qu'ils se conformaient assez fidèlement (1).

392. — Enfin, à un degré plus avancé du développement de la société primitive, on trouve le droit de conquête qui a si souvent soumis à l'autorité d'un seul plusieurs tribus et plusieurs Etats. Je dis à un degré supérieur, car celui-ci ne saurait évidemment être le premier, puisque la conquête demande une armée, et par conséquent suppose déjà une autorité plus grande que ne l'est la puissance paternelle proprement dite. Elle exige au moins une famille très-développée, telle qu'était celle d'Abraham, dans laquelle, quelque nom qu'on lui donne, on trouve un pouvoir presque royal.

(1) M. de Saint-Victor nous montre chez les Hébreux un exemple de cette formation originaire de la société et de son développement. « D'Abraham et de son fils Isaac, dit-il, sort une postérité peu nombreuse d'abord et que régissent longtemps les lois de la société domestique. Elle s'accroît, les pères et les familles s'y multiplient; alors nous y voyons naître le gouvernement de la tribu, et un certain droit d'aînesse s'y établir entre les familles diverses qui la composent, comme il existait déjà dans l'intérieur de la famille de leur père commun. Il y a ensuite agrégation de tribus, comme il y a eu agrégation de familles, et il s'en forme un peuple. Dès qu'elles sont entrées par cette modification nouvelle dans la société civile, il leur faut un chef qui les conduise dans leurs guerres et qui règle tout au milieu d'elles pendant la paix. Ce chef est institué, et se montre à l'instant même entouré des chefs de familles aînées, dont il fait ses auxiliaires et ses ministres; et de cette extension du droit d'aînesse, l'un des traits les plus remar-

On voit, comme nous l'avons déjà fait remarquer (159), que ce n'est ni la *guerre,* ni une *violence tyrannique,* ou l'*instigation du diable,* qui ont pu être la première et l'unique manière d'établir l'autorité politique parmi les hommes, comme quelques-uns n'ont pas craint de le dire dans des accès de mauvaise humeur contre les princes (1).

Comment concilier d'ailleurs ces déclamations avec cet oracle du S.-Esprit : *Non est potestas nisi à Deo; quæ autem sunt, à Deo ordinatæ sunt.* (Rom. XIII, 1.) En vain objecterait-on l'exemple de Nemrod; car l'Ecriture ne dit point qu'il fut un conquérant injuste ni un violent oppresseur; mais seulement un *vaillant chasseur devant le Seigneur.* Or cette qualité était alors fort utile, pour délivrer des tribus pastorales des maux que leur causaient les incursions des bêtes fé-

quables de ce premier développement social, nous voyons sortir naturellement la noblesse, qui se perpétue, et naturellement encore par l'hérédité. Sous Moïse, Josué et les juges, ce peuple est régi par un gouvernement exceptionnel, qui serait la perfection de la monarchie s'il pouvait être offert comme modèle et s'il n'eût pas été super-naturellement établi; car encore que ces hommes choisis n'eussent pas le caractère royal, ils exerçaient sur le peuple entier un pouvoir absolu qui n'avait de limites que dans les décrets de Dieu même, monarque suprême dont ils n'étaient que les interprètes et les lieutenants. Par un effet de l'inconstance et de la perversité de ce peuple, de véritables rois succédèrent à ce gouvernement théocratique, et alors, comme il le dit lui-même, « il devint semblable aux autres nations. » Saint-Victor, *Etudes sur l'histoire universelle, T. II, p. 351.*

(1) Bellarmin *(De Laicis,* L. III, C. III. IV, VII) réfute ces

roces, et très-propre par conséquent à concilier leur faveur à celui qui la possédait, et à le faire reconnaître pour chef. Le peu que l'Ecriture nous dit de Nemrod s'explique donc au moins aussi bien d'une protection utile que d'une oppression injuste.

393. — On peut déduire de ce qui précède ces conclusions historiques, dont la vérité est incontestable.

I. — Tout gouvernement politique tire sa première origine de la société domestique, dont il est une imitation et un développement; et il présuppose l'existence de la famille, source du genre humain, et de toute la société. En effet, dans ces premiers temps, les fils de famille devenus adultes, ou demeuraient dans la maison de leur père, soumis à son autorité domestique; ou se bâtissaient de nouvelles maisons dans les terres déjà occupées par lui, et lui devenaient ainsi soumis à un

déclamations, et montre combien il est faux de supposer que la plupart des princes ont été mauvais. « *Falsum est*, dit-il, *principes ut plurimùm esse malos : hìc enim non agimus de regno particulari, sed de politico principatu in genere,* QUALIS PRINCEPS FUIT ABRAHAM ET ALII. *Sicut fuerunt mali principes Caïn, etc..., ità è contrariò fuerunt boni principes Adam, Noë, Abraham, Isaac, Jacob, Joseph, Moyses, Josue, omnes ferè judices et plurimi reges Juda.* » — On peut remarquer en passant qu'il attribue ici, en vertu du titre de paternité, la souveraineté politique aux patriarches, quoi qu'il en soit du nom sous lequel elle est désignée. « *Negari non potest*, dit-il, *quin Adamo subjecti fuerint filii et nepotes ejus* (C. VII). Il suppose donc que la première cité a été purement naturelle et non conventionnelle, et que ce n'est point une élection préalable, faite par la multitude, qui l'a constituée.

nouveau titre, celui de son domaine territorial ; ou enfin émigraient dans des régions encore inoccupées, et donnaient ainsi naissance à une société nouvelle.

II. — Le domaine territorial du père a été l'origine naturelle du gouvernement monarchique. Car les concessions faites par le père dans un territoire qu'il possédait déjà, lui donnaient sur les donataires une supériorité formellement distincte du pouvoir paternel et du droit même de propriété, quoiqu'elle tirât son origine de celui-ci. Ce pouvoir spécial, fondé sur le domaine personnel, et sur l'obligation générale de faire le bien des autres hommes lorsqu'on le peut (comme le permettait ici la suprématie du grand propriétaire), est proprement la *jurisdiction*, qui, lorsqu'elle réside sur une seule tête indépendante, constitue la monarchie. Ce n'est plus ni la paternité pure, ni le simple domaine, lequel tombe directement sur les choses, et non sur les personnes.

III. — Le pouvoir monarchique provenant ainsi du domaine territorial a pu devenir héréditaire. Car ce domaine lui-même, qui en était le fondement, était transmissible par l'hérédité, par exemple, à l'aîné des fils. Celui-ci pouvait donc succéder aussi à l'autorité de son père, ayant pour cela les mêmes titres que lui, sauf la qualité de père et ce qui en dépend immédiatement. Ainsi, quoique le lien du sang s'effaçât peu à peu par la multiplicité des générations, et que le domaine lui-même se trouvât insensiblement aliéné, la supériorité politique originairement fondée sur eux a pu leur survivre.

IV. — Une société de frères ou de parents émigrant du territoire paternel, a été l'origine naturelle du gouvernement polyarchique. Car ces frères émancipés et respectivement indépendants, durent nécessairement se choisir un chef entre eux; ou plus souvent accepter celui qui s'imposait par quelque prééminence personnelle; ou bien enfin retenir l'autorité pour l'exercer d'un commun accord, comme cela peut se faire dans les républiques. Or il n'est pas impossible qu'ils aient pris quelquefois ce dernier parti, quoiqu'il ne soit pas facile d'en montrer des exemples dans l'histoire; parce que les difficultés d'un premier établissement demandent pour l'ordinaire plus d'unité dans l'action que n'en offre généralement le gouvernement collectif. Les grandes et difficiles entreprises sont plutôt l'œuvre d'un homme que celle d'une assemblée.

ARTICLE II

EXPLICATION PHILOSOPHIQUE DE LA FORMATION DE LA SOCIÉTÉ CIVILE

394. — Après avoir montré historiquement comment la société humaine a passé par divers degrés de développements, de la maison, son berceau, jusqu'à la cité parfaite, il faut chercher l'explication de ce fait, et montrer de quelle manière le lien social qui soumet les hommes à l'autorité a pu se concilier avec leur indépendance naturelle. Comme nous l'avons déjà indiqué, beaucoup de publicistes, exagérant cette in-

dépendance, qui appartient plus à l'ordre purement idéal qu'à celui des faits, posent en principe que nul homme ne peut sans son libre consentement être soumis à un autre; assertion déjà démentie dans la société domestique, mais sur laquelle repose néanmoins le système plus ou moins développé du contrat social. — Les partisans les plus rigides de ce système, comme Rousseau, établissent nettement ce principe, au moins pour tout homme ayant l'usage de la raison (1). — D'autres, et même des catholiques comme Schwartz et Zallinger, restreignent cette nécessité du consentement aux pères de famille que l'émancipation ou la mort de l'auteur commun a rendus *sui juris* et constitués dans l'état d'*anarchie*. Mais ils accordent à ceux-ci la faculté d'engager leurs descendants présents et futurs, qui naîtront ainsi soumis à l'autorité préexistante. Quant à eux, ils doivent tous concourir à un double pacte; celui d'*association*, qui requiert l'unanimité; et celui de *soumission*, dans lequel la majorité suffit selon ces auteurs; sans doute parce que cette prééminence de la majorité est censée acceptée dans le premier pacte, selon cette parole de Rousseau : « La loi

(1) « L'ordre social, dit Rousseau, est un droit sacré qui sert de » base à tous les autres; cependant ce droit ne vient pas de la » nature; il est donc fondé sur des conventions (*Contrat social*. » Liv. I, C. I)..... Puisqu'aucun homme n'a une autorité naturelle sur son semblable, et puisque la force ne produit aucun » droit, reste donc les conventions pour base de toute autorité » légitime parmi les hommes (*id.*, C. IV). » Nous laissons à Rousseau le soin de faire concorder ces paroles avec ce qu'il dit, Liv. III, C. XVI du même ouvrage.

» de la pluralité des suffrages est elle-même un éta-
» blissement de convention et suppose au moins une
» fois l'unanimité. — *Contrat social, Liv. I, C. V.* »

Cette doctrine, pleine de difficultés et de contradictions, est défendue par Puffendorf et admise par quelques catholiques modernes, comme Spedaliéri, que Taparelli réfute victorieusement. (*Essai de droit naturel*, § 565.)

Plusieurs scolastiques, en supposant que la soumission politique ne saurait naître d'une autre source qu'un pacte, ou du moins un *quasi-contrat* (1), semblent ne pas s'éloigner assez de ce système quant à la spéculation. Il est vrai qu'ils y mettent des restrictions pratiques qui ne permettent pas de les confondre avec les fauteurs de la théorie moderne de la souveraineté du peuple. Cependant leurs opinions, quelque adoucies qu'elles soient, renferment encore une contradiction manifeste, puisque d'une part elles supposent que le devoir de soumission politique ne peut naître que d'un consentement, et que de l'autre elles donnent à la volonté des parents le pouvoir de lier toute leur postérité (2).

395. — Le système du contrat social tel que l'entend Rousseau est absurde, impossible et pernicieux, comme

(1) Voyez Suarez, *defens. fidei*, L. III, C. II, § 17 et 19.

(2) Cette contradiction n'a pas échappé à Rousseau. « Quand
» chacun, dit-il, pourrait s'aliéner *lui-même*, il ne peut aliéner
» ses enfants; ils naissent hommes et libres; leur liberté leur
» appartient; nul n'a le droit d'en disposer qu'eux. Avant qu'ils
» soient en âge de raison, le père peut en leur nom stipuler
» des conditions pour leur conservation, pour leur bien-être,
» mais non les donner irrévocablement et sans condition; car

nous le démontrerons bientôt. Malgré les restrictions que les autres mettent à l'hypothèse d'un pacte primitif, elle nous semble encore inadmissible à double titre : 1° en tant qu'on la propose comme le seul moyen de constituer la cité et d'y établir un souverain ; 2° en tant qu'elle suppose que la souveraineté réside d'abord dans la multitude et est déléguée par elle au supérieur élu. Cette seconde question, plus difficile que l'autre, sera examinée plus loin, lorsque nous traiterons de l'autorité en elle-même. Nous ne toucherons ici que la première, savoir la formation de la cité et la détermination de la personne du supérieur, points sur lesquels il est aisé de réfuter les partisans du contrat social.

Il est certain que cette formation et cette détermination peuvent provenir d'un pacte et d'un choix fait par un petit nombre de pères de famille indépendants, comme cela a lieu tous les jours dans des sociétés particulières formées pour l'industrie, le commerce, etc..... Mais nous disons que ce moyen n'est pas le seul, et qu'il n'a pas été le premier, ni le plus ordinaire. C'est ce qui ressortira clairement des notions que nous allons développer.

I. — Pour qu'il existe une société réelle ou *concrète*,

» un tel don est contraire aux fins de la nature et passe les » droits de la paternité ; il faudrait donc, pour qu'un gouver- » nement arbitraire fût légitime, qu'à chaque génération le » peuple fût maître de l'admettre ou de le rejeter ; mais alors » ce gouvernement ne serait plus arbitraire. » (*Contrat social*, Liv. I, Chap. IV). — Rousseau paraît appeler ici *arbitraire*, l'autorité qui ne provient pas de la volonté générale de tous. Voyez *Contrat social*, L. II, Ch. IV.

et possédant une autorité *concrète* aussi, c'est-à-dire un *supérieur,* il faut un fait qui applique dans l'ordre réel la sociabilité générale de l'homme et l'idée abstraite de l'autorité. Ce fait constitue en même temps la société concrète, et détermine en elle le possesseur de l'autorité, ces deux choses ne pouvant exister indépendamment l'une de l'autre, ni la société sans supérieur, ni le supérieur sans sujets.

II. — Ce fait varie selon la nature de la société, qui peut être naturellement nécessaire, obligatoire ou volontaire.

La société *naturellement nécessaire* (comme celle du père et des enfants) naît, comme l'autorité qui la dirige, d'un fait purement naturel aussi et imposant une nécessité. Ainsi, c'est sans sa volonté que l'enfant est placé par sa naissance et ses besoins dans la société domestique et soumis à l'autorité paternelle. — La société *obligatoire* naît d'un droit préexistant et prédominant. C'est ainsi que par le droit d'une guerre juste, le vaincu se trouve malgré lui soumis au vainqueur et entre avec lui dans une association inégale. Enfin la société *volontaire* naît d'un consentement libre, comme il arrive entre des égaux qui, n'étant encore unis entre eux par aucun lien de droit, forment une association et se choisissent un supérieur, ou du moins en acceptent un librement.

Par cette analyse, dont l'exactitude est incontestable, on voit déjà combien il est faux que toute société et toute sujétion proviennent d'un consentement libre, puisque celui-ci n'est requis que pour la société volontaire, tandis que la société civile et la souveraineté peuvent être établies par les trois moyens que nous venons d'énumérer, savoir : un fait naturel, un droit prédominant et le consentement, lorsque le trop grand nombre des contractants ne rend pas le pacte pratiquement impossible, comme il arriverait dans l'hypothèse de Rousseau.

396. — Et d'abord, comme la famille est le germe de l'Etat, de même l'autorité qui la gouverne est le germe de l'autorité civile, qui naît naturellement du pouvoir paternel, lorsque la famille croissant se transforme peu à peu en cité, ainsi que nous l'avons exposé. Car, dans l'état d'isolement, dont nous expliquons ici le passage à l'état civil, chaque famille n'est pas simplement une famille, mais elle est le germe de la cité future, ou plutôt une cité ébauchée. L'autorité domestique y est donc non seulement paternelle et tendant à l'éducation des enfants ; mais encore vraiment politique, quant à l'ensemble des personnes qui forment les familles, bien qu'elle soit encore imparfaite sous ce rapport, à cause du peu d'importance de la matière sur laquelle elle s'exerce. Il lui appartient en effet, comme à l'autorité politique, de procurer, autant qu'elle le peut, une vie tranquille et heureuse à ceux qui lui sont soumis, en protégeant et dirigeant l'exercice de leurs droits, comme le fait la puissance civile. Seulement celle-ci, tout en s'étendant à plus de personnes, a moins d'action sur elles ; car un père a plus de latitude pour disposer de ses fils qu'un roi pour disposer de ses sujets. La différence des deux pouvoirs porte donc plutôt sur des choses accidentelles que sur la substance. Cette petite réunion d'hommes qui

forme la famille a besoin d'ordre en effet, tout comme un grand peuple, quoique sa petitesse n'exige pas des moyens aussi énergiques pour la maintenir; et le droit d'établir cet ordre appartient au père, auquel le fait de la génération donne une prééminence naturelle sur les autres. Lorsque cette petite société s'accroît par l'accession de nouvelles familles, le pouvoir qui la gouverne acquiert aussi plus d'extension, et reçoit des modifications qui affectent moins sa nature que la matière sur laquelle il s'exerce et les moyens qu'il emploie. Dans toute famille indépendante, le père est donc un roi ébauché, comme l'enfant est homme véritable, quoique encore imparfait. Il en a toute la nature, bien qu'elle ne soit pas pleinement développée, à cause de l'imperfection de son organisme. Nous avons vu comment, le père venant à manquer, son pouvoir se perpétuait en passant par sa volonté ou par le droit de primogéniture à d'autres chefs de la famille. Il est facile de comprendre après cela comment l'histoire nous montre dans les familles les plus anciennes les droits royaux, même celui de vie et de mort, droit dont on trouve encore des traces beaucoup plus tard chez certains peuples. Cet usage avait pour fondement la souveraineté que chaque père de famille indépendant pouvait naturellement s'attribuer sur la famille, ainsi que sur celles qui, en étant sorties comme autant de rejetons, ne s'étaient point séparées de lui.

Nous trouvons encore là l'explication de ce phénomène remarquable qui, parmi toutes les formes politiques possibles, nous montre la monarchie comme la plus antique et la plus universelle; et qui nous présente les premiers royaumes bornés à une seule ville, parce que la cité n'était d'abord qu'une grande famille et modelait ses institutions sur le type de la société domestique.

Telle est l'origine primitive et naturelle du pouvoir civil dans l'Etat concret. Elle nous autorise à dire qu'il vient immédiatement de Dieu, en ce sens qu'il se confond dans l'origine avec l'autorité paternelle, qui procède de celui dont *toute paternité tire son nom au ciel et sur la terre;* et cela sans aucun autre consentement de ses enfants et de ses domestiques (1).

Voilà donc une manière très-large de former les sociétés civiles sans pacte et par la force d'un simple fait purement naturel, auquel on peut ajouter encore de nouveaux titres dans le père ou dans ses successeurs. Tel est celui de propriété d'un territoire qui permet d'obliger tous ceux qui l'habitent à garder l'ordre qu'y établit le maître. Car, dans une société fondée sur la propriété et formée par une réunion successive de colons et de serviteurs, le propriétaire qui avait droit d'établir l'ordre entre eux, acquiert l'autorité politique par là même que son village s'accroît jusqu'aux proportions d'une cité. Son droit de maintenir l'ordre chez lui, combiné avec le devoir naturel de faire le bien des autres, produit le droit de diriger la multitude pour le bien de celle-ci; ce qui forme l'essence

(1) Cette doctrine est exposée en substance par *Liberatore Juris nat.*, § 161, édit 10e. — Voyez aussi Taparelli, *Essai de droit naturel*, Liv. II, ch. X.

même de l'autorité politique. Telle a été en particulier l'origine de la société féodale. De même l'accroissement du nombre des esclaves et des serviteurs, tendant à relâcher les liens de leur soumission; celle-ci pouvait devenir peu à peu purement *civile*, de *servile* qu'elle était d'abord. Ainsi s'établissait sur eux un nouveau genre d'autorité, plus fondé toutefois sur le droit antérieur de *domaine* que possédait le maître que sur la volonté des sujets. On peut concevoir ainsi bien des faits qui forment ou modifient des associations semblables, sans pacte proprement dit, et surtout sans contrat universel. Le plus souvent ces titres divers, dont chacun pourrait suffire pour constituer la cité, y concourent en même temps; car la nature et la liberté humaine n'observent guère dans ce qu'elles font ces divisions abstraites et symétriques dont les philosophes usent pour analyser les faits complexes que présente l'ordre réel.

397. — Outre les faits naturels et nécessaires, comme la génération d'où procède la puissance paternelle, il en est de libres et d'arbitraires qui peuvent produire un devoir d'association ou de soumission sans consentement préalable du sujet : c'est le cas de la société obligatoire. Cela a lieu dans la collision des droits, lorsque quelqu'un a celui d'obtenir un bien nécessaire pour lui ou pour un autre, et que ce droit l'emporte sur l'indépendance naturelle de celui contre lequel il s'exerce. Ce dernier peut alors être obligé à une association d'où résultent, entre autres rapports, ceux de supériorité et de sujétion politiques. Si, par

exemple, quelqu'un s'est rendu coupable d'une injure grave envers un autre, vivant comme lui dans l'état d'isolement et sans supérieur commun (ce que nous supposons toujours ici), l'offensé peut le priver de l'indépendance dont il a abusé et se l'assujettir à titre de peine, de réparation ou de précaution nécessaire pour l'avenir. Que la même chose arrive, non plus entre deux individus; mais entre deux grandes familles, ou même deux tribus; voilà un Etat constitué, et une puissance politique établie dans la personne de celui qui gouvernait la tribu offensée devenue victorieuse. Ainsi s'explique l'origine et surtout l'agrandissement de la puissance civile par le droit de conquête légitime.

De même, s'il est nécessaire que quelqu'un se soumette à un autre, pour mettre en sûreté sa vie ou quelqu'autre bien considérable, et surtout le bien commun, auquel il n'est pas permis de renoncer, il naît de là pour lui une véritable obligation de subir cet assujettissement. — C'est même là la seule raison de l'obéissance que l'on doit en certains cas aux usurpateurs. On pourrait donner d'autres exemples d'association et de sujétion obligatoires provenant d'un droit prédominant, et liant les hommes malgré leur inclination propre. Mais ceux que nous avons rapportés suffisent pour montrer comment les Etats ont pu se former à l'origine sans contrat, et comment ils peuvent de même se modifier et changer de maître dans le cours des siècles.

398. — Quant à la voie de consentement libre, elle offre encore moins de difficulté quand on l'entend rai-

sonnablement. Ce consentement peut être donné de deux manières.

1° Par un pacte exprès et une élection délibérée, comme il arrive souvent dans les modifications que subissent les Etats déjà existants. Il n'est pas impossible non plus que cela ait lieu dans leur première formation, quoique l'histoire ne nous en offre aucun exemple. Du reste, une telle convention n'est pratiquement possible qu'entre un petit nombre de chefs de famille égaux et indépendants, et elle entraîne l'assujettissement involontaire d'un bien plus grand nombre de personnes qui leur étaient déjà soumises; savoir, leurs enfants et leurs serviteurs; ce qui contredit la théorie philosophique du contrat social.

2° Le consentement peut être donné d'une manière tacite, soit à un fait utile, si quelqu'un, par exemple, prend sans opposition le pouvoir vacant, en vertu de quelques supériorités naturelles qui disposent les autres à l'accepter pour maître; soit même à un fait violent et injuste, comme une conquête, que ce consentement tacite légitime par voie de prescription et par une sorte de ratification.

Tels sont les divers moyens d'expliquer philosophiquement le passage de l'état d'indépendance à l'état civil; les deux derniers expliquent également la transition d'une constitution politique déjà existante à une autre qui lui succède. Ces moyens se réduisent donc à trois.

1° La voie purement naturelle, c'est-à-dire le simple développement de la famille.

2° La voie juridique, provenant d'un droit prédominant.

3° La voie volontaire, fruit d'un consentement libre, exprès ou tacite.

Ces trois moyens, du reste, concourent souvent et se combinent de différentes manières dans la formation des Etats.

Nous allons maintenant réfuter l'opinion de ceux qui n'admettent que le troisième de ces moyens à l'exclusion des autres, et qui en faussent même la véritable notion. Cette réfutation, qui sera l'objet de l'article suivant, ne sera pas difficile, après tout ce que nous avons dit.

ARTICLE III

RÉFUTATION DU SYSTÈME DU CONTRAT SOCIAL

399. — Commençons par résumer en peu de mots ce système tel qu'il est défendu par l'école révolutionnaire de Rousseau, afin de mieux préciser le sens des propositions que nous établirons pour le réfuter.

1° Nul homme, disent ces auteurs, ne peut être engagé dans la société, ni soumis légitimement au pouvoir politique, que par sa propre volonté.

2° Tous forment avec chacun un pacte par lequel ils livrent sans réserve leur personne et tous leurs droits au corps politique qui résulte de l'association de tous.

3° Ce corps, ou l'administration qui le représente et

le dirige, peut disposer de tout à son gré; car son pouvoir provenant de la volonté de tous, est illimité.

4° Ce pacte social peut être dissous par le peuple, non seulement lorsqu'il a été violé, mais encore par son pur caprice.

Telle est la théorie absurde et immorale au nom de laquelle la révolution a fait son entrée dans le monde, à la fin du siècle dernier, en signalant ses premiers pas par l'*apothéose* de Rousseau, son auteur. Sans doute, plusieurs de ceux qui l'ont adoptée en substance, l'ont adoucie en certains points; mais sans parvenir à en faire quelque chose de raisonnable. Tous conservent au moins le premier article et l'hypothèse du pacte, ce qui suffit pour les mettre dans le faux et pour les faire tomber sous le coup de la réfutation que nous allons en faire par les propositions suivantes (1).

PROPOSITION I

L'hypothèse du contrat social, entendue dans le sens des novateurs, est historiquement fausse.

400. — *Preuve.* On ne peut rien imaginer de plus important et de plus solennel que ces comices, dans lesquels ont dû se réunir, non pas seulement quelques pères de famille indépendants, mais tous les hommes existant alors, pour former la société, fonder le droit et établir toutes les obligations auxquelles ils sont soumis. Il n'est donc aucun fait dont la mémoire ait dû se conserver plus religieusement chez tous les peuples, d'autant plus qu'il avait chaque jour des con-

(1) *Voyez à l'appendice la note* XV.

séquences pratiques, puisqu'on le suppose le fondement presque universel des actions et des souffrances, des droits et des devoirs, des biens et des maux qui se rencontrent dans la vie. Cependant on n'a jamais pu montrer nulle part de traces d'un acte si important, et cela de l'aveu de ceux-là même qui en proclament la nécessité, et qui, ne pouvant en administrer aucune preuve, sont réduits à le présenter subsidiairement comme une simple hypothèse. Or il n'est personne qui ne voie l'inconséquence qu'il y a à faire reposer tout le cours de la vie humaine sur un fait que l'on déclare nécessaire, et que l'on est en même temps forcé de reconnaître faux. — C'est du moins, dit-on, un contrat de *droit*, sinon un contrat de *fait*. Mais c'est là un misérable subterfuge; car, là où il n'y pas contrat de fait, il n'y a contrat d'aucune sorte; puisque l'on n'y trouve pas cet *accord de deux volontés sur un point* qui constitue l'essence du contrat. Tant que cet accord commun n'est pas réellement intervenu, il n'y a ni obligation ni droit, puisqu'ici le droit naît tout entier du fait (1). Ce contrat de *droit* ne signifie donc autre

(1) Le cardinal Maury tournait ainsi en ridicule ce subterfuge d'un contrat de droit : « Je crois, dit-il, me montrer généreux envers M. de Mirabeau, en ne daignant pas discuter avec lui ce qu'il appelle, dans la fougue de sa rhétorique, *un contrat de droit*. Je connais des obligations et des devoirs de droit. Mais des contrats, des pactes, sont nécessairement des titres écrits; ils doivent exister de fait, ou bien ils n'existent point du tout; et ce n'est que par surabondance de moyens que je me prête à la supposition contradictoire *d'un contrat de droit*. Vous me demandez ce que j'entends par contradiction ? J'entends ab-

chose, sinon qu'il est au moins une hypothèse nécessaire. Or c'est ce que réfutera la proposition suivante.

PROPOSITION II

La nécessité du contrat social est une hypothèse gratuite.

401. — *Preuve.* La seule raison que l'on puisse faire valoir en faveur de cette hypothèse, c'est la nécessité prétendue de sauvegarder l'indépendance native et inviolable de chaque homme, et l'impossibilité d'expliquer l'autorité abstraite autrement que par une délégation des droits de chaque citoyen, et l'autorité concrète autrement que par une élection libre. Or cette raison est de nulle valeur.

surde, impossible, comme si vous disiez *un fait de droit.* Me comprenez-vous à présent? Passons à l'examen du fait.

» Dans le fait, et c'est bien du fait réellement qu'il s'agit dans cette discussion; dans le fait, ces prétendus pactes entre les rois et les peuples n'ont jamais existé à l'origine des nations. Les gouvernements se formèrent sur le modèle des familles, comme on ne saurait trop le redire, et ne furent en quelque sorte qu'une extension de l'autorité paternelle. Des hommes qui avaient senti la nature durent croire à la vertu.

» Je sais bien que hors de la ligne des descendants, cet empire paternel n'existe plus, et que toutes les familles qui composent le corps politique furent dans l'origine égales en droit; mais sans attribuer cette formation libre des sociétés à l'influence du pouvoir paternel, je dis que si cette première souveraineté domestique ne fut pas le titre de la royauté, elle en fut du moins, comme je l'ai dit, le prototype et la mesure.

« Cette institution imitée de la nature ne dut être dès lors environnée que de respect, de piété filiale, de confiance et d'amour. Aucun peuple ne soupçonna d'abord que le père de

Car 1° l'homme dans l'état réel et concret ne jouit point nécessairement et naturellement de cette indépendance, comme il est manifeste dans l'enfant, qui ne peut naître qu'assujetti; l'indépendance n'est donc point essentielle à l'homme existant. C'est une qualité accidentelle dont il peut jouir ou être privé selon les circonstances et qui ne dépend pas par conséquent de sa seule volonté.

2° Bien loin que l'autorité abstraite doive dériver des individus réunis, cela n'est même pas possible, parce que personne ne peut donner ce qu'il ne possède pas. En effet, dans l'hypothèse de nos adversaires, tous étant indépendants, nul n'a sur les autres une autorité

l'Etat pût abuser de sa puissance. On n'imagina donc nulle part de la restreindre par des clauses résolutoires. On n'en savait pas tant encore à cette époque où M. Mirabeau est obligé de remonter et de se cacher, pour suppléer à l'autorité des exemples par la théorie des systèmes.

« Ce n'a été que beaucoup plus tard, et après avoir été longtemps habitués à la monarchie, que divers peuples ont modifié l'autorité royale en constituant leur gouvernement, et ont profité de l'ambition ou de la faiblesse des rois pour leur faire souscrire, principalement lorsque la couronne était élective, des *capitulations impériales*, de *grandes chartes* ou des *pacta conventa*, sans qu'aucune monarchie héréditaire ait pourtant jamais osé se réserver ou réclamer contre son roi le principe anarchique de la souveraineté du peuple. Les chefs de la multitude qui auraient eu assez d'ascendant pour soumettre un monarque à un pareil droit public, auraient employé ce crédit populaire à instituer dès lors une république ou à se couronner eux-mêmes. » *Opinion sur la souveraineté du peuple, p. 190. — Voyez aussi Taparelli. Essai, etc...*, T. IV, p. 145.

qu'il puisse concéder. En vain recourrait-on à une cession mutuelle de leur propre indépendance, car la souveraineté renferme nécessairement des droits, comme celui du glaive (1), qu'aucun particulier ne possède sur lui-même, et qui ne peuvent par conséquent provenir de lui. La souveraineté abstraite ne peut donc dériver que de Dieu seul. Nous verrons plus tard qu'elle ne passe même pas par la multitude, ni par les individus qui la composent, pour arriver de lui au prince.

3° Enfin la détermination de l'autorité *concrète* ou du supérieur, quoiqu'elle puisse résulter quelquefois d'une élection, peut aussi se faire de plusieurs autres manières, comme nous l'avons assez montré plus haut (396, 397).

Nous ne nous arrêtons pas ici à réfuter l'idée absurde de ceux qui, comme Rousseau, requièrent le contrat social pour constituer le droit moral, comme si toute la loi naturelle reposait sur lui : idée si impie et si absurde que beaucoup de partisans, même de ce système, en ont fait justice.

Il n'y a donc aucune raison valable pour justifier la nécessité du contrat social : il n'est appuyé que sur une hypothèse gratuite.

(1) Beccaria, partisan du contrat social, l'avait senti. « La » peine de mort, dit-il, dans son *Traité des délits et des* » *peines*, n'est appuyée sur aucun droit..... La souveraineté et » les lois ne sont que la somme des petites portions de liberté » que chacun a cédé à la société. Qui a jamais voulu donner à » d'autres hommes le droit de lui ôter la vie?..... Qui peut avoir » donné à des hommes le droit d'égorger leurs semblables? »

PROPOSITION III

L'hypothèse du contrat social renferme une foule de contradictions et est impossible à réaliser.

402. — *Preuve* I. Elle est pleine de contradictions; il est contradictoire, en effet, d'exiger le consentement de tous comme absolument nécessaire, et de lier cependant la plupart des hommes (pour ne pas dire tous) sans aucun pacte. Or c'est ce qui suit cependant du système que nous combattons. Car, dans les principes de nos adversaires, le pacte étant personnel, tous ceux qui n'y ont point consenti devraient rester en dehors de la société qu'il constitue. Cependant nous voyons ces personnes soumises aux lois politiques, et même sans qu'il puisse en être autrement. Telles sont : 1° Les femmes qui font partie du peuple et que l'on n'a cependant jamais consultées. 2° Tous ceux qui n'ont point consenti explicitement, car le consentement implicite que l'on met en avant n'est qu'une fiction. 3° Les fils de famille, qui ont cependant naturellement une personnalité distincte de celle de leur père. 4° Les générations suivantes, qui sont par nature aussi libres que les premières, et qui ne sont point liées par les pactes de celles-ci, si le principe fondamental du système est vrai. Pour faire cesser la contradiction, il faut donc émanciper les femmes, comme le veulent les Saints Simoniens, et renouveler tous les vingt ans au moins le contrat social, comme le proposait Siéyès, afin d'obtenir le consentement de la génération nouvelle.

En outre, comment peut-il se faire que chacun demeure libre et n'obéisse qu'à soi-même, tandis que d'autre part il livre au corps social sa personne et tout ce qu'il a, comme le prétend Rousseau? Nous ne parlons point des autres contradictions, sur lesquelles on peut consulter Taparelli, § 574, et Haller, *Restauration de la science politique*, *ch.* XI. Ce que nous avons dit suffit pour montrer l'absurdité du système.

II. Le contrat social est impossible. Car, dans les principes des adversaires, pour qu'il soit juste, il faut, de l'aveu de Rousseau et de Schwartz, obtenir l'unanimité au moins une fois pour régler que dans les autres cas la majorité des suffrages fera loi. Or, si l'unanimité est déjà si difficile à obtenir parmi vingt personnes, que sera-ce dans une assemblée du genre humain, d'une nation même, où il s'agit d'établir une autorité qui puisse disposer à son gré des droits de tous, réprimer les passions, punir les fautes, en un mot resserrer de toutes manières la liberté native? Combien n'y a-t-il pas d'hommes, et c'est peut-être le plus grand nombre, qui n'auraient pu donner leur assentiment à une telle autorité, s'ils ne l'avaient trouvée déjà établie avant eux, et s'ils n'avaient été accoutumés à lui obéir dès leur enfance, comme cela a lieu aujourd'hui? On peut donc justement croire qu'une multitude d'hommes, et à plus forte raison le genre humain tout entier, s'il avait vécu pendant un temps dans l'indépendance, n'aurait jamais pu en sortir au moyen d'un pacte commun pour passer à la vie civile. Cette conclusion est confirmée par l'exemple des peuples sauvages qui, bien que possédant déjà les premiers éléments de la société civile, n'ont jamais pu la perfectionner de leur propre mouvement et par l'effet d'une convention passée entre eux. — Je laisse de côté les autres difficultés particulières dont on peut voir la discussion chez les auteurs que j'ai cités (1).

PROPOSITION IV

L'hypothèse du contrat social est subversive de la société civile.

403. — *Preuve* I. Elle ne laisse dans la société rien de fixe et de constant; mais elle y remet sans cesse tout en question, jusqu'à sa propre existence. Cela résulte de ce que nous avons dit et de l'aveu même de Rousseau : « Il est, dit-il, contre la nature du corps politique que le » souverain s'impose une loi qu'il ne puisse enfreindre... » Par où l'on voit qu'il n'y a ni ne peut y avoir nulle es- » pèce de loi fondamentale obligatoire pour le corps du » peuple, pas même le contrat social.» (Liv. I, C. VII.) Et ailleurs : « Il n'y a dans l'Etat aucune loi fondamen- » tale qui ne se puisse révoquer, pas même le pacte so- » cial; car si tous les citoyens s'assemblaient pour rompre » ce pacte d'un commun accord, on ne peut douter qu'il » ne fût très-légitimement rompu. » (Liv. III, C. XVIII.) — Cela est conséquent, car si tous les droits dérivent de la volonté de chacun, tous peuvent également être révoqués par elle, puisqu'il est naturel que les liens se relâchent par les mêmes moyens qui les ont serrés. Aussi Jurieu tire-t-il à bon droit cette conclusion du

(1) Voyez Taparelli, § 169, — et Molina, *de Justitiâ*, disp. XXII.

principe de la souveraineté populaire, fruit du contrat social : « *Le peuple est la seule autorité qui n'ait pas besoin de raisons pour valider ses actes... Et si le peuple veut se faire du mal à lui-même, qui a le droit de l'en empêcher?* »

II. — Le contrat social, que l'on invoque pour constituer l'autorité et sauvegarder la liberté, détruit en réalité l'une et l'autre.

Et d'abord l'autorité. Car, dans cette hypothèse, la société politique n'ayant rien de naturel, mais étant purement volontaire et arbitraire, elle ne se distingue pas d'une société de commerce ou d'industrie qui se dissout à volonté, chacun reprenant ce qu'il avait apporté. De même ici, chacun reprenant à sa fantaisie son indépendance, toute autorité serait détruite. Aussi depuis que cette théorie est entrée dans le droit public de l'Europe, il est reçu que ceux qui gouvernent ne sont que des mandataires du peuple, révocables à volonté, et quand le peuple les renverse, on ne dit plus qu'il se révolte, mais qu'il rentre dans ses droits; et, pour employer l'expression reçue, qu'il *sort de tutelle*, pour prendre lui-même en main l'administration de ses affaires.

L'expérience montre que partout où ces idées ont prévalu, il n'y a plus ni respect ni obéissance volontaire pour les souverains; que ceux-ci n'ont plus ni sécurité ni stabilité; qu'à la première occasion, le peuple se mutine, et que sous le plus futile prétexte de tyrannie, d'abus du pouvoir délégué et de violation du pacte fondamental, il bouleverse toutes les institutions et change de fond en comble la forme de l'Etat.

2° La fiction du contrat social n'est pas plus favorable à la liberté des peuples qu'à la sécurité des princes. Car si, d'une part, on peut dire que ceux-ci, devenus simples mandataires, n'ont plus rien de propre, de l'autre, comme exerçant le droit du peuple, ils ont tout entre les mains et peuvent faire tout ce qu'ils veulent. Et en effet, la plupart des partisans de ce système leur abandonnent tout, comme Hobbes, les personnes et les biens. Nous avons entendu Rousseau le dire expressément et avec raison, car si tout pouvoir public vient du peuple, celui-ci, comme maître de lui-même, peut se livrer sans réserve.

Par conséquent, celui qui exerce ses droits et qui est censé agir en son nom et par son autorité, peut oser bien plus que l'homme qui n'agit que de lui-même et en son propre nom. C'est ce que confirme encore l'expérience. Car dans les anciennes républiques démocratiques, où, bien que la doctrine spéculative du contrat social fût ignorée, tout se faisait néanmoins pratiquement au nom du peuple, l'Etat absorbait les droits domestiques des particuliers, en disposant de l'éducation et de la vie même de leurs enfants. De même chez les modernes, depuis que ces principes ont prévalu, tout tend à l'absorption entière du droit privé, à l'idolâtrie de la loi humaine, comme étant l'expression de la volonté du peuple, et enfin, par le moyen d'une centralisation qui croît tous les jours, au socialisme. Celui-ci, en effet, n'est autre chose que la mise en commun de tous les biens, selon la formule de Rousseau, afin que l'autorité établie par le peuple les administre et les distribue en son nom, sans égard pour les droits les plus sacrés des individus et des familles. Ce principe pernicieux détruit donc la liberté comme l'autorité, et doit être absolument rejeté (1).

404. — COROLLAIRE I. — « Le système du contrat social, soit qu'on l'entende au sens de Rousseau, soit même qu'on le réduise à la simple nécessité d'un pacte pour établir toute autorité, ne saurait être donné pour base à la société civile. » — C'est la conclusion légitime des quatre propositions précédentes.

405. — COROLLAIRE II. — « Le principe de la souveraineté du peuple ne peut donc être regardé comme le fondement universel et philosophique de la société et de l'autorité politique. »

Preuve. Elle résulte de tout ce que nous avons dit; puisque nous avons montré que la société peut être fondée et les supérieurs établis par divers moyens, sans le consentement libre de chaque individu.

(1) Il faut voir chez M. de Tocqueville, d'ailleurs partisan de la démocratie, comment cette forme sociale, surtout lorsqu'elle s'appuie comme aujourd'hui sur le principe théorique de la souveraineté du peuple, entraîne naturellement et comme nécessairement un despotisme immense s'exerçant par la centralisation. — *De la Démocratie*, T. II, partie IV. — Ce que M. de Tocqueville signale comme un danger, un démocrate d'une autre nuance l'exalte comme un progrès. La suppression de la liberté *civile*, la réglementation de toutes choses par l'Etat, la loi remplaçant la conscience individuelle, et procédant de la souveraineté du peuple par le suffrage universel; voilà, selon M. Dupont-Whitte, une des fortes têtes de l'école démocratique, l'idéal du progrès et de la liberté! *V. De la Centralisation*, ch. IX.

En outre, la souveraineté consiste dans le droit de faire des lois, d'administrer les affaires publiques et de punir, même de mort, les transgresseurs. Or rien de tout cela ne peut convenir au peuple.

Il ne peut porter ou proposer la loi, mais tout au plus, cette partie du peuple qui jouit des droits civiques (dont le plus grand nombre est toujours exclus, en dépit de la théorie que nous combattons), peut-elle consentir à la loi proposée par les magistrats. — Il ne peut administrer les affaires, ce qui exige une plus grande unité de vues et de volontés qu'on n'en peut trouver dans la multitude. Aussi, de l'aveu de tous, faut-il toujours en venir à remettre l'administration entre les mains de très-peu de personnes. — Enfin il ne peut punir, surtout de la peine capitale, dont le droit n'appartient à aucun homme, et ne peut par conséquent résulter dans la multitude de la délégation de chacun; mais qui ne saurait venir que d'une concession divine.

Ce serait donc en vain que l'on supposerait comme propre au peuple une souveraineté qu'il ne peut exercer. On peut tout au plus supposer que dans certains cas il choisit ceux auxquels Dieu la confère, selon cette parole de l'Ecriture : *Per me reges regnant et legum conditores justa decernunt. — Prov. VIII, 15.*

D'ailleurs, dès que l'on suppose en tous une indépendance égale, comme c'est ici l'hypothèse; on ne peut arriver à constituer une souveraineté appartenant au peuple. Car d'abord elle n'existait pas dans chaque individu, comme cela est manifeste; mais elle n'est pas plus dans la collection, puisque chacun est de droit naturel aussi indépendant de celle-ci que des autres individus. D'où pourrait-elle donc lui venir? ce n'est pas de Dieu, car nous montrerons plus tard qu'il ne donne pas l'autorité à la multitude, pour qu'elle la transfère au prince; mais qu'il la confère directement à celui-ci. D'ailleurs ceux que nous combattons surtout ici, n'admettent point cette intervention divine, et leur doctrine est résumée dans cette parole impie du *Siècle* (16 février 1862) : « *Nous ne reconnaissons point d'au-* » *torité établie de Dieu. Nul n'a le droit aujourd'hui* » *d'exercer une autorité établie de Dieu.* »

Reste donc que la collection tienne le pouvoir de la concession de chacun abdiquant son indépendance entre les mains de tous, selon la formule de Rousseau citée plus haut. Or nous avons montré qu'il est moralement impossible que tous consentent à une telle abdication. Et au fait, on ne suppose même pas qu'elle ait été demandée aux femmes ainsi qu'à beaucoup d'autres personnes, comme cela serait cependant nécessaire pour rester conséquent avec le principe de l'indépendance *naturelle,* à laquelle toutes ces personnes participent également.

Enfin on ne saurait attribuer au peuple la souveraineté sans bouleverser de fond en comble la société. Car alors, de l'aveu de Rousseau, le peuple ne se liera par les lois qu'autant qu'il le voudra : il sera sans lois; ce qui est le renversement de l'ordre social, qui consiste en ce que la multitude soit gouvernée par une ou plusieurs personnes. — On ne peut donc poser universellement la souveraineté du peuple comme le fondement de l'ordre politique (1).

406. — COROLLAIRE III. — « Le principe de la souveraineté du peuple ne saurait être admis dans son sens général et philosophique, même dans les républiques démocratiques. »

En effet, si loin que l'on pousse la démocratie, la plus grande partie des hommes reste toujours étrangère à tout pouvoir politique; savoir les femmes et les enfants, auxquels il fallait ajouter dans l'antiquité les esclaves; et toutes ces personnes sont purement et simplement soumises aux lois faites par les citoyens actifs. L'hypothèse philosophique qui fait reposer essentiellement en tous la souveraineté se trouve ainsi en défaut. Il est donc vrai qu'en aucun Etat, si démocratique qu'il soit, le peuple, c'est-à-dire l'universalité des hommes, ne jouit de la souveraineté; mais qu'elle

(1) « Si les peuples sont souverains, dit Bossuet, les rois sont » justiciables; si les rois relèvent de ce tribunal, ils ont leurs » sujets pour juges de leur innocence. Si on peut les priver de » la royauté, les réduire à un état particulier, qui empêchera » qu'on aille plus loin et qui pourra les garantir des extré» mités que je n'ose nommer? » (*1er avertissement aux protestants*, ch. I.)

Ces extrémités, nous les avons vues et précisément appuyées sur ce principe! — « Cette théorie moderne de la souveraineté » du peuple, dit de son côté Maury, est donc tout simplement » l'apologie du droit de révolte; et les factieux ne mettent ce » principe en discussion que lorsqu'ils sont déjà les plus forts. » C'est un procès de sédition insoutenable en droit; mais qui » est gagné d'avance par le fait, quand on l'intente à un sou» verain..... » — *Opinion sur la souveraineté du peuple*, p. 195.

appartient toujours à une classe spéciale d'hommes, dont le nombre plus ou moins grand est chose tout-à-fait accidentelle. — D'ailleurs, dans ces hommes même, la souveraineté n'est pas pleine, puisqu'elle ne peut être exercée directement par eux. Elle doit nécessairement se réduire au régime représentatif; c'est-à-dire, au pouvoir de choisir un petit nombre de magistrats et de sénateurs qui administrent pour eux et en leur nom, de consentir aux lois proposées par ces magistrats, et de ratifier les principaux actes de leur administration (1). Or c'est là une souveraineté fort inférieure à celle d'un sénat aristocratique, et d'un Roi, puisqu'ici on retire au peuple, pour les conférer aux magistrats, la plupart des droits qui constituent l'autorité suprême.

Enfin, le peuple doit de droit divin obéir à ces magistrats, en tout ce qu'ils ordonnent dans les limites de leurs charges. Car, bien qu'ils soient désignés par lui, ils tiennent au moins médiatement de Dieu leur autorité, et la loi naturelle oblige le peuple à leur abandonner l'administration, qu'il ne peut exercer par lui-même. Or tout cela s'accorde assez mal avec la notion d'une souveraineté appartenant essentiellement au peuple, dans le sens du contrat social de Rousseau.

Le régime démocratique, tel qu'il peut exister légitimement, est donc fort éloigné de l'hypothèse philosophique de la souveraineté du peuple (2).

(1) Voyez : *Opinion du cardinal Maury sur la souveraineté du peuple*, p. 132.

(2) Aussi le P. Schwartz réfute-t-il en ces termes Suarez, qui

Si l'on examine en effet les démocraties historiques, même celles que l'on peut supposer à l'origine entre les frères qui se séparent de leur père, on voit qu'elles se composent de chefs de famille stipulant pour des personnes bien plus nombreuses qui leur sont soumises, leurs enfants présents on futurs; ce qui répugne au principe fondamental de la démocratie philosophique. Car celui-ci suppose que la volonté personnelle est nécessaire à toute obligation, et que l'autorité se forme dans le corps par la délégation de chaque membre; tandis que dans la démocratie historique le corps souverain ne se compose que d'un certain nombre d'hommes qui tiennent leur indépendance, non précisément de la nature, qui leur est commune avec leurs sujets; mais de leur condition particulière de pères de famille; condition qui leur vient de faits antérieurs et contingents, non de leur nature spécifique. Leur indépendance n'est donc point de droit naturel (1).

prétend que la démocratie est, au moins négativement, la constitution naturelle de la société : (421) « *Cùm communitate,* UT NATURALITER HABENTE POTESTATEM SUMMAM, *confundi haud debet status democraticus,* UT NOTAT EXERCENDÆ POTESTATIS SPECIALEM FORMAM, *solo jure posivito inductam; quâ nempè potestas summa sic est penès universitatem, ut obligatio parendi sit penès singulos; quâ modus consultandi fit per comitia popularia, statuta verò per majoritatem votorum; quâ respublica, tanquàm persona moralis per numerosiorem partem repræsentata, deligit certos magistratus, qui tanquàm consules, pretores, vicarii, potestatem summam populi nomine exercent.* » (Schwartz, T. II, p. 116.)

(1) Voyez : *Opinion de Maury sur la souveraineté du peuple,* p. 117. — *Voyez aussi à l'appendice la note* XVI.

CHAPITRE IV

DE LA SOUVERAINETÉ POLITIQUE

ARTICLE I

DE LA SOUVERAINETÉ CONSIDÉRÉE EN ELLE-MÊME

407. — La souveraineté est *le pouvoir moral de gouverner la cité ou de diriger les actions des citoyens vers le bien commun, d'une manière indépendante de tout supérieur humain.* L'indépendance est ce qui la distingue des magistratures qui tendent au même but; mais qui lui sont subordonnées comme les parties au tout. Elle en diffère donc par le degré, comme elle se distingue par la fin et l'objet, des autres genres d'autorités, celles du père, du maître, quoiqu'elle ait avec celles-ci une si grande analogie qu'elle peut en dériver insensiblement dans la même personne, ainsi que nous l'avons vu. Mais si l'on veut analyser les choses avec précision, on reconnaît une différence réelle entre ces autorités (1).

408. — Les propriétés de la souveraineté sont celles-ci :

I. — Une *pleine liberté,* puisque les souverains ne dépendent ni des étrangers ni de leurs sujets. Les alliances, le vasselage féodal, les tributs et les pactes avec les étrangers et avec les sujets même, ne sont pas censés déroger à cette indépendance, pourvu qu'ils n'entraînent pas la division de la souveraineté, ni sa

(1) Voyez Gerdil, *Opuscul. du souverain, de la souveraineté et des sujets.* p. 31, 32, 33, 34 ;—*et à l'appendice* la note XVII.

limitation dans les choses les plus importantes. Il suffit qu'ils en laissent intacte la substance, que Fénelon fait consister dans le pouvoir législatif et la juridiction criminelle unie au droit du glaive.

II. — L'*unité* et l'*universalité* dans le même Etat, sans quoi l'autorité ne serait ni souveraine, ni indépendante. Et lors même qu'elle ne réside pas toute entière dans une seule personne, mais collectivement en plusieurs, celles-ci ne forment cependant ensemble qu'un seul souverain. On ne saurait donc admettre la *dyarchie*, ou l'hypothèse de deux souverains commandant ensemble avec égalité; selon la formule proposée par Montesquieu, afin que le prince fût impuissant pour le mal, à cause de l'opposition qu'il y trouverait dans un autre pouvoir égal au sien. Ce serait introduire le manichéisme politique et une irremédiable anarchie. Ainsi la prédominance effective d'une seule autorité suprême est, dit Romagnosi, le dogme fondamental et nécessaire de tout gouvernement civil (1).

III. — L'*inviolabilité,* parce que la personne physique ou morale qui possède le pouvoir suprême, et qui donne la sécurité à toutes les autres, doit elle-même être garantie par une sanction pénale plus forte contre la violence et les injures des méchants. Aussi le crime de lèze-Majesté a-t-il toujours été le plus sévèrement puni.

IV. — La souveraineté est de soi *absolue*, de sorte que l'exercice de son autorité ne puisse être légitimement arrêté par aucun autre pouvoir dans l'Etat.

(1) Voyez Taparelli, *Cours élémentaire de droit naturel*, § 264.

Mais elle peut être limitée dans ceux qui en sont dépositaires; ce qui a lieu lorsque les droits qui la composent sont partagés entre diverses personnes, d'où résulte la forme de gouvernement qu'on appelle *mixte* ou *limité*. Néanmoins l'union de ces personnes formera toujours une autorité absolue de droit, et souvent elle se trouvera de fait dans la prédominance effective de l'une d'elles (1). — Toutes les propriétés que nous venons d'énumérer appartiennent à toutes les formes de gouvernement.

409. — La souveraineté est un tout qui contient en soi, comme autant de parties, des droits particuliers d'une importance diverse. Les uns sont regardés comme essentiels, parce qu'on ne conçoit guère comment le souverain pourrait sans eux remplir son office de protéger la cité et ses droits. Tels sont le pouvoir législatif, la juridiction foraine, le droit de faire la guerre et les traités, et autres semblables. Les autres, moins importants, et réputés accidentels, peuvent plus facilement être communiqués et devenir l'objet de transactions, pourvu que la substance de la souveraineté demeure sauve. Ils regardent, en général, certains moyens qui sont utiles au bien public, sans lui être absolument indispensables. La distinction de ces divers droits donne lieu à beaucoup de difficultés

(1) « Dans tout gouvernement, un pouvoir despotique et absolu » doit exister quelque part, selon Blackstone, qui le place en » Angleterre dans le parlement. » — Tocqueville, *de la Démocratie*, note 13 du T. I; T. II, p. 399. Aussi est-ce un axiôme en Angleterre, que *le parlement peut tout faire, excepté qu'une fille soit un garçon*; et il en a donné des preuves.

qui ne sont pas de notre sujet. Nous nous bornerons à une remarque : c'est qu'ils peuvent se combiner et se partager de mille manières entre différentes personnes; d'où naît dans l'ordre des faits une telle variété entre les Etats, que l'histoire ne nous en offre pas deux parfaitement semblables, quoique la souveraineté considérée abstractivement soit toujours la même. Néanmoins pour arriver à des classifications sans lesquelles la science est impossible, on ne s'attache ordinairement qu'aux diversités les plus notables, qui sont censées affecter moralement la substance même des choses. Ainsi, dans la pratique, on distingue différentes formes de gouvernement, selon la manière dont les droits souverains sont réunis en une seule personne, ou partagés entre plusieurs.

410. — La souveraineté considérée dans la personne qui la possède est appelée *parfaite* ou *pleine*, si cette personne possède tous les droits souverains, comme dans la forme simple de la monarchie : on la dit *imparfaite* si la possession de ces droits est partagée entre plusieurs.

La souveraineté, à raison de son exercice, est *absolue* quand elle n'a d'autres limites que celles qui tiennent à la fin et à la nature de l'état civil; autrement elle est limitée. Or il peut arriver que la souveraineté soit : 1° *pleine* et *absolue* tout à la fois; 2° *pleine* quant à la possession, et *limitée* quant à l'exercice; 3° *imparfaite* dans la possession des droits, et cependant *absolue* dans l'exercice de ceux qu'elle a; 4° en partie *absolue*, en partie *limitée*, et *imparfaite*. Par exemple, si le prince, qui peut faire seul et sans contrôle la paix et la guerre, ne peut faire les lois qu'avec le consentement d'un sénat ou du peuple, et si à ceux-ci seuls appartient le droit de lever des impôts.

411. — On distingue communément, d'après Aristote, trois formes simples de gouvernement, la monarchie, l'aristocratie et la démocratie, alors que le pouvoir appartient à un seul, à quelques-uns ou à la multitude, sans compter les formes mixtes qui naissent des nombreuses combinaisons de celles-ci.

Nous userons souvent de cette division, qui a son utilité, tant parce qu'elle est communément reçue que parce qu'elle répond assez bien aux principaux effets pratiques qui résultent de la diversité des régimes. Cependant elle n'est pas d'une exactitude rigoureuse, car la division première et substantielle de la forme sociale est celle qui la partage en *monarchie*, où le supérieur est une personne physique, et *polyarchie*, où c'est une assemblée n'ayant qu'une unité morale. Mais que cette assemblée soit plus ou moins nombreuse, c'est là une différence accidentelle et secondaire qui ne change point sa nature, quoiqu'elle puisse mettre une grande différence dans ses opérations, ce qui suffit pour la subdiviser en *aristocratie* et *démocratie*. Toutefois, ces deux branches ayant la même essence, il est difficile de déterminer avec précision les limites qui les séparent. Quant aux formes mixtes, il est évident qu'elles appartiennent toutes à la polyarchie, car la monarchie disparaît aussitôt que les principaux droits souverains, comme le pouvoir législatif, sont enlevés au roi ou partagés avec d'autres personnes. Nous n'en dirons pas ici davantage sur cette diversité de gouvernement dont nous traiterons amplement plus tard (468).

Il faut seulement, pour compléter ce sujet, dire un mot des *unions d'Etats*, qui soumettent plusieurs cités à un pouvoir commun. L'union est *incorporative* lorsqu'un Etat est absorbé par l'autre comme la partie par le tout et l'accessoire par le principal : elle est *personnelle* si chacun conserve sa forme et ses droits, de sorte qu'il y ait plusieurs Etats sous un même chef.

Si plusieurs Etats, sans se soumettre à une autorité commune, s'associent pour leur sécurité et pour traiter des affaires communes par leurs envoyés, il en résulte une *confédération* ou encore un corps d'Etats alliés qui forment à la vérité une grande société composée ; mais non un *Etat*, faute de souveraineté commune. Chaque cité y garde sa forme et ses droits ; mais elle doit être défendue dans le danger par toutes les autres, de telle sorte cependant que le salut de l'ensemble doive être préféré au salut de chacun en particulier. Une telle association est le fruit d'un pacte, et si celui-ci confère à chaque cité des droits égaux, la société sera égale : elle est inégale dans le cas contraire. Un tel système d'Etats alliés a de l'analogie avec l'Etat anarchique des familles qui vivent dans l'isolement.

412. — La division du suprême pouvoir politique en trois branches, le pouvoir *législatif*, le pouvoir *exécutif* et le pouvoir *judiciaire*, est célèbre entre toutes les autres et commode dans la pratique; c'est pourquoi nous la conserverons ; mais en faisant remarquer que Mon-

tesquieu, qui l'a mise en vogue, et après lui la plupart des modernes, en ont beaucoup abusé, en prétendant que la nature des choses exige impérieusement la distribution de ces trois pouvoirs entre des personnes différentes.

Le pouvoir *législatif* est le droit de faire des ordonnances générales pour le bien commun. Le pouvoir *exécutif*, celui d'en procurer l'application, sans laquelle elles seraient inutiles. Son rapport avec le premier est celui du moyen à la fin ; mais leur objet est le même, c'est-à-dire ce que l'on désigne communément sous le nom d'*administration*. — Enfin le pouvoir *judiciaire* est celui qui termine les contestations des particuliers sur le droit civil; et qui punit les transgresseurs des lois. Il fait donc partie de l'exécution de celles-ci, et il s'exerce par des préceptes particuliers qui sont comme des conclusions ou des applications des ordonnances générales. On voit sa connexion avec les deux premiers pouvoirs.

Ces trois pouvoirs étant des parties de la puissance politique, dont le possesseur est nécessairement un, ou physiquement, ou du moins moralement, elles ne peuvent se trouver hors de lui. Si donc dans un Etat on les distribue quant au *droit* (car leur exercice doit ordinairement être partagé), à plusieurs personnes, on détruit l'unité physique du souverain pour ne lui laisser qu'une unité morale formée par la réunion de ces personnes. Si l'on va jusqu'à vouloir rendre ces trois puissances mutuellement indépendantes, c'est méconnaître la nature de la société et rendre le gouvernement impossible, puisqu'il n'y aurait plus de centre d'autorité qui pût coordonner les parties et leur imprimer un mouvement convenable. Toute unité disparaîtra ainsi de la cité.

413. — On ne peut donc donner le nom de *souverain* qu'à l'être individuel ou collectif qui possède ces trois pouvoirs et qui peut à son gré les exercer ou par lui-même, ou par d'autres personnes qui lui soient subordonnées. Régulièrement parlant, cette seconde manière est la plus convenable. Elle est indispensable, comme procédé ordinaire, dans un grand Etat, car les choses marchent alors avec plus d'ordre, et le gouvernement devient plus doux par la suppression de certains abus qui naissent aisément de la confusion de ces pouvoirs. Aussi cette séparation était-elle ordinairement observée dans la monarchie chrétienne, surtout quant à la puissance judiciaire. Mais aller, comme on le fait aujourd'hui, jusqu'à prohiber leur réunion pour tous les cas, et surtout jusqu'à refuser absolument au prince le pouvoir de juger, c'est une idée non seulement absurde et contraire à la vraie notion de la souveraineté; mais encore extrêmement dangereuse dans la pratique, comme le remarque très-bien M. de Maistre (1). Lorsque le salut public est en danger, les princes peuvent réprimer par eux-mêmes les conspirateurs sans employer les formalités usitées, si elles deviennent impossibles ou dangereuses. Ils usent pour ce cas extraordinaire du triple pouvoir dont ils retiennent toujours la possession radicale, quoiqu'ils en limitent l'usage habituel à certaines

(1) *Principe générateur des constitutions politiques*, *III*.

conditions et à certaines personnes. Nous voyons, du reste, cela se pratiquer même dans les démocraties. Ainsi, à Rome, la formule *caveant consules ne quid detrimenti respublica capiat* conférait aux consuls un pouvoir discrétionnaire pour veiller au salut public en brisant les restrictions par lesquelles leur action était ordinairement circonscrite. — Il n'y a point d'Etat possible sans une dictature pour les circonstances critiques. La république romaine en a eu 54 dans l'espace de 163 ans, de l'an 314 à 477, et ce pouvoir était sans bornes; le dictateur pouvait frapper de mort un citoyen sans forme de procès. Il y a plus, dans un petit État dont les mœurs sont simples, il y aura souvent plus d'inconvénients que d'avantages à séparer habituellement et minutieusement ces trois fonctions de la souveraineté.

ARTICLE II

DE LA SOUVERAINETÉ CONSIDÉRÉE DANS LA PERSONNE QUI LA POSSÈDE.

414. — Après avoir considéré la nature, les qualités et les principales divisions du pouvoir souverain considéré en lui-même, il reste à l'envisager dans la personne qui l'exerce; car ce sont là des points de vue distincts, ayant chacun leurs règles propres; et il ne faut pas perdre de vue cette distinction très-importante pour résoudre les questions que nous avons à examiner. Son oubli a causé beaucoup de confusion et d'erreur chez des écrivains d'ailleurs recommandables. En effet, la souveraineté en elle-même est toujours une, absolue, nécessaire et immuable dans la société, puisqu'elle découle immédiatement de la nature des choses. Mais celui qui la possède peut n'avoir qu'une unité morale, lorsqu'elle est partagée entre plusieurs personnes; il peut être changé et subir diverses modifications dans ses droits par les vicissitudes de ces partages, puisque nulle forme de gouvernement n'est rigoureusement prescrite par la nature; mais que toutes peuvent, selon les circonstances, être légitimement établies, bien qu'elles n'aient pas toutes la même perfection. Ainsi, spéculativement parlant, la cité naissante pourrait choisir *à priori* telle ou telle forme; quoique dans la pratique l'établissement d'une telle forme, surtout à l'origine, dépende beaucoup plus d'une série d'événements ménagés par la Providence que d'une délibération et d'une volonté préconçue des citoyens (1).

415. — Dans toute collection d'hommes formant une association politique, la souveraineté, considérée abstractivement en elle-même, résulte immédiatement, nécessairement et par la seule force de la nature, du fait d'une telle collection, comme dans les composés physiques la *forme* résulte de la *matière* bien disposée. Quant à la détermination du possesseur de cette autorité, elle ne résulte pas de la nature seule; mais elle requiert un fait qui fasse cesser, relativement à cette possession, l'indétermination naturelle à tous, à raison

(1) C'est ce que montre très-bien M. de Maistre en plusieurs endroits de ses ouvrages, et surtout dans son excellent opuscule intitulé : *Essai sur le principe générateur des constitutions politiques.*

de leur égalité spécifique et de leur mutuelle indépendance.

Or les qualités naturelles et accidentelles de chacun, comme le génie, la prudence, la force, ne lui confèrent directement aucun droit sur les volontés des autres, quoiqu'elles puissent fonder un titre de convenance qui le fasse préférer. Il reste donc que cette préférence actuelle résulte d'un fait qui lui donne le droit de commander. Ce fait n'est pas toujours, comme plusieurs le pensent, une élection formelle et délibérée (395); c'est le plus souvent un ensemble de circonstances dirigées par la Providence (1) qui donnent un supérieur à la cité, tantôt avec le consentement tacite des sujets, et tantôt sans lui, comme dans le cas d'une juste conquête. Cela se fait quelquefois subitement, souvent aussi par une longue succession de changements insensibles dans la forme même du gouvernement d'un État, ou dans les personnes qui y possèdent l'autorité.

De même que, dans l'origine, la puissance paternelle devient peu à peu politique par la multiplication de la famille, ou que la souveraineté s'établit ailleurs de quelque autre manière; de même aussi, dans un État déjà constitué, si le premier supérieur vient à manquer, la multitude doit en établir un autre, ou par une élection proprement dite, ou par l'acceptation au moins tacite de quelqu'un, que son excellence propre ou les circonstances mettent comme d'elles-mêmes au

(1) Voilà pourquoi on dit, et avec raison, que Dieu donne les royaumes.

premier rang. Cet état d'une multitude manquant de supérieur déterminé, est ce que l'on appelle l'*anarchie.* Si on la considère dans la première origine de la société, la cité n'est pas encore conçue comme existante, car un supérieur réel et concret est de l'essence de toute société (1).

416. — S'il s'agit d'une société déjà existante et constituée, il peut se présenter deux hypothèses. — 1° Ou bien la perte de son souverain la laisse absolument sans chefs et sans magistrats, et une telle anarchie la dissout complétement; il ne reste qu'une multitude matérielle et confuse, mais point de cité, jusqu'à ce qu'un nouveau supérieur se soit établi. — 2° Ou bien

(1) C'est ce que le P. Martin exprime très-bien en ces termes : « *Ante constitutionem corporis socialis, non existit populus, sed* » *tantùm multitudo hominum individuorum, à se invicem divi-* » *sorum et independentium, quippe nullam alii habent in alios* » *auctoritatem civilem; quæ multitudo non potest formam populi* » *civilis accipere, nisi ex ipsâ corporis socialis constitutione, et* » *ex auctoritate quâ corpus istud in ratione corporis consti-* » *tuitur ac subsistit. Undè populus nedùm auctoritatem con-* » *ferat ac procreet, ab ipsâ solâ accipit et habet quod sit* » POPULUS; *nec ut talis existere incipit nisi ex quo aucto-* » *ritate, tanquàm vinculo communi, constrictus est, et in* » *unitatem corporis propriam redacti sunt individui, anteà* » *à se invicem divisi ac soluti.* » P. Martin, *De Matrimonio,* T. I, p. LXXXIX.

Or, ce qui établit cette unité sociale entre les individus existants, ce n'est pas l'autorité abstraite et purement idéale, qui ne saurait rien opérer, si elle n'est *actuée* dans un sujet réel. Ce que le P. Martin dit ici de l'autorité, doit donc s'entendre de l'autorité concrète ou *du supérieur,* qui seul peut unir et diriger les volontés qu'il s'agit d'associer.

il reste des magistrats inférieurs auxquels alors est dévolu, par *intérim* et de droit naturel, le soin de diriger la société jusqu'à ce que la souveraineté soit reconstituée définitivement. En attendant, elle réside provisoirement comme un dépôt entre les mains de ces magistrats, de sorte que la cité n'en est point privée et qu'elle demeure dans un état formel d'association, quoique la forme *ordinaire* de son gouvernement ne soit pas encore déterminée pour l'avenir.

En de telles circonstances, Dieu a coutume de susciter quelques hommes supérieurs que leur sagesse et leur puissance désignent naturellement, quoique ce ne soit pas d'une manière obligatoire, aux préférences de la multitude, et cet état de choses se termine ordinairement par une occupation du pouvoir spontanée de leur part, et plus ou moins ratifiée par le consentement populaire.

On peut donc dire en général : — 1° Que la détermination de la personne du souverain vient d'une action péciale de la Providence, qui dispose toutes choses pour qu'elle porte sur telle personne plutôt que sur telle autre. — 2° Que le consentement du peuple vient le plus souvent se joindre *à posteriori* à une occupation du pouvoir dont il n'a pas eu l'initiative. — 3° Que la détermination peut aussi résulter quelquefois d'une élection formelle, pourvu que le peuple ait déjà certains supérieurs provisoires ou magistrats, sans la direction desquels une multitude confuse ne pourrait jamais réaliser une élection; car dans tout ce qu'elle fait, il faut toujours qu'elle soit menée, de fait sinon de droit, par quelqu'un. On voit par tout ce qui précède, que la société ne saurait jamais exister ni agir comme telle sans avoir quelque supérieur. Après tout ce que nous avons dit déjà de la formation de la cité, ce que nous venons d'ajouter sur la détermination du souverain, pris en général, suffit pour le moment. Nous traiterons, dans un chapitre spécial, d'une manière plus détaillée, des différents moyens par lesquels le pouvoir souverain peut s'acquérir et se transmettre, moyens qui sont à peu près les mêmes que pour les domaines.

ARTICLE III

DU DROIT DIVIN DE LA SOUVERAINETÉ, OU DE LA MANIÈRE DONT ELLE TIRE DE DIEU SON ORIGINE.

417. — Cette question est déjà en partie résolue par la réfutation que nous avons faite du contrat social et de la souveraineté du peuple, puisque ces systèmes une fois écartés, la nature seule, ou Dieu, son auteur, peut être la source de la souveraineté. Cependant sa gravité et les discussions ardentes dont elle a été le sujet, nous engagent à l'éclaircir encore par un examen plus approfondi. Nous exposerons d'abord avec soin l'état de la question et certaines notions indispensables pour arriver à une solution claire et précise.

SECTION I

Etat de la question et exposé des opinions.

I. — L'intérêt de cette question est d'assurer par une sorte de consécration divine l'inviolabilité du pouvoir souverain contre les caprices de la multitude, que la doctrine de la souveraineté du peuple laisse sans aucun frein.

La difficulté fondamentale qu'elle présente provient de l'indétermination naturelle du *sujet* de l'autorité et de la variété des formes que revêtent de fait les gouvernements politiques. Toute solution, pour être légitime, doit donc résoudre cette difficulté et atteindre le but proposé, de consolider le pouvoir.

418. — II. Le pouvoir d'administrer l'Etat peut résider de deux manières dans une personne physique ou morale.

1° A titre ordinaire et comme propriété; et alors seulement il peut s'appeler proprement *souveraineté*. Ainsi le roi dans une monarchie; dans une polyarchie, le sénat, si elle est aristocratique, ou le corps politique du peuple, si elle est démocratique, sont vraiment souverains, et tout ce que nous avons dit du souverain et de la souveraineté leur est applicable; si ce n'est que le peuple ne peut exercer la plupart des droits souverains que par des délégués.

2° A titre de délégation, comme il arrive dans une polyarchie aux magistrats, qui n'ont point, comme dans le cas précédent, le *domaine* de l'autorité; mais seulement l'*exercice* temporaire ou du moins révocable. Mais quoique, d'après la loi divine, chacun soit tenu, dans une démocratie aussi bien que dans un royaume, d'obéir à ces magistrats dans l'exercice de leur autorité déléguée (sans quoi ils seraient inutiles et tout tomberait en confusion), ce n'est pas néanmoins précisément par rapport à eux que s'élève la question dont il s'agit (1). Elle regarde ceux en qui la souveraineté est devenue un droit propre et ordinaire, encore qu'ils l'aient reçue d'ailleurs.

419. — III. En analysant la question, on voit qu'elle peut se diviser en plusieurs membres, dont chacun demande une appréciation distincte. Les voici :

1° La souveraineté politique, considérée en soi abstractivement, est-elle conférée à la société prise dans son ensemble par Dieu agissant, non pas seulement comme cause première (car tout ce qui est créé procède de lui de cette manière), mais immédiatement comme cause prochaine ; de telle sorte que cette puissance soit de droit naturel et divin ; ce que nient les rationalistes (2) ?

2° La détermination du *sujet* de la souveraineté vient-elle immédiatement de Dieu comme cause prochaine, ou bien seulement par son action générale comme auteur de la nature; de telle sorte que cette détermination soit *prochainement* de droit purement humain ?

3° En supposant (ce qui sera démontré, § 425), que Dieu confère immédiatement, comme auteur de la nature, l'autorité à la société civile prise dans son ensemble, une nouvelle question se présente ultérieurement, savoir :

Confère-t-il cette autorité directement à la multitude

(1) On pourrait aussi la soulever par rapport à eux, et quelques-uns le font ; mais comme elle a beaucoup moins d'importance, nous en faisons abstraction.

(2) *Voyez à l'appendice la note* XVIII.

comme telle; de manière que celle-ci la transfère ensuite à l'être physique ou moral qui en devient le possessseur, et entre les mains duquel cette multitude abdique ainsi nécessairement, ne pouvant exercer elle-même le pouvoir (1)? ou bien, la multitude ayant d'abord déterminé le sujet, Dieu confère-t-il immédiatement et directement le droit moral de souveraineté à cette personne dans les limites et selon les conditions de l'acte qui l'a déterminée; comme il confère l'autorité au père, supposé le fait de la génération, et au mari, supposé le pacte conjugal?

Nous allons développer les conséquences de ces deux hypothèses qui forment le nœud de la difficulté entre les publicistes catholiques (2), de même que le premier membre de la question générale est controversé entre eux et les rationalistes.

§ I. — PREMIÈRE HYPOTHÈSE

La souveraineté conférée directement à la multitude et transférée par elle au sujet déterminé.

420. — Dans cette hypothèse, la multitude entière

(1) « *Nota hanc potestatem (politicam) transferri à multitudine in unum vel plures eodem jure naturæ. Nam respublica non potest per seipsam exercere hanc potestatem. Ergò tenetur eam transferre in aliquem unum, vel aliquos paucos, et hoc modo potestas principum in genere considerata, est etiam de jure naturæ et divino, nec posset genus humanum, etiam si totum simul conveniret, contrarium statuere, nimirùm ut nulli essent principes vel rectores.* » (Bellarmin, *De laïcis*, L. III, C. VI.) — Molina parle de la même manière : *De justitiâ*, disp. XXIII.

(2) Balmès explique assez clairement les deux opinions dans son *Protestantisme comparé au catholicisme*, ch. LI.

reçoit immédiatement de Dieu l'autorité; mais seulement pour la transférer; car elle ne peut la retenir ni l'exercer. Le roi ou le sénat la reçoivent médiatement de Dieu, et directement de la communauté. Dans la démocratie, il semble qu'il en est du corps politique du peuple comme du roi ou du sénat dans les autres régimes; car ce corps de peuple ne doit pas être confondu avec toute la multitude, puisqu'il en exclut toujours la plus grande partie, c'est-à-dire, *au moins* les femmes et les enfants. Il faut donc, suivant cette hypothèse, distinguer ici trois degrés :

1° La multitude entière, qui reçoit immédiatement l'autorité sans la retenir. (Ceux qui, comme nous, nient cette hypothèse, suppriment ce degré.)

2° Le peuple politique, qui n'est, par rapport à toute cette multitude, qu'un sénat nombreux. Ce peuple actif reçoit médiatement de Dieu la souveraineté par l'intermédiaire de la multitude, au moment où celle-ci choisit et détermine la forme démocratique; et il la retient et la possède, comme le sénat dans une aristocratie; quoique régulièrement il ne l'exerce pas par lui-même, mais par ses magistrats.

3° Les magistrats délégués par le peuple pour exercer l'autorité qui continue à lui appartenir *in habitu* et souvent aussi quant à l'exercice de certains actes principaux.

Telle est l'analyse du droit de la souveraineté démocratique dans l'hypothèse que nous exposons. Mais il faut convenir que ses partisans n'en parlent pas toujours avec cette précision. Ils semblent tantôt confondre le corps politique du peuple avec la multitude universelle, lorsqu'ils disent que la démocratie est la forme de gouvernement naturelle et primitive; et tantôt les distinguer, quand ils disent d'une part que la communauté ne peut retenir le pouvoir qu'elle a reçu de Dieu, et que de l'autre ils admettent le gouvernement démocratique comme possible, et par conséquent comme distinct de cette démocratie universelle (comprenant toute la multitude) dont ils regardent la persistance comme une chose impossible (1).

Dans ce système, la constitution du gouvernement est purement de droit humain, tant pour la détermination du sujet que pour la collation du pouvoir lui-même. La communauté *choisit* donc et *institue* tout à la fois le souverain, et l'on explique facilement les restrictions qu'elle peut mettre à ses droits, puisqu'il n'y a rien qu'il ne reçoive d'elle. Ces restrictions, du reste, s'expliquent très-bien aussi dans l'autre hypothèse.

Mais une conséquence qui semble découler naturellement de celle-ci, c'est que la communauté peut reprendre à son gré le pouvoir qu'elle a donné au prince; et beaucoup de ses partisans acceptent cette conclusion, qui de nos jours surtout est pleine de dangers, sous le rapport des révoltes qu'elle autorise.— Aussi les plus prudents d'entre eux la rejettent avec raison. Toutefois, après avoir posé de telles prémisses, il leur est difficile de justifier cette réserve d'une ma-

(1) Voyez Suarez, *De legibus*, L. III, C. III, § 8, *et passim*.

nière purement rationnelle et sans recourir à des principes fournis par la révélation.

421. — Cette opinion ainsi limitée, et telle qu'elle est défendue par les scolastiques les plus sages, Saint Thomas, Suarez, Bellarmin, Molina, etc., est en soi assez inoffensive, puisqu'elle nie ce droit général et permanent de révolte qui annulerait de fait la souveraineté; et pour la pratique, elle revient à peu près au même que la seconde hypothèse (1). Cependant,

(1) « Au premier aspect, dit Balmès, on pourrait croire que le langage de ces auteurs est démocratique à l'excès, puisqu'on entend fréquemment dans leur bouche les mots de *communauté, république, société, peuple;* mais en examinant dans sa totalité leur système de doctrine, et en faisant attention aux expressions dont ils se servent, on voit qu'ils n'avaient nul dessein subversif, et que les théories anarchiques n'entraient pour rien dans leur esprit. Ils soutenaient d'une main les droits de l'autorité, tandis que de l'autre ils protégeaient ceux des sujets, s'efforçant ainsi de résoudre le problème qui forme l'éternelle occupation de tous les publicistes de bonne foi : limiter le pouvoir sans le détruire et sans lui apporter d'excessives entraves; placer la société à couvert des dérèglements du despotime, sans toutefois la rendre désobéissante ni remuante. » Balmès, *le Protestantisme et....*, ch. 51.

Balmès exprime très-bien ici les véritables intentions des scolastiques; mais plusieurs modernes, qui les ont méconnues, ont abusé de leurs doctrines en les dénaturant; et l'on peut faire ce reproche à certains catholiques qui, à la suite de M. de La Mennais, ont employé ce moyen pour imputer le libéralisme à l'Eglise et le faire pénétrer dans son sein. C'est pour cela qu'il est nécessaire aujourd'hui d'examiner ces choses avec plus de soin que jamais, et de tout préciser avec la plus grande exactitude.

dans un siècle séditieux comme le nôtre, elle n'est pas exempte de périls, à cause de l'affinité que les hommes superficiels, ou peu soucieux des préceptes révélés, voient facilement entre elle et le système du contrat social et de la souveraineté du peuple que nous avons réfuté. — Que si on adopte l'hypothèse sans cette restriction, et telle qu'elle a été soutenue par Gerson, Major et autres, et qu'elle l'est maintenant par les protestants, les philosophes et les libéraux, elle est pernicieuse et inadmissible; mais ce n'est plus alors celle des meilleurs scolastiques (1).

Dans cette même hypothèse, la démocratie absolue serait de droit naturel, au moins négativement, c'est-à-dire que la nature elle-même l'établirait comme état primitif. C'est ce que dit Suarez; car, bien qu'il reconnaisse que cet état ne peut durer, il faut, selon lui, concevoir, au moins pour le premier moment, la communauté universelle comme possédant la souveraineté, et c'est ce qui lui permet d'établir ensuite tel ou tel régime, le monarchique, l'aristocratique ou le démocratique, et de les combiner entre eux de diverses manières; faculté qui ne peut, dit-il, s'expliquer autrement que par cette souveraineté primitive de la multitude (2).

(1) *Voyez à l'appendice la note* XIX.

(2) Voyez Suarez, *Defens. fidei*, L. III, C. III.

Il semble qu'il y ait ici une confusion entre la démocratie pratiquement possible, telle que la montre l'histoire, et cette démocratie plus complète que Suarez admet comme le produit spontané de la nature, et dont il déclare cependant la per-

§ II. — SECONDE HYPOTHÈSE.

L'autorité conférée de Dieu immédiatement au souverain, après que la personne de celui-ci a été préalablement déterminée par un fait humain.

422. — Voici comment les choses se passent dans cette hypothèse :

1° Le sujet de l'autorité, individuel ou collectif (et par conséquent la forme du gouvernement), est d'abord déterminé soit par élection, soit par quelque autre fait particulier, comme nous l'avons expliqué en parlant de la formation de la cité. — Cette détermination est de droit purement humain, parce qu'elle provient d'une élection ou d'une série providentielle d'autres faits humains. Car l'ordre de la Providence est que les souverainetés concrètes se forment ainsi, subitement ou peu à peu. Dans ce sens, il est vrai de dire que Dieu laisse à la communauté le soin de se déterminer des supérieurs par l'élection ou par d'autres actes produisant des circonstances qui portent telle personne au premier rang, et la présentent pour ainsi dire à l'institution divine.

2° Cette détermination du sujet étant ainsi faite de

manence impossible ; — car pourquoi est-elle impossible? Est-ce parce qu'elle ne peut exercer son pouvoir que par des magistrats? Mais il en est de même de la démocratie restreinte et historique. Celle-ci serait donc impossible aussi ; ce que Suarez est loin de prétendre, et avec raison ; mais il n'indique pas le motif de cette différence. — Tout cela, comme on le voit, est assez discordant et indique quelque vice dans une hypothèse qui réduit un si grand homme à de telles contradictions ; et nous en signalerons d'autres. — V. *infrà* (428) et *suprà* (406), une note de Schwartz. — V. aussi Taparelli, *Essai*, etc..., § 559.

droit humain, Dieu lui confère l'autorité souveraine, suivant sa condition individuelle ou collective; de telle sorte que, dans ce dernier cas, le corps politique possède aussitôt la plénitude de la souveraineté. Ainsi, quand on dit que *celle-ci* se forme peu à peu, et non *à priori*, cela ne doit pas s'entendre de la souveraineté en elle-même, qui est toujours *pleine* dans chaque État; mais seulement de la détermination des conditions du *sujet* de l'autorité, en tant que les formes du gouvernement peuvent, par des modifications et des combinaisons successives, se rapprocher ou s'écarter de la monarchie simple, qui est la forme la plus naturelle.

3° La multitude *élit* en quelque sorte et la forme et le sujet de l'autorité, ou par son suffrage ou par ses autres actions (la série de faits dont nous venons de parler). Dieu l'*institue*, comme dans le mariage il confère lui-même l'autorité maritale à l'homme que la femme s'est choisi librement pour époux (1).

4° Cette institution confère au souverain un droit inviolable que le peuple, qui ne l'a point donné, ne saurait aussi, régulièrement parlant, ni reprendre ni restreindre (2). Au reste, les partisans de l'autre hy-

(1) On trouve un exemple de cette manière de procéder dans les anciennes élections des évêques où le sujet était désigné par le peuple, tandis que *l'institution* ou la collation du pouvoir lui-même lui venait d'un supérieur. Cet exemple, quoique pris de l'ordre surnaturel, explique très-bien comment la même chose peut se passer ainsi dans l'ordre de la nature, comme nous le disions tout-à-l'heure pour le mariage.

(2) Nous examinerons ailleurs s'il le peut pour des causes accidentelles.

pothèse, pour échapper à la note de fauteurs de sédition, sont obligés d'admettre cette doctrine, quoiqu'elle semble beaucoup moins d'accord avec leur principe qu'avec celui que l'on expose ici (1). — Cependant, comme il n'y a rien d'immuable en ce monde, ce droit d'autorité peut subir des modifications successives par des pactes, par la coutume ou des faits que légitiment un consentement mutuel ou la prescription. Car la stabilité à laquelle ont droit les sociétés humaines et l'autorité qui les dirige ne consiste pas en ce que la forme du gouvernement n'y subisse aucune altération, ce qui est inoui dans l'histoire; mais en ce que ce changement ne lui soit pas imposé d'une manière turbulente, violente et contre le droit de chaque cité. Ainsi se concilient le principe de l'inviolabilité du droit et la flexibilité essentielle à toute institution humaine, telles que sont les formes du gouvernement politique.

5° Le pouvoir en soi est donc immédiatement de Dieu et *de droit divin;* soit qu'on le considère abstractivement dans l'ordre idéal, soit qu'on l'envisage d'une manière concrète dans le sujet même en qui Dieu le produit directement, lorsque ce sujet a été déterminé par l'homme. On peut dire en ce sens que le prince tient son autorité immédiatement de Dieu ou qu'il l'a *de droit divin.*

6° Dans cette hypothèse, la démocratie n'est pas regardée, même pour un instant de raison, comme l'état primitif et naturel de la cité, parce qu'on n'y suppose pas que la souveraineté réside d'abord par la nature

(1) *Voyez à l'appendice la note XX.*

des choses dans la multitude, d'où elle dériverait dans un sujet un ou multiple, déterminé par celle-ci, en vertu d'un contrat et d'une élection, comme le veut Suarez. En effet, ou bien la multitude est regardée comme déjà *associée* et formant une communauté organisée, et alors elle a déjà un chef réel et concret, puisqu'il répugne qu'un être réel existe sans forme, comme un corps sans sa tête; ou bien on la considère sans chef concret, et alors ce n'est pas encore proprement une *communauté*, mais une *multitude confuse* et purement matérielle, comme le prouve le P. Martin, cité ci-dessus (415), et comme Suarez lui-même l'avoue ailleurs. (*De Legibus*, L. III, cap. II, § 4, *et* cap. III, § 6.) Dans l'un et l'autre cas, il n'existe évidemment aucune communauté (pas même par priorité de raison) avant qu'il y ait en elle un supérieur qui la constitue en être social; comme on ne peut pas même concevoir d'homme sans l'âme qui le constitue tel (428). De même donc qu'avant l'animation il n'y a point d'homme, mais seulement les éléments matériels du corps propres à être vivifiés, de même aussi il n'y a point de société (ni par conséquent de démocratie), avant qu'elle soit réglée et constituée par la présence d'un supérieur : il n'y a que des éléments matériels propres à être associés, ou une multitude confuse.

423. — Si l'on objecte contre ces principes l'état d'*interrègne,* nous avons déjà répondu qu'il reste alors un supérieur au moins provisoire; autrement ce ne serait plus un simple interrègne dans une société existante, mais une anarchie complète, et la dissolution

totale de la société réduite à une multitude matérielle et confuse. Si l'on prétend que, dans l'interrègne, la communauté se trouve saisie de la souveraineté, ce ne serait pas du moins en vertu d'un droit universel et préventif venant de la nature, mais parce qu'elle l'aurait obtenue accidentellement en vertu de faits antérieurs : il y aurait donc alors une démocratie *accidentelle*, et non pas la démocratie *naturelle* que soutient Suarez. Toutefois on peut très-bien nier qu'en ce cas même la souveraineté réside dans la multitude qui n'a guère alors qu'un droit de suffrage sur le gouvernement à établir (460). Pour tout le reste, l'autorité semble plutôt appartenir, quoiqu'à titre précaire, au chef provisoire qui gouverne dans l'interrègne, jusqu'à ce que la forme définitive du gouvernement soit déterminée. Ce chef en a du moins l'exercice et une portion considérable, plutôt par la nécessité des choses que par une volonté antécédente du peuple, comme il est aisé de le voir en expliquant les exemples que l'histoire nous offre d'un semblable état de choses. (Voyez Taparelli, *Essai*, § 483 à 486.)

SECTION II

Résolution de la question.

424. — Après avoir exposé les divers sentiments sur les rapports de l'autorité avec Dieu dans son origine, nous établirons dans les deux propositions suivantes la doctrine qui nous paraît préférable. La première ne peut être niée par aucun catholique : elle est la réfutation du rationalisme révolutionnaire, et fait abstraction

de la question de savoir si le pouvoir est conféré de Dieu immédiatement au chef ou bien à la collection des sujets; qnestion qui sera l'objet de la seconde proposition. Nous considérons dans la première la société en bloc, en tant qu'elle comprend le chef et les membres : nous sommes ici d'accord avec Suarez, *Defens. fidei*, L. III, cap. II, §§ 5, 6.

PROPOSITION I

La souveraineté, prise en soi, est conférée de Dieu immédiatement à la société civile, considérée dans son ensemble, comme contenant à la fois le chef et les membres.

425. — *Preuve.* 1° La société civile étant nécessaire au genre humain, a par conséquent pour auteur Dieu, créateur de la nature humaine. D'autre part, la nature de cette société exige qu'il existe en elle un pouvoir sur chacune de ses parties, sans quoi elle ne saurait atteindre sa fin. Donc Dieu, auteur de cette société nécessaire, en lui donnant sa nature, lui donne aussi l'autorité, comme une propriété qui en résulte; car celui qui donne à un être sa forme, lui donne aussi tout ce qui en est la conséquence nécessaire. Ce pouvoir de la société sur ses membres est donc de droit naturel, puisque l'ordre essentiel le demande dans la nature humaine en état d'association. Par conséquent il vient de Dieu, auteur de la nature et du droit naturel; et il en vient immédiatement, puisqu'entre lui et la société, on ne peut assigner pour cela aucun intermédiaire. — C'est ce qu'exprime le pape Pie VI par ces paroles : *Quapropter*

hæc potestas non tam à sociali contractu quam ab ipso Deo rectè justèque auctore repetenda est. Bref *Quod aliquantùm*, du 10 mars 1791, contre la constitution civile du clergé de France.

2° La cité reçoit nécessairement de Dieu ou de chacun de ses membres l'autorité qu'elle a sur eux; or la seconde hypothèse est inadmissible. En effet, chaque citoyen ne contribue à l'établissement de l'autorité qu'en présentant un membre pour former le corps social, et un sujet sur lequel l'autorité puisse s'exercer : coopération purement matérielle, quoique nécessaire, parce qu'il ne pourrait y avoir de corps sans membres, ni d'autorité sans sujets. Mais l'union de ces membres en un corps social ayant son unité propre, et maintenu dans cette unité par une autorité qui l'anime et le dirige, cette formation, dis-je, ne vient que de l'essence même du corps moral, indépendante de la volonté des hommes, et de l'ordre naturel qui se trouve entre le corps et les membres; elle vient donc de Dieu, d'où procèdent tout ordre et toute essence. Il est en effet de l'essence du corps de dominer ses membres, d'avoir le droit de les gouverner, de les diriger vers la fin commune. Par conséquent, dans la constitution du corps social, il s'établit une autorité qui doit être exercée par le corps sur tous et chacun de ses membres. Ainsi, quoique des hommes, d'abord libres, puissent ne pas s'unir en société civile; s'ils veulent l'établir entre eux, ils ne peuvent empêcher la formation du corps social et son autorité, à laquelle ils se trouvent alors soumis par une nécessité supérieure à leur volonté. Ce n'est donc point de celle-ci, ni d'un pacte et de la concession des sujets, mais de la nature des choses et de Dieu, son auteur, que vient l'autorité. D'ailleurs, si elle venait de la concession des parties, ce refus d'y concourir, fait par un citoyen, suffirait pour le soustraire à l'autorité de l'Etat. Car chacun des autres n'ayant aucun pouvoir sur lui, il ne pourrait aussi en conférer à la république.

Il faudrait donc demander à chacun de ceux qui s'y trouvent agrégés par la naissance ou autrement s'il consent à se soumettre à l'autorité publique. Conséquence ridicule sans doute, mais parfaitement logique, de l'hypothèse du pacte et de la délégation faite par chacun des citoyens.

Enfin, comme on l'a déjà fait observer, la souveraineté renferme des droits, comme ceux du glaive, qu'aucun individu n'a sur les autres ni sur lui-même, et qui ne peuvent conséquemment dériver de sa concession, puisque nul ne donne ce qu'il n'a pas. La souveraineté ne pouvant donc venir des sujets, il faut qu'elle vienne de Dieu; comme le dit clairement l'Écriture. *Non est enim potestas nisi à Deo, quæ autem sunt, à Deo ordinatæ sunt.* — Rom. XIII, 2 (1).

426. — COROLLAIRE. — « La souveraineté prise en soi est donc de droit naturel et divin. »

Ainsi se trouve encore plus complétement réfuté le système de la souveraineté du peuple de Rousseau et de ses disciples, qui prétendent que le peuple a la souveraineté par la simple collection des droits individuels de chacun.

(1) Voyez aussi Gerdil, *De principatu civili*, p. 18, et la note XXI, *à l'appendice.*

427. — Nous passons maintenant à la seconde proposition, qui a pour objet de déterminer ce que la première laisse indécis et qui est controversé entre les catholiques.

La société à laquelle, avons-nous dit, Dieu confère la souveraineté, renferme comme deux personnes distinctes le chef, ou le supérieur comme tel, et le corps, ou la multitude des membres. Il reste donc à examiner à laquelle de ces deux personnes l'autorité est directement conférée en vertu de la constitution même de la société. Nous allons établir que c'est au chef : d'autres, sur les traces d'un certain nombre de scolastiques (420), soutiennent que c'est aux membres, et reconnaissent par là dans la multitude un certain droit de souveraineté, qui n'est pas sans quelque analogie avec le système de Rousseau, quoiqu'il en diffère aussi beaucoup, soit par les restrictions qu'ils mettent à ses conséquences pratiques, soit surtout parce qu'ils n'y voient qu'une participation de l'autorité de Dieu, à laquelle ils remontent en dernière analyse. Cette opinion n'a donc point le caractère d'impiété qui caractérise la théorie purement philosophique du contrat social. Il y a plus, entendue sainement, selon l'explication qu'en donne Balmès, et renfermée dans les limites que lui tracent les scolastiques eux-mêmes, elle n'offre peut-être pas *en soi* de graves inconvénients comme nous l'avons déjà fait remarquer (421). C'est pour cela que les anciens, dont l'attention n'avait pas été éveillée sur ces questions délicates par la terrible expérience à laquelle nous assistons depuis un siècle, l'avaient admise assez facilement. Mais au temps présent, elle ne nous semble pas exempte de dangers dans la pratique, parce que le libéralisme s'en empare comme d'une autorité, en faisant valoir aux yeux des hommes superficiels les analogies spéculatives qu'elle semble avoir avec son système du contrat social; sans tenir compte des différences profondes qui l'en séparent. Comme cette hypothèse nous paraît d'ailleurs gratuite et contradictoire au point de vue philosophique, nous croyons devoir l'abandonner (1).

(1) On doit voir, par ce que nous avons dit ici et ailleurs (121), que nous mettons une grande différence entre les scolastiques et les partisans modernes de la souveraineté du peuple, puisque les premiers, malgré l'analogie spéculative de leurs principes sur la manière dont la société se forme, repoussent expressément les conséquences que les autres déduisent de leur théorie : ce qui établit entre eux en pratique une différence fondamentale. Même en spéculation, Taparelli prétend (note LXXIX) que si Suarez semble favoriser l'explication démocratique de la transmission de l'autorité (que ce même Taparelli combat comme nous), c'est moins par la substance de sa doctrine que par une manière peu exacte de s'exprimer. Quoi qu'il en soit de cette supposition, que nous ne voulons ici ni attaquer ni garantir, nous regardons comme hors de doute que si ces grands docteurs vivaient de notre temps et avaient vu les choses que nous avons souffertes depuis quatre-vingts ans, ils se seraient encore tenus plus en garde contre toute opinion et toute expression propre à favoriser en quelque manière la dissolution démocratique qui envahit le monde. Nous croyons donc entrer dans leurs intentions dominantes en proposant sur l'origine du pouvoir une explication qui s'écarte de leurs paroles, mais qui nous semble plus avantageuse au bien de la société

PROPOSITION II

Le souverain, quoique déterminé par un fait humain, est institué par Dieu lui-même, en recevant l'autorité immédiatement de lui, et non de la communauté qui l'a choisi.

428. — *Preuve* I. L'autorité abstraite, dont il s'agit ici, et qui est le droit de diriger les actions des sujets vers la fin sociale, est considérée comme une qualité résultant de la nature des choses dans telle ou telle personne, la constitution sociale étant supposée. Or cette qualité ne peut se trouver d'abord dans la multitude avant l'établissement du supérieur.

En effet, la constitution du corps social exige deux choses : une multitude *associée*, et un chef *réel* qui lui donne et conserve l'unité; comme tout corps vivant se compose, non pas seulement de membres, mais de membres *unis* sous une même tête. Donc, avant que le corps social soit constitué par l'union actuelle de ses deux éléments, le chef et les membres, il n'existe ni com-

qu'ils cherchaient par dessus tout; ce n'est pas là manquer au respect dû à ces grands écrivains; car, comme le dit très-bien Taparelli, après avoir réfuté longuement le principal argument sur lequel Suarez appuie son explication : *Nè dee recar meraviglia se in quei secoli, ingegni anchè straordinari abbiano potuto in ciò esprimer si con minore esattezza; mentre ancor non avean ricevuto in tal materia dalla esperienza quelle terribili lezioni que essa dettò si chiaramente alla età nostra con voce di truono et con luce di fulmini. La meraviglia sareble si noi con tal magistero ancor potessimo essere o sordi a tal voce, o ciechi a tal lampo. — Saggio di diritto naturale*, volume I, p. 325. *Napoli, 1850.*

munauté formelle, ni peuple (422. 6°); mais seulement une multitude matérielle d'individus isolés, indépendants, et n'ayant aucune autorité civile les uns sur les autres (1). Elle ne peut recevoir la forme de peuple que de la constitution du corps social et de l'autorité qui donne à ce corps son être propre et sa vie. Le peuple ne commence donc à exister comme tel, qu'au moment où il est lié par l'autorité commune, et où les individus auparavant isolés sont réduits par elle à l'unité d'un corps. Mais il est contradictoire de supposer que l'autorité résulte naturellement de la constitution du peuple, si le peuple lui-même ne peut être constitué que conséquemment à l'autorité, et par l'efficacité propre à celle-ci. Soit que l'on considère ici entre ces deux choses une priorité de temps ou seulement de raison, il y a toujours un cercle vicieux et une contradiction manifeste.

Et qu'on ne dise pas, pour y échapper, que l'autorité abstraite résulte de la seule coexistence matérielle des

(1) C'est ce que Suarez reconnaît lui-même, en établissant entre une multitude confuse et le corps politique cette distinction : que celui-ci n'existe pas sans une tête ou un prince, tandis qu'une multitude confuse n'en a pas besoin. *Priùs est*, dit-il, *corpus politicum constitui quàm sit in hominibus potestas civilis; quia priùs esse debet subjectum potestatis quàm potestas ipsa saltèm ordine naturæ*. (De Leg.; L. III, C. II, § 1, — C. III, § 6.)

Ainsi, d'une part, le corps doit être constitué avant qu'il ait le pouvoir; de l'autre, sans ce pouvoir, il n'est qu'une multitude confuse et non un corps! — Cet aveu de Suarez renverse tout son système.

hommes, et qu'elle suffit pour constituer une société complète. Ces deux assertions sont fausses.

1° La première, parce qu'il arrive souvent que beaucoup d'hommes soient matériellement assemblés, sans qu'il en résulte entre eux aucune association ni aucun corps moral.

2° La seconde n'est pas plus vraie; car l'abstrait correspond à l'abstrait, et le concret au concret. Le droit abstrait d'autorité suffit avec des membres abstraits aussi, pour que l'on *conçoive* complètement une société *idéale*. Mais une société concrète, ou une collection d'êtres réellement existante, ne peut recevoir aucune unité ni aucune direction d'un droit purement abstrait. Si celui-ci n'est pas appliqué par un sujet concret et réel, ces êtres demeurent isolés et sans lien. Le corps politique ne peut donc être formé d'une multitude matérielle par la simple adjonction de l'autorité abstraite; mais il en faut une concrète ou un supérieur. Et, comme le dit M. de Haller, la société ne se forme pas de *bas en haut,* mais de *haut en bas,* car c'est ce supérieur qui lui donne son être formel : *forma dat esse rei.*

On ne peut pas dire non plus, pour éluder cette difficulté, que le corps politique est constitué, non par l'autorité; mais par l'association elle-même, comme Suarez semble souvent l'indiquer par son langage. — Qu'est-ce en effet que l'association, sinon l'union de plusieurs sous une même direction, et leur assujettissement à un lien commun qui dirige obligatoirement leurs volontés et leurs forces vers un même but? C'est là ce qui constitue la société et rend les hommes actuellement associés. En l'absence d'un tel lien ou d'une telle direction, les hommes peuvent avoir le dessein de s'associer; mais ils ne forment pas encore une association. Il n'y a donc point de société actuellement existante, laquelle commence précisément avec l'action de s'associer ou de se ranger sous une autorité et non avant; jusque là on ne peut concevoir qu'une société en projet et en espérance. Tout cela résulte clairement de la notion, que nous avons donnée plus haut, de la cité.

En outre, une multitude d'hommes, avant la détermination de quelque forme de gouvernement, ne constitue pas proprement un corps moral et politique (qui seul exige la souveraineté), et n'ayant point encore de principe d'unité, elle ne peut exercer aucun acte de souveraineté (1). Celle-ci lui serait donc inutile, et Dieu, qui ne fait rien en vain, ne peut la lui donner. Il faut donc dire plutôt que Dieu la confère directement au seul sujet qui peut en user, c'est-à-dire au supérieur (2).

Preuve II. Nous la tirerons des conséquences fausses

(1) Nos adversaires en conviennent eux-mêmes, lorsqu'ils disent que la multitude ne peut exercer ni retenir le pouvoir; mais qu'elle doit instituer une forme de gouvernement déterminée, au moins la forme démocratique; auquel cas elle confère l'exercice du pouvoir au *peuple* ainsi *constitué*. Voici donc encore la multitude matérielle distincte du *peuple* ou de la communauté politique, qu'ils semblent ailleurs confondre avec elle, lorsqu'ils voient en elle une démocratie naturelle. — Toujours des contradictions!

(2) *Voyez à l'appendice la note* XXII.

ou dangereuses de l'opinion que nous attaquons. Car d'abord il en résulte que la forme primitive, naturelle et directement instituée de Dieu dans toute société, serait une démocratie si universelle que l'histoire du genre humain n'en offre pas de semblable, puisqu'elle fait participer au pouvoir toute la multitude sans exception, ce qui, comme nous l'avons prouvé, ne s'est jamais vu, non pas même à Athènes, cette cité démocratique par excellence (1).

Or il peut sembler étrange d'attribuer ces qualités à un régime qui ne peut subsister avec cette latitude, et qui, lors même qu'on le restreint aux limites de la démocratie historique et pratique, a toujours paru aux sages le plus imparfait des gouvernements, et celui qui s'écarte le plus de l'unité hiérarchique, qui est la tendance de la nature, et que Dieu a imprimée comme son cachet sur toutes ses œuvres. On comprend, d'après cela, pourquoi ceux qui suivent aujourd'hui ce sentiment, ont coutume de favoriser outre mesure les idées démocratiques, et se rapprochent plus ou moins des utopies de Rousseau. — Voyez Taparelli, *Essai*, *etc....* §§ 525, 559.

2° Une autre conséquence naturelle de ce système,

(1) « Montesquieu observe que dans la république d'Athènes, » où tout étranger qui s'introduisait dans les assemblées du » peuple était puni de mort *(l'aimable peuple!)* comme usur- » pateur de la souveraineté, Solon avait statué que les riches » seuls seraient éligibles aux magistratures. A Rome, c'était » uniquement aussi les propriétés qui donnaient droit de » suffrage. »

Maury, *Opinion sur la souveraineté du peuple*, p. 117.

fort dangereuse pour la paix et pour le bien public, c'est que les formes de gouvernement autres que la démocratie, si elles ne sont pas illicites, sont du moins précaires; et qu'elles peuvent toujours être changées au gré de la communauté souveraine dont elles procèdent. Aussi ses partisans lui font-ils honneur de la facilité qu'il donne pour rendre raison de ces changements. Il est vrai que les scolastiques restreignent beaucoup cette liberté du peuple, et semblent même quelquefois l'annuler (1). Mais ils paraissent plutôt en cela obéir aux préceptes révélés sur l'obéissance, qu'aux exigences logiques de leur système philosophique, qui n'emportent pas ces restrictions. La fausseté de ce système résulte donc encore de ses conséquences naturelles; et notre proposition se trouve de nouveau confirmée.

429. — COROLLAIRE I. — « La multitude prise dans son universalité, n'a donc point par la nature des choses la souveraineté, ni comme un droit propre, selon la doctrine impie de Rousseau, ni comme un droit participé et reçu de Dieu, comme certains catholiques le supposent gratuitement. »

Il peut se faire seulement qu'une classe populaire plus ou moins nombreuse ait la souveraineté par une institution positive et arbitraire qui ait établi le régime démocratique dans une certaine cité. Ce régime en effet provient le plus souvent d'un état antérieur fort différent, comme nous le lisons de toutes les démocraties historiques qui se sont formées des ruines d'une mo-

(1) (Suarez, *Def. fid.*, L. III, ch. III. — Molina, *De justitiâ*, disp. XXIII.)

narchie à Rome, à Athènes, et dans toute la Grèce, etc. Cette souveraineté est même beaucoup plus imparfaite dans le peuple que dans les autres supérieurs ; car il doit la laisser passer presque toute entière aux mains des magistrats qui peuvent seuls l'exercer. Il ne la retient guère que d'une manière virtuelle, et pour quelques actes principaux, comme l'approbation des lois et l'élection de ceux qui doivent réellement gouverner, et dont les ordres constitutionnels n'obligent pas moins le peuple que ceux d'un roi (1).

430. — COROLLAIRE II. — « Donc, étant une fois supposées la détermination d'une forme de gouvernement et la désignation de la personne ou des personnes auxquelles il est confié, Dieu confère directement et immédiatement l'autorité à ces personnes; ou en d'autres termes, l'autorité résulte en elles par la nature même des choses d'une telle détermination. »

Mais cette détermination elle-même est de droit humain, parce qu'elle est abandonnée à la communauté; non pas en ce sens qu'elle doive toujours être le fruit d'une délibération formelle, comme l'insinue souvent le langage de nos adversaires, mais parce qu'elle provient des actions des hommes, dont la combinaison, quoique dirigée par la providence générale, n'exige point de la part de Dieu d'actes positifs qui sortent du cours de la nature. C'est donc Dieu qui *institue* le prince, lors même que celui-ci est *élu* par le peuple.

431. — COROLLAIRE III. « Les souverains, quelle que soit la forme du gouvernement, possèdent donc la

(1) *Voyez à l'appendice la note* XXIII.

suprême puissance de DROIT DIVIN et de DROIT NATUREL HYPOTHÉTIQUE; savoir sous l'hypothèse d'une désignation faite par des moyens humains, laquelle étant une fois réalisée, ils tiennent de Dieu un droit sacré et inviolable à l'égard de leurs sujets. »

Cette expression *droit divin* a deux sens. — Le premier, c'est que les souverains ne peuvent, régulièrement parlant, être dépouillés par leurs sujets d'une autorité qu'ils ont reçue en substance, non pas d'eux, mais de Dieu même, comme on vient de le dire (1).

Le second, c'est que les sujets sont tenus par les lois divine et naturelle d'obéir aux ordres justes de leur souverain. — Mais ce terme de droit *divin* ne signifie pas (comme tant de gens feignent de le croire

(1) Nous disons *régulièrement parlant*, car, au moins pour les cas ordinaires, c'est là un point constant pour tous les catholiques; et les scolastiques, que nous attaquions dans la proposition précédente, sont les premiers à le reconnaître. Aussi Molina, dit-il, en parlant du roi, une fois qu'il est établi (et il l'est selon lui par le peuple) : « *Rex manet superior non modò » singulis reipublicæ partibus, sed et totæ reipublicæ quoad latitudinem potestatis sibi concessæ, ità ut possit eâ potestate » uti non solùm in singulas reipublicæ partes, sed etiam in » totam rempublicam, eam si opus fuerit puniendo, ut Sotus et » Victoria locis citatis etiam probè notârunt.* NEQUE RESPUBLICA » POTEST AB EO AUFERRE POTESTATEM CONCESSAM VEL EAM MINUERE » AUT LEGITIMUM USUM ILLIUS IMPEDIRE : *alioquin regium regimen » non esset monarchia, quæ ad unum supremum caput reduceretur, sed democratia, quæ ad reipublicæ multitudinem » ultimò reduceretur.* » — *De justitiâ*, disp. XXIII. — Mais le même Molina, et plusieurs autres avec lui, admettent que dans des cas extraordinaires, et pour cause de tyrannie, les princes

pour le décrier) que chaque prince est désigné de Dieu par une action positive comme le fut David. — Ce droit divin s'applique avec proportion aux magistrats des polyarchies, dans les limites d'étendue et de durée qui sont tracées à leur pouvoir par les lois de chaque pays. On voit par là combien sont mal fondées les déclamations et les railleries de ceux qui se moquent du droit divin comme d'un songe creux, d'une invention tyrannique sortie du cerveau des théologiens ou d'une création du gallicanisme; car c'est dans la réalité, et selon son sens légitime, une chose qu'il faut nécessairement admettre, au moins quant à l'inviolabilité du pouvoir et à l'obéissance qui lui est due, si l'on veut rester chrétien en politique (1).

peuvent être privés par la république du pouvoir que, selon eux, ils tiennent d'elle immédiatement. Cette restriction est assez naturelle dans leur système sur l'origine du pouvoir; mais elle ouvre à la révolte une voie pleine de périls; car cette concession une fois faite dans l'ordre spéculatif, le prétexte de tyrannie ne manquera jamais en pratique, même contre les meilleurs princes, comme nous l'avons vu si souvent depuis un siècle. Nous ne voulons donc point défendre ni proposer doctrinalement cette opinion, bien plus dangereuse de nos jours qu'elle ne l'était autrefois. Nous aimons mieux nous attacher à la doctrine de Saint Ligori, dont l'autorité est si grande dans l'Eglise, et qui, plus à même que les anciens de connaître l'arbre par ses fruits, la déclare pernicieuse, *nimis perniciosam* (451).

(1) Voyez Molina, qui admet le droit divin dans le double sens que nous avons exposé, quoiqu'il pense que le pouvoir royal ne vient de Dieu que médiatement, et est par conséquent, en ce sens, de droit humain. — Disp. XXVII.

Réponse

à quelques objections contre la proposition précédente.

432. — Nous traiterons ces objections dans la forme rigoureusement scolastique, afin de mieux éclaircir les équivoques subtiles sur lesquelles elles reposent.

Première objection. — La souveraineté appartient par nature à l'être dont la nature la réclame : or la nature de la société réclame la souveraineté ; donc celle-ci appartient à la société.

Réponse. — 1° *On distingue la majeure.* L'autorité *appartient*,... c'est-à-dire *fait partie de l'essence* de l'être dont la nature la réclame, comme la raison appartient à l'homme ou fait partie de son essence; *on accorde la majeure* qui en ce sens ne signifie autre chose, sinon qu'il n'y a point de société formée là où il n'y a point d'autorité ; ce que nous sommes les premiers à reconnaître. — L'autorité *appartient* à l'être dont la nature la réclame, comme un droit aliénable *et jure dominii,* comme la maison d'un homme lui appartient et peut être aliénée par lui : *on nie la majeure dans ce sens*, car la société ne peut se dépouiller de la souveraineté, sans laquelle elle n'existerait pas.

2° *On distingue aussi la mineure.* — La nature de la société formelle et constituée réclame la souveraineté. *On accorde la mineure.* — La nature d'une multitude matérielle et confuse réclame la souveraineté. *On nie la mineure.*

3° *On distingue aussi la conséquence.* La souveraineté appartient à la société, c'est-à-dire se trouve nécessairement dans une société complète et constituée. *On accorde la conséquence.* — Elle se trouve nécessairement dans la simple multitude comme telle. *On nie la conséquence.*

Comme on le voit, toute l'objection repose sur l'équivoque du double sens que présentent les mots *appartenir* et *société.* Il suffit de préciser ce sens pour le faire évanouir.

433. — *Première instance.* — L'autorité qui appartient par nature à la société est une autorité naturellement démocratique. Donc toute société est naturellement démocratique, jusqu'à ce qu'elle ait changé cette forme par un fait positif.

Réponse. — *On distingue l'antécédent.* — L'autorité qui appartient à la société, c'est-à-dire qui appartient à la multitude comme un bien dont celle-ci peut disposer, est démocratique. *On accorde l'antécédent.* — L'autorité qui appartient à la société, c'est-à-dire qui est un des éléments de l'être social abstrait, est naturellement démocratique. *On nie l'antécédent et la conséquence*, qui reposent encore sur l'équivoque du mot *société,* pris tantôt dans un sens abstrait et pour une société conçue comme constituée, tantôt dans un sens concret et pour une simple *multitude.* Et quant à la société concrète elle-même, l'autorité peut s'y trouver sans résider dans la multitude; car elle peut résider dans l'autre personne sociale, c'est-à-dire le chef, et c'est précisément ce qui a lieu. Or ce chef pouvant être un sénat ou un prince, tout aussi bien qu'un corps de peuple, l'autorité, qui est son domaine, n'est pas naturellement démocratique;

elle peut seulement l'être accidentellement, si le chef désigné est populaire. — D'ailleurs, si l'argument était valable, toute société serait essentiellement démocratique, selon la doctrine de Rousseau, et ne pourrait par conséquent admettre un autre régime. Voilà où tendent naturellement, même contre le gré de ceux qui les défendent, les principes que nous attaquons ici.

434. — *Seconde instance.* La nature de la société, tout en exigeant que la souveraineté s'y trouve, ne fournit aucun motif pour qu'elle appartienne à un homme plutôt qu'à un autre, puisqu'ils sont tous naturellement égaux. — Donc la souveraineté appartient par nature, comme leur droit, à tous les associés, jusqu'à ce qu'ils s'en soient dépouillés en faveur d'une personne déterminée.

Réponse. — On distingue l'antécédent et on nie la conséquence, qui reposent encore sur de pures équivoques, en confondant la société et l'égalité abstraites avec la société et l'égalité concrètes.

En effet, dans la société prise abstractivement, tous les hommes sont égaux selon leur nature spécifique, qui n'offre pas de raisons pour que l'un commande aux autres : et c'est ainsi que sont pris abstractivement dans l'antécédent les mots *nature, société* et *égalité.* Mais dans la société concrète, où les hommes sont considérés, non plus seulement selon leur nature spécifique ; mais aussi selon leur nature individuelle, qui met tant d'inégalités entre eux, il est faux que cette nature concrète ne fournisse aucun motif de préférence. Car, considérés ainsi, ils sont inégaux, et plusieurs ont dans leurs circonstances individuelles, dans des faits antérieurs qui les concernent, et quelquefois même, comme on l'a déjà expliqué, dans une élection, des titres qui les désignent comme chefs de cette société concrète et comme possesseurs d'une autorité.

En outre, quand on dit que la nature exige la souveraineté dans la société, le mot *nature* signifie là l'ordre essentiel des choses. Mais lorsqu'on dit que les hommes sont égaux par *nature*, le mot *nature* exprime la différence spécifique qui constitue l'espèce humaine, et qui est la même dans tous les individus. Ces deux sens sont très-différents; et il ne serait pas légitime de passer dans l'argumentation de l'un à l'autre. C'est ce qui aurait lieu cependant, si on disait que tous les hommes sont égaux en vertu de l'ordre naturel des choses; car cet ordre demande au contraire qu'il y ait entre eux des diversités individuelles, aussi bien qu'une ressemblance spécifique.

La conclusion renferme encore une autre équivoque dans ce mot *jusqu'à ce que*. Car s'il désigne simplement l'ordre des idées, il est vrai que l'autorité n'est pas conçue comme déterminée dans un individu avant d'être exclue de tous les autres. Mais si ce mot indique une succession réelle dans le temps, il suppose alors que toute société a été d'abord démocratique avant d'avoir changé sa forme politique. Or c'est ce qui ne saurait être démontré par la raison, et ce qui est en même temps contredit par l'histoire.

Ainsi donc toute cette argumentation, qui est fondamentale dans l'opinion de nos adversaires, et qui contient toute la substance de la doctrine de Suarez, ne repose que sur de pures équivoques; et par conséquent, il en est de même de sa conclusion dernière, savoir, que la souveraineté est par essence une propriété de la multitude, par cela même qu'elle est une propriété de la société; conclusion vraiment inadmissible. En effet, si l'autorité appartenait par essence à la multitude, elle ne pourrait être aliénée par elle : c'est la condition de tout ce qui est essentiel, et on ne pourrait jamais sortir de la démocratie. — Ce n'est donc point à la multitude, mais à la société que la souveraineté appartient par nature, comme l'âme appartient à l'homme. Et de même que l'homme exerce ses diverses facultés par des organes divers, selon l'aptitude que chacun de ceux-ci tient de son organisation; de même aussi la société exerce l'autorité par tels ou tels individus que quelques faits ont rendus comme des organes propres à cet usage.

Quant à la démocratie, bien loin qu'elle soit le régime le plus naturel, c'est à la monarchie, au contraire, que cette qualité appartient pour plusieurs raisons : — 1° Parce que le roi est *un* naturellement, et que la polyarchie ne l'est qu'artificiellement. — 2° Parce qu'on obtient plus naturellement par un seul agent l'unité d'action sociale, qui est le but de l'autorité. — 3° Parce que la société naturelle élémentaire, ou la famille, qui est le type de l'autre, n'a qu'un supérieur, le père. — 4° Enfin, parce que Dieu, gouverneur naturel de tout l'univers, est *un*, et que toute autorité participée de lui et établie à son image, reproduit celle-ci d'autant plus fidèlement qu'elle s'approche davantage de l'unité parfaite. Voyez Taparelli, *Essai sur le droit...*, §§ 559, 560 et 561.

435. — *Seconde objection.* La souveraineté est souvent transférée par la communauté d'un prince à un autre, au moins lorsque le consentement du peuple est unanime. Les formes du gouvernement sont changées de la même manière ; et lorsque quelqu'une vient à cesser, le pouvoir fait retour au peuple ; ses limites sont souvent étendues ou resserrées au gré de celui-ci dans les diverses formes mixtes ou tempérées du gouvernement. — Or toutes ces choses sont autant de marques que le pouvoir a été immédiatement conféré par la communauté. C'est donc à celle-ci qu'il appartient originairement.

Réponse. On nie la mineure, surtout si l'on prend ici le mot *communauté* pour la multitude des sujets, à l'exclusion des supérieurs ; car dans ce cas, elle ne peut faire légitimement les changements dont on vient de parler, dans une forme de gouvernement qui a été une fois déterminée. Ces changements ne sont légitimes que dans les cas où il appartient au peuple de prendre certaines déterminations relativement à la forme du gouvernement ; ce qui peut arriver dans diverses circonstances ; mais ce n'est pas une raison pour dire que le pouvoir en soi est généralement soumis à la volonté et au caprice des citoyens. Quant à la faculté qu'ils peuvent avoir accidentellement d'en altérer les formes, elle doit être réglée par ce principe reconnu de Suarez (*Defens. fidei*, L. III, chap. III); savoir : que tant qu'une forme de gouvernement établie se soutient naturellement, et procure en substance la même utilité à la communauté, le pouvoir ne peut régulièrement être transféré d'une personne à une autre, ni ses limites changées sans le consentement de celui qui le possède légitimement.

La souveraineté ne saurait non plus être commise qu'à une personne qui soit physiquement ou moralement *une;* et les droits essentiels de la souveraineté ne peuvent être détachés de cette unité pour être attribués aux diverses parties d'un gouvernement mixte sans connexion entre elles, ce qui constituerait plusieurs gouvernements ; mais on peut seulement varier la constitution de la personne morale à laquelle le gouvernement est confié. — Or tout cela montre que le pouvoir suprême ne dépend point, dans sa nature, de la volonté des citoyens. Il faut dire, au contraire, qu'un gouvernement étant une fois légitimement établi, il en résulte dans le supérieur un droit de commander, et dans les citoyens une obligation d'obéir et de respecter son existence et ses ordres : droits et devoirs qui découlent immédiatement de la loi naturelle et divine, comme on l'a expliqué plus haut.

436. — *Troisième objection.* Si le pouvoir politique était immédiatement conféré de Dieu au prince; il serait semblable au pouvoir du Souverain-Pontife, qui est dans ces conditions, et il ne resterait plus de distinction entre eux. — Or cette distinction doit être conservée. — Donc on ne peut admettre cette collation immédiate.

Réponse. On nie la majeure; car lors même que le

pouvoir civil et le pouvoir ecclésiastique conviendraient en ce point qu'ils seraient l'un et l'autre immédiatement conférés de Dieu à la personne qui les exerce; comme ils conviennent certainement en beaucoup d'autres propriétés; il resterait néanmoins entre eux beaucoup de différences suffisantes pour les distinguer : la raison apportée dans la mineure n'a donc aucun poids, et la conséquence croule. — En effet : 1° l'action de Dieu qui confère immédiatement le pouvoir à la personne n'est pas la même dans les deux cas. Pour la puissance civile, elle est purement naturelle et résultant par une conséquence nécessaire de la nature de la cité et du fait de son existence; conformément à la providence générale de Dieu sur le genre humain : pour la société ecclésiastique, c'est une action positive extraordinaire et surnaturelle, qui ne résulte nécessairement d'aucune des exigences de la création.

2° La fin de ces deux puissances reste diverse.

3° La manière dont leur exercice est déterminé l'est aussi; car les faits humains qui déterminent le sujet, tels que l'élection, ne peuvent rien sur la puissance ecclésiastique en elle-même; par exemple, ils ne peuvent en rendre l'exercice démocratique, ni lui poser d'autres limites que celles que Dieu lui-même lui a données, tandis qu'il en est autrement de la puissance civile. Or ces différences suffisent amplement pour éviter toute confusion entre elles (1).

(1) Pour le développement de cette réponse, *voyez à l'appendice la note* XIX.

CHAPITRE V

DE L'ACQUISITION, DE LA TRANSMISSION, DE LA PERTE ET DE L'USURPATION DU POUVOIR SOUVERAIN

437. — Nous venons d'examiner les rapports de la souveraineté avec Dieu comme sa source : voyons maintenant de quelle manière elle peut être acquise ou perdue par celui qui en est le dépositaire, et comment celui-ci peut la transmettre à d'autres.

Beaucoup de publicistes, surtout parmi les démocrates, ont prétendu que la souveraineté est inaliénable. Du moment que l'on suppose en effet que la souveraineté est essentielle au peuple, il en résulte qu'il ne peut pas l'abdiquer ; mais seulement la déléguer au prince ou aux magistrats, qui sont censés ses mandataires. Or il est évident que de tels délégués ne peuvent qu'exercer au nom du mandant les droits politiques, et non en disposer. Mais cette conséquence croule avec le principe sur lequel elle repose, et que nous avons amplement réfuté. Nous montrerons donc facilement que l'aliénation du pouvoir souverain n'a rien qui répugne en soi ; bien que certaines circonstances puissent la rendre impossible, parce qu'elle blesserait des droits qui doivent être sauvegardés.

On appelle en général *droits politiques* les pouvoirs nécessaires pour bien gouverner la société ; pouvoirs dont la collection, constituant la souveraineté, ne peut appartenir qu'à la personne physique ou morale du souverain. Ainsi ceux qui n'ont aucune part au gouvernement ne jouissent d'aucun droit *politique*. Ils n'ont que les droits *civils*, c'est-à-dire ceux qui regardent les relations privées, comme sont les droits de propriété, d'hérédité, de liberté personnelle et autres semblables. Ainsi, dans la monarchie pure, le droit politique est propre au roi seul, car les ministres et les officiers qui en exercent les diverses parties ne le font qu'en son nom. Dans une république il appartient aux assemblées qui la gouvernent, ou aux citoyens qui jouissent du droit de les élire, car, dit Aristote, dans la démocratie les citoyens sont ceux qui ont droit de suffrage. La distribution des droits politiques constitue donc la diversité des formes de gouvernement dont nous traiterons plus tard. Nous ne parlons ici que du pouvoir suprême qui en est comme le sommet et nous examinerons : 1° Comment il peut être originairement acquis à titre légitime par des faits humains qui déterminent la personne à laquelle Dieu confère ensuite le droit abstrait d'autorité. — 2° Comment cette autorité peut être transmise ou aliénée. — 3° Comment le possesseur peut la perdre ou en être dépouillé. — 4° Enfin ce qu'il faut penser de son usurpation illégitime.

ARTICLE I

DE L'ACQUISITION PRIMITIVE DE LA SOUVERAINETÉ

438. — On peut envisager de deux manières l'acquisition de la souveraineté comme celle du domaine.

1° Dans son origine, au premier établissement de la cité, et nous avons déjà dit aux chapitres III et IV sur celle-ci, qui offre le plus de difficulté, beaucoup de choses qu'il suffira de résumer brièvement. — 2° Secondairement dans la transmission d'un pouvoir déjà constitué, de son premier possesseur à un autre subséquent : nous en parlerons dans l'article suivant.

Nous avons vu que, dans la première origine des Etats, la souveraineté peut s'acquérir légitimement de trois manières, selon le mode de formation de l'Etat lui-même. Car si, comme c'est l'usage et le moyen le plus naturel, la cité se forme par l'extension de la famille et le développement de la société patriarchale, l'autorité se fixe en quelqu'un par une sorte de droit préventif à titre de paternité d'abord, puis de primogéniture ou de domaine (387). — Si la souveraineté s'établit par une guerre juste, sur des hommes libres auparavant, ceux-ci sont soumis à titre de conquête au prince qu'ils ont provoqué à cette guerre (392). — Enfin dans la société volontaire le pouvoir s'acquiert ou par une élection formelle (393), ou plus souvent par un assentiment tacite et virtuel, donné individuellement pour l'ordinaire, qui réunit peu à peu plusieurs personnes sous la protection et l'autorité d'un homme plus puissant, plus riche ou plus sage, capable de leur procurer la sécurité et les commodités de la vie (1).

Dans la formation successive d'une grande société, ces trois modes, auxquels on peut rapporter tous les

(1) *Sempiternâ quippe et communi omnium lege receptum est inferiores parere præstantioribus*, dit Denys d'Halicarnasse. — Haller, qu'il faut lire sur ce point, décrit parfaitement ces associations partielles et successives, ainsi que leur résultat. *Restauration de la science politique*. t. I, ch. XIII et XIX.

autres, ont coutume de se mêler. Elle commence par la société patriarchale à laquelle s'adjoignent peu à peu des étrangers attirés par leurs besoins et les avantages qu'ils y trouvent; et bientôt les difficultés qu'elle éprouve de la part de ses voisins lui fournissent l'occasion de s'étendre par la guerre. On voit donc que ce n'est pas, comme le veulent les faux politiques, de la seule délibération d'une multitude confuse que la souveraineté tire son origine. Une telle délibération ou élection n'est même possible que chez une multitude déjà organisée par un supérieur qui vient à manquer, et auquel il s'agit d'en substituer un autre; parce que le peuple y est alors dirigé par les magistrats déjà établis sous le règne précédent (460). Encore le peuple qui semble alors élire choisit moins son chef qu'il ne le reçoit des circonstances ou d'influences diverses, selon cette parole de M. de Maistre, confirmée par l'expérience : *le peuple* REÇOIT *toujours ses maîtres et ne les* CHOISIT *jamais.*

439.— Les richesses, les forces, la sagesse et les autres supériorités naturelles ou acquises peuvent, comme nous l'avons vu, fournir à quelqu'un des moyens d'acquérir l'autorité, surtout lorsqu'elle n'appartient encore à personne. Elles ne sont pas cependant un titre suffisant au pouvoir, s'il ne s'y joint un lien de droit résultant légitimement de quelques faits, comme la paternité, une juste victoire, ou le consentement de ceux que cela concerne. Cela est vrai, principalement de la translation d'un pouvoir déjà possédé par un autre : il ne peut lui être enlevé sous prétexte d'un plus grand mérite attribué à un tiers. Il en est de même, à proportion, de toute participation à l'autorité dans un degré inférieur. C'est qu'il n'y a point, en matière sociale, de mérite ni d'excellence qui l'emporte sur celle du droit, ni pour la société de mal comparable à sa violation. Aussi, dès que quelqu'un possède légitimement l'autorité, il importe souverainement au bien public qu'il n'en soit pas dépouillé malgré lui, même au profit d'un homme d'un plus grand mérite.

440. — C'est ici le lieu d'examiner la question de la valeur du mérite personnel dans la distribution des charges publiques, question qui, agitée d'abord par les politiques grecs, a donné lieu à tant de déclamations philosophiques et excité par suite tant de troubles dans les Etats.

Sans doute, à considérer les choses d'une manière abstraite, il serait à souhaiter que les charges, et surtout la souveraineté, fussent toujours confiées aux hommes les plus sages et les plus vertueux, et que l'Etat fût ainsi gouverné par les *meilleurs*, suivant le sens du mot latin *optimates* et surtout du grec αριστος. C'est en ce sens qu'Aristote recommande l'Aristocratie : pour lui et pour les autres Grecs, ce mot n'exprime pas comme pour nous le gouvernement d'un petit nombre d'hommes distingués par leur naissance et leurs richesses, mais celui des citoyens qui excellent en vertu et en prudence : c'est ce qu'il ne faut pas perdre de vue pour bien comprendre ces auteurs.

Mais en pratique on ne saurait toujours arriver là ; les lois, qui statuent d'une manière générale et non sur les cas particuliers, ne peuvent faire autre chose quant à l'attribution de l'autorité, que d'établir des règles de choix, et de préférer pour les charges les classes de citoyens dont on peut espérer le plus souvent de bons magistrats. Si cette espérance se trouve quelquefois trompée, ce que l'imperfection des choses humaines rend inévitable, on ne doit pas pour cela renverser ces règles, sous prétexte d'arriver à de meilleurs choix. Ce serait mettre l'inconstance et la confusion partout, pour aboutir au principe des Saint-Simoniens : *Il faut donner à chacun selon sa capacité, et à chaque capacité selon ses œuvres* (1).

1. Taparelli a très-bien démontré l'analogie de ce principe avec la théorie de la préférence due au mérite, telle que la soutiennent ordinairement les politiques utopistes. — *Esame degli ordini rappresentativi*, t. I, § 229. — « En fait de gouvernement, dit M. Lorain, le mérite est une excellente chose, comme moyen et comme secours; mais il n'est que bien rarement l'essence même du pouvoir. Il faut aux Etats une base permanente, régulière et transmissible. Le mérite est par sa nature viager, transitoire et indisciplinable. Heureusement, sous toutes les formes de gouvernement, les majorités se chargent de prouver que le monde politique se mène par le bon sens et par le jugement pratique, bien plus que par la supériorité intellectuelle. Il n'est pas rare que les oppositions abondent en hommes de talent, car leur rôle est l'ambition et l'impatience. Mais dès que l'homme est arrivé au pouvoir, il ne tarde guère à comprendre la vérité... Mais tout le monde n'est pas destiné à régner dans les assemblées publiques; tout le monde n'est pas destiné à devenir tour à tour le chef du gouvernement et de l'opposition, et à laisser sur le seuil d'un ministère les erreurs de sa jeunesse; et c'est un tort sérieux, et presque un

Aussi le système électif qui plaît tant aux hommes spéculatifs, parce qu'il semble favoriser le mérite, donne ordinairement en pratique un résultat tout opposé. Si l'on en excepte quelques élections que la nature des choses entoure de précautions impossibles dans les cas ordinaires, la ruse, la brigue, la corruption de toute espèce et même la violence ont plus d'action dans ce système que la vertu et le mérite, que leur modestie est loin de recommander auprès de la foule. L'expérience montre que plus on fait sonner les droits

malheur, de caresser dans la multitude cette pensée fausse et périlleuse, que la raison et le patriotisme sont le patrimoine indéfectible de l'éminence de l'esprit. Magnifique hypothèse, admirable illusion du jeune âge et du désintéressement chevaleresque, mais que les années, l'expérience, les calculs du monde, les intérêts égoïstes des partis ont bien vite et trop tôt dissipée !

Ce fut la grande erreur de l'Assemblée constituante et des Girondins, qui crurent aux rêveries du XVIIIe siècle, aux irréalisables merveilles de l'égalité parfaite, et s'abandonnèrent, au milieu des plaisirs et de la décadence des mœurs, aux utopies si follement caressées d'une liberté uniforme et indéfinie. Pour eux, être libre, c'était n'avoir rien au-dessus de soi. » — *Correspondant,* t. X, p. 80, 1845. — Du reste, si on examine dans l'histoire le rôle qu'y jouent en général les *parvenus*, on se convaincra facilement que les peuples n'ont rien à gagner à voir communément leurs destinées remises aux mains d'hommes élevés par leur mérite (c'est-à-dire par leur *savoir-faire*) fort au-dessus de leur condition native, de préférence à ceux que leur condition sociale semblait appeler à y présider. Il y a sans doute d'honorables exceptions à faire, surtout en faveur de ceux qui se sont élevés par l'Eglise, dont la forte discipline et le but surnaturel amortissent singulièrement les passions qui servent du mérite à la préférence, plus les hommes médiocres et mauvais envahissent les affaires; car, dit Tacite : *Inter turbas et discordias pessimo cuique plurima vis :* or l'urne du scrutin populaire est le centre de la discorde. Cela est naturel : qui donc ne se flatte pas de l'emporter en mérite sur les autres? Comme le remarque très-bien Labruyère, *nul n'est content de sa fortune, ni mécontent de son esprit.* Qui n'est persuadé que si l'on n'avait égard qu'au mérite, il serait préféré aux autres ; et qui, par conséquent, si son espoir est déçu, n'est pas tourmenté par l'envie, ne se

au succès des ambitieux ordinaires. Néanmoins, il reste vrai en général que les hommes qui ont élevé leur fortune beaucoup au-dessus de leur naissance, depuis les simples fonctionnaires jusqu'aux ministres des princes, ont rarement été des hommes probes et vertueux, et que les Etats leur ont dû leurs plus grands désastres. — La raison, du reste, en est facile à saisir. C'est que ces élévations disproportionnées exigent fréquemment l'emploi de moyens qui répugnent aux personnes délicates. Aussi pendant que celles-ci restent dans leur médiocrité native, ou jouissent régulièrement d'une position toute faite, l'homme *de mérite*, c'est-à dire trop souvent l'intrigant habile et capable de tout, brise toutes les barrières qui s'élevaient devant son ambition ou sa cupidité. Quand on a fait sa fortune à ce prix, il est naturel qu'on en abuse.

Cette simple observation est de nature à refroidir un peu l'enthousiasme qu'excite dans notre siècle le système démocratique qui détruit les cadres providentiels de la société, en soufflant dans tous les cœurs le feu d'une ambition démesurée, au nom d'un mérite que chacun est fort disposé à se reconnaître. Son résultat le plus net est la déception du grand nombre, et trop fréquemment la corruption des élus. Y a-t-il là de quoi dédaigner si fort le régime de la hiérarchie sociale?

plaint pas de l'injustice qu'on lui a faite; prêt à tout bouleverser dans l'Etat, pour que le mérite rentre en possession de ses droits? Voilà ce que montre toute l'histoire; et c'est sous prétexte de rétribuer le mérite et de procurer ainsi le bien public que les sociétés modernes, détruisant la distinction et les priviléges des classes, ont appelé chacun à prétendre à tout par le moyen des élections et des concours. Ce qu'elles y ont certainement gagné, c'est d'exciter en tous les citoyens une ambition sans bornes qui fait leur tourment, et qui expose la société au danger continuel d'être troublée par le choc de passions insatiables et de prétentions impossibles à satisfaire. Il reste à prouver que les affaires publiques en sont administrées avec plus de prudence, d'économie, de probité et de sagesse, et cette preuve se fera longtemps attendre. Aussi un homme dévoué aux institutions démocratiques, qui sont les plus entachées de la prétention utopique de tout donner au mérite, avoue ingénuement que dans les Etats ainsi gouvernés, l'effet ne répond guère aux promesses, et il en donne une démonstration fondée sur l'expérience des Etats américains (1).

(1) Voici comment M. de Tocqueville expose les résultats du régime électif, et en particulier du suffrage universel, ce dernier terme de perfection pour les institutions politiques, selon nos démocrates. « Bien des gens en Europe, dit-il, croient sans le » dire ou disent sans le croire, qu'un des grands avantages du » vote universel est d'appeler à la direction des affaires des » hommes dignes de la confiance publique. Le peuple ne saurait » gouverner lui-même, nous dit-on; mais il veut toujours sin- » cèrement le bien de l'Etat, et son instinct ne manque guère

441. — Ce que nous avons dit des charges publiques s'applique à plus forte raison à la souveraineté. Spéculativement celle-ci semblerait devoir être élective, et les gens qui tirent les constitutions politiques de leur écritoire, ne manquent pas de doctes arguments pour le prouver. Mais l'histoire, qui a ici plus d'autorité que la métaphysique, leur donne de cruels démentis.

Voici donc les conclusions qui semblent les mieux appuyées dans cette question des droits du mérite. Sans doute, les princes auxquels il appartient de choisir les magistrats, doivent autant que possible préférer

» de lui désigner ceux qu'un même désir anime, et qui sont les » plus capables de tenir en main le pouvoir. Pour moi, je dois » le dire, ce que j'ai vu en Amérique ne m'autorise point à » penser qu'il en soit ainsi. A mon arrivée aux Etats-Unis, je » fus frappé de surprise en découvrant à quel point le mérite » était commun parmi les gouvernés, et combien il l'était peu » chez les gouvernants. C'est un fait constant que de nos jours, » aux Etats-Unis, les hommes les plus remarquables sont rarement appelés aux fonctions publiques ; et l'on est obligé de » reconnaître qu'il en a été ainsi à mesure que la démocratie » a dépassé toutes les anciennes limites. Il est évident que la » race des hommes d'Etat américains s'est singulièrement rapetissée depuis un demi-siècle... » Puis, après avoir expliqué les causes de cet état de choses, dans lesquelles l'envie joue le principal rôle, il ajoute : « Du reste, ce n'est pas toujours la » capacité qui manque à la démocratie pour choisir les hommes » de mérite, mais le désir et le goût. Il ne faut pas se dissimuler que les institutions démocratiques développent à un » très-haut degré le sentiment de l'envie dans le cœur humain... » *Il m'est démontré que ceux qui regardent le vote universel* » *comme une garantie de la bonté des choix, se font une illusion complète.* — Tocqueville, *de la Démocratie*, t. I, ch. XIII.

les hommes les plus capables et les plus honnêtes dans la classe de ceux que les lois de chaque État rendent admissibles aux charges, tout en ayant égard aux droits de ceux qui, quoique inférieurs en mérite, auraient cependant par ailleurs un juste titre de préférence, comme cela peut arriver : car, bien que ceci puisse paraître moins utile dans tels cas particuliers, à prendre les choses en général, il convient mieux au bien public que l'on respecte les droits spéciaux.

Mais il n'est guère moins injuste que pernicieux d'afficher, comme on le fait aujourd'hui, la prétention de tout donner au mérite personnel, sans nul égard à la hiérarchie sociale, et surtout de livrer les choix à l'élection populaire; car l'événement trompe presque toujours l'espérance que l'on avait de voir ce système amener aux affaires les meilleurs citoyens (1).

A plus forte raison, cette supériorité de mérite ne saurait être considérée comme un titre suffisant de soi pour s'approprier le pouvoir souverain, quoiqu'elle

(1) Mgr Tharin, évêque de Strasbourg, dans son ouvrage intitulé : *du Gouvernement représentatif et de la Monarchie tempérée*, résume ainsi en quelques mots les qualités et les effets du système électif. « Un pays d'élections, dit-il, est un théâtre » d'intrigues, de corruption, de vénalité, d'espérances déçues, » d'ambitions désespérées; et dans un tel pays il y a certai- » nement plus de mécontents, de dupes et de victimes que de » gens satisfaits. » Ch. XIV, p. 259. — M. de Tocqueville dit de son côté : « *L'intrigue et la corruption sont des vices inhé-* » *rents au gouvernement électif.* » *Démocratie*, t. I, ch. VIII. — L'accord de deux hommes de principes si opposés, dans un tel jugement, mérite sans doute d'attirer l'attention.

puisse, comme nous l'avons vu, devenir quelquefois, à la faveur des circonstances, une voie légitime pour y parvenir.

Ce qui vient d'être dit, joint à ce qui l'avait déjà été sur l'acquisition primitive du pouvoir souverain, nous semble suffisant. Parlons maintenant de son acquisition secondaire, par la transmission qui s'en fait d'un possesseur à un autre.

ARTICLE II

DE LA TRANSMISSION DE LA SOUVERAINETÉ.

Il faut avant tout réfuter ici ceux qui regardent les droits politiques, et principalement la souveraineté, comme inaliénables : car ce système tend à supprimer plusieurs modes de transmission qui sont cependant très-légitimes. Ce sera l'objet de la proposition suivante.

PROPOSITION I.

La souveraineté n'est pas de soi inaliénable : elle peut cependant le devenir accidentellement à raison du titre qui la constitue.

442. — *Preuve de la première partie.* 1° L'autorité souveraine ne diffère pas des autorités inférieures par son essence, mais seulement par son degré : car toute autorité n'est par essence que le droit de diriger les actions des sujets vers le bien commun. Or l'autorité prise en général est aliénable de sa nature, parce qu'elle est devenue le bien propre de celui qui la possède à titre légitime, et chacun peut aliéner son bien, sauf les

exceptions motivées sur quelques raisons accidentelles. Mais la nature de l'autorité n'entraîne aucune exception de ce genre ; elle ne demande qu'une chose : que le bien public soit procuré par elle ; et c'est ce qu'un nouveau possesseur peut faire comme le premier. Aucune raison ne s'oppose donc en soi à l'aliénation de l'autorité, même souveraine.

2° L'autorité devient toujours concrète en quelque personne par un fait accidentel et variable, comme peut être la possession d'un territoire aliénable par vente, donation, etc. Or, le territoire étant aliéné, l'autorité, qui n'est que le droit de maintenir l'ordre parmi les habitants qui l'occupent, suit naturellement sa condition ; car le nouveau possesseur a comme l'ancien le devoir de maintenir sur ses terres l'ordre entre les hommes qui lui sont soumis. Il l'a complétement, s'il est indépendant du prince ; autrement il l'a dans la mesure de son pouvoir et de sa fortune. L'autorité, à quelque degré qu'elle soit, se transmet donc régulièrement avec le domaine de la chose dont la possession a donné lieu à son établissement. C'est ainsi que dans les principautés féodales, qui reposaient toutes sur la possession du sol, l'aliénation de celui-ci entraînait la transmission du pouvoir qui lui était inhérent.

3° Enfin le but de l'autorité demande que, même du vivant du prince, son exercice soit transféré à une autre personne, si quelque cause, comme la folie, le met entièrement hors d'état de s'occuper des affaires publiques.

Preuve de la seconde partie. — Il peut arriver que

l'aliénation de la souveraineté nuise aux sujets ou à d'autres, blesse leur droit et trouble l'ordre social, soit à raison de circonstances particulières, soit à cause de conventions qui s'opposeraient à des changements de ce genre. Or l'aliénation serait alors accidentellement illégitime comme contraire à la justice ou à la fin essentielle de l'autorité. Ainsi, par exemple, si la souveraineté avait été établie par l'élection en faveur seulement d'une personne ou d'une famille déterminée, il est clair que son possesseur ne pourrait la transmettre à un autre. Notre proposition est donc prouvée dans ses deux chefs.

443. — COROLLAIRE. — La souveraineté peut donc de soi être transmise par donation, par vente ou par d'autres pactes, tels qu'on en insère souvent dans les traités de paix : et elle peut l'être, soit intégralement, soit pour une partie seulement des droits qu'elle renferme ou du territoire sur lequel elle s'étend ; car les cessions de ce genre ne répugnent ni au droit naturel, ni à l'essence de la société ou de l'autorité.

Par là se résoud la question de savoir si un prince peut validement renoncer par un pacte fait avec ses sujets à certains droits de la souveraineté, ou céder à un autre prince une partie du territoire soumis à sa juridiction. Plusieurs le nient absolument, mais à tort, comme on le voit. Une telle abdication peut seulement être rendue impossible accidentellement par le droit des tiers ou le dommage qui en résulterait pour la société ; ou bien elle peut être soumise à des conditions qui dépendent du droit public de chaque Etat, et dont nous n'avons point à nous occuper. Il faut appliquer ici les règles relatives à la collision des droits. Voilà le principe général, et il suffit.

Ce que nous avons dit peut s'appliquer aussi à l'abdication simple, par laquelle un prince renonce au pouvoir sans en disposer en faveur d'un autre. Non seulement cela est permis en soi, mais ce peut être un acte de vertu héroïque, lorsqu'un tel sacrifice sert au bien public ; comme ce pourrait être aussi un acte de faiblesse et de lâcheté, si un prince abandonnait à contre-temps une société en péril.

Pour que quelqu'un puisse renoncer ainsi à ses droits, il suffit que son abdication ne cause pas de dommage injuste : mais pour les transférer à une autre personne il faut encore qu'il puisse en disposer librement, ce qui n'appartient qu'à un prince héréditaire, et non à celui qui est élu.

Ces principes s'appliquent aussi aux républiques, où les droits politiques partagés entre plusieurs peuvent être aliénés à divers titres, pourvu que ce soit sans préjudice des autres particuliers et du salut de l'Etat : car ceux qui les possèdent, pris en particulier, peuvent encore y renoncer plus facilement qu'un roi, puisque, leur pouvoir étant moindre, cette renonciation ne saurait être aussi dangereuse. Il y a plus de difficulté pour celle qui serait faite par des corps politiques pris dans leur entier. Cependant il faut leur appliquer les mêmes règles qu'aux princes. Ainsi le sénat, dans une aristocratie, le peuple, dans une démocratie, peuvent abdiquer leur autorité en faveur d'un homme, comme on dit que le sénat et le peuple romain le firent au profit des Empereurs par la loi *regia*.

PROPOSITION II.

La souveraineté peut se transmettre à titre héréditaire. — Ce mode de transmission est même en général le plus utile au bien public.

444\. — *Preuve de la première partie.* La souveraineté peut, suivant les titres qui la constituent, devenir un bien propre au prince; et celui-ci peut, comme nous venons de voir, l'aliéner par divers pactes. Il peut donc aussi la transmettre héréditairement à ses enfants, surtout quand elle résulte, comme dans la société féodale par exemple, de la possession d'un territoire, qui est naturellement soumis à l'hérédité. D'ailleurs, ni la nature ni la fin de l'autorité, ne répugnent à ce mode de transmission, plus qu'à celles qui s'opèrent par donation ou par d'autres aliénations volontaires; car le fils du prince peut de soi exercer l'autorité et diriger la société aussi bien qu'un donataire ou tout autre acquéreur. Il n'y a donc rien qui répugne dans ce mode de transmission.

Preuve de la seconde partie. A la mort du prince, il faut nécessairement ou que le pouvoir passe à ses héritiers, ou que l'on fasse une nouvelle élection, ou enfin que l'autorité reste exposée en proie à quiconque voudra s'en emparer violemment et sans droit. Aucun homme de sens ne voudrait admettre ce dernier parti. Quant à l'élection, quoiqu'elle offre spéculativement plus de chances de donner un bon prince, l'expérience montre que les Etats où le droit héréditaire est religieusement gardé sont beaucoup plus stables et beaucoup plus heureux que les Etats électifs. C'est ce que prouve évidemment la simple comparaison de l'empire romain, si bien nommé *bas empire*, avec le royaume de France (1). Nous avons exposé les raisons de ce fait en parlant de la théorie des droits du mérite au pouvoir ; et c'est surtout par rapport à la souveraineté que ces raisons ont toute leur force.

445. — COROLLAIRE. — « Ce que nous avons dit de la souveraineté s'applique avec proportion aux droits

(1) La France, en quatorze siècles, pendant lesquels l'ordre légitime de succession n'a été troublé que deux fois, a compté soixante-six rois, et pas un tyran. — Rome, en quatre cent quarante-six ans, a eu soixante-dix princes électifs, presque tous détestables, dont la plupart ont péri de mort violente, et très-peu ont pu transmettre le sceptre à leur fils. Triste époque, si bien caractérisée par Tacite : *tempus ipsâ etiam pace sævum !* — La période Bysantine est encore pire.

M. de Bonald, qui fait cette remarque (*Théorie du Pouvoir*, t. I, p. 179), ajoute avec raison (ibid., p. 281) : « Ce n'est pas pour l'in- » térêt de la famille régnante que le droit de succession est établi ; » mais parce qu'il est de l'intérêt de l'Etat qu'il y ait une fa- » mille régnante. » — Si l'on veut s'en convaincre, il suffit de jeter les yeux sur le triste état de l'Amérique espagnole, dévorée par une anarchie irremédiable, sans aucun espoir humain de guérison, parce qu'il n'y a là personne qui ait un droit traditionnel au pouvoir. C'est là que l'on voit bien ce que gagnent les nations à ne pas posséder dans leur sein de famille souveraine ! — « La succession héréditaire dans une monarchie, » conclut très-bien de Maistre, est quelque chose de si pré- » cieux, que toute autre considération doit plier devant celle-là. » *Considérations sur la France*, ch. VIII, p. 117.

politiques inférieurs, comme aux priviléges des nobles, des sénateurs, etc., dont régulièrement parlant la transmission héréditaire est non seulement licite, mais encore, ce qu'il y a de plus avantageux pour la stabilité, la paix et la prospérité de l'Etat. »

Ici encore l'expérience bat en brèche les théories des philosophes qui donnent trop à la spéculation abstraite dans les questions sociales.

Il est cependant des offices, comme celui de général d'armée, qui doivent être conférés, non pas certes par l'élection populaire, mais par le choix du prince, parce qu'ils exigent certaines qualités dont l'absence ne peut être compensée par d'autres avantages.

Ainsi, dans une société bien ordonnée, on donne beaucoup à l'hérédité, surtout pour les choses qui concernent plutôt les classes des citoyens que les offices personnels, et quant à ceux-ci, on laisse au supérieur une grande latitude pour choisir ses ministres et ses officiers, ordinairement dans les classes destinées à ce service public ; mais sans exclusion des autres, lorsqu'il s'y trouve quelqu'un d'un mérite excellent. Une telle organisation a fait pendant plusieurs siècles le bonheur et la force de ce royaume de France, que Machiavel mettait sans hésiter au-dessus de tous les autres, comme étant doué de la constitution la plus excellente et la mieux tempérée par les lois (1).

REMARQUES.

446. — I. — On a coutume d'objecter contre le droit de succession héréditaire les accidents qui peuvent en

(1) Voyez de Maistre, *Considérations sur la France*, ch. VIII.

faire sortir un prince faible et médiocre; mais l'élection est loin de mettre à l'abri de ce danger, et souvent elle impose au pays, ce qui est bien pire, un maître malveillant qui a un intérêt tout autre que celui de la société, dont il n'espère pas léguer le gouvernement à ses enfants. Car un prince viager, comme l'usufruitier d'une terre, ne songe qu'à jouir, sans s'inquiéter de l'avenir de la société qui lui est confiée; tandis qu'une telle indifférence dans une famille liée à l'Etat par les droits héréditaires répugne aux instincts de la nature. D'ailleurs, la médiocrité et même l'imbécillité d'un prince sont ordinairement réparées par ses lieutenants et ses ministres. Enfin il ne s'agit pas ici d'éviter tous les inconvénients, ce que ne comporte pas la condition présente de l'humanité; mais de les diminuer autant que possible; et c'est en quoi excelle le régime héréditaire, dont la nature nous offre l'application dans presque toutes ses œuvres; grande présomption certes en sa faveur (1).

447. — II. — Le droit de transmission héréditaire de la souveraineté et ses conditions sont ordinairement réglés par ceux qui l'ont possédée les premiers dans l'Etat, et il faut régulièrement s'en tenir à ce qu'ils ont établi. Le temps peut aussi y amener certaines modifications qui ne doivent se faire que du consentement

(1) Maury, *Opinion sur la souveraineté du peuple*, p. 219, montrait très-bien en 1790 ce que le régime électif avait amassé de malheurs sur la malheureuse Pologne. Il a depuis consommé sa ruine, et c'est une dure leçon offerte aux réflexions des peuples et des philosophes.

de ceux dont l'intérêt s'y trouve engagé, à moins qu'une véritable et très-grande nécessité ne force à négliger cette condition; ce qui peut à peine se présumer lorsqu'il s'agit de faire un changement substantiel.

On appelle *patrimoniaux* les royaumes dans lesquels l'ordre de succession dépend de la libre volonté du roi, et *non patrimoniaux* ceux où il est réglé par des lois constantes, auxquelles le prince ne peut toucher seul, parce que dans ces sociétés elles sont fondamentales, constitutives et d'une extrême importance. La variété des constitutions de ce genre appartenant au droit politique de chaque nation, il n'entre pas dans notre plan d'en traiter. Il nous suffit d'indiquer que l'indivisibilité d'un royaume, le droit de primogéniture et l'exclusion des femmes qui assure à la nation l'avantage si précieux d'une dynastie nationale, semblent plus conformes à la nature et au bien de la société. D'où il résulte que la loi salique l'emporte sur toute autre constitution relative à la transmission du pouvoir.

ARTICLE III

DE LA PERTE DE LA SOUVERAINETÉ.

448. — Le sujet que nous abordons ici est difficile et plein de questions délicates qui nous feraient souhaiter de le passer sous silence, si cela se pouvait faire sans de graves inconvénients. Mais, puisqu'elles sont agitées aujourd'hui, non plus seulement dans les livres, mais jusque sur la place publique, où l'on a coutume de les résoudre dans un sens favorable à la révolution, nous ne pouvons nous dispenser d'établir sur ce point la

saine doctrine. Car elle seule peut défendre contre les sophismes des ennemis de l'ordre social une foule d'hommes honnêtes, mais peu en garde contre les illusions qui ne parviennent que trop souvent à les séduire.

Nous avons donc à examiner si le souverain peut être dépouillé légitimement de son autorité, et comment cela pourrait se faire? Commençons par bien établir l'état de la question.

1° D'abord il ne s'agit pas de la cessation de l'autorité considérée en elle-même, qui, étant indispensable à la société, ne saurait jamais lui faire défaut; mais qui peut seulement passer d'une personne à une autre.

2° Il y a deux choses qu'il ne faut pas confondre : la perte du droit même d'autorité, et la simple suspension de l'exercice de ce droit, à cause d'une incapacité accidentelle du souverain, comme dans les cas de démence ou de maladie grave. Dans ce dernier cas, tout le monde convient que le droit du prince demeurant sauf, l'exercice du pouvoir doit être confié à des vicaires ou régents qui administrent en son nom, selon les règles propres à chaque Etat : mais ce cas est en dehors de notre sujet.

3° Il est constant aussi, de l'aveu de tous, qu'on ne doit point obéir au souverain lorsqu'il commande une chose réprouvée par la morale; et c'est en cela que consiste principalement la liberté de conscience sainement entendue. S'il commande des choses moralement honnêtes, mais que le sujet juge inutiles ou même nuisibles au bien public jusqu'à un certain point, régulièrement celui-ci est tenu d'obéir. Le souverain, en effet, est en possession du droit à l'obéissance, qu'il n'est pas permis à chacun de violer, sous prétexte de mieux faire; comme le prétendent les libéraux modernes. Constituer ainsi chaque sujet juge des actes du souverain : et cela non seulement en spéculation, mais encore d'une manière pratique, c'est poser un principe funeste, qui détruit toute subordination, par conséquent toute paix, et qui tend à la ruine de la société.

4° Il faut encore supposer, d'après ce qui a été dit précédemment, que le souverain, qui possède le pouvoir à titre légitime et qui l'exerce convenablement, ne peut en être privé au gré du peuple et selon son caprice, quoi qu'en disent les partisans du contrat social et de la souveraineté populaire inaliénable que nous avons réfutés plus haut. Il y a plus; quelques préceptes injustes ne suffiraient pas pour priver le prince de son droit, parce qu'il n'y a pas de proportion entre le dommage qui en résulte et les maux que produit ordinairement une révolution. Il en est de même *à fortiori*, si ces erreurs ou ces injustices du prince ne blessent pas le bien public, mais seulement le droit de quelques particuliers. Ces assertions sont fondées sur le respect dû au droit de souveraineté comme au fondement le plus solide de la sécurité et de la félicité publique : car on ne saurait ébranler le trône sans que tous les droits et toutes les propriétés ne soient pareillement ébranlés et ne soient exposés à subir tôt ou tard le même sort. C'est ce qu'une solennelle et triste expérience enseigne aujourd'hui à l'Europe, que les attaques contre la souveraineté ont amenée peu à peu en face du communisme.

449. — 5° La question se réduit donc au point de savoir si un prince légitime, abusant tyranniquement de son pouvoir au détriment du bien public, perd par là même son droit et peut en être dépouillé par le jugement ou la rébellion du peuple. Ainsi posée, la question donne encore lieu à quelques distinctions : car trois hypothèses peuvent se présenter.

Ou il s'agit, en effet, du chef d'une société incomplète, ayant un supérieur, comme les vassaux étaient soumis au roi dans le régime féodal; et alors il est manifeste que l'on peut chercher dans le recours au supérieur un remède contre la tyrannie.

Ou il s'agit d'un prince électif ou du magistrat suprême d'une république, consul, etc., auquel le pouvoir a été conféré par un *pacte commissoire* ; c'est-à-dire, à condition d'encourir la déchéance par la violation des lois fondamentales de l'Etat; violation dont le jugement est confié à quelque assemblée ou corps constitué dans ce but, comme il en existe pour l'ordinaire dans ces sortes d'Etats. Dans cette hypothèse, il peut y avoir lieu de procéder légitimement à la déposition d'un tel prince; quoique l'on doive toujours y apporter une grande circonspection, parce que les troubles qui en résultent sont ordinairement plus nuisibles que la violation des lois qu'il s'agit de punir. C'est ce que prouve l'exemple de la Pologne, dont la ruine a eu pour principale cause une jalousie inquiète et tracassière pour défendre sa liberté contre les entreprises de ses rois.

Enfin il peut être question d'un prince indépendant et régnant *jure proprio* à titre héréditaire ; et l'on peut demander spéculativement, si sa tyrannie lui fait perdre son droit au for intérieur, ce qui seul ne serait pas d'une grande importance pour l'ordre public : ou pratiquement, s'il y a quelqu'un, le peuple par exemple, qui puisse lui ôter le pouvoir pour le donner à un autre? Ici, deux opinions se présentent : la première affirme, non seulement que le droit est intérieurement perdu, mais encore que le peuple peut juger et déposer le prince. Elle est naturellement adoptée par tous les révolutionnaires, qui ont été précédés dans cette voie par les philosophes du XVIIIe siècle, et avant eux par les protestants, que Bossuet a réfutés dans la personne du ministre Jurieu, un de leurs principaux organes (1). On trouve dans la même voie, quoiqu'avec plus de modération, plusieurs scolastiques, dont quelques-uns même, comme Gerson, sont allés fort loin, et surtout un certain nombre de catholiques contemporains, qui forment une école procédant de celle de M. de La Mennais, et professant beaucoup de principes du libéralisme difficiles à concilier avec l'Encyclique de Grégoire XVI, du 15 août 1832, et celles de Pie IX, des 9 novembre 1846, 8 décembre 1849, 26 mars 1860, et l'allocution du 9 juin 1862.

450. — Mais cette opinion offre tant de dangers, surtout dans ce siècle de révolutions, que nous ne pouvons nous résoudre à l'admettre. Car, en supposant même qu'elle ait quelque chose de vrai, cela ne serait applicable qu'à des cas extrêmes, qui ne sauraient guère se

(1) Voyez sur cette matière l'excellent opuscule de Bossuet, intitulé : *Cinquième avertissement aux protestants.*

rencontrer dans la société chrétienne, comme ils ont pu se présenter quelquefois dans le paganisme, et qui sont plutôt l'objet de l'exception dite *Epikeie,* que d'une loi ou d'un principe établi *à priori.* Ces cas seraient ceux où le souverain travaillerait si manifestement à la ruine de la société qu'on pût le regarder comme atteint de folie et suspendre en conséquence l'exercice de son pouvoir.

On a vu quelques exemples de ce genre dans l'antiquité, par exemple à Rome, comme le remarque Mgr Audisio, qui caractérise en ces termes cette cité célèbre :

« *Nulli jam mores aderant, nulla lex; sed tyrannica plebs, tyrannicus miles, tyrannicæ electiones, undè rerum ferè necessitate, tyrannici oriebantur imperatores. Imperii et gentis universæ, elementum tyrannis. Sed tempora versa sunt, naturalis æquitas, scriptæ leges, mores, regum legitima successio, quâ imperantium familiæ, domesticis quasi necessitudinibus cùm gente ipsâ revinciuntur, christiana demùm religio tyrannidem exludunt.* » *Jur natur. Fundamenta,* lib. III, tit. IV, § 18.

Or nous devons surtout considérer les circonstances dans lesquelles se trouve maintenant la société, pour reconnaître ce qui est pratiquement vrai par rapport à elle. C'est sur ce principe que nous allons exposer ce que nous croyons la véritable doctrine; d'accord en cela avec les meilleurs publicistes modernes, qui ont pu apprécier mieux que les anciens, par l'expérience de ce siècle, la valeur et les conséquences des différentes opinions. Autant que possible, nous citerons leurs propres paroles qui, dans une si grave question, auront plus d'autorité que les nôtres.

Il faut convenir d'abord qu'un prince qui, abusant constamment de son autorité contre le bien commun, la détourne ainsi de sa fin, mérite d'en être privé par un juste châtiment : et il peut l'être par son supérieur s'il en a un. Il y a plus ; tout ce qu'il entreprend ainsi manifestement contre le salut public, est nul de soi et ne saurait produire aucune obligation de conscience. Mais il ne s'ensuit pas que l'autorité cesse en lui par ce seul fait quant aux choses qu'il règle avec justice et prudence : car les réglements utiles qu'il fait conservent une force que ne pourraient leur donner même la sagesse et la vertu d'une personne dépourvue d'autorité.

Toutefois nous accordons avec Bossuet (1) qu'un prince furieux, comme ce Caligula qui souhaitait que le peuple romain n'eût qu'une tête pour l'abattre d'un

(1) Voyez Bossuet : *Politique tirée de l'Ecriture sainte*, liv. VI, art. III, prop. II, p. 287 ; ouvrage que l'on ne saurait trop recommander, et dont le cardinal Gerdil parle en ces termes *(Discours XIII sur l'homme)* : « Il est fâcheux que cet excel- » lent ouvrage soit peut-être plus connu par la réputation de » l'auteur que par l'empressement du public à l'étudier. En » s'attachant constamment aux maximes que ce grand homme » a recueillies des livres saints, tous les rois seraient pères et » les peuples heureux; et que peuvent-ils vouloir de plus ? » — Ce qu'ils veulent de plus, maintenant qu'ils sont *majeurs*, ou du moins ce que l'on réclame pour eux à ce titre, c'est la *licence*, le droit de mal faire et de se détruire eux-mêmes, s'il leur en prend fantaisie, au nom de leur souveraineté !

seul coup, qui se déclarerait ennemi de tout son peuple et le conduirait à une ruine manifeste ; par exemple en défendant d'ensemencer les terres, etc., semblerait par là même abdiquer la royauté, et qu'il faudrait lui en ôter l'administration comme à un insensé. Mais à part cette extrémité, presque chimérique dans une société polie et chrétienne, le droit d'autorité ne nous semble pas éteint *ipso facto,* même spéculativement, par l'injustice du prince. Les scolastiques même qui lui sont le moins favorables, demandent pour cela un jugement du peuple. D'ailleurs quel remède apporterait au mal cette déchéance purement intérieure, s'il n'était pas permis aussi de chasser le tyran ? C'est donc sur cette faculté de le détrôner que roule tout l'intérêt de la question, et c'est à ce point de vue que nous allons essayer de la résoudre par la proposition suivante.

PROPOSITION.

Un prince légitime et absolument indépendant ne peut être jugé ni dépouillé de son autorité par aucun pouvoir humain.

451. — *Preuve.* En effet, soit que cette souveraineté repose sur un titre immuable de soi, comme le domaine territorial, soit même qu'elle provienne d'une élection pure et simple, dans laquelle le peuple ne s'est point réservé clairement le droit de punir l'abus du pouvoir ; l'autorité publique réside tout entière dans le prince, et, régulièrement parlant, d'une manière immuable. Il n'y a donc dans cette société aucune jurisdiction qui

puisse s'exercer sur lui et le priver de son droit antérieur de possession : autrement il faudrait dire qu'un prince indépendant dépend de la multitude de ses sujets, et lui est soumis comme un simple magistrat révocable, ce qui implique contradiction dans les termes.

Et de fait, ceux qui prétendent qu'un prince, gouvernant tyranniquement, peut être jugé par le peuple s'appuient sur ce principe : « que, par la nature des » choses, le peuple est supérieur au prince qui n'a pu » recevoir son autorité que de lui, et qu'en la déléguant, » la nation l'a retenue radicalement, ou *in habitu*, de » manière qu'elle peut l'exercer dans des cas semblables. » C'est ce que dit Bellarmin après Navarre, et ce que nous avons réfuté plus haut.

Comme cette opinion du reste peut tout au plus être défendue comme probable, elle ne saurait prévaloir contre la possession et la présomption qui militent pour le supérieur. On le comprendra encore mieux si l'on fait attention que dans la pratique, les conditions que ces anciens auteurs imposent au peuple pour user du droit qu'ils lui reconnaissent, ne peuvent jamais se réaliser. Car ils veulent que la rébellion ne produise pas un plus grand mal, et qu'elle ne soit pas le fait de quelques personnes; mais que ce soit tout le peuple qui juge son prince et qui lui fasse la guerre..... Tout cela s'arrange à merveille sur le papier ; mais dans l'ordre des faits on n'aboutit guère qu'à des séditions tumultueuses et désordonnées : car qui convoquera régulièrement le peuple à ce jugement? qui pourra l'y diriger, le modérer? etc.... Quoi qu'il en soit donc de la probabilité spéculative de cette opinion, elle ne saurait être réduite en pratique avec les conditions que demandent ses défenseurs, et ne peut être que pernicieuse, surtout dans des sociétés comme les nôtres, en favorisant les fauteurs de révolutions.

Aussi voici en quels termes sévères la juge Saint Ligori :

« *Falsum omninò est in communitate subditorum, quamdam adesse auctoritatem superiorem, et à principe independentem, ità ut casu quo princeps, perversè regnum gubernet, tota communitas eum regno et vitâ exspoliare possit. Nimis perniciosum in hâc re fuit principium Joannis Gersonis qui ausus est asserere quod monarcha potest legitimè à totâ natione judicari, si regnum injustè regat ; dicebat enim quod, cùm natio sit totum regni respectu ad principem qui est tantum pars, apud ipsam necessariô debet suprema auctoritas existere. Principium, inquio, non tantùm falsum, sed perniciosissimum; nàm hoc modo duæ, in regno essent supremæ potestates, undè enormissima evenirent schismata regnique desolatio. Sanctus Thomas aliam non recognoscit autoritatem supremam, nisi illam, quam habent principes quibus cura communis boni tribuitur : « Cura communis boni commissa est principibus habentibus publicam auctoritatem. Quapropter, etsi princeps perversus, ac populus gravatus esset, tenetur tamen populus obsequium obedientiamque illi præstare, cùm subditi nunquàm jus habere possint de rebus gestis*

» *principis judicare, et tanto minùs eum damnare ad* » *vitam, aut regnum amittendum* » (1).

Le pape Grégoire XVI a confirmé ce sentiment de Saint Ligori en réprouvant par son Encyclique du 15 août 1832, si embarrassante pour le libéralisme catholique, les opinions renouvelées de Gerson par M. de La Mennais et les autres rédacteurs du journal *l'Avenir*. — Pie IX tient le même langage dans une autre Encyclique du 9 novembre 1846, confirmée par deux autres de 1849 et 1860, où nous lisons : « *Debitam ergà principes et potestates obedientiam et subjectionem christiano populo inculcare satagite, edocentes, juxtà apostoli monitum, non esse potestatem nisi à Deo, eosque Dei ordinationi resistere, adeòque sibi damnationem acquirere qui potestati resistunt, atque idcircò* PRÆCEPTUM POTESTATI IPSI OBEDIENDI A NEMINE UNQUAM CITRA PIACULUM POSSE VIOLARI, *nisi fortè aliquid imperetur quod Dei et Ecclesiæ legibus adversetur.* »

Le cardinal Gerdil soutient notre sentiment en ces termes : « *Nulla sive in privatis sive in ipsâ communitate facultas aut jus remanet resistendi principi etiàm per speciem vel prætextum mali regiminis. Secùs in communitate duplex vigeret publica et suprema potestas, quod planè repugnare, vel ipse Burlamaquius agnoscit. Est porrò subjectorum, maximè christianorum, officium, patienter id mali, quidquid est, potiùs tolerare, quâm adversùs supremam potestatem rebellare : nàm et discolis etiam præpositis obediendum S. Petrus omnimò præcepit. Quod si ex*

(1) S. Ligori, *Homo apostolicus, tract. VIII*, n° 18.

historiarum monumentis, rerum gestarum, memoriam repetere volumus, comperiemus : 1° quoties per speciem mali regiminis populi rebellarunt, in id eos semper à paucis factiosis incitatos esse, qui populorum credulitate abuti tentarunt ad privatum commodum et lucrum ; 2° in his civilibus bellis ac motibus, multò acrioribus cladibus populos afflictos esse, quàm ea incommoda fuerint propter quæ arma sumpserunt » (1).

Voici ce que dit à son tour sur ce sujet Mgr Audisio, professeur de droit naturel à l'Université romaine : « *Facta expendentibus patebit, ex quo doctrina evulgata est de summo populi imperio deque resistentiâ regibus exhibendâ, tyrannidis exempla in populis et nationalibus comitiis inclaruisse, potiùs quàm in regibus. Carolus I, Angliæ rex, comitiis et Cromwello agentibus obtruncabatur anno 1649. Quisnam tyrannus, rexne, an Comitia et Cromwellus? Martyr occumbebat Ludovicus XVI. Ipsene tyrannus, an tigres, quæ ejus sanguine oblectabantur? — Quis inde fructus, vel libertas populorum? Britannia Cromwelli superbissimâ tyrannide premitur; Gallia ferarum agmine laceratur. Verè dictum : ubi regia sedes evertitur, panditur abyssus, lacrymis et sanguine implenda populorum. — Otiosa igitur quæstio de abstracto jure, dùm jura civilia et socialia nunquàm sine factis exerceantur.* CLODIUS ACCUSAT MŒCHOS, CATILINA CETHEGUM. *Duriora sint in princi-*

(1) Gerdil, *De principatu civili*, dans ses nouveaux opuscules, p. 26.

patu: exaggerantur. Nulla sint: falsa excogitantur (1). *Vera si adsint, violenter nodum secet insurrectio: tunc non omnium, non plurium, ut sibi blandiebantur, sed paucorum erit imperium. Insurrectio autem cùm sit ipsa vis, audacissimi arripient principatum; cujus vita atque exitus, terror* (2). »

Cette dernière remarque est confirmée par le témoignage peu suspect de Danton qui en parlait par expérience : « *Dans les révolutions*, disait-il, *le pouvoir reste toujours au plus scélérat.* »

Enfin, comme on ne peut remonter à l'infini, et qu'il faut bien s'arrêter à un dernier terme, ceux qui recourent au peuple pour y trouver un secours contre la tyrannie du prince sont obligés d'admettre une de ces deux suppositions : ou bien que le peuple ne saurait abuser comme le prince de son pouvoir, ce qui est démenti par l'expérience; ou que si le peuple et les tribuns par lesquels il est toujours mené, abusent de leur force, il ne reste aux citoyens d'autre remède contre la tyrannie que la patience (3). C'est tomber de Charybde en Scylla. Ainsi on ne peut, quoi qu'on fasse, éviter d'avoir un maître contre l'oppression duquel il n'y a pas de secours humain. Faut-il donc violer les droits de la possession légitime et tout bouleverser dans l'Etat pour

(1) *Ut imperium evertant, libertatem præferunt.* Tacit. Ann. 16.

(2) *Juris naturæ...., fundamenta.* lib. III, tit. IV, § 19.

(3) *Le peuple souverain*, dit Châteaubriand, *étant partout, quand il devient tyran, le tyran est partout; c'est la présence universelle d'un nouveau Tibère...* — *Mémoires*, T. III, p. 3. — Voyez aussi le cardinal Maury, *Opinion sur la souveraineté du peuple*, p. 200 et suivantes.

n'aboutir qu'à faire prévaloir la force, soit du tyran exaspéré par la révolte, soit d'une multitude sans frein, dont les excès ne peuvent plus être réprimés par personne?

Mais, s'écrient ici quelques-uns, invoquant le nom de Saint Thomas, ce n'est point la foule, ce sont les hommes les plus prudents qui seront appelés à juger le tyran et à décider de l'opportunité de la révolte! — A merveille! Mais qui désignera ces hommes prudents, puisqu'en politique, et surtout dans un Etat livré au trouble, les gens s'estiment sages en proportion de leur audace, tandis que les hommes vraiment prudents se tiennent à l'écart? Sera-ce le peuple? Mais où et par qui pourra-t-il être convoqué, malgré l'opposition du tyran? Quelle prudence et quelle maturité mettra-t-il dans ses actes, lui qui a coutume de se laisser conduire par les plus téméraires et les plus corrompus? Quant aux hommes prudents, le tyran aura sans doute, il faut le croire, la complaisance de les laisser s'assembler de tout le royaume pour le juger tranquillement et *selon les règles*, ce qui suppose que ni juges ni témoins ne seront parties au débat; que la cause sera sérieusement et librement discutée et autres choses semblables; qu'il est assez chimérique d'espérer dans de telles occurrences? Ne voit-on pas les plus sages se laisser entraîner comme les autres par l'opinion publique dans les troubles politiques? Des deux conditions exigées de l'homme juste et ferme, qu'exprime si bien le poète :

Justum et tenacem propositi virum
Non civium ardor prava jubentium
Nec vultus instantis tyranni
Mente quatit solidâ......

La première est peut-être encore plus rare que la seconde; et les courtisans du peuple ne sont ni moins communs, ni moins lâches que ceux des tyrans.

De plus, comment déterminer les délits pour lesquels le prince pourra être dépouillé de son pouvoir? Car il s'agit dans l'hypothèse d'un prince indépendant, et non du premier magistrat d'une république, dont les délits sont prévus par les lois, et les juges constitués *à priori* dans un sénat ou une assemblée élective qui puissent diriger régulièrement les forces du peuple dans une discussion de ce genre. — Enfin il n'arrive guère que tous les citoyens soient opposés au prince; il y aura donc dans la nation deux partis, dont chacun pourra réclamer au même titre le droit de juger. Concluons qu'un tel jugement n'est qu'un rêve de métaphysiciens arrangeant à plaisir les affaires humaines dans leur cabinet; mais que dans la pratique on ne rencontre que la passion d'un peuple qui se précipite avec une aveugle impétuosité dans la rébellion. Les docteurs qui lui attribuent le pouvoir de juger son prince avec certaines précautions ne ressemblent pas mal à celui qui mettrait une épée dans la main d'un insensé en lui recommandant bien de n'en pas abuser. Ce peuple en effet, qu'eux-mêmes déclarent aveugle et incapable de se diriger, même dans un état paisible, de telle sorte qu'il doit nécessairement avoir un chef; ce même peuple, ils le déclarent juge de ce chef, alors qu'irrité jusqu'à la fureur par des injures vraies ou supposées, il n'est plus même capable d'entendre un bon conseil!

On peut donc réduire ce système à ces deux maximes

contradictoires. — La première, qui est un principe d'anarchie complète, c'est que le peuple a le droit de juger quand et comment il doit obéir à son prince. — La seconde, c'est qu'il est très-dangereux d'accorder ce droit au peuple, parce qu'il ne peut manquer d'en abuser, ce qui suffit pour prouver qu'un tel droit ne saurait découler de la nature des choses. Tout conspire donc à montrer le péril et le peu de fondements de cette opinion, et par conséquent la nécessité d'admettre la doctrine développée dans notre thèse et dans les notes qui la précèdent (1).

RÉPONSE AUX OBJECTIONS.

452. — *Première objection.* La doctrine qui oblige un peuple innocent à subir la tyrannie sans pouvoir se révolter contre elle est intolérable. Il faut donc la rejeter.

Réponse. — D'abord je distingue l'antécédent.

(1) Il y a bien des choses que la loi naturelle a dû prohiber universellement, à cause de la facilité de s'y laisser entraîner par des illusions, bien que dans certains cas elles ne paraissent point déraisonnables, spéculativement parlant. Or on peut mettre de ce nombre la révolte autorisée par le prétexte de la tyrannie; car si on l'admet une fois, toute charge, si légère qu'elle soit et même purement imaginaire, ouvrira la porte à des séditions perpétuelles; rien n'étant plus odieux aux passions humaines que la dépendance même la plus juste. Aussi aspire-t-elle toujours à secouer son joug; et la plupart disent volontiers avec M. de Tocqueville : *La nature du maître m'importe bien moins que l'obéissance.* (*De la Démocratie*, T. II, part. IV, ch. VI.) Cela est manifeste par l'expérience de notre siècle et surtout par les révolutions de 1789 et de 1830, qui ont renversé

Cette doctrine est intolérable. Si l'on ne considère que la vie présente : soit; car dans cette hypothèse impie on ne saurait résoudre aucune question sociale d'une manière satisfaisante. Aussi on comprend que la révolte devienne un droit sacré dans une politique qui prétend constituer les Etats en dehors de toute religion. — Elle est intolérable, si l'on peut espérer dans une autre vie une ample compensation aux maux de celle-ci; *je le nie :* car même au point de vue de la seule raison naturelle, tout mal physique, fût-il irréparable sur la terre, peut devenir le moyen d'atteindre un plus grand bien. — D'ailleurs, les maux de la sédition considérés en général sont bien pires pour le genre humain que ceux de quelque tyrannie que ce soit. La théorie que nous combattons choisit donc le pire de deux maux qu'on ne peut éviter tous les deux. C'est à la condition humaine, et non à notre doctrine, que nos adversaires devraient s'en prendre.

comme des tyrans les princes les plus doux que nous montre l'histoire. — Ainsi donc, en accordant même que dans quelques cas extrêmes indiqués plus haut on pût excuser par une sorte d'*épikeie* l'expulsion de certains princes véritablement enragés, ce ne serait pas une raison pour établir doctrinalement et comme un principe *à priori*, un droit régulier pour le peuple de détrôner ses princes sous prétexte de tyrannie. La conduite de certains catholiques qui, après les expériences modernes, enseignent encore cela *ex professo*, nous semble manquer au moins de prudence; car tous les auteurs ont toujours soigneusement distingué du droit régulièrement établi par la loi naturelle les cas d'*épikeie*, comme étant en dehors de la matière qu'elle régit.

En outre, c'est bien gratuitement qu'ils supposent le peuple innocent; car la tyrannie n'est possible que par la faute de la plus grande partie de la nation, qui y coopère au moins moralement, tant par les doctrines perverses qu'elle professe et la corruption de mœurs qui en est la suite, que par sa servilité à aider la tyrannie, à l'aggraver même en excitant les passions du tyran, tandis qu'elle devrait y résister *passivement* en ne faisant rien contre la conscience. C'est donc avec raison que M. de Maistre affirme que *chaque peuple a toujours le gouvernement qu'il mérite* (1). (*Soirées de Saint-Pétersbourg.*)

Or, qu'y a-t-il d'intolérable à ce que Dieu préfère la tyrannie à d'autres fléaux pour punir les iniquités du peuple? Cela n'est-il pas plutôt de toute justice? Si quelques innocents ou, pour mieux dire, quelques personnes moins coupables que les autres viennent à en souffrir, il en est de même dans les épidémies, la famine, les tremblements de terre et autres maux de ce genre; et il n'est pas difficile d'en rendre de bonnes

(1) *Cette maxime est confirmée en ces termes par l'auteur du livre de regimine principum,* attribué par plusieurs à Saint Thomas. — « *Hoc autem (tyrannis) pœnale est subditis, et contrà naturam dominii, ut suprà est probatum. Sed ex parte dominantium, tale dominium videtur à Deo concessum..... Interdùm enim dùm populus non cognoscit beneficium boni regiminis, expedit exerceri tyrannides, quia etiam hæ sunt instrumentum divinæ justitiæ. Undè et quædam insulæ et provinciæ sunt, secundùm quod historiæ narrant, quæ semper habent tyrannos, et hoc propter malitiam populi, quia aliter nisi in virgâ ferreâ regi non possunt. In talibus ergò regionibus sic*

raisons, comme le fait, entre autres, M. de Maistre dans l'ouvrage précité.

D'ailleurs, la tyrannie pèse moins pour l'ordinaire sur la multitude et sur les pauvres, dont elle n'a rien à craindre ni à espérer, que sur un petit nombre d'hommes riches et puissants, qui ont des moyens de se soustraire à l'oppression, sans exposer tout le peuple aux dangers d'une révolution. Dans mille circonstances, on souffre de la part de ses concitoyens des injures très-graves sans aucun remède possible, comme nous l'avons vu, par exemple en parlant du duel; et au lieu de déclarer cela intolérable, on reconnaît qu'il faut le supporter avec patience; pourquoi donc ne ferait-on pas de même à l'égard du prince, et quel motif pourrait autoriser contre lui des violences qui seraient réputées illicites contre un particulier?

453. — *Instance.* Il répugne à la Providence divine de mettre une société civile dans une position aussi triste, sans qu'elle ait un moyen d'en sortir. Il doit donc être permis de secouer le joug du tyran pour s'en délivrer.

dyscolis, necessarius est regibus principatus despoticus, non quidem juxtà naturam regalis dominii, sed secundùm MERITA *et pertinacias subditorum. Et ista est ratio Augustini (de civitate Dei*, L. 18, C. 9). *Philosophus etiam, in 3 politic., ubi distinguit diversa genera regni, ostendit apud quasdam barbaras nationes, regale dominium esse omninò despoticum, quia aliter regi non possent*.... lib. III, C. VII et XI. — On voit par là que c'est dans l'honnêteté du peuple, bien plus que dans des constitutions artificielles, que l'on peut trouver un remède efficace contre la tyrannie. Mais nous reviendrons plus tard sur ce sujet important.

Réponse. — Je réponds d'abord en rétorquant l'argument. Il répugne à la Providence divine de permettre qu'une cité soit ravagée par la peste ou la famine sans pouvoir s'y soustraire : de tels châtiments sont donc impossibles.

Je réponds en second lieu en niant l'antécédent. — Il n'y a rien qui répugne à ce que Dieu se serve de la cruauté d'un prince, comme de tout autre fléau, pour punir les crimes du peuple. La tyrannie, qui naît naturellement de la corruption des mœurs publiques, est même la plus propre à punir cette corruption, d'après cette règle providentielle que l'on est puni par où l'on a péché : *Per quæ peccat quis, per hæc et torquetur.* (Sap. XI, 17.) — Si la plupart des citoyens vivaient honnêtement et résistaient passivement, comme ils le doivent, aux ordres injustes du tyran, la tyrannie deviendrait moralement impossible. En effet, l'histoire ne nous la montre guère que chez les peuples très-corrompus, comme les Romains, les Grecs du Bas-Empire et les nations païennes de l'Orient, tandis que chez les peuples imbus depuis longtemps des mœurs chrétiennes, on en trouve à peine quelques exemples; et ce n'est guère que lorsque l'esprit chrétien commence à s'y affaiblir.

454. — *Seconde objection.* L'autorité est destinée de Dieu à procurer le bien social. Si donc le prince en abuse contre ce bien, il n'a pas reçu de Dieu pour ce cas l'inviolabilité affirmée dans la thèse; mais il doit au contraire être dépouillé de l'autorité dont il abuse.

Réponse. — Je nie la conséquence. Il est vrai que Dieu a destiné l'autorité à procurer le bonheur et non l'oppression du peuple; mais il en a confié l'exercice au libre arbitre de l'homme, qui peut en abuser comme de tout autre bien.

Et comme l'abus de celui-ci ne suffit pas pour détruire *ipso facto* le droit du possesseur, même quand il peut en résulter du dommage pour autrui, il en est de même aussi de la possession de l'autorité. En effet, l'autorité possédée par le prince n'est pas tellement un pouvoir destiné au bien public, qu'elle ne soit aussi un bien dont le domaine appartient au prince. Or le droit de domaine n'est pas détruit par l'abus de la chose qui en est l'objet. En vain objecterait-on l'intérêt public; la doctrine libérale qui rend le peuple juge de son prince est loin de lui être favorable, car elle est une source de discordes, de guerres intestines et de calamités de tous genres, comme l'expérience ne le montre que trop. Cette doctrine une fois admise, toute fraction du peuple, corrompue par l'or ou trompée par le mensonge, qui usurpera le nom de la nation, pourra à son gré troubler l'Etat et mettre en péril sa fortune, comme celle des particuliers, sous prétexte de se délivrer d'une tyrannie souvent imaginaire. Notre siècle en fournit assez d'exemples.

Le savant Gerdil défend notre doctrine en ces termes :

« Cependant, dit-il, il ne suit pas de là (de ce que » l'autorité a pour fin la justice, l'ordre et la paix) » que dès que les souverains se détournent de cette » fin, la souveraineté cesse d'être une autorité légi- » time. L'abus dans l'exercice de l'autorité ne détruit

» pas le titre légitime de l'autorité. La fin de l'autorité » paternelle est sans doute le bien des enfants ; si le » père abuse de cette autorité, il se rend coupable ; » mais la puissance paternelle ne cesse pas pour cela » d'être une autorité légitime. Par la même raison, le » prince se rend coupable devant Dieu toutes les » fois qu'il détourne à son intérêt particulier l'autorité » que Dieu ne lui a confiée que pour le bien des » peuples ; mais on ne doit pas conclure avec Burla- » maqui que dès lors l'autorité cesse d'être une auto- » rité légitime. » Gerdil, *Du souverain, de la souveraineté et des sujets. — Nouveaux opuscules,* p. 29.

455. — *Troisième objection.* Il faut avouer, du moins, qu'au point de vue abstrait la tyrannie éteint par elle-même le droit d'autorité dans le prince. Mais si celui-ci a perdu son droit, il peut aussi sans injustice en être dépouillé extérieurement.

Réponse. — Je distingue l'antécédent. Le prince qui exerce son autorité d'une manière tout-à-fait tyrannique mérite de la perdre, de telle sorte qu'il peut en être privé par son supérieur, s'il en a, à titre de punition. — *J'accorde l'antécédent.* Il la perd de plein droit et sans jugement. — *Je nie l'antécédent*, par cette raison que l'abus d'un droit ne suffit pas pour le détruire. Seulement ce que le prince fait contre la justice est nul et sans valeur.

D'ailleurs, quand il perdrait son droit au for intérieur, il ne s'ensuivrait pas pour cela qu'il pût être détrôné, soit par le jugement du peuple, que nous avons démontré impossible, soit par une révolte qui serait encore plus nuisible que sa tyrannie, surtout si l'on envisage la question au point de vue général (1). Car le bien constant et universel de la société humaine demande, comme le remarque très-bien Gerdil, que l'on n'ouvre pas la voie, par cette reconnaissance du droit de révolte, à d'innombrables rébellions aussi injustes que pernicieuses ; quand même il résulterait de là, dans un cas spécial, un grand dommage pour telle ou telle cité. Quoi qu'il en soit donc de la perte spéculative du droit d'autorité par le tyran, le bien commun demande qu'il ne soit pas permis au peuple de se révolter contre lui, et il faut nier la conséquence que l'objection tire de cette perte. Le prince, dans cette hypothèse, devrait être comparé à un possesseur de mauvaise foi que, dans l'intérêt de la paix publique, la prescription protége extérieurement, même contre le propriétaire, et à *fortiori* contre tous les autres agresseurs de sa position.

456. — *Instance.* La folie, du moins, prive le prince de son droit. Il doit donc en être de même de la tyrannie qui détourne pareillement l'autorité de sa fin.

Réponse. — Je nie la conséquence et l'assimilation des deux cas. Car d'abord la démence est un fait public, dont la preuve n'a pas coutume d'exciter les divisions qui naissent de la question de savoir s'il y a vraiment

(1) On voit de cela un exemple remarquable dans cette insurrection des Quam-si-gènes contre le gouvernement, assurément très-peu recommandable, de la Chine, qui depuis dix ans désole d'une manière si affreuse tout ce malheureux pays, et a réduit de vastes provinces en solitudes.

tyrannie et à quel degré elle est portée. D'ailleurs elle rend la personne essentiellement et totalement incapable de procurer la fin de l'autorité, qui est cependant nécessaire à la société. Il est donc nécessaire d'en commettre l'exercice à des régents, ce qui n'empêche pas que le droit radical ne puisse subsister dans le prince et revivre en cas de guérison. Mais la tyrannie ne détruit pas entièrement la fin de l'autorité, car les tyrans ne laissent pas que de maintenir l'ordre public en bien des choses et d'être utiles à la société, quoiqu'ils le soient moins qu'ils ne le devraient. Il y a donc une grande différence entre ces deux cas, et l'on ne peut y appliquer la même règle.

457. — *Quatrième objection.* Au moins le peuple a le droit de faire une guerre même agressive au tyran, parce qu'il est son supérieur, pourvu que d'ailleurs les conditions d'une guerre juste soient remplies. Telle est la doctrine de Suarez, *De Bello, disp.* XIII, cap. VIII, et de Saint Thomas, *De regimine principum*, lib. I, cap. VI.

Réponse.— Je nie l'hypothèse et le fondement qu'on lui donne : savoir que le peuple est supérieur à un prince indépendant, par exemple dans une monarchie pure et héréditaire ; car cette assertion repose sur l'hypothèse gratuite du contrat social que nous avons réfutée, et répugne à la nature de la société, en mettant les sujets au-dessus du souverain. Il est donc faux que le corps du peuple puisse, à titre de supériorité, s'insurger contre son prince. Il serait plus tolérable d'invoquer ici le droit de propre défense, pourvu qu'on le restreignît aux cas extrêmes dans lesquels le tyran attaquerait en ennemi le salut même du peuple (450), et qui sont presque chimériques chez les nations policées. Mais, sauf peut-être ces extrémités, il est faux que l'on puisse réaliser ici les conditions d'une guerre juste et surtout agressive; car celle-ci exige un droit certain et la probabilité du succès. Or le droit du peuple d'attaquer son souverain, droit combattu par tant d'arguments solides et de graves autorités, n'est rien moins que certain. Mais ce qui l'est, ce sont les dangers et les maux d'une telle guerre pour toute la société, lors même que l'on parviendrait à détrôner le tyran. Les conditions supposées par Suarez manquent donc ici, et par conséquent le droit qu'il affirme ne saurait être réduit en pratique.

Quant au livre *De regimine principum*, c'est à tort qu'on l'attribue à saint Thomas, au moins tel qu'il nous est parvenu; car parmi beaucoup de choses bonnes et utiles, il renferme aussi des inepties indignes d'un si grand docteur et des marques évidentes, soit d'interpollation, soit d'une origine plus récente; comme cela est démontré dans la préface mise à l'édition de Paris des œuvres du saint docteur. Il n'y a donc pas à s'inquiéter beaucoup de l'autorité de cet ouvrage apocryphe, qui, en tout cas, n'a pas le privilége de l'infaillibilité.

458. — *Cinquième objection.* Au moins faut-il admettre le droit du peuple contre le prince, sur l'autorité des scolastiques ayant à leur tête Saint Thomas, qui affirme le droit de révolte contre le tyran, pourvu

qu'elle n'entraîne pas de plus grands maux : *modo multitudo subjecta non patiatur ex perturbatione consequenti majus detrimentum quam ex tyranni regimine.*

Réponse. Je nie l'assertion, car l'autorité que l'on invoque ici est neutralisée par celle des modernes qui connaissent mieux les inconvénients pratiques d'une opinion qui n'était autrefois qu'une spéculation d'école. D'ailleurs elle s'accorde assez mal avec la condamnation faite par Grégoire XVI de M. de la Mennais et des siens, qui cherchaient aussi à s'appuyer sur cette autorité des anciens. Il faut donc au moins expliquer aujourd'hui leurs opinions de telle sorte qu'elles ne contredisent pas l'encyclique de ce pontife. Du reste, parmi les anciens, plusieurs, comme Gerson, ont émis une doctrine tellement séditieuse qu'elle a été absolument réprouvée par l'Eglise et ne mérite aucun égard. D'autres, bien plus modérés, comme Saint Thomas, Suarez, etc., tout en adoptant spéculativement un sentiment, qu'ils ont surtout admis sur l'autorité d'Aristote, à laquelle ils ont parfois trop déféré, ont limité cette doctrine à des cas peu pratiques dans nos sociétés, et les ont entourées de tant de conditions, comme on le voit dans l'objection même, que la concession qu'ils font au peuple en devient pratiquement presque chimérique (1). Car à peine se rencontre-t-il une ré-

(1) L'auteur d'un mémoire italien produit à la cour romaine dans l'instruction de la cause de l'*Avenir*, en 1832, y établit que Saint Thomas, sur lequel M. de la Mennais et ses disciples prétendaient s'appuyer, n'a jamais admis le droit de déposition qu'*à l'égard des princes électifs*.

volte qui n'entraîne plus de maux que la tyrannie qu'elle attaque, comme l'avoue l'auteur du livre *De regimine principum*, lib. I, cap. VI. Et quand même quelqu'une réussirait mieux ; à prendre la chose en général, la prédication du droit de révolte nuirait plus qu'aucune tyrannie à l'ensemble de la société humaine ; parce qu'elle autoriserait une foule de rébellions injustes, ou du moins funestes par l'événement, en ôtant le frein aux passions du peuple, toujours impatient du joug de l'autorité. Voilà ce que l'expérience, et surtout celle de notre temps, rend plus clair que le jour ; et peut-être les graves docteurs que l'on invoque auraient-ils parlé avec plus de circonspection sur ce point s'ils avaient été témoins de ce que nous voyons. Il faut appliquer ici la sage réflexion du Père Taparelli au sujet de quelques maximes des scolastiques relatives à la science sociale. « Il ne faut point s'étonner, dit-il, si à cette époque des génies extraordinaires n'ont point cru devoir chicaner en quelque sorte l'expression de leur mâle pensée ; la liberté osait alors proclamer ses théories sans crainte de voir sa voix se perdre et s'altérer sous le bruit des canons roulants, ou dans les clameurs confuses des discordes civiles. Ce qu'il y a d'étonnant, c'est qu'après le cycle révolu de soixante ans de révolutions, nés en quelque sorte sur des monceaux de cadavres et des amas de ruines, nous ne mettions pas plus de réserve à louer la souveraineté du peuple et le droit inaltérable de l'homme à se gouverner lui-même. » *Essai théorique*, tome IV, p. 151. Ed. de Tournai, 1858.

459. — COROLLAIRE. — « La conséquence de tout ce qui précède, c'est que le tyrannicide commis d'autorité privée est absolument illicite. »

En effet, si on refuse même à la nation entière le droit de juger et de détrôner son prince, à plus forte raison, on ne saurait accorder à aucun particulier le droit de le mettre à mort. D'ailleurs, si on accordait une fois cette faculté, elle deviendrait d'autant plus périlleuse qu'il est bien plus aisé de rencontrer un homme entraîné par la passion, qui tende des embûches aux meilleurs princes, sous prétexte de tyrannie, qu'une nation qui se révolte tout entière. Ainsi la doctrine du tyrannicide, bien qu'elle ait eu des partisans chez les anciens, et qu'elle ait même séduit plusieurs scolastiques, doit être détestée comme subversive de la société.

Remarque sur l'interrègne.

460. — Lorsqu'un prince indépendant meurt ou perd l'autorité de quelqu'autre manière sans laisser de successeur légitime, la souveraineté est dévolue, au moins quant au droit de suffrage, à la communauté politique à laquelle il appartient de déterminer de nouveau, par son consentement, la forme du gouvernement et le dépositaire de l'autorité. Comme on suppose ici qu'il n'y a personne à qui l'autorité appartienne, les membres de cette société déjà constituée se retrouvent à peu près dans le même état que les pères de famille, qui, à l'origine d'une société libre, lui donnent par leur accord une forme et un chef. Ils ont donc pour ainsi dire la souveraineté *radicale* ou le droit de suffrage

pour la détermination d'une nouvelle forme de gouvernement et le choix d'un nouveau prince. Mais, comme la multitude ne saurait administrer, chaque membre individuel ou collectif, ville, province etc., demeure en attendant soumis à l'autorité précaire et temporaire des magistrats qui la gouvernaient avant l'interrègne, et ceux-ci dirigent le peuple dans la délibération sur la forme du gouvernement qu'on doit adopter et dans l'élection du chef; sans quoi le peuple, abandonné à lui-même, ne pourrait aboutir à rien. On voit par là combien cette souveraineté *radicale* est nécessairement restreinte, puisque, à part le droit de suffrage dont nous venons de parler, toute l'administration de l'Etat reste entre les mains des autorités préexistantes.

Il ne faut donc pas confondre cette hypothèse accidentelle avec la théorie philosophique et générale de la souveraineté du peuple, qui en diffère de mille manières (423). Car on ne suppose point ici, comme Rousseau, une multitude confuse et encore libre de tout lien d'association, de toute loi et de toute autorité ; mais seulement une cité retombée accidentellement dans la démocratie réglée, choisissant ses magistrats et approuvant ses lois par le suffrage du peuple; état social dont la possibilité et la légitimité sont reconnues de tous. Nous supposons ici en effet une multitude déjà organisée et continuant l'association précédente, soumise aux lois de celle-ci qui persévèrent et qui maintiennent le lien social entre les citoyens. Nous supposons même des magistrats (qui doivent se trouver dans toute société existante) qui appliquent ces lois et dirigent le peuple jusque dans l'acte de souveraineté qu'il exerce. Ce peuple, à cause de sa multitude, a plus besoin de cette dépendance que les quelques pères de famille qui peuvent donner la première origine à une société conventionnelle : et s'il avait une liberté aussi pleine que ceux-ci, cette société se trouverait dissoute de fait; de même qu'elle n'est pas encore formée entre ces pères de famille avant qu'ils se soient constitué un supérieur.

D'ailleurs le peuple auquel la souveraineté est dévolue dans l'interrègne, ce n'est pas la multitude entière; comme le système philosophique l'exige, au nom de l'indépendance naturelle de tous les hommes; mais seulement la communauté de ceux auxquels les lois positives préexistantes accordent les droits politiques; à l'exclusion de tous ceux qui ne sont pas *sui juris,* comme les femmes, les enfants et ordinairement les serviteurs et les pauvres.

Enfin c'est cette existence de l'association et des supérieurs qui la régissent, qui rendent ici possibles à la nation la délibération et l'élection, auxquelles un petit nombre d'hommes pourraient bien se livrer avant même d'être constitués en société; mais dont une multitude confuse et dans l'anarchie est complètement incapable.

Tout cela montre évidemment la différence qu'il y a entre l'interrègne et l'état chimérique d'une liberté antécédente, dans lequel on suppose qu'une multitude confuse et sans frein constitue *à priori,* par des pactes de chacun avec tous, son association et son organisation sociale.

ARTICLE IV

DE L'USURPATION DE LA SOUVERAINETÉ

Pour l'intelligence des questions qui se rapportent à l'usurpation, il faut se rappeler la distinction que nous avons faite entre l'*autorité* elle-même, ou le droit de diriger les sujets vers le bien commun, et la *supériorité,* qui est le droit de posséder cette autorité, et que l'on appelle aussi droit de *légitimité.* Il peut arriver que quelqu'un s'empare de l'autorité par force et sans droit, et alors, quoiqu'il paraisse de fait supérieur, parce qu'il peut seul diriger les sujets, néanmoins, comme il la possède injustement, il ne peut être regardé comme supérieur légitime. La société se trouve soumise à un pouvoir de fait; et l'on appelle *usurpateur* celui qui le possède. Or on demande quels sont les droits et les obligations tant de l'usurpateur que de l'État qui lui est soumis? Mais pour résoudre cette question, il faut remarquer qu'il ne s'agit ici que du cas où l'usurpateur domine déjà pleinement et pacifiquement l'État. Car tant que dure la lutte entre lui et le supérieur légitime, il doit être simplement regardé et traité comme un ennemi public, contre lequel tout le monde a le droit de juste défense et l'obligation de soutenir, selon son pouvoir, le supérieur légitime, ainsi que le remarque Suarez (1). Mais

(1) *De Bello*, disp. XV, sect. VIII. — Voyez aussi sur cette matière Taparelli, que nous y avons pris pour principal guide : *Essai sur le droit naturel,* liv. III, chap. V, et *Corso elementare*, liv. V, chap. II, art. III, — et Fénélon, *Essai sur le gouvernement civil*, chap. IX.

lorsque celui-ci est déjà renversé et mis hors d'état de pouvoir diriger la société, parce que la force nécessaire pour cela a passé tout entière entre les mains de l'usurpateur; la société qui a droit à cette direction, ne pouvant plus l'obtenir que de lui, il se forme par là entre eux des relations que nous allons exposer dans les propositions suivantes.

PROPOSITION I

Tant que l'usurpateur possède l'autorité, bien que ce soit injustement, il est obligé à procurer par son moyen le bien commun de la cité.

462. — *Preuve.* L'usurpateur est par hypothèse le seul possesseur de l'autorité sociale, et il a seul la force nécessaire pour l'appliquer selon sa fin, qui est la direction de la société : c'est donc à lui qu'incombe l'obligation de le faire ; car cette autorité est en soi une chose juste et nécessaire, qui se soumet les sujets et leur impose sa direction. D'autre part, ceux-ci ont aussi le droit d'obtenir par elle leur bien, et celui-là seul peut satisfaire à ce droit qui est en possession de l'autorité, et qui a la force nécessaire pour l'appliquer. Le fait de l'usurpation donne donc aux citoyens contre l'usurpateur le droit d'exiger de lui des soins que le supérieur légitime ne peut plus leur donner. Ainsi le premier est obligé à user de l'autorité pour le bien public. En effet, la société ne saurait exister sans être dirigée par une autorité qui, elle-même, doit être appliquée par un sujet concret; puisque dans l'état de pure abstraction, elle ne saurait rien diriger. Donc, au-

tant il est nécessaire que la société soit sauvée, autant l'est-il que l'usurpateur la dirige par l'autorité qu'il possède, et que les sujets se soumettent à cette direction, en tant qu'elle contribue à leur bien.

463. — COROLLAIRE I. — « L'usurpateur peut donc exiger l'obéissance des citoyens dans tout ce qu'il ordonne pour l'ordre civil, comme l'administration de la justice, la paix publique et la défense du pays. »

En effet, l'exercice de ce pouvoir civil est indispensable à la conservation de la société. Or, dans l'hypothèse, il ne peut avoir d'autre organe que l'usurpateur : la société qui veut se conserver doit donc user, autant qu'il est nécessaire, de cet organe, quoiqu'irrégulier et illégitime ; mais elle ne peut en user qu'en se soumettant aux statuts qui règlent l'ordre civil. On doit même présumer que telle est la volonté du supérieur légitime, qui ne peut vouloir la perte de la société ; car son droit périrait en même temps, faute d'objet. C'est ainsi qu'un propriétaire, injustement chassé de sa maison, désire que l'usurpateur la conserve en bon état ; puisque c'est son intérêt tant qu'il a quelque espérance de la recouvrer un jour.

464. — COROLLAIRE II. — « Les particuliers ne peuvent donc, de leur autorité privée, offenser, punir ou mettre à mort l'usurpateur. »

Comme individu, en effet, il conserve les droits propres à l'humanité qui le garantissent de toute offense provenant des autres particuliers, puisque la loi naturelle oblige chacun à respecter les droits individuels des autres, et que l'autorité publique et légitime peut seule les en priver pour une juste cause. Quant à la punition de l'usurpateur, c'est un acte de juridiction qui n'appartient point aux particuliers ; mais au supérieur légitime, qui peut seul l'ordonner. Par la même raison, il n'est pas permis de se révolter contre lui d'autorité privée ; ce serait d'ailleurs troubler la paix publique sans en avoir le droit.

465. — COROLLAIRE III. — « L'usurpateur peut conférer les fonctions publiques nécessaires pour maintenir l'ordre civil ; mais seulement d'une manière précaire et temporaire. »

En effet, son pouvoir venant à cesser, le titre sur lequel ces commissions sont fondées cesse également ; de sorte que le prince légitime rétabli dans son autorité, n'est pas obligé de les confirmer. Cependant, jusqu'à ce qu'il y ait autrement pourvu, ceux que l'usurpateur a mis en charge doivent se conduire comme des magistrats légitimes ; et on leur doit l'obéissance en cette qualité, parce que cela est nécessaire au salut public. Le droit dont nous parlons appartient moins à l'usurpateur qu'à l'autorité elle-même, qu'il possède injustement à la vérité, mais qui n'en conserve pas moins sa force et son efficacité pour diriger la société.

466. — COROLLAIRE IV. — « Quoique les sujets doivent obéir à l'usurpateur dans l'ordre CIVIL et qu'ils puissent recevoir de lui des fonctions publiques (1), les

(1) Cette acceptation de fonctions publiques des mains de l'usurpateur, qui est déclarée ici régulièrement permise (quoique l'instruction du cardinal Gabrielli semble plus sévère sans doute à raison des circonstances), ne serait cependant pas

exercer pour le bien commun sous son autorité, et même s'engager envers lui dans ces limites, par un serment de fidélité purement civile, ils ne peuvent s'obliger ainsi au maintien de l'usurpation, ni coopérer à l'injustice dans l'ordre POLITIQUE. — Taparelli, *Essai*... §§ 670, 672. — *Corso*... 226, 227. »

C'est ainsi que le pape Pie VII, en 1808, déterminait l'étendue de l'obéissance que ses sujets pouvaient rendre au pouvoir qui usurpait ses Etats, et le serment

décente pour ceux qui tiendraient au souverain légitime par quelque lien spécial. La maxime *omnia licent, sed non omnia expediunt*, trouve aussi son application en politique ; et tout ce qui y est permis *summo jure*, n'est pas pour cela convenable aux hommes soigneux de leur honneur, qui ambitionnent la gloire de se distinguer par la délicatesse, la reconnaissance et une généreuse fidélité. En s'éloignant des emplois dans ces circonstances, de ceux surtout qui leur seraient avantageux, ces hommes font en faveur du droit une protestation solennelle, toujours très-utile à la morale sociale. Quoi qu'en disent les hommes *positifs*, un tel exemple de constance et de désintéressement, donné par les personnes les plus recommandables, profite plus à la société que les services particuliers qu'elles pourraient rendre dans quelques emplois publics ; et s'il était plus fréquent, on ne verrait pas tant de révolutions. L'Etat ne périra jamais par l'excès de ce culte de l'honneur et d'une fidélité désintéressée. Il est bien autrement menacé par l'ambition des dignités, et surtout par la cupidité des salaires, couvertes d'une sollicitude affectée pour le bien public, et par cette indifférence pour le droit et la justice, qui ne peut manquer de causer tôt ou tard sa ruine. Ces vérités ne sont pas goûtées de tout le monde dans un siècle *positif*, mais seulement des âmes nobles et généreuses. Ceux qui n'ont pas reçu en partage ces sentiments élevés, *s'en vengent par en médire*.

qu'ils pouvoient lui prêter. — Voyez l'instruction donnée en son nom aux évêques des Etats romains par le cardinal Gabrielli, le 22 mai 1808. — *Pièces officielles relatives à l'invasion de Rome par les Français*, p. 197 (1).

La conséquence à tirer de tout ce qui précède, c'est que l'usurpateur doit être considéré comme le mandataire obligé et l'homme d'affaires du souverain légitime, de sorte que tout ce qu'il fait utilement pour le bien de l'Etat ou du souverain lui-même est juste et valable, par la ratification raisonnablement présumée de celui-ci. Mais il en est autrement de ce qu'il fait directement contre les droits du prince légitime, auquel, dit Taparelli, il demeure évidemment obligé de rendre le pouvoir. — *Essai*.... § 665. — *Corso elementare*, § 226, 227 (2).

PROPOSITION II

L'usurpation ne peut jamais être légitimée par la violence seule; mais seulement par le consentement de la partie intéressée, soit prince, soit peuple, qui a été dépouillée de son droit, ou bien par la voie de la prescription.

467. — *Preuve de la première partie.* En général, la violence ne peut produire par elle-même de droit en aucune matière; comme cela est assez évident de soi. Elle ne peut par conséquent détruire un droit précédent. Que si l'on considère en particulier le cas présent, la légitimité de l'autorité naît de faits antérieurs qui en

(1) *Voyez à l'appendice la note* XXIV.

(2) *Voyez à l'appendice la note* XXV.

ont procuré la possession à quelqu'un, sans injustice à l'égard d'une autre personne. Or la force ne peut détruire ni annuler les faits passés, il en est donc de même du droit qu'ils ont produit. — Voyez Balmès, *Le Protestantisme*, chap. LV.

Preuve de la seconde partie. Si l'usurpation a pour objet la souveraineté d'une république, il est manifeste que l'usurpateur devient légitime par le consentement du peuple qui renonce à sa liberté; comme il arriva à Rome lorsque le sénat et le peuple romain renoncèrent à leur droit en faveur des empereurs.

De même si l'usurpateur obtient du souverain légitime une cession de son droit, il devient maître de l'autorité, en gardant les conditions du contrat, pourvu que celui-ci ait les qualités requises de droit naturel pour être valable, comme une liberté suffisante, l'exemption de fraude, etc.

La raison de ces deux décisions est la même qui s'applique à tous les pactes; savoir, que l'on ne peut regarder comme lésé par une chose celui qui la connaît et qui y consent : *scienti et volenti non fit injuria.*

Preuve de la troisième partie, relative à la prescription. Il peut arriver, à raison du temps écoulé et de diverses circonstances, que le rétablissement de l'ordre légitime devienne impossible non seulement pour le présent, ce qui ne suffirait pas à la prescription; mais aussi pour l'avenir, de sorte qu'il ne puisse plus y avoir d'espérance raisonnable d'une restauration pour le prince légitime. Or, dans un tel cas, l'intérêt universel de la société humaine demande que la légitimité vienne se joindre à la possession de l'autorité qui n'était d'abord qu'un simple fait. Car ces deux choses sont faites pour être unies, de sorte que leur séparation répugne à l'ordre et constitue la société dans un état précaire et violent, qui lui nuit en plusieurs manières. Beaucoup de choses en effet demeurent ainsi en suspens, et la division se perpétue entre les citoyens attachés aux divers partis de l'usurpateur et du prince légitime. Le bien public demande que cet état finisse aussitôt que cela se peut raisonnablement. Or, lorsque la restauration de la légitimité est impossible, il n'y a plus de cause raisonnable qui s'oppose à cette union du fait et du droit. Car le prince n'ayant plus rien à espérer de cet état de suspension où est restée la cité, ne peut plus en exiger la prolongation, ni pour lui-même, puisqu'il n'y a plus d'intérêt, ni pour l'ordre et le principe du droit, dont le rétablissement, quelqu'utile qu'il fût, est supposé impossible. Il n'y a donc plus de motif pour laisser la société exposée aux inconvénients de cet état précaire; et le prince, par amour du bien public, qu'il doit en sa qualité procurer autant qu'il le peut, doit renoncer en sa faveur à un droit qui lui est devenu inutile, et qui ne peut plus profiter à la société ellemême que par son abdication.

Mais cette renonciation ne se fait qu'en faveur de la société, et non de l'usurpateur à qui rien n'est dû, et qui ne saurait en profiter, si ce n'est indirectement; en ce qu'elle rend son administration plus facile, parce que chacun doit après cela agir avec lui comme avec un supérieur légitime. Ce n'est, remarque Taparelli, que dans les successeurs de l'usurpateur, qui ne participent pas personnellement à l'injustice, que l'usurpation peut se légitimer ainsi à leur profit par l'impossibilité de rétablir l'ordre légitime.

Du reste, cette impossibilité est souvent douteuse et donne lieu à bien des appréciations diverses. Ainsi, par exemple, à la fin du dernier siècle, le Saint-Siège reconnaissait encore le droit des derniers Stuarts à la couronne d'Angleterre, comme le montre entre autres preuves, un Bref de Clément XIV, qui réserve ses droits. De là la difficulté de fixer *à priori* le moment où la prescription politique est acquise, quoiqu'il arrive un temps où l'on ne peut plus la révoquer en doute. Mais on ne peut pas plus déterminer le jour où se fait le passage de la violence au droit, que l'on ne peut fixer rigoureusement la minute qui commence le jour et finit la nuit.

Voyez Taparelli, *Essai* sur le droit naturel, §§ 676 à 684. Pour ce qui concerne l'usurpation, on peut consulter avec fruit Grotius, *De jure Belli et pacis, lib. 1, chap. IV*, § *15*. Puffendorf, *Droit de la nature, livre VII, chap. VIII*, § *10*, et Mgr Bouvier, évêque du Mans, *Ethicæ sect. ultim.*

CHAPITRE VI

DES FORMES DU GOUVERNEMENT POLITIQUE

468. — Nous avons déjà dit quelque chose (411) de cette question, célèbre parmi les publicistes et plus agitée que jamais de notre temps; mais il est néces-

saire de la traiter d'une manière plus complète. Ainsi, après avoir exposé la variété des régimes politiques, nous en examinerons la valeur respective, et nous traiterons spécialement de la forme dite *représentative*, qui repose sur l'équilibre réel ou fictif des autres, et sur la division des pouvoirs législatif, exécutif et judiciaire ; car ici surtout abondent les sophismes de la politique moderne qu'il est nécessaire de réfuter.

ARTICLE I

DES DIFFÉRENTES FORMES DE GOUVERNEMENT

Tacite, avec sa concision ordinaire, décrit en quelques mots les variétés des gouvernements politiques : *Cunctas nationes et urbes*, dit-il, *populus aut primores aut singuli regunt*. Cicéron n'a fait que développer d'avance cette énumération, en disant : « *Cùm penès unum est omnium summa rerum, regem illum unum vocamus et regnum, ejus reipublicæ statum. Cùm autem est penès delectos, tùm illa civitas, optimatum arbitrio regi dicitur. Illa autem est civitas popularis, sic enim appellant, in quâ in populo sunt omnia.* » C'est là la division vulgaire, empruntée d'Aristote, des gouvernements en trois formes simples, auxquels on ajoute les régimes mixtes, nés des combinaisons diverses de ces premières entre elles : mélange loué par Cicéron, mais que le génie pratique de Tacite regardait comme une sorte de chimère : « *Delecta ex his et consociata Reipublicæ forma laudari faciliùs, quàm, evenire ; vel si evenit, haud diuturna esse potest.* »

469. — Cette division, commode dans l'usage, parce qu'elle est communément reçue chez les publicistes, n'est cependant pas philosophique ; car la première division de la souveraineté se fait naturellement en *monarchie*, où la personne du souverain jouit d'une unité physique, et *polyarchie*, où elle n'a qu'une unité morale, moins parfaite et moins efficace (1).

Mais la polyarchie peut très bien se diviser selon le nombre des personnes qui composent le corps souverain ; et comme cela varie presque à l'infini, il n'est pas toujours aisé de préciser les limites qui séparent le gouvernement aristocratique du démocratique. La monarchie, au contraire, se distingue facilement par sa simplicité. Elle n'existe proprement que là où un seul réunit dans sa personne au moins toutes les parties essentielles de la puissance souveraine, comme le pouvoir de faire les lois, d'établir les magistrats et de régler les rapports belliqueux ou pacifiques du pays avec les nations étrangères ; droits sans lesquels on ne saurait concevoir une souveraineté indépendante (2). Cependant,

(1) Voyez sur ce point Haller, *Restauration de la science politique*, T. I, chap. XX.

(2) « La souveraineté, dit Gerdil, est le droit de commander en » dernier ressort dans la société civile. La nature de la souve- » raineté consiste ainsi principalement en deux choses : 1° dans » le droit de commander, qui comprend le pouvoir de régler, » de contraindre et de punir ; — 2° dans le droit de com- » mander en *dernier ressort ;* de telle sorte que les particuliers » soient obligés de s'y soumettre, sans qu'aucun puisse lui » résister. Autrement, si cette autorité n'était pas supérieure en » son genre à toute autre sur la terre, elle ne pourrait pas pro-

comme l'absolu ne se rencontre guère dans les choses humaines, à peine trouvera-t-on une monarchie où les sujets, par exemple la noblesse ou les communes, ne possèdent plusieurs droits politiques. Cela appartient même à la bonne constitution d'une monarchie pour en tempérer l'exercice ; on ne doit donc pas le regarder comme en altérant la nature. Mais il est abusif de conserver, comme on le fait souvent, le nom de monarchie à des régimes mixtes, pourvu qu'il s'y trouve un premier magistrat, qui cependant ne commande point en dernier ressort ; tel que furent autrefois les rois de Sparte, et chez les modernes, les rois de Pologne, les rois d'Angleterre (1), et les autres princes *constitutionnels,* pour qui la royauté est plutôt un titre honorifique qu'un pouvoir véritable. Ce ne sont point là, comme on le prétend, des monarchies tempérées, mais plutôt des républiques déguisées sous des titres plus pompeux que réels.

470. — Le gouvernement d'un seul reçoit différents noms, selon la manière dont il est constitué ou exercé. Si le prince, négligeant le bien public, ne cherche que sa propre utilité, on l'appelle *tyrannique*, et c'est la

» curer à la société l'ordre et la sûreté qui sont cependant la » fin pour laquelle elle a été établie. » Gerdil, *Du souverain, de la souveraineté et des sujets.* — Nouveaux opuscules, p. 28.

(1) M. de Franqueville résume ainsi les rôles des diverses autorités qui composent la *monarchie* anglaise : « *Un souverain régnant sur un peuple qui se gouverne lui-même ; des ministres chargés d'exécuter au nom de la couronne la volonté de la nation, exprimée par le parlement !* » — *Les institutions de l'Angleterre*, p. 104.

corruption de la véritable monarchie. Mais la tyrannie n'est point propre à cette forme de gouvernement, car dans tous on peut trouver cet abus violent du pouvoir qui la constitue ; et le peuple ou les quelques personnes qui gouvernent en son nom ne sont pas moins sujets qu'un roi à abuser du pouvoir dans leur intérêt, au détriment du bien public. Leur tyrannie est même la pire de toutes, au jugement de Cicéron. « *Si quandò,* dit-il, *aut regi justo vim populus intulerit, regnoque eum spoliavit, aut etiam ; id quod evenit sæpiùs, optimatum sanguinem gustavit, ac totam rempublicam substravit libidini suæ ; cave putes autem mare ullum aut flammam esse tantam, quam non faciliùs sit sedare quàm effrenatam insolentiâ multitudinem* »

471. — Le *despotisme*, qui se rapproche de la tyrannie, n'est pas plus qu'elle particulier à la monarchie, comme le prétendent ceux qui cherchent à rendre celle-ci odieuse. Il n'est pas moins fréquent dans les républiques, et il y règne plus durement, parce qu'il y redoute moins la résistance. L'essence du despotisme, c'est que le gouvernement n'ait pas pour règle la raison et les lois fondamentales de l'Etat, mais seulement le bon plaisir de ceux qui gouvernent et dont la volonté, affranchie du conseil des sages, tient lieu de raison, selon la formule du poète :

Sic volo, sic jubeo sit pro ratione voluntas.

Le despotisme ne consiste donc pas en ce qu'un seul gouverne avec indépendance ; mais en ce que ceux qui possèdent le pouvoir l'exercent par caprice, en *maîtres* et en propriétaires plutôt qu'en *gouverneurs*. Telle est la vraie notion du despotisme, qu'il importe de retenir ; car ce mot, avec celui de liberté, est de ceux dont la fausse politique a le plus abusé pour confondre tous les principes de la science et jeter le trouble dans les esprits (1).

472. — La *monarchie pure* ou *absolue*, que plusieurs confondent mal à propos avec le despotisme, et qu'ils opposent sans plus de raison à la monarchie tempérée, est celle dans laquelle la plénitude de la souveraineté réside dans le prince, sans être partagée par un sénat ou des assemblées électives. Elle mérite seule, à proprement parler, le nom de monarchie ; et c'est elle que nous désignerons sous ce nom quand nous l'emploierons simplement sans y ajouter quelque expression qui le modifie. L'unité de pouvoir qui la caractérise n'empêche pas qu'elle ne puisse être *tempérée ;* elle s'oppose seulement à ce qu'elle soit *divisée*, comme cela a lieu dans le régime dit *constitutionnel.* Car le frein du pouvoir ne consiste pas dans l'association ou pour mieux dire dans l'opposition d'une autre autorité civile qui puisse arrêter son action par un obstacle légal et insurmontable, comme cela a lieu dans ce régime ; mais il se trouve, ainsi que nous le prouverons plus tard, dans l'esprit public, l'honnêteté des mœurs de la nation et dans certaines institutions civiles que le prince doit *respecter* sans les *craindre*, en conservant le pouvoir de surmonter en cas de nécessité toute résistance légale ; puisqu'il n'y a point de so-

(1) Voyez sur le despotisme, Haller, *Restauration de la science politique*, chap. XXXIX.

ciété qui puisse subsister longtemps sans recourir quelquefois à la dictature.

473. — La monarchie *mixte*, que beaucoup appellent aujourd'hui *tempérée* et qu'ils nommeraient mieux *fictive*, est celle dans laquelle on cherche à établir l'équilibre en partageant le pouvoir entre le prince et des assemblées politiques : de sorte que, de droit, ni lui ni elles ne puissent isolément faire acte de souveraineté, par exemple porter une loi; quoique de fait l'un de ces pouvoirs parvienne à se rendre le maître par la force, la ruse ou la corruption, tout en gardant extérieurement les formes légales. C'est en théorie une sorte de manichéisme introduit dans la politique; et, comme il est impossible dans la pratique, la nature ramène nécessairement les hommes à l'unité de pouvoir. Seulement cela se fait alors d'une manière frauduleuse et illégale; et c'est tout ce que l'on gagne à vouloir forcer la nature du pouvoir souverain : *Quod quidem nisi unum sit nullum esse potest*, dit Cicéron (*De republicâ*, I, 37).

474. — L'*aristocratie*, qui désigne aujourd'hui le gouvernement du petit nombre, était aux yeux des philosophes grecs, selon l'étymologie du mot, le *gouvernement des meilleurs* : aussi lui ont-ils prodigué les louanges; car il est incontestablement bon que le pouvoir appartienne aux plus vertueux et aux plus sages. Le difficile est de le leur assurer exclusivement; aussi l'aristocratie, entendue en ce sens, peut-elle être reléguée parmi les utopies.

Au sens vulgaire et pratique, l'aristocratie est le

gouvernement d'hommes à la fois peu nombreux et distingués par des qualités héréditaires de noblesse ou de fortune qui, sans être une garantie certaine de vertu, donnent cependant lieu de supposer dans ces personnes la connaissance et l'amour du bien public; parce qu'il est étroitement lié à leurs intérêts et à ceux de leurs familles. C'est donc moins le nombre que la constitution héréditaire qui distingue les corps aristocratiques des corps populaires. On trouve chez les anciens le type de ce gouvernement dans le sénat et le patriciat romains, jusqu'au moment où la République dégénéra en démocratie. Presque toutes les républiques du moyen-âge, Venise en tête, présentent des formes analogues ; et le gouvernement anglais, qui depuis deux cents ans n'a guère retenu de la royauté que le nom, et qui n'a jamais eu qu'une ombre de représentation populaire, n'est qu'une véritable aristocratie où tout le pouvoir appartient à six cents familles.

575. — L'*oligarchie*, que l'on présente communément comme la corruption du régime aristocratique, n'a cependant de soi aucun rapport avec les conditions d'une noblesse héréditaire. Ce n'est autre chose que l'association d'un petit nombre d'hommes, de quelque condition qu'ils soient, pour exploiter tyranniquement l'Etat à leur profit. Aussi le mot *oligarchie* se prend-il toujours en mauvaise part. L'oligarchie naît plus souvent au sein de la démocratie que dans les aristocraties, parce que le pouvoir populaire est toujours exercé de fait par quelques tribuns, souvent même par un seul. Aussi retombe-t-il bientôt dans la tyrannie per-

sonnelle ou collective ; comme il est arrivé si souvent dans les républiques grecques, de qui nous avons reçu toute cette nomenclature des formes politiques.

476. — La *démocratie* est le gouvernement de la multitude ; et elle diffère de l'aristocratie par le nombre de ceux à qui le pouvoir est attribué, et surtout par leur condition ; parce que, ne tenant aucun compte de la noblesse ni de la fortune, elle donne tout à l'élection et rien à l'hérédité. C'est là sa note caractéristique, bien plus que le nombre des gouvernants, qui est toujours petit, puisque, plus le peuple est nombreux, plus il est nécessaire qu'il abandonne le pouvoir à quelques magistrats ; en ne se réservant que le droit de les élire et de ratifier les lois les plus importantes : d'où il résulte que tout gouvernement démocratique quelque peu étendu, est nécessairement représentatif.

477. — Tous les anciens ont regardé la démocratie comme la forme la plus imparfaite de Gouvernement ; et, suivant Aristote, elle ne saurait se soutenir si elle dépasse les limites d'une ville avec son territoire. Néanmoins, si on la considère dans ses conditions pratiques et telle que l'histoire nous la montre, elle diffère encore beaucoup de la souveraineté du peuple, préconisée par les modernes partisans du contrat social. Celle-ci, en effet, est le droit *naturel* selon eux, pour chaque individu, de choisir et de changer à son gré son gouvernement, et d'administrer l'Etat par lui-même ou par des délégués qui, *en droit*, gouvernent, selon la volonté du peuple, le seul vrai souverain, dont ils doivent fidèlement exécuter les ordres

s'ils ne veulent être déposés. Or, quoi qu'il en soit de la spéculation, un tel régime ne saurait être en pratique qu'un vain nom couvrant la tyrannie de quelques-uns, la violence et l'oppression des honnêtes gens; mais il ne peut être l'expression sincère de la volonté de tous. Ce n'est qu'une exagération de la démocratie portée à un point de développement et de corruption que peut admettre l'imagination des hommes de théorie; mais que la nature ne laisse pas s'acclimater dans la réalité des affaires humaines (1). C'est un appas pour prendre les peuples par des mots sonores, en les flattant d'une souveraineté qu'ils ne sauraient acquérir qu'à la condition de l'abdiquer sur-le-champ, et qui d'ailleurs laisse toujours en dehors du peuple souverain le plus grand nombre des individus, comme nous l'avons montré ailleurs.

La démocratie possible est donc cette forme de gouvernement dans laquelle le peuple (c'est-à-dire ceux qui jouissent des droits civiques, et non tous les habitants) choisit ses magistrats et se réserve l'approbation de leurs principaux actes, comme l'établissement des lois, des taxes, des traités, etc., selon les règles propres à chaque cité et variées à l'infini. Cette variété porte tout d'abord sur la détermination du peuple

(1) C'est à cette démocratie moderne que conviennent les paroles de Proudhon, disant à l'assemblée nationale de France : « *Le gouvernement démocratique est celui où tout individu* » *peut se considérer comme le chef suprême de la société.* » Ce qui lui permettait d'ajouter très-logiquement cet autre aphorisme : *Le gouvernement, c'est l'anarchie!* — V. *l'Ami de la Religion*, 22 mars 1849.

souverain, les uns y faisant entrer des classes de personnes que les autres excluent. Ainsi, Aristote, suivi en cela de tous les anciens, écarte non seulement les esclaves, mais encore tous les artisans. Communément les droits politiques n'étaient accordés qu'aux chefs de famille, à l'exclusion des jeunes gens et des prolétaires. Que si d'une ville on passe à un pays plus vaste, il faut nécessairement restreindre le droit et l'influence de chaque citoyen dans les affaires publiques, et il ne peut rester à la multitude que le droit de choisir des députés qui gouvernent *en son nom;* mais de fait selon leur volonté propre, ce qui donne lieu à la démocratie représentative. Celle-ci est en grande faveur auprès des modernes, qui la regardent comme une invention précieuse, propre à rendre universelle la démocratie, dont cependant elle altère profondément la vraie notion. Aussi les anciens, et Aristote entre autres, pensaient-ils que la démocratie et même toute forme républicaine ne pouvaient convenir qu'aux *villes* isolées; mais que les *provinces* réclamaient le gouvernement monarchique. Et en effet, jusqu'à ce jour, on n'a guère vu de républiques composées de beaucoup de villes, quoi qu'il se soit trouvé des villes qui en avaient beaucoup d'autres *sujettes* à leur pouvoir sans le partager. Telle fut la république romaine qui devint impossible lorsque, tombée en démocratie, elle fut obligée d'admettre les villes italiennes à partager sa souveraineté (1).

(1) « L'histoire du monde, dit Tocqueville, ne fournit pas d'exemple d'une grande république qui soit restée longtemps en république..... Toutes les passions fatales aux républiques

478. — Nous venons d'exposer les formes simples de gouvernement. Quant à celles qu'on appelle *mixtes*, elles peuvent recevoir ce titre en deux sens fort divers. Le premier indique qu'outre le prince et les premiers magistrats, les principaux citoyens et même le peuple jouissent de certains droits qui peuvent être appelés *politiques*, au moins dans un sens large. Le second exprime la division de la souveraineté elle-même entre diverses classes de personnes, dont aucune ne peut agir sans le consentement des autres, au moins en certaines affaires, et dont chacune concourt avec un droit égal et sans subordination à ces actes. Ce sens se rapporte à ce que l'on appelle communément gouvernement mixte.

Il n'y a point de gouvernement qui ne soit mixte au premier sens ; car toute société est naturellement hiérarchique, et l'est d'autant plus qu'elle est plus parfaite. Or les degrés de la hiérarchie sociale étant distingués par la diversité des droits, il est impossible qu'en dehors des premiers chefs de l'État il ne s'y trouve pas aussi quelque influence au moins indirecte, soit de la multitude, soit des citoyens supérieurs aux autres à certains égards. C'est ce qu'on peut appeler avec raison un mélange de l'aristocratie et de la démocratie avec l'élément monarchique. Voilà en quel sens on peut regarder comme le meilleur gouvernement celui qui participe à ces trois formes ; et c'est ainsi que

grandissent avec l'étendue du territoire : tandis que les vertus qui leur servent d'appui, ne s'accroissent pas suivant la même mesure..... » *Démocratie*. T. I, p. 192.

Bellarmin attribue ce mérite au gouvernement de l'Église, qu'il appelle toutefois *purement monarchique* dans un autre sens, quand il s'agit de l'exercice du pouvoir souverain.

On peut en dire autant de l'ancien royaume de France où, quoi qu'en disent quelques contemporains, la plénitude du pouvoir tant législatif qu'exécutif appartenait au roi, et où cependant il existait une merveilleuse hiérarchie de conseils, de municipalités, de noblesse et d'autres institutions de tout genre, qui assurait à chaque classe de citoyens la portion d'influence politique qu'elle pouvait posséder utilement pour le bien public. Oui certes, une forme de gouvernement mixte en ce sens là est la meilleure ; car ce n'est autre chose que la hiérarchie naturelle à toute société bien réglée, et elle ne répugne nullement à l'unité du pouvoir, ni par conséquent à la monarchie pure ou, comme l'on dit, *absolue*.

479. — Mais il en est autrement des formes mixtes au sens qui emporte la division de la souveraineté elle-même; quoi qu'il faille encore cependant user ici de distinction. Quelques-unes de ces formes, en effet, quoique moins parfaites, ne doivent pas être réprouvées. Telles sont plusieurs constitutions que l'on voit chez les anciens et au moyen-âge, et qui conservaient d'une manière suffisante, quoique moins pleine, l'unité du pouvoir, en se rapprochant en même temps plus ou moins du genre de mélange dont nous faisions tout à l'heure l'éloge. Et au fait, du moment qu'on s'éloigne de la forme monarchique, qui est la plus naturelle, il

se forme presque nécessairement un certain mélange d'aristocratie et de démocratie; d'autant plus que cette dernière ne peut guère subsister si elle ne reçoit des autres une sorte de condiment qui l'empêche de se corrompre.

C'est à ces sortes de formes mixtes que semblent se rapporter les paroles suivantes de Cicéron : *Tribus primis generibus (simplicibus) longè præstat meâ sententiâ regium. Regio autem ipsi præstabit id quod erit æquatum et temperatum tribus optimis rerum publicarum modis. Placet enim esse quiddam in republicâ præstans et regale; esse aliud auctoritati principum partum ac tributum; esse quasdam res servatas judicio voluntatique multitudinis. Hæc constitutio primùm habet æquabilitatem quamdam magnam, quâ carere diutiùs vix possunt liberi, deindè firmitudinem, quod et illa prima facilè in contraria vitia convertuntur, ut existat ex rege Dominus, ex optimatibus factio, ex populo turba et confusio, quodque ipsa genera generibus sæpe commutantur novis. Hoc in hâc junctâ moderateque permixtâ conformatione reipublicæ non fermè sinè magnis principum vitiis evenit. Non est enim causa conversionis, ubi in suo quisque est gradu firmiter collocatus et non subest quo præcipitet ac decidat.*

Ces paroles : *Ubi in suo quisque est gradu firmiter collocatus* montrent, dit Audisio, que Cicéron rejette au moins ces confusions de droits qui ne laissent à leur place ni le prince, ni les grands, ni le peuple, et qui ouvrent ainsi la porte à toutes les dissensions intestines.

Ce n'est donc point un partage égal de la souveraineté entre ces trois sortes de personnes que l'orateur romain regarde comme le modèle des gouvernements tempérés : *æquatum tribus optimis rerum publicarum modis;* car là ni le roi, ni les grands, ni le peuple ne seraient à leur place. Ce qu'il exalte, c'est une organisation sociale dans laquelle la souveraineté du prince étant solidement établie, les grands ont aussi leur part dans la préparation des lois par le conseil, comme dans leur exécution par les offices dont ils sont revêtus; et le peuple est aussi admis, avec les précautions nécessaires, à exercer son influence sur les choses qui sont plus à sa portée, comme les affaires municipales.

Cela revient au premier sens auquel nous avons admis le gouvernement mixte; mais diffère beaucoup de l'équilibre représentatif du libéralisme moderne, qui disloque la souveraineté, et que Bæhmer réprouve en ces termes, aussi vrais que sévères : « *Sed si vel maximè talis reipublicæ forma mente concipi queat, tamen adhuc dubium remanet, an talis mixtura existere possit in rerum naturâ ; et si existat, utrùm tale monstrum reipublicæ rectè cohæreat, et an non potiùs longissimè aberret à fine reipublicæ imperato à lege naturæ.* » — *Introd. in jus pub. univ. par. spec.*, lib. I. cap. 3, nº 36. — C'est cependant ce système qui tend à s'établir partout; aussi demande-t-il que nous lui donnions une attention spéciale (1).

(1) Cette forme de gouvernement est chaleureusement prônée par le *libéralisme* que M. Du Val de Beaulieu définit ainsi dans un livre hautement loué par Pie IX : *L'erreur libre dans l'Etat*

480. — Voici donc quelles sont les bases de ce régime d'équilibre, selon Locke, son inventeur, et Montesquieu, qui l'a popularisé. Le pouvoir exécutif est conféré à un délégué du peuple auquel on donne le nom de roi, et

libre. « Le *libéralisme,* dit-il, n'est pas une institution, en-
» core moins une forme de gouvernement ; c'est un caractère,
» une tendance. On peut avoir une monarchie catholique
» comme une monarchie libérale. Ce caractère de libéralisme
» est en somme *la révolte contre l'autorité ;* c'est le libre
» examen ; révolte religieuse devenue révolte sociale. C'est la
» liberté égale pour l'erreur et la vérité ; c'est le *rationalisme*
» *d'Etat ;* c'est enfin la révolte contre l'Eglise. »

On peut ramener facilement à cette définition toutes les tendances diverses du libéralisme. — Il n'est peut-être pas sans intérêt de remarquer que le mot *libéralisme,* inconnu en ce sens dans la langue française avant le XIXe siècle (comme le montre l'édition de 1813 du dictionnaire de l'Académie), a été inventé par Mme de Staël ; une protestante révolutionnaire ! Il fut adopté par les acteurs de la *Comédie de quinze ans,* qui renversa la Restauration. En 1830, M. de La Mennais et ses disciples, par leur journal l'*Avenir* que condamna Grégoire XVI, le firent pénétrer chez les catholiques, qui l'avaient jusqu'alors unanimement repoussé. — Le mot et la chose ont été stygmatisés par le Pape Pie IX, dans son allocution consistoriale du 18 mars 1861, où il déclare le libéralisme inconciliable avec l'esprit et les droits de l'Eglise. Le libéral veut être aussi peu gouverné que possible et l'être seulement par ses élus. Or l'Esprit-Saint dit par la bouche de Saint Pierre : *Subjecti estote omni humanæ creaturæ propter Deum : sive Regi quasi præcellenti ; Sive Ducibus, tanquàm ab eo missis.....* Ces deux tendances semblent en effet difficiles à concilier. On se demande comment, après cela, certains catholiques affectent encore de se parer du titre de *libéraux ?*

le pouvoir judiciaire à des juges qui ne dépendent pas de lui. Quant au pouvoir législatif qui constitue proprement la souveraineté, il est également partagé entre le prince, un sénat formé de personnes distinguées, qui est censé jouer le rôle de l'aristocratie, et une assemblée nommée par le peuple, qui représente l'élément démocratique. L'essence de ce régime ne consiste pas seulement dans cette participation à la puissance législative, qui se retrouve aussi dans quelques sociétés du moyen-âge, mais avec un caractère bien différent. Dans celles-ci en effet, l'intervention des *Etats* dans la législation ne tendait qu'à sauvegarder les franchises des sujets contre les usurpations des princes. Elle n'avait point pour but de transférer au peuple le *gouvernement* lui-même, comme prétend le faire le libéralisme, qui fonde tout l'édifice politique sur le principe de la souveraineté du peuple, pris pour base de la société et source de tout pouvoir. Aussi le mécanisme de ces gouvernements mixtes est-il établi de manière à donner de fait toute la réalité du pouvoir à l'assemblée populaire ou aux tribuns qui la dominent, à moins que le prince, employant la ruse, la crainte ou la corruption, ne reprenne illégalement, comme le salut public le demande en bien des circonstances, le pouvoir que lui refuse une constitution imprudente. — Ainsi la division, que l'on avait toujours regardée comme la ruine de l'Etat, passe ici pour un principe fondamental du gouvernement ; où l'on forme *à priori* une opposition systématique au roi, comme s'il était l'ennemi naturel du peuple. Un autre effet de ce système, et que l'on donne pour une de ses nécessités, c'est une licence sans bornes accordée à tous de disputer ou d'écrire sur les affaires publiques. Enfin on peut résumer les caractères de ce système par ce mot : *révolution*, presque synonyme de celui de *souveraineté du peuple*, et dont Stalh exprime parfaitement la signification en ces termes : « La révolution, dit-il, » est la constitution de la société politique, par la volonté » de l'homme à l'exclusion du droit divin. C'est une » doctrine qui fait dériver toute autorité, non de Dieu ; » mais de l'homme ou du peuple, et qui enseigne en » un mot que l'Etat ne doit pas être soumis aux com- » mandements de Dieu, dont cette politique fait abstrac- » tion, mais réglé par la volonté toute humaine du peuple » souverain ou de ceux qui le représentent. » Tel est l'esprit et le résumé de la révolution de 1789 et de ses principes, que tous les partisans du régime représentatif moderne invoquent comme leur point de départ. On peut voir un excellent développement de cette définition chez Audisio, *Juris naturalis fundamenta*, lib. III, tit. V, et plus amplement chez Mgr Gaume, *De la révolution*, tome I, chap. I.

ARTICLE II

DE LA MEILLEURE FORME DE GOUVERNEMENT

481. — Cette question fameuse nous a été léguée par la Grèce, avide de ces spéculations *à priori* sur la société, comme on le voit par les livres *de la république* de Platon et la *politique* d'Aristote. Elle semble assez oiseuse au premier coup d'œil, car les Etats n'ont pas coutume de se constituer *à priori* et comme sur une

table rase. Il est même rare que le passage d'une forme à une autre résulte d'une délibération explicite de toute la nation ; mais il dépend plutôt de l'état antérieur et des circonstances. Cependant, en y regardant de plus près, on reconnaît qu'elle vaut la peine d'être examinée ; ne fût-ce que pour réfuter les faux principes de ceux qui la traitent de manière à jeter le trouble parmi les peuples. D'ailleurs il peut arriver que ces derniers, ou plutôt les personnes qui les dirigent, puissent, dans de certaines circonstances, influer beaucoup sur l'adoption d'une nouvelle forme de gouvernement, lorsque l'ancienne est détruite ; ou du moins sur les modifications que celle-ci peut recevoir par l'effet de la législation ordinaire. Il importe alors que l'opinion publique soit dirigée par de sages principes, qui l'inclinent vers ce qui est le plus utile, et qui la prémunissent contre les dangereuses théories des sophistes. Nous croyons donc devoir examiner brièvement cette question, dont tout le monde du reste s'occupe aujourd'hui.

Il faut avant tout se bien persuader qu'il ne s'agit point de chercher une forme de gouvernement exempte d'inconvénients, ce que ne comporte pas la condition humaine ; mais seulement d'examiner où se trouve la plus grande somme d'avantages, et le moins de mal possible ; car c'est ici surtout que vaut la maxime du poète :

Nihil est ab omni
Parte beatum.

La question peut être envisagée spéculativement, d'une manière abstraite, en ne considérant que la nature de chaque forme et ses conséquences logiques, ou pratiquement et d'une manière concrète, en tant qu'il s'agit de l'appliquer à telle société déjà existante et soumise aux conditions produites par des faits antérieurs et par son développement historique. Or la solution peut différer dans ces divers points de vue; car ce qui est le mieux en soi peut être inconvenant ou même impossible dans telle circonstance donnée. Il ne faut donc pas toujours pousser avec importunité à ce qui est d'une plus grande perfection absolue, quoique la société, comme l'individu, puisse et doive y tendre avec suavité, prudence et d'une manière licite. Je dis *avec prudence,* car, comme le remarque excellemment de Maistre, les meilleures lois pour un peuple sont celles qu'il est capable de porter. Je dis aussi *d'une manière licite*, parce qu'on ne doit pas, sous prétexte de mieux, changer violemment, au préjudice des droits acquis, le gouvernement légitimement établi. Mais ce changement peut quelquefois être légitime, si, par exemple, dans une démocratie, le peuple fatigué des séditions sans cesse renaissantes, et renonçant à cette liberté périlleuse, remet de lui-même son droit de souveraineté à la noblesse ou à un prince; ou si un sénat républicain choisit un roi auquel il se soumet. L'histoire offre plus d'un exemple de ces sortes d'abdication. — Après ces préliminaires, nous allons déterminer dans les propositions suivantes les principes d'après lesquels la question doit se résoudre.

PROPOSITION I

La meilleure forme de gouvernement est en pratique et pour l'état concret celle qui est légitime.

482. — *Preuve.* La forme, pratiquement la meilleure, est celle qui atteint le mieux, dans les circonstances données, la fin de la société, en lui procurant la sécurité, l'unité d'action et la direction vers le bien commun. Or c'est ce que l'autorité légitime fait mieux que toute autre. Car, à prendre la chose en général et en faisant abstraction de quelques cas particuliers, le droit exerce sur les hommes une influence supérieure à toutes les autres.

Aussi, lorsqu'il est violé, ce qu'on lui substitue (fût-il meilleur en soi) ruine le fondement principal de la subordination, par conséquent aussi la tranquillité publique et répand dans la cité une inquiétude et un malaise qui troublent nécessairement son état normal. Ce nouveau régime, en effet, ne peut s'appuyer que sur la force et non sur la conscience des sujets, ce qui l'affaiblit singulièrement. La légitimité est donc la principale condition pour qu'un gouvernement puisse bien ordonner la société. S'il a réellement des défauts graves, eu égard à la condition présente de la nation, on doit sans doute les corriger; même en se rapprochant, s'il le faut, d'une forme politique plus parfaite; mais cela se doit faire par les voies légitimes, c'est-à-dire, régulièrement parlant et sauf les exigences du salut public, avec le consentement de ceux dont ces réformes pourraient blesser les droits. C'est ainsi que l'on peut corriger les constitutions défectueuses, quoique justement établies, sans que la légitimité en souffre. Notre thèse demeure intacte, même dans ces cas de réforme (1).

PROPOSITION II

Dans l'état concret, on doit regarder comme étant la meilleure pour chaque société la forme de gouvernement qui répond le mieux à ses antécédents.

483. — N. B. Cette proposition est dirigée contre les inventeurs de constitutions *à priori* qui, faisant table rase de tout ce qui existe pour établir plus aisément l'utopie qu'ils ont rêvée, ne tiennent compte ni des droits, ni des mœurs qui pourraient y faire obstacle. C'est ce que nous voyons faire partout depuis soixante ans par ces innombrables entrepreneurs de constitutions auxquels une heure suffit pour anéantir une nation avec ses institutions et ses lois, comme le firent nos constituants dans la nuit du 4 août 1789, et pour en produire une toute nouvelle qui ne se rattache à rien.

La question peut se poser en deux circonstances: 1° Ou il s'agit d'apprécier un gouvernement existant, et alors on le suppose légitime, conformément à la thèse précédente; puisque la légitimité s'appuie sur les faits antérieurs dont elle résulte. — 2° Ou bien il s'agit d'établir un nouveau gouvernement chez un peuple qu'une révolution a privé de l'ancien; et alors

(1) Voyez Taparelli, *Essai théorique de droit naturel*, § 552 et suivants.

il faut conformer son organisation aux exigences traditionnelles de ce peuple, et à celle des faits qui ont amené son état présent; puisque dans l'hypothèse il n'existe point de forme légitime qui restreigne la liberté d'en choisir une autre. Tel est le sens de cette proposition qui, comme on le voit, s'accorde très-bien avec la première. Nous allons maintenant la prouver.

Preuve. — Le régime politique, comme la société qu'il dirige, a pour cause immédiate les faits antérieurs qui ont peu à peu déterminé sa forme et ses qualités. Ainsi la monarchie est naturelle à une société née de l'extension d'une famille patriarchale : et la coutume comme la tradition y ont façonné les mœurs dans cet esprit. Aussi, lors même que l'extinction de la royauté légitime laisserait au peuple la liberté de choisir un nouveau régime, serait-il imprudent de le faire et d'introduire par exemple la démocratie, qui ne serait point en rapport avec les mœurs antiques de ce peuple. — De même au contraire, dans un état fondé par une société d'émigrants et longtemps soumise au régime républicain, qui y a introduit l'esprit d'indépendance et des mœurs turbulentes, il ne serait pas facile d'établir, même du consentement du peuple, un gouvernement monarchique, absolu surtout, qui pourrait provoquer des troubles par des froissements fréquents de l'esprit public. Ainsi, bien qu'il n'y ait guère d'autre remède pour une république tombée dans l'anarchie, que cet établissement du pouvoir d'un seul, celui-ci ne peut, du moins dans les commencements, gouverner qu'avec peine un peuple peu accoutumé à ce joug. C'est pourquoi la transition, même nécessaire, d'un régime à un autre très-différent, est toujours une époque difficile, turbulente et périlleuse. — On peut en dire autant des diverses combinaisons de l'aristocratie et de la démocratie qui, bien que moins parfaites en soi, peuvent être exigées par les mœurs et les conditions de certains peuples. On voit par là que pour juger de l'opportunité et de la perfection *relative* d'une forme politique dans l'état concret, il faut considérer avec soin les circonstances où se trouve le peuple auquel il est destiné, ainsi que les mœurs qui résultent de son histoire; et qu'on ne doit pas se borner à de simples spéculations philosophiques (1).

PROPOSITION III

Au point de vue absolu et spéculatif, la meilleure forme de gouvernement est la monarchie pure et tempérée en même temps.

484. — N. B. Nous appelons monarchie *pure* ou *absolue* celle dans laquelle le prince possède seul le libre usage de l'autorité suprême et le pouvoir législatif. Nous l'appelons aussi *tempérée* (qualité qui ne répugne point à son absolutisme, comme plusieurs l'imaginent à tort), parce que nous ne parlons point ici d'une dictature superposée à une démocratie, comme fut l'empire romain; mais d'une monarchie hiérarchique, qui soit comme le faîte d'un édifice social composé de nombreux degrés; organisation qui donne

(1) Voyez sur ce point de Maistre, *Essai sur le principe générateur des constitutions politiques.*

nécessairement un frein à la souveraine puissance, sans cependant la diviser, et qui a subsisté pendant plusieurs siècles dans le royaume de France (1).

Preuve de la proposition. — La meilleure forme de gouvernement en général est celle qui donne à la fois plus d'unité à la constitution de la société, plus d'efficacité à son opération, et une application plus

(1) Il faut lire sur ce sujet Mgr Tharin, *du Gouvernement représentatif*, chap. XV, où il démontre évidemment que *les libertés publiques sont plus respectées dans les monarchies absolues que dans les monarchies constitutionnelles.* Et les chapitres XIV et XVII, où il établit la même supériorité quant à l'administration et au bonheur du peuple. — Il faut lire aussi de Haller, *Restauration de la science politique*, T. I, chap. XI, où se trouvent ces paroles remarquables : « Il est » dans la nature des choses, et l'histoire le confirme partout, » que nulle part la liberté individuelle, les droits particuliers » des citoyens ne sont moins respectés ou plus mal assurés » que par les grandes assemblées populaires ; car il n'y a pas » de pouvoir plus terrible que celui contre lequel aucune résis- » tance n'est possible, que celui qui peut exécuter les plus » exécrables forfaits avec la force de *tous*, ou les colorer de la » volonté de *tous*..... Les forces d'une corporation, employées » sans règles et sans frein, ou tournées contre le sein même de » la société, deviennent plus formidables que toutes les autres. » Les droits naturels et acquis sont alors foulés aux pieds avec » plus d'impudence encore que par des tyrans individuels, parce » que les passions ne sont jamais plus violentes qu'entre égaux, » et que chacun se cache parmi la foule des complices, et se » soustrait par conséquent à la crainte même de la honte et de » la responsabilité morale, » p. 375.

Il est curieux de rapprocher de ces paroles le témoignage peu suspect d'un homme aussi démocrate que Haller l'était peu.

parfaite de l'autorité au bien commun. Or, telle est précisément la monarchie dont nous parlons. — La majeure de cet argument est évidente. Car, pour ce qui regarde l'unité, elle est le principe de toute association, qui n'a d'autre raison d'être que la nécessité de concentrer par l'autorité l'action multiple des individus. Aussi plus l'autorité est une, plus la société est

— « Le despotisme, dit M. de Tocqueville, me paraît particu- » lièrement à redouter dans les âges démocratiques..... Il ne » faut pas s'attendre à ce que dans les contrées démocratiques, » le cercle de l'indépendance individuelle soit jamais aussi » large que dans les pays d'aristocratie..... L'égalité suggère » aux hommes plusieurs penchants fort dangereux pour la » liberté, et sur lesquels le législateur doit toujours avoir l'œil » ouvert. Je ne rappellerai que les principaux. Les hommes » qui vivent dans les siècles démocratiques ne comprennent » pas aisément l'utilité des formes ; ils ressentent un dédain » instinctif pour elles. J'en ai dit ailleurs les raisons..... Un » autre instinct très-naturel aux peuples démocratiques et très- » dangereux, est celui qui les porte à *mépriser les droits indi-* » *viduels et à en tenir peu de compte*..... Dans les contrées » démocratiques, il est toujours à craindre que les instincts ré- » volutionnaires, s'adoucissant et se régularisant sans s'é- » teindre, ne se transforment graduellement en mœurs gouver- » nementales et en habitudes administratives. Je ne sache donc » pas de pays où les révolutions soient plus dangereuses que » dans les pays démocratiques, parce que, indépendamment des » maux accidentels et passagers qu'elles ne sauraient jamais » manquer de faire, elles risquent toujours d'en créer de » permanents et pour ainsi dire d'éternels. » *De la démocratie,* T. II, chap. VII. — On ne saurait assez recommander la méditation de ces remarquables paroles aux partisans de la démocratie, qui se prétendent en même temps épris de la liberté.

puissante et parfaite : ce qui a faire dire à Saint Augustin : *Da unum et populus est; tolle unum et turba est.* Et à Cicéron : *Imperium nisi unum sit nullum esse potest.* Or, quoique l'unité morale puisse absolument suffire dans le souverain, elle est néanmoins fort imparfaite, exposée à bien des dissensions, et très-inférieure à l'individualité d'un prince, pour unir la société.

Quant à l'efficacité de l'opération sociale et à son application au bien public, comme elles sont la seule raison d'être de la société, il est manifeste qu'une forme de gouvernement est d'autant plus parfaite qu'elle est plus propre à les procurer.

Preuve de la mineure du premier argument. — I. — *Quant à l'unité.* Lorsque la souveraineté réside dans une personne unique, il y a unité dans le jugement social, dans la volonté et dans l'action sociales, puisqu'ils procèdent d'un même esprit. Il n'y a donc pas de place pour cette discorde que la raison et l'expérience nous montrent inévitables dans le régime polyarchique. Ainsi l'unité est parfaite, tandis qu'elle disparaît dans l'opposition des jugements, des volontés et des actes, qui a coutume de diviser les pouvoirs collectifs. Ceux-ci ne peuvent obtenir qu'une unité artificielle fondée sur une pluralité de suffrages, toujours imparfaite, et qui se trouve souvent en face d'une opposition presqu'égale : une seule voix peut faire la différence (1).

(1) La révolution de 1830 fut déterminée par la voix *unique* qui donna la majorité dans la Chambre des députés à l'adresse factieuse des 221.

De là dans les affaires sociales un état de guerre et de division, aussi naturel au régime polyarchique, que la concorde l'est à la monarchie. Celle-ci assure donc à la société une unité plus complète, et par conséquent une plus grande perfection.

II. — *Quant à l'efficacité de l'opération.* Celle-ci en effet suit naturellement l'unité de jugement, de volonté et d'action. Car la somme de forces qui se dépense dans la lutte des pouvoirs, diminue d'autant celle qui est réellement appliquée à produire l'effet voulu. Or l'absence de collision des forces dans une monarchie la soustrait à cet inconvénient inévitable dans un régime polyarchique. La première forme a donc une opération plus efficace, tandis que l'autre, surtout dans la démocratie, est faible, lente, incertaine et souvent inepte à toute action sociale. Aussi toutes les fois que l'on y a besoin, pour le salut de la république, d'une action prompte et efficace, faut-il recourir à une dictature conférant réellement sous un titre quelconque la plénitude du pouvoir à un seul. Il est donc vrai que la monarchie donne plus d'efficacité à l'action sociale.

III. — Enfin elle tend davantage, par sa nature même, à procurer le bien public. Il y a pour cela plusieurs raisons.

1° Le roi, ayant atteint le faîte de la fortune, des honneurs et de la puissance, n'a aucun motif d'employer des moyens injustes pour arriver au premier rang, dont l'ambition tourmente au contraire la plupart de ceux qui ont de l'influence dans une république. Aussi, pendant que ces derniers ne songent qu'à faire leur propre fortune, le prince qui jouit tranquillement de la sienne est naturellement porté à en répandre les avantages sur le peuple et tourne vers l'utilité publique l'activité que les autres emploient à rechercher la leur propre, d'autant plus qu'il trouve en cela tout à la fois le complément et la sécurité de son bonheur. On a dit avec raison : « *Dieu nous garde de celui qui a sa fortune à faire! — l'homme né riche est le seul qui ne sache pas gagner* » *(Rubichon, de l'Angleterre)*. Cela est vrai surtout de celui qui possède dans la royauté l'apogée de la fortune humaine.

2º D'ailleurs, comme le remarque très-bien Moreau (1), la puissance physique d'un roi est la plus faible de toutes, parce que chez lui (à la différence du peuple), le pouvoir qui commande se trouve nécessairement séparé de la force qui agit, et qu'il est obligé d'emprunter à la nation. Cette puissance est donc toute morale, et tire sa force uniquement du respect, de l'amour et de la soumission volontaire de ses sujets, soumission que le prince ne pourrait jamais en obtenir malgré eux, étant réduit à ses forces physiques. Son plus grand intérêt le porte donc fortement à s'attacher les cœurs par une bonne administration, car la nation ne lui prêterait pas volontiers sa force pour devenir victime de l'abus qu'il en ferait. Il résulte de là que la monarchie est naturellement bienfaisante, l'intérêt du roi étant, généralement parlant, inséparable de la justice ; ce n'est qu'accidentellement qu'elle se porte à négliger le bien public ou à tourner son pouvoir

(1) *Discours sur l'histoire de France*, T. I, p. 48 à 53.

en une tyrannie qui lui serait si dangereuse. Aussi, dit encore Moreau, ne voit-on presque jamais un ordre évidemment injuste partir immédiatement du trône ; au lieu que l'intérêt de la multitude est presque toujours sacrifié à celui des factieux qui l'entraînent et possèdent en elle une force irrésistible. Tout cela s'applique avec proportion à l'aristocratie, dont la puissance est aussi plus morale que physique. Mais dans la démocratie, le peuple qui possède celle-ci au suprême degré et qui ne redoute personne, n'a point de frein. Le droit terrible du plus fort est entre ses mains et il n'a ordinairement, dit Platon, pas plus l'amour du bien public qu'il n'en possède l'intelligence. — D'ailleurs, et c'est une vérité d'expérience, comme il y a toujours dans un gouvernement polyarchique plusieurs factions opposées qui sont comme autant d'États dans l'État, chacune d'elles, dans la recherche ou l'exercice du souverain pouvoir, songe bien plus à son propre bien qu'à celui de toute la république.

3° Dans la monarchie, l'obligation de procurer le bien public réside tout entière dans une personne déterminée, qui ne peut ni ignorer sa faute, ni en décliner la responsabilité, si elle manque à ce devoir. Mais dans tout pouvoir collectif, cette obligation tombe sur tous, de telle sorte qu'aucun ne puisse ni l'accomplir tout seul, ni en empêcher aussi l'accomplissement par sa seule faute. Aussi chacun néglige d'autant plus sa part dans l'accomplissement du devoir commun, qu'il espère que les autres y pourvoiront. Il peut aussi plus facilement cacher ses fautes et décliner la responsabilité de ce qui est mal fait, et ainsi se trouve vérifiée la maxime que *l'affaire de tous n'est l'affaire de personne.* Il résulte donc de la nature même de ces deux gouvernements que le roi a pour le bien public une sollicitude constante, parce qu'il sait qu'il en est seul chargé et qu'il en répondra seul; tandis que, dans une république, on néglige ou on trahit la cause de l'Etat, parce que chacun sent que sa responsabilité personnelle se perdra dans la responsabilité commune. Le gouvernement monarchique est donc celui qui, par sa nature, tend le plus à la recherche sincère du bien public; et comme il joint à cela plus d'efficacité dans l'opération et d'unité dans la constitution, il est en soi le meilleur de tous (1).

Toute l'histoire d'ailleurs témoigne que le régime monarchique assure aux sociétés beaucoup plus de durée, de sécurité, de paix, et un état à tous points de vue plus supportable (pour ne pas dire plus heureux) que le régime républicain et surtout le régime démocratique, qui n'a jamais pu subsister chez une grande nation (2).

(1) Voyez Taparelli, *Essai*, etc., § 543 et suivants.

(2) C'est en se fondant sur cette expérience qu'Aristote enseigne, comme on peut le conclure du chap. IV, liv. VII de la politique, que le gouvernement républicain ne peut convenir qu'à des villes où tous les citoyens peuvent se connaître, et entendre dans le *forum* la voix d'un orateur; tandis que les *provinces*, ou les régions plus vastes, demandent la monarchie. — Notre siècle, il est vrai, avait appelé de cette décision en se fondant surtout sur l'exemple des Etats-Unis d'Amérique qui devait changer tant de choses dans la science sociale. Mais, hélas! la révolution de 1861 est venue mettre à néant toutes ces utopies et donner raison à l'illustre de Maistre contre les esprits courts qui commençaient à rire de ses prophéties.

En outre on voit que partout où l'on a plus besoin de la concorde et de la vigueur dans le gouvernement, comme dans un vaisseau, une armée, une famille, il faut toujours recourir au pouvoir monarchique; de sorte que celui qui proposerait d'y introduire un pouvoir collectif ou même un contre-poids capable d'arrêter absolument l'action du chef, serait tourné en ridicule. Or ce sentiment universel peut être regardé comme la voix de la nature, signalant la faiblesse et les dangers du régime polyarchique, ainsi que l'excellence de la monarchie. Celle-ci n'est pas, il est vrai, aussi indispensable à la cité qui peut absolument subsister sans elle; mais dans des conditions fort inférieures à tous égards. Il est donc démontré que la monarchie pure l'emporte de soi sur toutes les autres formes (1).

PROPOSITION IV

Parmi les formes de gouvernement, la démocratie tient la dernière place.

485. — *Preuve I.* Cette assertion peut se prouver d'abord par le consentement unanime de tous ceux qui

(1) Voyez, au sujet de la monarchie, de Bonald, *Théorie du pouvoir,* liv. I, chap. VII, VIII; liv. IV, chap. I. — Le même auteur indique brièvement, dans le même ouvrage, les périls inhérents à toute forme collective, même dans les degrés inférieurs et subordonnés du pouvoir. « Le caractère particulier » et le défaut des administrations collectives, dit-il, est de se » laisser aller au vent des nouveautés et des systèmes, et » d'être le bureau d'adresse de tous les faiseurs de projets. » Dès que les hommes sont réunis, ils éprouvent le besoin » d'*agir,* par le sentiment qu'ils ont de leur *force;* et le besoin

avaient écrit sur la politique, jusqu'à Rousseau et à ses disciples, sans en excepter les Grecs et les Romains, qui le savaient par leur propre expérience. Cependant les démocraties antiques moins étendues, et restreintes à un nombre de citoyens fort petit relativement à celui des habitants, étaient plus supportables que ne serait le régime de la souveraineté populaire universelle, imaginé par les modernes et corrompu par les principes faux et pernicieux sur lesquels il s'appuie. Nous nous bornerons à citer pour tous Platon, Aristote et Cicéron. Ce dernier (1) déclare que le régime populaire, que l'on ne saurait approuver, serait néanmoins tolérable; *nullis interjectis iniquitatibus aut cupiditatibus*. Mais cette condition annulle la concession qu'il semble lui faire. Quand verra-t-on, en effet, le peuple commander sans iniquité et sans passion? Aristote, de son côté, soutient que la seule égalité arithmétique des citoyens, qui est cependant le principe fondamental de la démocratie, suffit pour ruiner l'Etat. Aussi blâme-t-il cette forme de gouvernement dans toute sa

» d'agir, lorsqu'il n'y a rien à faire, n'est que le besoin de » détruire ce qui est fait. Or l'administration ne consiste pas » à faire, mais à conserver. Une administration collective est » une république où chacun veut exercer son pouvoir..... Dans » une société constituée, des Etats généraux assemblés à époque » fixe s'assembleront souvent sans *nécessité;* s'ils s'assemblent » sans nécessité, l'Etat sera en révolution; parce qu'il est de » l'essence de ces corps de *faire*, et qu'ils *défont* là où il n'y » a rien à faire. » *Théorie du pouvoir*, T. III, liv. II, p. 146, 149.

(1) *De Republicâ*, I, 26.

politique (1). — Mais nul parmi les anciens ne l'a plus vivement attaquée que Platon, qui, au livre VIII de la *République*, décrit les mœurs de la démocratie et le terme funeste auquel il aboutit, savoir la tyrannie, suite nécessaire, dit-il, d'une excessive liberté (2).

Preuve II. Comme le gouvernement qui excelle par l'unité, l'intelligence et la moralité, est le meilleur de tous, celui qui est le plus dépourvu de ces qualités est aussi le plus mauvais. Or telle est la démocratie. Cela est manifeste quant à l'unité, qui manque d'autant plus que le nombre des gouvernants augmente, et avec lui le danger des dissensions. Il en est de même pour l'intelligence, qui manque toujours à la multitude, comme le remarque très-bien Cicéron. *Gravior*, dit-il, *et validior est decem virorum bonorum sententia, quam totius multitudinis imperitæ* (3). Et, en effet, comment cette plèbe ignorante et toujours imprévoyante, aux mains de laquelle cependant tout est

(1) Voyez *Politique*, liv. V, chap. I, § 7 et 8; et l'analyse que Duval a donnée de ce passage. — Sur la démocratie grecque, voyez S. Victor, *Etude sur l'histoire universelle*, T. III, chap. I, § V, VI, VII, et surtout p. 120 à 130. — Sur la démocratie romaine, voyez M. de Champagny, *Les Césars*. T. I.

(2) *Voyez à l'appendice la note* XXVI.

(3) *Pro Plantio.* — « Il est bien plus aisé, dit Hérodote, d'en » imposer à la multitude qu'à un seul. Ce qu'Aristagore n'avait » pu persuader à Cléomène, roi de Sparte, il le persuada à » trente mille Athéniens. C'est qu'il est plus aisé d'émouvoir » les passions qui font agir la multitude, que de trouver des » raisons capables de déterminer un sage. » *Nouveaux opuscules de Gerdil*, p. 144.

remis, pourrait-elle pénétrer les questions les plus ardues de la science politique? Elle ne peut que se livrer à l'influence des plus mauvais démagogues qui la conduisent où ils veulent, comme les Athéniens étaient menés par leurs orateurs ; car on ne saurait détruire cette loi de la nature qui veut que, de fait, le pouvoir soit toujours exercé par un très-petit nombre d'hommes, lors même qu'il est censé, de droit, appartenir à tous. Vainement prétendrait-on remédier au mal en faisant choisir par le peuple quelques hommes supérieurs aux autres qui gouvernent en son nom. Il faut bien en venir là sans doute, dans un Etat un peu étendu, bien que ce soit changer la démocratie en une sorte d'aristocratie élective ; mais ce moyen réussit peu; car, en pratique, le peuple ne s'entend guère mieux à choisir des hommes vraiment probes et habiles, qu'à traiter directement les affaires. La brigue, la fraude, la corruption ou la violence, ont coutume de diriger l'élection populaire, et la démocratie représentative n'est pas beaucoup meilleure que celle qui laisse immédiatement les affaires aux mains du peuple. — C'est ce que montrent les mœurs de cette Amérique dont le berceau avait été célébré par tant de louanges dans l'école libérale, et dont la maturité nous offre un si triste spectacle. M. de Tocqueville, l'un de ses admirateurs, constatait déjà, il y a trente ans, que le vote populaire avait pour résultat général d'écarter des fonctions publiques ceux qui en étaient les plus capables (440).

Enfin la démocratie est aussi inférieure en moralité

aux autres régimes politiques, bien qu'elle en ait plus grand besoin, pour éviter les dangers qui lui sont propres; car, plus il y a de gens qui participent au pouvoir, plus il est nécessaire que la vertu soit commune parmi eux. C'est dans ce sens seulement que peut être vraie l'assertion de Montesquieu, assignant *la vertu comme le mobile propre au gouvernement républicain* (1), parce qu'il ne peut subsister s'il n'y a beaucoup de vertu dans la plupart de ceux qui le composent. Mais il faut convenir en même temps qu'aucun régime n'est moins propre à produire et à conserver chez les citoyens cette vertu, qui d'ailleurs est toujours l'apanage du petit nombre. En effet, la démocratie favorise tous les vices en laissant, par rapport à eux, plus de liberté que n'en peuvent porter la faiblesse et la corruption de la nature humaine. En outre, elle met toutes les passions en jeu par les luttes qui en sont inséparables, stimule l'ambition et l'audace des plus mauvais citoyens, sans pouvoir ensuite opposer aucun frein efficace à leur cupidité. Les passions mauvaises se glissent jusque dans les lois, et en font une cause plus active et plus constante de corruption que tout le reste; car, ainsi que le remarque M. de Tocqueville, on ne voit guère le peuple faire lui-même des

(1) *Esprit des lois*, liv. III, chap. I. Au reste, pour cet auteur, comme pour les écrivains grecs, la vertu, dont ils font tant de cas en politique, n'est qu'un patriotisme, souvent excessif, qui remplace bien mal à propos à leurs yeux toute autre qualité honnête, et qui s'allie avec de grands vices. L'idéal de cette fausse vertu se trouve à Sparte et dans la république de Platon.

lois contre ses propres vices. Il faut qu'elles lui soient imposées d'en haut: *Constitue Domine legislatorem super eos ut, sciant gentes quoniam homines sunt.* Ps. IX, 21.

La démocratie, inférieure aux autres régimes pour l'unité et l'intelligence, l'est donc encore par l'honnêteté des mœurs, qui est cependant le principal élément du bonheur public; et par conséquent on doit la reléguer à la dernière place.

Enfin, son infériorité est démontrée par l'expérience générale, qui est en politique un critère de vérité bien plus sûr que la spéculation; car toute l'histoire nous montre la démocratie comme un état de choses turbulent, faible, corrompu, *et conduisant promptement un pays à sa ruine* (1).

PROPOSITION V

Pour l'excellence et l'utilité, l'aristocratie tient le milieu entre la monarchie et la démocratie.

486. — *Preuve.* Sa supériorité sur la démocratie est prouvée par cela seul qu'elle atténue les vices propres au régime polyarchique; tant par le petit nombre des gouvernants, qui la rapproche de l'unité parfaite, que par l'hérédité, qui fixe le pouvoir dans certaines familles. Cette hérédité en effet remplace la

(1) Voyez sur la valeur de la démocratie le cardinal Maury, *Opinion sur la souveraineté du peuple*, p. 27 *et passim;* et surtout M. de Tocqueville, *De la démocratie*, T. I, chap. XIV, et T. II, *passim*, où la force de la vérité lui arrache des aveux dignes d'être médités.

mobilité et l'impéritie populaires par un esprit traditionnel et une fixité de principes qui font la vigueur et la durée du gouvernement. Toute l'histoire nous montre cette prudence et cet esprit de suite dans le gouvernement, comme le trait caractéristique des sénats aristocratiques et héréditaires. C'est là ce qui a donné, par exception, une durée de treize siècles à la république de Venise (1) : c'est aussi la source de cette vigueur et de cette *habileté*, pour ne pas employer une expression plus forte et moins honnête, qui distingue le gouvernement anglais, devenu depuis deux siècles plus aristocratique que monarchique.

Sous le rapport de la moralité, elle n'a rien à envier à la démocratie, car elle réprime ordinairement d'une manière bien plus efficace la licence populaire, et en concentre du moins les effets dans un cercle plus étroit. Elle l'emporte donc de tout point sur elle.

Mais aussi elle le cède à la monarchie sur presque tous les points, car celle-ci a plus d'unité comme il est manifeste, et plus d'intelligence et d'honnêteté en excluant des conseils la discorde, et de l'action publique les factions, qui ont coutume de troubler les sénats aristocratiques. D'ailleurs la monarchie, hiérarchiquement constituée, réunit aisément à ses avantages propres ceux de l'aristocratie; parce que le roi peut s'appuyer, comme il convient, sur les

(1) La république d'Athènes a duré 272 ans; celle de Rome, 465; celle de Genève, 269; celle de Suisse, 442; celle de Hollande, 207; etc. Comparez avec la durée commune des monarchies !

conseils et la puissance des nobles, sans être cependant assujetti à leurs volontés. La monarchie lui est donc supérieure, et notre thèse est prouvée dans ses deux points.

487. — COROLLAIRE. — « On peut tirer de ce que nous avons dit des règles sûres pour juger dans l'ordre pratique du mérite des différents régimes. — La première, c'est qu'un gouvernement pour être le meilleur doit être légitime. — La seconde, qu'il doit être accommodé aux faits antérieurs et aux circonstances sociales qui lui ont donné naissance. — La troisième, qu'il doit donner plus que les autres à la société particulière que l'on considère, l'unité et l'efficacité dans l'action sociale tendant au bien commun.

La première condition est toujours nécessaire. Quant aux deux autres, mieux elles seront gardées, plus le gouvernement aura de perfection, tant relative qu'absolue. Toutefois la faiblesse humaine ne permet pas de réaliser parfaitement ces conditions dans l'ordre concret.

Voici comment on peut déterminer, d'après la raison et l'histoire, le caractère propre de chaque forme simple de gouvernement. — Le pouvoir monarchique est plus naturel; et, quoiqu'il puisse accidentellement dégénérer comme les autres en tyrannie, il est, régulièrement parlant, plus modéré dans son exercice, plus soigneux du bien public ; et il donne à l'Etat plus d'unité, de concorde, de force et de sécurité. — Le gouvernement aristocratique se distingue par la prudence, la constance traditionnelle de l'esprit public et des principes d'administration ; mais il est ordinairement dur, peu soucieux de la liberté du peuple et sujet à d'innombrables discordes entre les grands. — Le régime populaire est caractérisé par l'imprudence et une extrême mobilité. Il est factieux entre tous, turbulent, violent, faisant presque toujours tourner la liberté en licence pour la faction la plus puissante, et en oppression pour les autres. C'est le spectacle que nous présente l'histoire des Grecs, des Athéniens surtout, et celle de la République romaine déjà corrompue, dont Cicéron stigmatise les vices sous le nom d'Athènes, dans son livre *De la République* (1).

ARTICLE III

DU GOUVERNEMENT MIXTE ET REPRÉSENTATIF (2).

488. — Après avoir traité des formes simples du gouvernement, nous devons parler de leur mélange, que quelques-uns ont regardé comme ce qu'il y avait de mieux, en avouant toutefois que cette heureuse combinaison était difficile à trouver et surtout à conserver.

(1) On peut consulter, sur le régime polyarchique en général et sur son imperfection par rapport à la liberté civile, M. de Bonald, *Théorie du pouvoir*, T. I, liv. V, *et surtout* chap. V, VI et XIII. — Il faut lire aussi M. de Saint-Victor, *Etudes sur l'histoire universelle*, T. IV et V, *passim*, où il montre par des faits incontestables la profonde corruption et les vices politiques de la société grecque et romaine, et réduit à sa valeur l'admiration si mal fondée que nous rapportons trop souvent du collège pour ces républiques fameuses.

(2) Celui qui voudra approfondir cette matière comme elle

Ce sentiment, comme nous l'avons déjà remarqué (478), peut être entendu de diverses manières qu'il importe de distinguer.

Plusieurs anciens, et parmi eux Saint Thomas, Bellarmin et d'autres scolastiques, ont préconisé le mélange du triple élément royal, aristocratique et démocratique ; mais en ce sens, que le roi ne devait rien faire sans l'aide et le conseil des grands ; qu'il ne devait pas exclure des fonctions publiques les hommes du peuple qui avaient pour elles une aptitude remarquable ; et enfin, qu'il convenait de laisser au peuple, avec certaines précautions, le soin des choses qui le touchent de plus près, comme sont les affaires municipales, industrielles et autres semblables. Mais ils n'entendent pas pour cela partager le souverain pouvoir et la haute direction de la société en trois parties indépendantes, comme cela a lieu dans les modernes constitutions mixtes. Ce sentiment, ainsi entendu, est fort juste, car il se réduit à ceci : savoir que le roi ne doit pas être isolé, n'ayant autour de lui qu'un peuple pulvérisé, pour ainsi dire, par l'égalité démocratique ; mais que la société doit être ordonnée hiérarchiquement, et offrir plusieurs degrés intermédiaires entre

mérite de l'être, pourra lire Mgr Tharin, *Du gouvernement représentatif*, in-8°, A. Leclerc, 1835. — M. de La Mennais, *De la religion considérée dans ses rapports avec l'ordre politique et civil*, 1re partie, 1825. — Donoso Cortès, *Du parlementarisme; Réponse à M. A. de Broglie :* œuvres, T. II, p. 243. — Et principalement Taparelli, *Esame degli ordini rappresentativi* (2 vol. in-8°, Roma, 1854, Typographia della civiltà cattolica), dont nous avons surtout suivi la doctrine.

le roi et la dernière classe des citoyens ; ce qui produit l'ordre et donne à la royauté tout à la fois un frein et un appui. En second lieu, que le Roi ne doit point attirer à lui les affaires des particuliers par une centralisation abusive, ni écarter des charges par une exclusion rigoureuse, comme celle qui règne dans les castes de l'Inde, les hommes de génie nés parmi le peuple, qui peuvent l'aider beaucoup à procurer le bien public ; or, ces principes sont incontestablement vrais et utiles.

489. — Le mélange des trois éléments sociaux peut s'entendre d'une autre manière moins utile, mais qui est cependant encore admissible. Elle consiste à partager l'exercice du pouvoir souverain entre le roi et un sénat composé des grands, soit seul, soit associé à une assemblée populaire et élective, ce qui donnerait la combinaison de deux éléments dans le premier cas, et des trois dans le second. Dans cette hypothèse, le roi n'a point la plénitude du pouvoir législatif, qui constitue l'essence de la souveraineté ; mais il ne peut décider de certaines affaires sans le *consentement* du sénat ou même du peuple ; il ne lui suffit pas de demander leur *conseil*. On trouve quelques exemples d'un semblable régime chez les anciens, et il a été plus commun parmi certaines nations chrétiennes du moyen-âge. Mais chez celles-ci, cette restriction de l'autorité royale ne tendait qu'à mettre un frein à ses abus possibles, et non à transférer le gouvernement lui-même au peuple ; caractère fondamental qu'il ne faut pas perdre de vue. Donoso Cortès l'a parfaitement exprimé

en disant des assemblées politiques dans ces sociétés : *qu'elles étaient une limite, non un* POUVOIR. C'est ce qu'on a vu surtout en Espagne, en Angleterre et dans l'Empire germanique. Mais il n'y eut guère d'abord d'associé à la royauté que l'élément aristocratique ; et lorsque la démocratie commença à s'y développer, ces constitutions marchèrent vers leur ruine, ou par le bouleversement de l'Etat, ou parce que les rois, pour prévenir celui-ci, rappelèrent à eux tout le pouvoir. Une telle combinaison est admissible, surtout lorsqu'elle ne renferme que la monarchie et l'aristocratie, et elle peut prévenir le despotisme des rois. Mais, d'autre part, lorsque ce partage d'autorité ne se borne pas aux affaires majeures, et qu'il enlève dans toutes les autres le droit législatif au roi, il affaiblit l'unité et l'efficacité du gouvernement, et introduit une discorde habituelle entre les éléments opposés, ce qui le rend bien inférieur à la monarchie pure ; cela est surtout vrai lorsque le peuple lui-même est admis à ce partage, comme le montre très-bien Fénélon. *Essai sur le pouvoir civil*, chap. XV.

490. — Enfin, il y a une troisième manière d'entendre le gouvernement mixte, celle qu'on appelle aujourd'hui régime *représentatif, parlementaire* ou *constitutionnel*. Ici le peuple entier est censé se gouverner lui-même, quoiqu'on retienne pour la forme une ombre de monarchie et d'aristocratie. Il s'efforce d'exercer ce *self-governement* (comme disent les Anglais) par des hommes qu'il choisit pour représenter sa volonté, et qui doivent la suivre en tout. — Il y a deux choses dans ce ré-

gime : 1° la division de la souveraineté entre trois personnes morales, le prince, une assemblée aristocratique, ou réputée telle, et une assemblée populaire, qui sont censées se faire mutuellement équilibre, parce qu'aucune d'elles ne peut rien décider sans le concours des autres ; 2° un ensemble de principes sur lesquels repose ce régime et qui se résume dans la souveraineté du peuple complète, telle qu'elle découle de la fausse doctrine du contrat social. On peut donc distinguer deux parties dans ce système de gouvernement : l'une extérieure et purement politique, la division et la modération des pouvoirs, l'autre intime et morale, la doctrine sur laquelle repose ce régime, tel qu'on le comprend aujourd'hui, et qui lui donne surtout son caractère.

Au premier point de vue il est déjà plein de défauts et de dangers ; mais au second surtout il est destructif de la société, ainsi que les principes faux et révolutionnaires sur lesquels il s'appuie. Nous l'envisagerons successivement sous ces deux aspects dans les deux propositions suivantes :

PROPOSITION I

Le régime mixte, dit représentatif, tel qu'on l'entend aujourd'hui, ou la division de la souveraineté entre trois personnes sociales mutuellement indépendantes, est très-défectueux et dégénère bientôt en pure démocratie.

491. — *Preuve.* Dans cette forme, on reconnaît de

nom un roi, sans lequel les assemblées ne peuvent rien décerner; mais qui ne peut rien faire lui-même que par des ministres qu'il est censé nommer, et qui cependant dépendent de fait de ces assemblées, auxquelles ils doivent rendre compte de tout ce qu'ils font. On attribue au roi ou à ses ministres le pouvoir exécutif, comme la nomination des magistrats, la direction de la force publique, et toute l'administration. Mais quoique les assemblées ne puissent seules porter une loi, elles ont les moyens les plus efficaces, surtout en refusant l'impôt, de forcer le roi, ou pour mieux dire, ses ministres, à faire tout ce qu'elles veulent, et même de renverser ces ministres et de les juger. Telle est cette organisation que nous disons être pleine de défauts graves et tomber dans la démocratie.

I. — Elle est pleine de défauts graves; d'abord parce qu'elle manque d'unité, comme il est manifeste, et aussi de sincérité. Elle promet, en effet, l'équilibre des pouvoirs; et dans la pratique cet équilibre ne peut jamais se réaliser, ou du moins se conserver, parce qu'il y en a toujours un qui domine les autres. — S'ils tombent d'accord sur un point, de quelle utilité est le partage qu'on a fait? Le roi seul eût fait le bien dont il s'agit avec plus de simplicité, et sans les inconvénients que nous allons signaler. — S'il y a dissentiment entre eux, cas qui est la seule raison d'être de ce régime, voilà une guerre intestine dans laquelle la victoire restera, comme l'expérience le montre, plutôt à celui qui l'emportera par la ruse ou la violence, qu'à celui qui aura la raison pour lui; et que devient alors l'équilibre tant vanté ? Le système est donc trompeur dans ses promesses sur ce point capital : ce n'est pas le seul, car il ne renferme que des fictions. Il parle d'un roi, mais *qui règne et ne gouverne pas,* selon le plaisant axiome du parlementarisme ; et ses ministres, harcelés par une guerre continuelle, sont nécessairement plus occupés de se défendre contre leurs rivaux, que de bien administrer les affaires. — Et le peuple ! gouverne-t-il davantage en choisissant des députés qui lui sont le plus souvent inconnus, et auxquels il ne peut pas même imposer un mandat impératif ? Son pouvoir est donc aussi une fiction. On constitue une chambre *aristocratique,* composée, en grande partie, de poètes, de mathématiciens, de professeurs et d'avocats, qui, en théorie, peut tout arrêter, mais qui est en réalité la très-humble servante de l'assemblée populaire, contre laquelle elle ne peut pas se défendre elle-même. Le gouvernement de l'Etat appartient donc, en réalité, à quelques tribuns et aux journalistes, à moins que les ministres ne puissent acheter ces directeurs de l'opinion publique, et les soumettre à leur influence, jusqu'à ce qu'eux-mêmes soient obligés de céder la place à d'autres, qui s'élèveront par les mêmes moyens.

Voilà quelle est la sincérité de ce régime, et ses partisans expriment mieux qu'ils ne le pensent eux-mêmes la réalité des choses, lorsqu'ils parlent du *jeu de ces institutions.* C'est un *jeu*, en effet, mais qui coûte cher à la société (1).

(1) Le fameux Mazzini avouait franchement en 1848, dans le journal milanais l'*Italia del Popolo,* l'hypocrisie de ce régime.

Ce n'est pas là le seul vice de cette forme de gouvernement. Elle produit un danger perpétuel de discordes entre deux pouvoirs naturellement rivaux, car il y a au moins deux influences dans l'Etat : celle du roi et celle du peuple, entre lesquelles la lutte ne peut finir que quand l'une des deux a absorbé l'autre.

Il fait de la corruption l'état habituel, et en quelque sorte normal, de la société ; car, afin d'échapper à l'hostilité des assemblées, les ministres sont forcés d'user de tous les moyens que le pouvoir exécutif met à leur disposition pour influencer les élections, ou pour se concilier les députés qui en sont sortis. Ce gouvernement est donc une école toujours ouverte de corruption, s'exerçant sous toutes les formes. L'expérience ne l'a que trop montré ; partout on s'en est plaint ; on s'en est fait un sujet mutuel de reproches, et nulle part on n'a su y trouver un remède (1).

« Les pactes constitutionnels, disait-il, sont des transactions » bâtardes, fondées sur un mensonge d'équilibre entre trois » éléments, dont chacun tend inévitablement à dominer les » autres, produits comme lui par la corruption et l'hypocrisie » politique. » On ne peut rien dire de plus vrai. — Le triumvir Armellini faisait le même aveu, le 5 février 1850, dans l'Assemblée révolutionnaire de Rome.

(1) La corruption, dit Rubichon, est de l'essence du gouvernement constitutionnel et l'accompagne partout. M. de Tocqueville convient que c'est un fait d'expérience universelle. Mais c'est surtout en Angleterre, berceau de ce régime, que cet usage immoral s'étale avec plus d'audace et d'impudeur. On peut en juger par le trait suivant choisi entre mille. Un monsieur Bell, accusé le 17 février 1852 à la Chambre des com-

Ce régime est une source de violences, soit de la part du prince, employant la force publique pour dompter l'opposition opiniâtre des assemblées, soit de la part de celles-ci, provoquant le peuple à la sédition pour imposer leurs volontés au prince.

Il produit, dans le pouvoir et l'administration, une instabilité très-nuisible aux intérêts sociaux ; car la mobilité de l'élément démocratique, duquel surtout dépendent les Ministres, amène des changements continuels parmi ceux-ci. Occupés d'ailleurs à se défendre pendant le peu de temps qu'ils passent au Pouvoir, ils ne peuvent donner leurs soins aux affaires publiques. L'administration en souffre de mille manières, et ne peut conserver rien de fixe ni de stable. L'économie surtout disparaît devant la nécessité de corrompre et d'acheter des suffrages à tous les degrés de ceux qui possèdent une influence politique. Aussitôt qu'un pays

munes d'avoir corrompu ses électeurs, avouait le fait, ou plutôt s'en glorifiait, en ces termes : « Oui, Messieurs, et je n'ai fait » que suivre en cela d'*illustres et nombreux exemples.* N'est-il » pas vrai que tel d'entre vous a payé son élection 60,000 livres » sterling ; que tel autre avoue en avoir déboursé 50,000 ; que » le plus modeste parle de 40,000, et que ceux qui n'ont dé- » pensé que cinq à dix mille livres sterling, regardent la chose » comme une bagatelle qui ne vaut pas la peine qu'on en parle? » Eh bien! quant à moi, de compte fait, la carte de mon élec- » tion ne monte qu'à 4,300 livres sterling (103,200 fr.) ; c'est » une misère; pourquoi s'en occuper? » Qu'il est beau pour un peuple *libre* d'être ainsi gouverné! Et cependant, si cet usage venait à cesser, de manière à rendre la chambre élective indépendante de celle des lords, c'en serait fait de la constitution anglaise. Elle ne vit qu'à ce prix!

est doté de ce régime, on voit ses dépenses s'accroître dans une proportion énorme : c'est une règle sans exception que ce régime inventé, dit-on, pour soustraire le peuple aux exactions arbitraires, augmente les impôts et les dettes à un point que l'administration la plus despotique d'un roi n'atteindrait jamais.

Comme on le voit, ce régime manque d'unité, de sincérité, de probité, de concorde, de sécurité, de constance et d'économie tout à la fois. Il est donc vrai qu'il est entaché des vices les plus graves. Nous n'avons pu que les indiquer; on peut en trouver les preuves très-bien développées dans le livre de Mgr Tharin, *du Gouvernement représentatif* (1).

II.—Le régime représentatif tombe promptement dans la démocratie pure. En effet, le peuple possédant déjà par sa multitude la force physique, si on lui donne encore dans l'Etat un organe légal armé des droits politiques et des moyens d'action qui, dans ce régime, sont l'apanage de l'assemblée populaire, il absorbera bientôt les deux autres éléments, réduits à la seule force morale. Comment pourraient-ils lui résister? L'assemblée élective peut, d'une part, arrêter complètement leur action par le refus des subsides, sans lesquels on ne peut rien faire dans l'Etat, et de l'autre elle peut soulever contre eux l'opinion de tout le peuple, jusqu'à mettre leur propre existence en danger, comme cela s'est vu en France en 1789 et en 1830. Aussi toute l'histoire atteste que partout où la constitution a opposé l'élément démocratique à l'aris-

(1) Voyez aussi Audisio, *Juris natur.*, L. III, tit. VIII; et Taparelli, *Esame de gli ordini rappresentativi passim.*

tocratie ou à la royauté avec une égalité légale de pouvoir, il les a bientôt réduits à rien (1). C'est ainsi que le peuple romain, par ses tribuns et ses plébiscites, usurpa peu à peu tout le gouvernement de la république (2). Et aujourd'hui en Europe, partout où ce régime est établi, on voit combien les princes et les assemblées dites *chambres hautes* ont peu de force contre la démocratie qui envahit tout.

492. — Remarque. — C'est cette ambition envahissante de la démocratie qui a fait qu'au moyen-âge l'autorité n'a guère été partagée entre les princes et certaines assemblées que chez les nations où l'élément aristocratique était très-puissant, et l'élément démocratique presque nul, ou consistant seulement en quelques

(1) « Qu'est-ce que le roi dans le gouvernement représentatif? » *Le roi, c'est un souvenir vénérable du passé, l'inscription* » *d'un temple antique, placée sur le fronton d'un autre édifice* » *tout moderne.* » De la Mennais, *De la religion considérée dans ses rapports avec l'ordre politique*, ch. I. — 1825.

(2) Montesquieu, quoique partisan déclaré de ce régime mixte, fait ressortir mieux que personne ce développement de l'ambition démocratique dans la République romaine. Voici comment il en parle : « Comme l'autorité royale avait passé tout entière » entre les mains des consuls, le peuple sentit que cette *liberté* » dont on voulait lui donner tant d'amour, il ne l'avait pas ; il » chercha donc à abaisser le consulat, à avoir des magistrats » plébéiens, et à partager avec les nobles les magistratures cu- » rules ; les patriciens furent forcés de lui accorder tout ce qu'il » demanda..... La puissance devait donc revenir au plus grand » nombre, et l'aristocratie se changeait peu à peu en état popu- » laire. Tant qu'il resta quelque prérogative aux patriciens, les » plébéiens la leur enlevèrent..... On n'entend parler que des

communes, non comme aujourd'hui dans le peuple entier. Mais lorsqu'il commença à se développer, il amena la ruine de l'Etat, ou bien il fallut changer ces formes politiques dont l'esprit avait déjà été faussé par ce développement. Elles subsistèrent néanmoins en Angleterre après avoir disparu ailleurs, parce que dans ce pays l'élément démocratique des communes n'avait qu'un nom, sans véritable influence : il n'y avait réellement en face de la royauté qu'une aristocratie qui l'absorba à la révolution de 1688, et qui a seule gouverné depuis (1). Maintenant que le flot démocratique commence à monter en Angleterre, la constitution de ce pays est menacée d'une ruine prochaine.

On voit la différence de ce régime dit *constitutionnel*,

» divisions qui perdirent Rome ; mais on ne voit pas que ces » divisions y étaient *nécessaires*, qu'elles y avaient toujours été, » et qu'elles y devaient toujours être..... Et pour règle générale, toutes les fois qu'on verra tout le monde tranquille dans » un État qui se donne le nom de république, on peut être » assuré que la liberté n'y est pas. » — *Grandeur des Romains.*

Ainsi, dit M. de Bonald, le peuple à Rome n'avait pas de liberté parce qu'il n'avait pas l'autorité, et qu'elle avait passé tout entière entre les mains des consuls. La liberté n'est donc pour le peuple que l'autorité! Voilà le *petit bout d'oreille, échappé par malheur!* Et Tacite avait bien raison de dire : *Cæterùm libertas et speciosa nomina prætexuntur, nec quisquam alienum servitium et dominationem sibi concupivit, ut non eadem ista vocabula usurparet.* Hist. IV, 73.

(1) Sur cette dépendance réelle, où la chambre des communes anglaises avait été de l'aristocratie jusqu'à ces dernières années, voyez Burke, *Réflexions sur la Révolution de France*, p. 86, 87, et Rubichon, *de l'Angleterre*, I, p. 226.

qui transfère de fait au peuple toute la réalité du pouvoir, et des institutions du moyen-âge, qui, malgré quelques ressemblances apparentes avec lui, en différaient totalement dans leur organisation comme dans leur esprit et dans leurs effets : car elles ne tendaient qu'à limiter la puissance royale sur quelques points, comme l'imposition de nouvelles taxes, et non à mettre le gouvernement même aux mains du peuple. Or cette différence est fondamentale, et c'est se tromper grossièrement que de vouloir comparer à ces antiques institutions les constitutions modernes et les en faire dériver. Il est très-important de ne pas perdre cela de vue, si l'on veut éviter, tant en histoire qu'en politique, une foule d'erreurs trop communes aujourd'hui.

493. — COROLLAIRE. — « Il résulte de ce que nous venons de voir que le régime représentatif en lui-même et considéré spéculativement comme une pure forme politique ne doit point à la vérité être condamné comme illégitime ; car c'est une de ces combinaisons que peuvent amener sans injustice la succession des événements et la volonté des hommes ; mais que parmi les formes légitimes, on doit le regarder comme une des plus imparfaites. »

Il offre, en effet, la plupart des vices de la démocratie avec laquelle il se confond de fait aujourd'hui ; et il y joint l'inconvénient d'établir la division, la rivalité, pour ne pas dire la discorde entre les éléments dont il est formé. En outre, l'expérience montre que rien n'est moins durable dans la pratique. On ne trouve donc dans cette constitution politique ni l'équilibre si vanté des trois pouvoirs, ni cette perfection que le libéralisme lui attribue au-dessus de toutes les autres.

Mais ce qui est plus grave que tout cela, c'est que dans l'état présent de la société, on ne saurait pratiquement le séparer de l'esprit de la révolution, qui la pénètre intimement. Ceci paraît manifeste si l'on considère, non pas seulement la forme politique d'équilibre, mais aussi les principes anti-sociaux sur lesquels les théories libérales la font reposer; car ce système, envisagé à ce point de vue, est subversif de tout ordre, et doit être absolument réprouvé, comme le montrera la proposition suivante.

PROPOSITION II.

Le régime représentatif, considéré par rapport aux principes sur lesquels l'appuie le libéralisme, est subversif de la société.

494. — *Preuve.* Les principes fondamentaux de ce régime peuvent, en un mot, se réduire à la souveraineté du peuple, telle qu'elle résulte de l'hypothèse chimérique du contrat social, réfuté plus haut. Or cette souveraineté populaire essentielle et philosophique est nulle de droit, et ne doit pas être confondue avec la démocratie historique, qui, malgré ses imperfections, peut exister légitimement en certains pays. On doit donc regarder comme faux et nuisible à la société tout ce qui découle de cette source empoisonnée. C'est ce qu'il faut montrer encore plus clairement.

En effet, la théorie représentative, comme l'hypothèse du contrat social qui lui sert de base, est fondée sur ces deux principes : 1° que tout individu, même vivant en société, jouit naturellement d'une indépendance absolue, de sorte qu'aucune obligation politique ne peut lui être imposée sans son consentement ; 2° que tout le droit public provient de la collection des volontés particulières ou du moins de leur majorité, selon cet axiome de Rousseau : *la loi est l'expression de la volonté générale*, et que par conséquent il faut gouverner d'après cette volonté, ou, comme on dit, suivant l'*opinion publique*. Or ces deux principes, ainsi que leurs conséquences, sont faux, subversifs, et même impies si l'on prend cette doctrine dans toute sa rigueur. Il en est donc de même du système basé sur eux. Nous allons prouver successivement la majeure et la mineure de cet argument fondamental.

Preuve de la majeure. — 1° Quant au principe de l'indépendance individuelle. La part qu'il a comme base dans le système résulte, tant de la doctrine de tous les partisans de celui-ci, qui font reposer la constitution politique sur le contrat social comme sur sa base nécessaire, que des conséquences qu'ils déduisent de cette constitution ; savoir, la pleine liberté de conscience et celle de parler et d'écrire, pures applications de cette indépendance. — 2° Quant à l'empire de la majorité et de l'opinion publique, la même chose se prouve par la nécessité de recourir à cet empire, une fois qu'on a admis l'indépendance individuelle, si l'on ne veut rester dans une anarchie complète. Elle se prouve encore par toute l'organisation du gouvernement représentatif, qui la suppose manifestement, puisque l'on y fait continuellement appel à l'opinion publique, comme à l'*ultima ratio* de toutes choses.

Preuve de la mineure; savoir, que ces deux principes et leurs conséquences sont faux et subversifs.

I. — Le principe de la pleine indépendance de l'individu dans l'état social est faux, non seulement quant à la société domestique, comme nous l'avons vu plus haut, mais aussi quant à la société civile. Car celle-ci peut souvent se former tout d'abord sans aucun pacte libre. Mais surtout, une fois qu'elle est formée, l'autorité qui la régit saisit, et *préoccupe*, pour ainsi dire, tous ceux qui naissent dans son sein, et qui ne peuvent s'affranchir de ce pouvoir que par l'émigration. Il est donc vrai, en pratique, que tous les hommes naissent et demeurent dans un état, non de liberté, mais de sujétion, sans aucun consentement antécédent de leur part. Ainsi, le premier principe du système est donc faux en lui-même. — Il l'est aussi dans ses conséquences, qui sont la liberté de penser, de parler, d'écrire et d'agir selon son caprice (1). Si on étend cette

(1) Voici comment un libéral célèbre décrit, en l'approuvant, l'application de ces conséquences dans le pays qui lui présente l'idéal de la société, l'Angleterre. « On respecte le droit que » s'attribue chaque Anglais de tout juger, de tout critiquer et de » se tromper à ses dépens..... Chacun dans l'ordre politique dit » ce qu'il pense et fait ce qui lui plaît, sans la permission de » qui que ce soit..... Un Anglais quelconque, un homme isolé, » sans mission, sans autorité, sans influence, sans responsa- » bilité envers qui que ce soit, mais rarement sans écho, dit » ou écrit au public ce qui lui passe par la tête..... » — *Correspondant*, octobre 1858, p. 215, etc. — Voilà certes un curieux idéal de l'organisation sociale!

liberté jusqu'aux choses religieuses, comme le veut le libéralisme, c'est une impiété, puisque c'est la révolte de la créature contre son créateur, qui a donné des lois à son intelligence et à sa volonté. Même dans l'ordre naturel et purement rationnel, cette liberté détruit la conscience publique, qui n'est que l'ensemble des vérités morales, religieuses et politiques que tous doivent admettre ; de sorte qu'elle s'évanouit s'il est permis à chacun de nier témérairement ces vérités selon les caprices de son opinion, à la manière des protestants.

Si on restreint cette licence aux choses politiques, elle suffit encore pour rendre impossible toute bonne administration ; celle-ci, en effet, doit nécessairement comprimer les passions de beaucoup de gens, et par conséquent soulever contre soi une foule d'attaques qu'elle ne saurait soutenir longtemps dans ces conditions : car l'esprit humain est fait de telle sorte que ceux qui s'élèvent librement contre l'autorité, toujours objet d'envie pour les masses, se font promptement beaucoup de complices. Ces libertés, que l'on suppose fondées sur l'indépendance naturelle de l'homme, sont donc subversives de l'ordre social ; et par conséquent il est vrai de dire que le principe de l'indépendance native est faux dans ses conséquences.

II. — Le principe qui fait découler tout droit du sentiment de la majorité ou de l'opinion publique, et qui fait de celle-ci la règle de toutes choses, n'est pas moins faux ni moins pernicieux (1). En effet, bien

(1) Burke, quoique Anglais, parlant de l'Assemblée constituante de 1789, censure amèrement ce système de majorité.

qu'il soit nécessaire pour obtenir une certaine unité morale dans les gouvernements collectifs, de s'en tenir à l'avis de la majorité, tant pour l'élection des magistrats, que pour le réglement de quelques affaires plus importantes, il est certain, toutefois, que la multitude ne peut administrer ; mais qu'elle doit être gouvernée par ses magistrats, selon des lois de justice et de prudence tout-à-fait indépendantes de son opinion. Ainsi, même dans la démocratie, les magistrats, loin de céder à l'opinion publique, surtout lorsqu'elle est pervertie par des démagogues, doivent y résister de tout leur pouvoir. Le principe contraire serait la négation de

Voici ses paroles : « On dit que vingt-quatre millions d'hommes » doivent l'emporter sur deux cent mille. Cela est vrai, si la » constitution d'un royaume est un problème d'arithmétique. » Cette manière de parler n'est pas impropre, quand elle a le » secours de la lanterne pour l'appuyer ; mais elle est ridi- » cule pour des hommes qui peuvent raisonner de sang-froid. » *La volonté du grand nombre et les intérêts du grand nombre* » *sont rarement la même chose*. Et la différence sera énorme, » si en vertu de sa volonté il fait un mauvais choix..... Au- » jourd'hui, vous (Français) semblez être pour chaque chose » égarés de la grande route de la nature. La propriété de la » France n'est plus ce qui la gouverne, et par suite de cela la » propriété est détruite et la liberté n'existe pas. Vous n'avez » acquis jusqu'à ce moment qu'un papier monnaie et une cons- » titution d'agiotage..... Lorsque l'Assemblée aura achevé son » ouvrage, elle aura achevé sa ruine. » *Réflexions sur la Révolution de France*, troisième édition, 1791, p. 103. Il fait aussi là des remarques fort importantes sur la composition de l'assemblée et sur l'invasion des légistes dans le gouvernement de la société. Voyez p. 80 à 102.

toute vérité et de toute justice absolues : il entraînerait un scepticisme social universel, en donnant pour règle de sagesse et d'équité l'opinion du vulgaire, qui est la légèreté et l'inconstance même (1).

D'ailleurs ce qu'on appelle l'*opinion publique*, n'est le plus souvent que le cri d'une faction. Car les honnêtes gens sont prudents, doux, paisibles et amis de la concorde ; les méchants, au contraire, et les séditieux sont hardis, violents, prêts à tout ; ils trompent la foule par des mensonges, des libelles, des menaces et des terreurs imaginaires, et la poussent ainsi à des propositions et à des demandes iniques et insensées. Ce que l'on exalte sous le nom d'*opinion publique*, surtout en opposition avec l'autorité, n'est donc le plus souvent que le vœu d'une faction turbulente, qui n'a aucun droit de s'imposer au jugement des hommes prudents et honnêtes. C'est à bon droit que les sages la méprisaient dans le paganisme même : *Odi profanum vulgus et arceo*, dit le poète ; et l'écrivain sacré dit avec une toute autre autorité : *Non sequeris turbam ad faciendum malum, nec in judicio plurimorum acquiesces sententiæ ut à vero devies.* — Exode XXIII, v. 2. — Nous pouvons donc conclure que le double principe sur lequel repose le régime représentatif moderne est faux,

(1) *Vulgus sine comparatione probat, esse melius non sentit; ex veritate pauca, ex opinione multa æstimat.* — (Cicéron, *de claris orator.*) Le plus grand parleur, le plus mordant surtout, est à ses yeux le plus sage; ce qui a fait dire encore à l'orateur romain : *Græcorum respublica sedentis concionis temeritate administratur. — Græcia concidit libertate immoderatâ et licentiâ concionum (pro Flacco).*

subversif de la société qu'il laisse sans supérieur légitime, et par conséquent opposé à la religion en lui-même et dans ses conséquences. — C'est pour cela qu'il a été implicitement censuré par le pape Grégoire XVI, dans son encyclique du 15 août 1832, dirigée contre les partisans du système, et qui réprouve le droit d'insurrection, déduit de l'indépendance naturelle, la liberté de conscience, celle des discours et des écrits, et cette autonomie impie que la société moderne s'arroge, sous le nom de *sécularisation*, en se séparant de la société religieuse, comme se suffisant à elle-même et en faisant abstraction de l'autorité divine pour se constituer par une organisation purement humaine. Tel est en effet le but final du système représentatif pour les prôneurs de la société moderne, de même que la souveraineté du peuple est leur point de départ. Ainsi, c'est avec raison que nous taxons d'impiété ce système, comme le fruit naturel et l'expression complète de *la Révolution*, dont le dernier mot est la substitution dans la société d'un rationalisme purement humain aux lois divines et à leurs influences, suivant cette parole du psaume XI : *Labia nostra à nobis sunt : quis noster Dominus est ?*

Sur les traces du pape Pie IX, dans ses allocutions du 18 mars 1861 et du 9 juin 1862, tous les hommes sages, honnêtes et religieux doivent donc repousser ce système comme la révolution qu'il résume, et ne pas se laisser prendre aux grands mots de *progrès*, de *libéralisme* et de *civilisation moderne* que le Souverain Pontife stigmatise dans ces actes :

495. — Notre thèse peut encore être confirmée par

l'examen des divers caractères du système qu'elle attaque et des institutions qui l'accompagnent ordinairement. Si l'on considère en effet son origine, on voit qu'il remonte à cette révolution qui, à la fin du XVIIIe siècle, tirant les dernières conséquences du philosophisme et de la réforme, bouleversa tous les droits divins et humains, foula aux pieds la nature même de l'homme, et déclara surtout à l'autorité, comme à l'image de Dieu, une guerre vraiment satanique. Aussi tout ce système est-il dirigé contre l'autorité, qu'il reconnaît à peine de nom, et dont il détruit la nature, en l'attribuant à ceux qui doivent être gouvernés, plutôt qu'à ceux à qui appartient le gouvernement. Comme elle est cependant indispensable par la nature des choses, il en délègue l'exercice à quelques malheureux qui, tombés du rang de vicaires de Dieu à celui de vils esclaves du peuple, sont sans cesse en butte aux soupçons, aux attaques et aux outrages de toute espèce. L'opposition à l'autorité n'y est point comme ailleurs un simple accident, elle est constituée comme l'état normal de cette société, qui a pris pour devise le dicton du poète : *Notre ennemi, c'est notre maître.* De là une guerre intestine continuelle, qui est réputée bonheur et dignité. La sagesse antique avait dit : *Vis unita fortior ;* et l'Esprit-Saint : *Omne regnum in se divisum desolabitur.* Mais, comme le médecin de Molière : *nous avons changé tout cela !...* Les chefs de la cité subissent chaque jour l'attaque des journaux, des orateurs, des écrivains, qui obtiennent d'autant plus de crédit auprès du peuple, qu'ils mettent plus d'âpreté dans leurs attaques et plus d'impudence dans leurs calomnies. Et le seul moyen de s'en défendre est de les acheter, comme nous l'avons dit, des électeurs ; ce qui fait bientôt d'une corruption universelle les mœurs nationales.

Ce n'est pas assez d'attaquer par la parole ceux qui gouvernent. On arme contre eux tout le peuple sous le nom de *garde nationale*, et c'est la consécration la plus solennelle et la plus efficace que l'on pût donner au droit de révolte. Car cette milice *citoyenne* ne reçoit pas d'ordres du prince ; elle n'en prend que d'elle-même, et depuis soixante-dix ans, il ne s'est guère fait dans les Etats constitutionnels de révolution dont elle n'ait été complice. Ce n'est pas sans raison qu'on l'a appelée l'*insurrection armée et organisée* (1).

D'un autre côté, on enlève au prince le pouvoir judiciaire par l'institution du *jury*, qui constitue le peuple juge sans appel, en le dispensant même de motiver ses arrêts. N'est-il pas juste en effet que quand ce souverain a parlé, sa volonté tienne lieu de raison! — Ceux qui

(1) Voici comment un écrivain célèbre, grand partisan de la démocratie représentative, et par conséquent peu suspect en cette matière, M. de Cormenin, juge cette institution. — « La » garde nationale, dit-il, a ôté le gouvernement des mains » absolues du prince pour le remettre aux mains du pays. En » effet, la garde nationale de chaque village est maîtresse du » village; la garde nationale de chaque bourg, du bourg; « la garde nationale de chaque cité, de la cité; et les » gardes nationales réunies de tous les villages, de tous les » bourgs, de toutes les cités, sont maîtresses de la France. Ce » que je dis de la France, je le dirai de toute l'Europe; car on

ont suivi la marche du droit criminel chez les peuples soumis à ces institutions savent combien les jugements y sont corrompus, combien d'iniquités s'y commettent, et combien en même temps on y a peu de souci de la sécurité publique. Mais tout cela est peu de chose sans doute, au prix de la *liberté* que le jury procure aux nations, qui, quoique *bien gouvernées et bien jugées, ne sauraient être libres*, suivant M. Guizot, *si elles sont privées de cette institution.*—Le complément de ce régime est le droit de libre association, qui fournit aux séditieux le moyen de conspirer facilement contre l'autorité jusque sur la place publique.

On voit avec quelle efficacité tout cet ensemble pousse les sociétés ainsi organisées vers l'anarchie, dans laquelle elles tombent bientôt, si une dictature énergique, donnant le démenti à tous ces principes, ne vient leur offrir une planche de salut. On voit aussi combien il diffère du simple partage de certains droits politiques entre des personnes diverses, système que nous avons exposé plus haut, et qui n'est pas, comme celui-ci, es-

» peut prétendre, et non sans vérité, que, dans tout le reste de
» l'Europe, aux premiers coups du tocsin universel, les fusils
» seraient prêts, que les matrices seraient prêtes, que le dra-
» peau serait prêt, et qu'il n'y aurait partout en quelque sorte
» qu'à battre un ban et à nommer les officiers. Et comme s'il
» y avait en ceci je ne sais quel dessein de la Providence, il
» est arrivé que la *plus révolutionnaire de toutes les institutions*
» a été inventée et mise en pratique par le plus révolutionnaire
» de tous les hommes. Oui Lafayette a été l'homme le plus
» franchement et le plus résolûment révolutionnaire de notre
» temps..... » Cormenin, *des Orateurs*, article de *Lafayette*.

sentiellement lié à l'esprit révolutionnaire, quoiqu'il soit fréquemment une source de troubles dans l'Etat. Cet inconvénient suffit bien sans doute pour qu'il ne mérite pas les louanges que lui a données l'école de Montesquieu (1); mais on n'en est plus là seulement, et depuis un siècle l'utopie de l'équilibre des pouvoirs a fait de beaux progrès.

496. — Le système représentatif moderne a encore dans la pratique des conséquences aussi funestes qu'inattendues, vu leur opposition apparente à ces principes spéculatifs. C'est le matérialisme social, et un despotisme légal et constant, par lesquels se traduisent dans les faits ces promesses de liberté.

D'abord il favorise l'invasion du matérialisme dans la société. La multitude en effet, dont l'opinion et les désirs sont la règle de ceux qui la gouvernent, n'aspire qu'aux plaisirs et aux biens sensibles. Toutes les forces de la société se tournent donc vers la prospérité matérielle, l'expansion de l'industrie et du luxe, dont l'excès aboutit à la ruine de la fortune publique, et lègue à la nation, en fin de compte, la corruption et la misère. Cette assertion trouve sa preuve dans le paupérisme, qui s'allie avec le luxe pour dévorer ces sociétés, sans que ceux qui les gouvernent, esclaves de l'opinion publique, puissent s'opposer au torrent pour éviter l'abîme. —Les développements de ce que nous ne pouvons qu'indiquer ici nous entraîneraient trop loin ; mais on peut

(1) Voyez dans Audisio : *Juris naturæ fundamenta*, livre III, tit. VII, § 18, une lettre d'Helvétius à Montesquieu, où il relève les erreurs de son système.

consulter sur l'affinité de la démocratie et du matérialisme M. de Tocqueville, qui ne nous démentira pas. (Voyez *De la Démocratie,* tome II, partie II, chap. X, XI *et passim.)*

Le régime représentatif moderne produit encore le despotisme : car, au lieu de l'équilibre, qu'il promet toujours sans le donner jamais, il ne réalise que la tyrannie d'une faction qui, dominant les trois éléments légaux de la souveraineté, gouverne en leur nom et au nom de tout le peuple. Dès lors qu'elle a prévalu en effet, elle peut se vanter d'être appuyée par l'opinion publique, réelle ou factice. Ainsi tout ce qui a été dit de la tyrannie démocratique trouve ici son application; car la faction dominatrice gouverne dans son propre intérêt, et non pour le bien public; ce qui est le caractère propre du despotisme. — Que si quelques-uns ne s'accommodent pas de ce régime, ils peuvent sans doute, usant du droit que leur reconnaît le système, recourir aux armes pour le renverser et en appeler à une autre opinion publique, car il y en a toujours plusieurs. S'ils réussissent, ils seront proclamés sauveurs de la patrie, et pourront opprimer les autres à leur tour; s'ils succombent, ils ne seront que des traîtres, qui paieront leur rébellion de leur tête, et la tyrannie des vainqueurs en deviendra plus cruelle. Ce système peut donc, à la vérité, transférer de l'un à l'autre le despotisme, mais non l'anéantir : il le favorise au contraire, surtout en ce qui touche les exactions pécuniaires qu'il avait, dit-on, pour mission spéciale de prévenir. Où sont donc ses avantages?

Pour justifier ce que nous venons de dire, il faut encore remarquer que la souveraineté essentielle du peuple étant posée en principe dans ce régime, on y fait une affaire publique de presque toutes les affaires privées. L'administration attire tout à elle; on n'entend plus parler que d'*instruction publique*, d'*assistance publique*, de *travaux publics*, et d'autres semblables usurpations d'une centralisation qui aboutit enfin au pur socialisme, développement logique et nécessaire d'un tel système (264). Et tout cela, ce n'est pas le simple fait passager d'un homme; c'est une impulsion constante et systématique, qui envahit de toutes parts la législation. Or il n'y a point de maux pires que ceux qui découlent des lois, et les vices qui les affectent sont pour un peuple la cause la plus funeste de corruption et de décadence (1).

Que dirai-je de la confusion et de l'inconstance de la législation elle-même, là où il y a des assemblées ayant pour fonction ordinaire de fabriquer des lois, et animées d'un esprit qui n'a rien de fixe? Le droit change tous les jours, et ordinairement pour envahir de plus en plus les droits des particuliers, selon la tendance du système. De là une multitude prodigieuse de lois, qui n'a d'égale que leur confusion. C'est ainsi que la France a vu proclamer dans son sein, de 1789 à 1843, 4,068,000

(1) Voyez Haller, *Restauration de la science politique*, chap. IV, XXXIX *et passim*. — Voyez aussi Audisio, *juris naturæ*, lib. III, tit. VIII; et surtout Tocqueville, *De la Démocratie*, T. II, partie IV, où il montre les dangers dont la démocratie menace la liberté.

articles de lois!... Les anciens disaient : *Pessimæ reipublicæ plurimæ leges* (1)!

497. — COROLLAIRE. — « Le système représentatif imbu de l'esprit rationaliste et démocratique de la révolution, tel qu'on le préconise aujourd'hui, répugne donc à la nature de l'homme et aux lois de la société; il suppose plusieurs principes contraires à la loi divine; il détruit l'ordre, la subordination, et par conséquent la stabilité, le bonheur et l'honnêteté dans l'Etat, et il n'est dans l'esprit de ceux qui le préconisent qu'un moyen caché, mais sûr, de conduire promptement les nations séduites au terme qu'ils se proposent. »

(1) L'*inextricable dédale* des lois nombreuses de l'Angleterre est célèbre; mais, dit Franqueville, nous pourrions peut-être moins critiquer la paille qui obscurcit la vue des Anglais, en considération de la poutre qui aveugle nos yeux.... Il nous suffira de rappeler à ce propos les paroles prononcées au Sénat tout récemment.

« Qu'un particulier ait à se rendre compte des dispositions légales qui règlent un droit qu'il a l'entention d'exercer, il sera le plus souvent exposé à se perdre dans la recherche des textes et à se tromper dans le choix qu'il doit faire entre ceux qui sont encore en vigueur et ceux qui sont abrogés. Encore faut-il supposer que ce particulier aura à sa disposition une bibliothèque bien complète et bien en ordre. Combien de dépôts publics laissent sous ce rapport fort à désirer...... Il faut avoir une grande habitude de ce genre de recherches, pour suivre à la piste les textes épars dans vingt lois qui datent souvent de temps fort éloignés. Les renvois..... lorsqu'on a la bonne chance d'en rencontrer..... vous guident à peine dans cette course obligée à travers des lois qui se répondent confusément, et qui vous laissent souvent au milieu d'un labyrinthe..... Quelque soin

Le fameux Mazzini en fait l'aveu dans ses instructions secrètes, en assignant ainsi le but final auquel tend la propagande des idées constitutionnelles : « Faire fuir, » dit-il, devant la seule puissance de l'opinion les rois, » les seigneurs, les riches, les prêtres qui formaient la » carcasse du vieil édifice social,... et cela en ne laissant » jamais voir que le premier pas à faire, car l'essentiel » est que le terme de la grande révolution soit inconnu... » Il faut donc procéder graduellement avec une grande » circonspection, séduire le clergé par des promesses » de liberté, la noblesse par l'appas de la popularité, » pousser le pape et les princes dans la voie progressive

que j'aie mis (dans une affaire)..... dit M. Dupin, j'ai pu me tromper sur le choix des lois réputées en vigueur, la question de savoir jusqu'à quel point une loi antérieure n'a pas été modifiée par celles qui l'ont suivie n'étant pas toujours facile à décider. » — F. Barrot, rapport au Sénat du 2 mai 1863. — « Ce n'est pas tout, ajoute un autre sénateur, M. Michel Chevalier (Débats, 10 décembre 1862), à côté des lois viennent les règlements, dont la montagne grossit sans cesse; elle atteindra quelque jour les proportions du Mont-Blanc. Si le lecteur en doute, il n'a qu'à consulter la table du Bulletin des Lois ou qu'à regarder sur les murs, dans les rues de nos cités, les affiches officielles qui s'y placardent sans cesse. »

« En résumé, la collection des actes du Parlement (anglais) comprend quarante volumes environ, et s'augmente chaque année d'un demi-volume ; en France, le Bulletin des Lois (commencé en 1793) forme tous les ans deux volumes (jusqu'ici cent quarante-quatre volumes en 72 ans) auxquels il faut ajouter les recueils d'actes préfectoraux et municipaux, dont les dimensions sont assez respectables. » — De Franqueville, *Les Institutions de l'Angleterre*, p. 310.

» des concessions libérales et constitutionnelles par des » applaudissements, des flatteries, des fêtes et des dé» monstrations de reconnaissance accompagnées de nou» velles demandes, etc. » *(Note aux amis de l'Italie)* octobre 1846; *Univers*, 26 août 1848.)—On sait comment les choses tournèrent... *Et nunc intelligite !...*

498. — REMARQUE. — Les objections que l'on fait contre ce que nous venons de dire se réduisent à cette seule question, qui fait triompher les libéraux : « Com» ment pourra-t-on, sans l'équilibre constitutionnel, » empêcher le roi d'abuser de la puissance souveraine » dont il aurait la plénitude? » —Voici la réponse, aussi sage que plaisante, que fait à cette question naïve le comte de la Motte : « Le seul moyen, dit-il, de préve» nir tout abus de la puissance royale, c'est d'empri» sonner honorablement le roi dans son palais et de l'y » garder avec soin. Mais de peur que ses gardiens, les » sénats et les assemblées populaires, ne commettent » eux-mêmes quelque abus, il sera bon de les empri» sonner eux-mêmes avec leurs chefs, puisque, après » tout, ils ne sont pas plus infaillibles que le prince... » Mais leurs gardiens, à eux, qui les gardera à leur » tour?... Ceci ressemble beaucoup à la cosmologie des » Indiens, qui ont imaginé de faire porter la terre par » un éléphant gigantesque. L'éléphant est porté à son » tour par une tortue. Et la tortue?... Ici s'arrête la sa» gesse de l'Inde, que ne paraît pas surpasser beaucoup » celle de nos politiques équilibristes (1). »

(1) De Maîstre fait aux questionneurs de ce genre une autre réponse aussi digne d'eux. « Les gens, dit-il, à qui la nature

S'agit-il donc d'éviter tout abus dans les choses humaines, ou seulement de les diminuer autant qu'on peut espérer raisonnablement de le faire? Et cela posé, de quel côté doit-on craindre une plus grande somme de maux? Est-ce d'un roi, surtout dans la monarchie chrétienne, ou bien d'une constitution monstrueuse qui attaque tous les principes naturels et nécessaires à la société, et qui aboutit enfin, malgré les protestations et les efforts de ses admirateurs, à une démocratie sans frein? Cependant le libéralisme dirige tous ses efforts à rendre impossible même *un seul* abus de l'autorité, et n'a aucun souci de la sécurité de celle-ci. Voilà, en deux mots, tout l'esprit des constitutions libérales.

499. — Nous pourrions nous contenter de cette réponse à une difficulté aussi peu solide que l'est cette prétention d'éviter toute possibilité d'abus du pouvoir royal. Néanmoins, comme cette question de l'équilibre politique préoccupe beaucoup d'esprits, nous préférons la traiter avec plus de développement, en montrant comment on peut atteindre ce but dans des limites raisonnables.

On peut distinguer trois sortes de contre-poids destinés à limiter la puissance souveraine et à retenir son exercice dans de justes bornes, le contre-poids *moral*, le contre-poids *politique* et le contre-poids *légal* : ce sont les noms que nous leur donnerons pour éviter toute confusion. — Le premier consiste uniquement dans les

» n'a donné que *des oreilles*, font de ces sortes de questions, et » ceux qui ont *de l'oreille*, haussent les épaules. » — *Essai sur le principe générateur des constitutions politiques*, XLI.

mœurs et la conscience publique ; le second résulte d'institutions traditionnelles particulières à une nation ; le troisième, imaginé par le constitutionalisme libéral, consiste dans une loi écrite arbitrairement, d'après des principes philosophiques *à priori*, ou dans l'action d'un corps constitué par une loi de ce genre, pour faire équilibre au pouvoir royal ; corps revêtu de certaines attributions minutieusement décrites, ainsi que les limites du pouvoir qu'il doit contrebalancer, et cela d'après des idées abstraites, et non d'après les mœurs de la nation. Ce contre-poids est celui des chartes modernes, toutes jetées au même moule, malgré la diversité des peuples auxquels on les applique. Nous allons examiner chacun de ces systèmes.

Contre-poids moral.

500. — C'est celui qui se trouve dans la conscience publique d'une nation, qui peut former une opposition respectable, même pour des gouvernements sans conscience, et qui est si puissante qu'on est obligé de compter avec elle, même quand elle n'exprime que des préjugés sans fondement ; à plus forte raison lorsqu'elle est l'expression de la vérité et de la justice. C'est ce que Pascal appelait l'opinion *reine du monde*. Lors donc que les mœurs d'une nation sont généralement honnêtes et ses doctrines saines, cette conscience publique, formée sur le droit, met ordinairement à la tyrannie un obstacle, purement moral il est vrai, mais néanmoins très-efficace par la force d'inertie qu'il oppose à des prescriptions iniques. Un gouvernement légitime et régulier est

forcé de le respecter habituellement, sans quoi il court à sa perte; et ce respect lui est d'autant plus facile que, dans ces sociétés, le prince lui-même subit personnellement l'influence de ces idées et de ces mœurs publiques, et se ressent plus ou moins du milieu où il vit. Il n'y a qu'un pouvoir violent et révolutionnaire qui puisse fouler aux pieds pendant quelque temps la conscience publique, ce qui amène promptement sa ruine. Mais si elle est impuissante contre lui, on ne trouverait pas de meilleures garanties dans une constitution écrite; puisque la révolution qui donne naissance à ce pouvoir tyrannique, et qui tend à la destruction des institutions préexistantes, commencerait par l'effacer elle-même. C'est ainsi que l'on a vu en France la convention détruire sans peine une foule de choses auxquelles nul roi légitime, si absolu qu'il fût, n'aurait pu toucher, et faire en quelques mois mille fois plus de tyrannie qu'on n'en avait vu pendant tous les siècles de la monarchie. C'est donc en vain que l'on chercherait des garanties contre une révolution victorieuse, dont le propre est de broyer tout ce qui s'oppose à elle, et dont le caractère audacieux est si bien décrit par ces paroles du poète :

Diruit, ædificat, mutat quadrata rotundis.

Ce n'est pas de ces transitions violentes, mais de l'état ordinaire et régulier de la société qu'il s'agit dans cette question. Or, que dans cet état la conscience publique, fondée sur de bonnes mœurs, pose des limites efficaces au pouvoir, c'est ce que montre l'expérience de la société chrétienne, qui avait créé en Europe un régime monarchique juste, paisible, modéré et paternel, dont l'antiquité n'avait pas même l'idée.

Partout où les mœurs établiront un tel frein, c'est-à-dire dans toute société vraiment chrétienne, il pourra sans doute se rencontrer des abus de pouvoir, dont la condition humaine ne saurait être entièrement exempte; mais on n'aura point à y redouter une tyrannie véritable, surtout de la part d'un prince légitime. Ce n'est donc pas la peine, pour prévenir ce mal chimérique, de briser l'unité politique, au risque d'exciter presque certainement des révolutions qui seules peuvent amener la tyrannie. Toute l'histoire confirme ce que nous disons ici, et pour nous borner à l'exemple de la France, c'est une chose étonnante que des soixante-six rois qui l'ont gouvernée pendant quatorze siècles, il ne s'est pas trouvé, malgré les tributs qu'ils ont payés à la faiblesse humaine, un seul véritable tyran. On peut trouver la raison de ce fait dans l'influence toute particulière que le christianisme a exercée sur ce royaume de France, *fait par des évêques*, dit Gibbon. C'est là le contre-poids que l'Eglise a toujours tendu à opposer au pouvoir *arbitraire*, c'est-à-dire substituant le caprice à la raison, qu'il ne faut pas confondre avec le pouvoir *absolu* ou la monarchie pure, pour laquelle elle n'a point la répugnance que lui prête gratuitement l'école catholico-libérale.

Lorsque l'influence de la religion s'affaiblit, et que conséquemment les mœurs se corrompent, l'efficacité de ce contre-poids s'affaiblit aussi, et l'on trouve plus facilement dans la société des tyrans et des esclaves, comme cela avait lieu chez les anciens; mais les nations ne peuvent alors s'en prendre qu'à elles-mêmes; et c'est une application du principe, qu'*elles ont toujours le gouvernement qu'elles méritent*. La Providence, dans sa bonté, a mis à la portée de tous les peuples qui veulent se le procurer, ce contre-poids des mœurs publiques, le plus efficace de tous. Mais elle permet aussi dans sa justice que ceux qui le dédaignent, s'épuisent en vains efforts pour y substituer des mécanismes de leur invention, dont l'inutilité les ramène forcément à la maxime du poète :

Quid leges sine moribus vanæ proficiunt.

Contre-poids politique.

501. — Ce contre-poids, bien que moins efficace que le précédent, a cependant son utilité pour contenir dans de justes bornes le pouvoir souverain. Il ne consiste point dans un partage arbitraire et décrété *à priori* des droits politiques, introduisant le dualisme manichéen dans la société; mais il résulte d'un ensemble d'institutions traditionnelles, qui tirent leur force des coutumes, des idées et des mœurs nationales, plutôt que de définitions théoriques, qui se sont développées avec le trône, et qui sont pour lui un appui en même temps qu'un objet de respect et de ménagement.

La plus importante de ces institutions est la hiérarchie sociale, fondée surtout sur la propriété, distribuant la nation en classes distinctes ayant chacune leur rôle, et à la tête desquelles se trouve une noblesse fortement constituée, quel que soit le titre qu'on lui donne. De l'existence de cette hiérarchie naissent une foule d'institutions particulières; corps de magistrature puissants et respectés, capables d'arrêter les abus de l'autorité du prince par l'autorité morale de leurs remontrances, quoique légalement soumis à son autorité uniquement souveraine; corporations privées, municipales, provinciales, ayant leurs priviléges, leurs franchises et leurs coutumes immémoriales; mais non le partage de la souveraineté, ni le gouvernement général de l'Etat. Tout cela forme contre les abus une masse de résistances passives qui, à raison de sa complication même et de sa diversité, est peu propre à envahir l'autorité souveraine par une conspiration générale presque impossible, mais très-propre à se défendre de ses empiétements abusifs; force inerte pour détruire, puissante pour appuyer et pour contenir, à laquelle notre siècle a substitué une machine destructive à qui rien ne peut résister, et incapable de se contenir elle-même; la puissance du peuple, organisée dans les assemblées législatives.

Tel est le vrai contre-poids *politique*, qui, joint au contre-poids moral produit par la diffusion des idées chrétiennes chez un peuple, forme avec la royauté absolue, c'est-à-dire jouissant du pouvoir législatif, le gouvernement le plus parfait (1).

(1) C'est ce que démontre Bellarmin, disant dans son traité de Summo Pontifice, L. I, C. I : « *Nos B. Thomam et alios Theologos catholicos secuti ex tribus smplicibus formis gubernationis, Monarchiam cæteris anteponimus ; quamquàm propter humanæ naturæ corruptionem utiliorem esse censemus hominibus hoc tempore Monarchiam temperatam* (et pour bien comprendre sa pensée, il faut savoir que le type qu'il a ici en vue

Les sociétés chrétiennes constituées au moyen-âge étaient pleines d'institutions de ce genre, qui tempé-

est la monarchie de l'Eglise) *ex Aristocratiâ et Democratiâ quam simplicem monarchiam : modò tamen primæ partes Monarchiæ sint, secundas habeat Aristocratia, postremo loco sit Democratia.....* »

Voilà le contre-poids politique qui appuie et contient la royauté, en lui laissant l'intégrité de la souveraineté ou la décision en dernier ressort (*primas partes*), qui est de soi impartageable, vu qu'il est contre nature que dans une même chose il y ait deux maîtres, deux juges suprêmes. Aussi les modernes qui ont prétendu la *partager*, n'ont-ils réussi qu'à la *déplacer*. Elle a passé du roi à la noblesse en Angleterre, au peuple en France. Et quand la royauté constitutionnelle s'est avisée de *vouloir* quelque chose, on lui a bien montré qu'elle n'était plus qu'un mot.

On dirait que dans ce passage, Bellarmin a voulu décrire l'ancienne monarchie française, où la noblesse était l'appui et le contre-poids subordonné du trône, et où le peuple avait aussi sa part dans l'*Etat*, sinon dans la *souveraineté*, par les franchises municipales et la facilité laissée à tous les gens d'un vrai mérite de s'introduire dans la hiérarchie active qui gouvernait sous la direction de la royauté. Voyez sur ce point les *Observations sur un ouvrage de Mme de Stael*, par M. de Bonald.

C'est fausser le sens des scolastiques qui ont loué ce mélange comme le gouvernement le plus parfait, que de transférer les éloges qu'ils en ont fait à nos machines constitutionnelles, qui y ressemblent si peu, et de présenter Saint Thomas comme un précurseur de Lafayette, ainsi que le font certains catholiques libéraux; tandis que Bellarmin ne craint pas de dire : *Si quis velit negare simplicem Monarchiam esse optimum regimen, non video quemadmodùm in Marcionis ac Manichæi atque etiam Ethnicorum errorem non prolabatur...* Et il en donne la preuve. *De S. Pontifice*, L. I, C. IV.

raient sans danger l'exercice du pouvoir souverain d'autant mieux qu'elles étaient toutes pénétrées de l'esprit chrétien; mais la théorie constitutionnelle, née du contrat social, les poursuit avec acharnement et les détruit partout où elle domine. Elle est surtout hostile à celle dont les autres tirent leur plus grande force, la hiérarchie qui classe la société. Cependant la nature elle-même a pour loi universelle la gradation des êtres. Et l'expérience, comme la raison, montre que le pouvoir mis immédiatement en contact avec une multitude d'atômes populaires les opprimera facilement un à un, jusqu'à ce qu'une réaction de ces grains de sable forme un tourbillon qui l'emporte à son tour; ce qui montre combien le nivellement social est peu favorable à la liberté. *Le catholicisme,* dit M. Rubichon, *avait établi une liberté hiérarchique; le protestantisme, (et la révolution sa fille) a voulu une égalité anarchique.* Où trouver en effet, lorsque la démocratie a tout pulvérisé, un milieu entre l'arbitraire du maître (car il y en a toujours un) et la révolte des sujets? Il n'y a pour une société réduite à cet état que l'anarchie ou la dictature. Et il est curieux d'entendre un avocat de la démocratie, M. de Tocqueville, constater comme ses adversaires, l'alliance naturelle de l'égalité et du despotisme. (*V. De la Démocratie,* tome II, part. IV, chap. V.) (1).

(1) On s'est imaginé que ce contre-poids politique n'a point réellement existé avant notre siècle, parce que les limites de son action n'étaient pas nettement déterminées par écrit, comme le sont dans les chartes modernes les droits de chaque pouvoir.

On peut rapporter à ce contre-poids politique, certaines assemblées participant à un degré quelconque au pouvoir législatif, d'après des coutumes traditionnelles, plutôt qu'en vertu de lois écrites *à priori*. Ces assemblées, telles que furent autrefois le parlement anglais, les diètes d'Allemagne et de Hongrie, affaiblissaient la société en diminuant l'unité du pouvoir et la sécurité publique; ce qui était un inconvénient grave; mais qui

« Mais, dit M. de Bonald (*Pensées I*, page 55), c'est une grande » erreur de vouloir tracer des lignes précises de démarcation » entre le pouvoir et l'obéissance, et de poser à l'avance dans la » constitution des sociétés des limites fixes au pouvoir du chef, » à la coopération de ses agents et aux devoirs des sujets. Si les » limites sont marquées, chacun en temps de guerre se porte à » son extrême frontière, les partis sont en présence et le combat » s'engage ; et au lieu de disputer pour déterminer les limites, » chacun s'efforce de les reculer. S'il reste un nuage sur ces » questions délicates, on passe à côté les uns des autres sans » se rencontrer; on va quelquefois de part et d'autre un peu » trop loin ; mais après quelques excursions chacun rentre sur » son terrain. C'est là l'histoire des démêlés de nos anciennes » cours de magistrature avec l'autorité royale, ou plutôt avec » les ministres..... Si jamais il prenait envie à des législateurs » de déterminer avec *précision* le pouvoir et les devoirs des » pères et des enfants, des maris et des femmes, des maîtres et des » serviteurs, la société de famille serait impossible..... On a » beau faire, il faut dans un état comme dans une famille un » pouvoir *discrétionnaire*, ou bientôt la société tout entière, » chefs et subalternes, ne sera qu'un troupeau d'automates. » — C'est à cette transformation que tend la manie réglementatrice de notre bureaucratie, qui veut tout préciser et tout écrire, depuis la constitution jusqu'aux moindres détails de l'office des gardes-champêtres.

n'approchait pas cependant de ceux de nos chambres représentatives.

Celles-ci, en effet, ne partagent pas la souveraineté : elles l'envahissent de fait, et traînent avec elles, en vertu de la théorie qui leur a donné naissance, un cortège d'éléments anarchiques inconnus autrefois ; liberté de la presse, jury politique ; opposition systématisée et prédominance des classes les plus turbulentes de la société, avocats, demi-savants sans fortune et ennemis nés de tout ce qui est debout, etc. Une étude sérieuse de l'histoire, montrerait facilement l'abîme qui sépare les nouvelles assemblées des anciennes. Et celles-ci toutefois ne se trouvaient point dans la constitution française, la plus parfaite de toutes, de l'aveu de Machiavel. — « En France, dit Moreau, il n'y eut jamais de puissance intermédiaire qui tînt de la constitution le droit d'arrêter irrévocablement l'action de la souveraineté royale. » (*Discours sur l'histoire de France,* tome I, p. 41.)

Les États généraux eux-mêmes n'avaient pas ce pouvoir. A part les autres preuves qu'on en pourrait donner, cette assertion est suffisamment établie par la démarche que firent en 1588, auprès du roi Henri III, les États de Blois, en lui demandant, comme une innovation, qu'il accordât force de lois à leurs délibérations, ce qui leur fut refusé. En Angleterre même, le parlement ne jouit pas depuis bien longtemps de cette prérogative.

Contre-poids légal.

502. — C'est le nom que nous donnons à celui que

l'on cherche à établir dans les constitutions modernes par un équilibre fictif des pouvoirs, en partageant la souveraineté, non pas selon l'exigence de coutumes ou de droits antérieurs; mais d'après des principes philosophiques *à priori* traduits en lois écrites. Cette division de l'autorité souveraine est pleine d'inconvénients les plus graves, comme nous l'avons vu, et ne peut subsister surtout dans une société déclassée, sans tomber promptement dans la démocratie pure ; ce qui en fait déjà un mal plus grand que ceux auxquels on prétend remédier par elle. Mais c'est bien pis si on la considère dans son union actuelle avec l'esprit libéral et révolutionnaire, qui la rend subversive de la société et de la religion ; et qui creuse un abîme entre elle et les institutions politiques du moyen-âge.

Car si les noms et les formes ont quelque ressemblance matérielle, l'esprit et la réalité des choses diffèrent infiniment; puisque le principe fondamental du régime constitutionnel moderne est l'indépendance absolue du peuple, fondée sur celle de l'individu. De ce principe, on déduit le règne nécessaire de la majorité et de l'opinion publique ; on établit que juges, députés, ministres et le roi lui-même, ne tirent leur autorité que d'une délégation du peuple souverain; qu'ils n'ont de pouvoir qu'autant qu'ils le représentent ; et enfin que la société jouit de l'autonomie à l'égard de la religion et doit se suffire et s'organiser sans elle. Dans le moyen-âge, au contraire, on posait en principe le domaine absolu de Dieu et la dépendance non moins absolue de la société et de toute puissance humaine à son égard, ainsi que l'obligation de se conformer aux lois de la justice et de l'ordre émanant de lui. On ne supposait pas non plus que le gouvernement appartînt au peuple, mais on lui accordait tout au plus, en certains cas, l'élection de ceux qui devaient le gouverner en vertu de l'autorité de Dieu et comme ses images. Aussi, dit Donoso Cortès, eût-il été aussi impossible alors de former une assemblée qui ne fût pas catholique sous quelque rapport, qu'il le serait aujourd'hui d'en former une qui ne fût pas révolutionnaire par quelque endroit. C'est donc une grande illusion de comparer, comme on le fait souvent, des systèmes qui ont si peu de rapport entre eux. — On voit par tout ce qui précëde combien est vain et périlleux le contre-poids légal, qui ne semble faire reposer la société sur un équilibre fictif que pour la précipiter plus sûrement dans la réalité d'une démocratie toute puissante; selon les desseins manifestés par la confidence indiscrète de Mazzini, que nous avons rapportée plus haut. Notre siècle n'a donc pas lieu de se glorifier d'avoir fait une guerre si acharnée à tout ce qui pouvait servir de base au contre-poids moral et politique pour préparer l'avènement de l'équilibre constitutionnel.

CHAPITRE VII

DES PARTIES DE LA SOUVERAINETÉ

503. — Nous venons d'exposer les différentes formes que peut revêtir la souveraineté et qui produisent la diversité des constitutions politiques; il nous reste à

parler de son exercice ou de l'action sociale. Sous le nom d'*action sociale* pris dans toute son étendue, on exprime l'ensemble des opérations de la société tendantes à réaliser sa fin. Elle renferme deux éléments : l'un principal et plus proprement actif, que nous considérons surtout ici, savoir les actes de l'autorité qui, comme moteur et principe directif, applique à l'œuvre la multitude des sujets et dirige ses efforts; l'autre, inférieur et passif en un certain sens, c'est-à-dire les actions des sujets dirigées au but social par l'autorité.

Cette action de l'autorité suprême peut, comme on l'a vu (412), se partager en trois fonctions auxquelles correspondent autant de pouvoirs nommés comme elles *législatif, exécutif* et *judiciaire*, et dont nous allons traiter séparément. Plusieurs y ajoutent ce qu'ils appellent le pouvoir *constituant*, qui n'a pas pour objet comme les autres la direction ordinaire d'une société déjà existante, mais sa première formation, et, plus tard, le développement de ces principes fondamentaux, comme si une telle puissance appartenait régulièrement au souverain ordinaire ; supposition qui ne nous semble pas juste, comme nous l'expliquerons bientôt. Nous n'approuvons donc pas sans réserve l'addition de ce quatrième membre dans l'analyse de la souveraineté. Nous en prendrons néanmoins occasion d'exposer des principes fort nécessaires à connaître sur les constitutions politiques et la puissance dont elles procèdent.

ARTICLE I

DE LA CONSTITUTION POLITIQUE ET DU POUVOIR CONSTITUANT.

504. — Toute société est constituée en quelque manière, puisqu'aucune ne peut exister sans une forme organique; et quand cet organisme, par la sage combinaison des relations naturelles entre les diverses parties de la société, est propre à favoriser sa durée et son développement, cette société mérite par excellence le titre de société *constituée* (1). Or cela suppose un pouvoir constituant, puisqu'il n'y a point d'effet sans cause; aussi l'existence d'un tel pouvoir est-elle incontestable. Mais l'hypothèse qui l'attribue aux hommes, princes, sénats ou peuples, de la même manière que la direction ordinaire de la société, semble dériver du système du contrat social, d'après lequel les sociétés se formeraient par une délibération *à priori*. Dans ce cas, sans doute, les fondateurs d'une telle société pourraient décréter pour elle et fondre d'un seul jet toute une constitution. C'est ainsi que l'on entend vulgairement de nos jours le pouvoir constituant, d'après les théories généralement répandues. Mais dans l'ordre des faits, comme nous l'avons vu, les choses ne se passent pas ainsi : les sociétés se forment le plus souvent sans pacte, sans délibération et par un développement naturel de certains faits antérieurs, comme sont la paternité et la propriété, etc. (393). Que si quelquefois il intervient des pactes dans cette formation, ils

(1) Voyez de Bonald, *Théorie du Pouvoir*. T. 1, p. 50.

n'ont lieu qu'entre un petit nombre de pères de famille, dont l'union jette les fondements de la société naissante ; et il est encore plus rare, si même cela s'est jamais vu, qu'ils lui donnent alors par délibération une forme qu'elle conserve longtemps. Sa constitution s'établit peu à peu par des faits successifs, sans qu'on puisse indiquer le jour de sa naissance, ni le nom de son auteur. Même dans une société déjà ancienne, les changements de cette constitution (j'entends ceux qui durent) ne résultent pas tant de délibérations préconçues que d'événements fortuits et imprévus, et lorsque la constitution d'un Etat est renversée par une révolution, celle qui la remplace doit bien plus son origine, et surtout sa durée et sa solidité, à des causes de ce genre, qu'à quelque décret des magistrats ou de la multitude. En un mot, les constitutions résultent plus des mœurs que des lois. Toute l'histoire confirme cette assertion ; mais celle de notre siècle, imbu des doctrines du contrat social et de la souveraineté du peuple, l'a mise dans toute son évidence. Jamais on n'a délibéré et édicté tant de statuts honorés du titre de *constitution*, qui n'ont pas atteint la durée qu'avaient autrefois de simples réglements municipaux dans des sociétés que le philosophisme nous représente comme privées de constitution. L'exemple de la France éclate entre tous. Après quatorze siècles de la plus brillante existence, cette nation, séduite par des sophistes et *déchue de son âme*, suivant la belle expression de Charles Nodier, s'avise tout-à-coup en 1789 qu'elle n'a point eu jusque là de constitution ; parce qu'elle ne s'en connaît point d'écrite sur un parchemin que chacun puisse mettre dans sa poche, comme le voulait l'anglais Payne, l'un des oracles de ce temps de délire. Alors le peuple se met à fabriquer selon toutes les règles de la philosophie politique en honneur une constitution de toutes pièces, bouleversant de fond en comble l'état social du pays. Hélas! une année s'était à peine écoulée que de cette œuvre savante il ne restait plus un vestige, pas même le titre du monarque infortuné qui l'avait sanctionnée; et de nouvelles constitutions se sont succédé depuis presque sans nombre, chez ce peuple et ceux qui ont suivi son exemple.. Parmi ces essais, celui de 1848, fait avec plus de solennité que bien d'autres, fournit aussi une plus éclatante leçon. Il nous donna une impérissable constitution pour deux ans! Plusieurs, décrétées par des princes, ont pu compter quelques lustres.

De toutes ces ruines il n'est guère resté qu'une chose qui durera longtemps, parce qu'elle n'est pas le résultat d'une délibération, mais de faits amenés de loin : c'est que la France et presque toute l'Europe sont devenues une vaste démocratie, ouverte à toutes les révolutions, et aussi à toutes les usurpations; car il faut bien, malgré tout, une autorité quelconque. Quant aux statuts éphémères qui établissent ces pouvoirs d'un jour, comment leur donner sérieusement le nom de *constitution?* Si, au milieu de cette turbulente démocratie, quelqu'autre chose semble survivre à la ruine des institutions antiques, si par exemple on y trouve encore une secrète et vague aspiration vers la monarchie qui ramène les peuples à ce régime après chaque catastrophe, cela ne vient pas de ce qu'on l'écrit dans les chartes constitutionnelles; mais c'est un reste des anciennes mœurs; et c'est parce qu'il ne repose pas seulement sur l'écritoire qu'il a plus de durée que toutes ces chartes (1).

505. — Quoi qu'il en soit des spéculations de ces politiques qui sacrifient trop à la théorie, il n'y a point d'autres principes vrais sur les constitutions et le pouvoir constituant que ceux qu'expose le comte de Maistre, dont nous allons citer quelques paroles, qui valent mieux que bien des volumes écrits sur le droit public.

« Une des grandes erreurs d'un siècle qui les pro-
» fessa toutes, dit-il, fut de croire qu'une constitution
» politique pouvait être écrite et créée *à priori,* tandis
» que la raison et l'expérience se réunissent pour
» établir qu'une constitution est une œuvre divine, et
» que ce qu'il y a précisément de plus fondamental et

(1) Nous ne voulons point nier qu'une forme de gouvernement puisse être déterminée pour une circonstance et pour le temps présent, par la volonté de quelques personnes, ou même par une délibération du peuple, telle qu'il peut la faire, c'est-à-dire en suivant l'impulsion de quelques tribuns; l'histoire offre plusieurs exemples de ce genre. Mais autre chose est dresser une tente pour passer la nuit, ce qui est presque toujours facile à l'homme, par un simple acte de sa volonté; autre chose, élever un temple, ce qui exige du temps et bien des secours étrangers. Ainsi peut-on délibérer et porter un décret pour telle circonstance même sur la forme du gouvernement; et alors sans doute ceux qui le portent doivent tenir compte de la justice et de la prudence et respecter les droits acquis; mais prétendre que par un scrutin et avec un peu de *liqueur noire* on peut tout-à-coup rendre *constituée* une nation qui ne l'était pas la veille, c'est une ineffable naïveté!

» de plus essentiellement constitutionnel dans les » lois d'une nation ne saurait être écrit. On a cru » souvent faire une excellente plaisanterie aux Français » en leur demandant dans quel livre était écrite la loi » salique? Mais Jérôme Bignon répondait fort à propos, » et très-probablement sans savoir à quel point il avait » raison, *qu'elle était écrite ès cœurs des Français*. En » effet, supposons qu'une loi de cette importance » n'existe que parce qu'elle est écrite, il est certain » que l'autorité quelconque qui l'aura écrite, aura le » droit de l'effacer ; la loi n'aura donc pas ce caractère » de sainteté et d'immuabilité qui distingue les lois » véritablement constitutionnelles. L'essence d'une loi » fondamentale est que personne n'ait le droit de l'a- » bolir : or, comment sera-t-elle au-dessus de tous, si » quelqu'un l'a faite?.....

» Plus on examinera le jeu de l'action humaine » dans la formation des constitutions politiques, et » plus on se convaincra qu'elle n'y entre que d'une » manière infiniment subordonnée, ou comme simple » instrument, et je ne crois pas qu'il reste le moindre » doute sur l'incontestable vérité des propositions sui- » vantes.

» 1° Que les racines des constitutions politiques » existent avant toute loi écrite.

» 2° Qu'une loi constitutionnelle n'est et ne peut » être que le développement ou la sanction d'un droit » préexistant et non écrit.

» 3° Que ce qu'il y a de plus essentiel, de plus » intrinsèquement constitutionnel, et de véritablement

» fondamental, n'est jamais écrit, et même ne saurait » l'être sans exposer l'État.

» 4° Que la faiblesse et la fragilité d'une constitution » sont précisément en raison directe de la multiplicité » des articles constitutionnels écrits ....

» Tout nous ramène donc à la règle générale : » l'homme ne peut faire une constitution, et nulle » constitution légitime ne saurait être écrite. Jamais on » n'a écrit, jamais on n'écrira *à priori* le recueil des » lois fondamentales qui doivent constituer une société » civile ou religieuse. Seulement, lorsque la société se » trouve déjà constituée, sans qu'on puisse dire com- » ment, il est possible de faire déclarer ou expliquer » par écrit certains articles particuliers; mais presque » toujours ces déclarations sont l'effet ou la cause de » très-grands maux, et toujours elles coûtent aux » peuples plus qu'elles ne valent » (1). — Le vicomte de Bonald, cet autre génie tutélaire de la société dans notre siècle, résumait d'avance cette belle page avant même qu'elle fût écrite, par cette parole d'or : *la nature* CONSTITUE *la société, les hommes* ADMINISTRENT *l'État* (2).

506. — Il n'y a donc point d'autre pouvoir constituant que la divine Providence, qui dirige vers ses fins les évènements et les actions des hommes, sans que ceux-ci se doutent ordinairement de ce que produiront

(1) De Maistre. *Essai sur le principe générateur des constitutions politiques*; ouvrage fondamental sur la matière, §§ I, II, IX, XXVIII.

(2) De Bonald, *Théorie du Pouvoir*, T. III, p. IV.

leurs actes dans un avenir lointain. Ils agissent sans doute, et les constitutions des États se forment et s'altèrent par cette action; mais le plus souvent ils ne savent ce qu'ils font, et les résultats trompent complétement leur attente. Ils peuvent délibérer, faire des ordonnances; mais des INSTITUTIONS, c'est-à-dire quelque chose de solide et de stable, sont moins le fruit de ces décrets, que de causes regardées par les hommes comme fortuites et disproportionnées à de tels effets. Ainsi il semble que ce soit une idée plus théorique que pratique, et même quelque peu chimérique, que de supposer dans l'État, comme une de ses institutions ordinaires, un pouvoir constituant humain exercé avec préméditation par le prince ou les magistrats, et de tracer les règles de cet exercice. Quand l'homme décrète quelque chose sur des points constitutionnels (à moins que ce ne soit pour détruire, ce en quoi il excelle), il n'exerce en réalité qu'un pouvoir législatif semblable à celui qui règle les affaires courantes; mais quant au point de savoir si ces actes constitueront dans l'avenir quelque chose de durable, c'est ce qui ne dépend ni de sa volonté, ni même des délibérations de tout un peuple; il y faut d'autres causes.

Il n'y a donc qu'un avis à donner aux hommes politiques au sujet du pouvoir constituant. C'est que l'homme ne doit toucher qu'avec respect et avec la plus grande réserve à la constitution existante dans une société quelconque, parce qu'il lui est difficile de l'améliorer, et très-aisé au contraire d'en amener la ruine, sans même s'en apercevoir. Il ne faut même pas sonder avec une curiosité indiscrète les fondements et les motifs des institutions politiques, comme le font les rationalistes, qui ne savent respecter aucun mystère, ni accepter ce qu'ils ne peuvent renfermer dans la formule d'un syllogisme : gens complétement dénués de l'intuition politique, et qui oublient qu'on ne met jamais impunément à nu les fondements d'un édifice (1). — Mais en voilà assez sur le pouvoir constituant.

507. — Voyons maintenant ce que c'est que la constitution d'une société. Cela se comprend assez en général ; mais quand on descend dans les particularités, la détermination en devient difficile. Quelques-uns la définissent : *la distribution organique des droits politiques entre les membres de l'État* : ce qui ne doit s'entendre que des choses fondamentales, comme celles qui déterminent la forme monarchique, aristocratique ou démo-

(1) « Il est des choses, dit M. de Maistre, qu'il faut laisser » dans une certaine obscurité, et qui ne peuvent être soumises » à des réglements *(on pourrait ajouter à des raisonnements)* » humains : c'est la partie *la plus divine* des constitutions, s'il » est permis de s'exprimer ainsi. On dit souvent : *Il n'y a* » *qu'à faire une loi pour savoir à quoi s'en tenir*. PAS TOUJOURS, » IL Y A DES CAS RÉSERVÉS. » Mais comment faire comprendre cela aux hommes qui veulent tout soumettre à l'argumentation et au calcul, et dont les discussions inquiètes et subtiles rappellent involontairement ce vers du poëte comique :

Et le raisonnement en bannit la raison !

Voyez *Considérations sur la France*, chap. VIII. — M. de Bonald, dans sa *Théorie du Pouvoir*, parle sur ce point comme M. de Maistre. — M. Coquille, critiquant le *Droit civil français*, de Zachariæ, a fait sur ce point d'utiles remarques que nous rapportons à l'Appendice, note XXVII.

cratique du gouvernement, ou le mélange de ces éléments divers. Encore ici tout ne doit-il pas être regardé comme appartenant à la constitution, mais seulement ce qui peut changer la nature du gouvernement ou en ébranler les bases; car, en dehors de ces points essentiels, il y a bien des règles concernant les rapports de l'autorité et des sujets, du prince et du peuple, qui ne sortent pas du cercle de la législation ordinaire. Mais quels sont en particulier ces points fondamentaux? c'est ce que le tact politique peut faire reconnaître, mais ce qui ne peut être fixé *à priori* avec une précision mathématique, comme le veulent les rationalistes libéraux, sans mettre en danger l'existence même de l'État (1). Ainsi il est des lois et des coutumes dont on pourra dire avec certitude qu'elles appartiennent à la constitution, d'autres qui y sont certainement étrangères, et enfin quelques-unes dont la qualité sera douteuse : et ceux qui veulent lever *à priori* tous les doutes de ce genre par des définitions précises, montrent par là même qu'ils n'entendent rien à la science politique.

La conséquence de ce qui précède, c'est que les altérations des constitutions tiennent à des causes de même genre que celles qui ont donné à l'État son existence et sa forme. Dire, comme quelques-uns, que le pouvoir de faire ces changements ne réside pas dans une seule partie de la société, le roi par exemple, mais dans son

(1) Voyez ce qu'a écrit M. de Maistre sur la constitution anglaise, *Modèle d'indétermination, et par là même de solidité, qui ne consiste guère qu'en coutumes et en précédents. — Essai sur le principe générateur des Constitutions*, § V et suiv.

universalité, c'est parler d'une manière peu exacte, et partir d'une hypothèse le plus souvent fausse. Car de telles altérations résultent pour l'ordinaire d'actes tantôt légitimes, tantôt illégitimes, posés par quelque portion de la société, qui peut-être ne se proposait pas d'atteindre par là un tel résultat. Or il n'y a d'autres règles que l'on puisse proposer *à priori* pour de tels actes, sinon ce principe général : que chacun doit respecter dans les autres les droits acquis, et n'y peut déroger qu'en cas d'une nécessité justifiable par les règles de la collision des droits, règles dont l'application est du ressort de la prudence. Si l'on suppose que toutes les personnes sociales s'accordent pour modifier une constitution, ce changement, quoique légitime, ne serait pas pour cela efficace; car dans les choses de ce genre l'homme *propose* par ses décrets, mais Dieu seul *dispose* par les évènements qui ne dépendent pas de la volonté humaine. On l'a bien vu au sujet de la constitution française de 1848. Tous peuvent, il est vrai, *écrire* une constitution ou un statut décoré de ce nom; mais les peuples mêmes ne sauraient l'*établir* et l'on peut bien appliquer ici ce qui a été dit avec raison au sujet de la noblesse. *Dieu seul peut faire un gentilhomme!....* Dieu seul aussi peut faire une *constitution* par *son grand ministre au département des affaires de ce monde,* LE TEMPS, ainsi que le dit si bien M. de Maistre.

ARTICLE II

DU POUVOIR LÉGISLATIF.

508. — Le pouvoir législatif est celui par lequel l'au-

torité peut obliger chaque membre de la société à diriger ses actions vers le bien commun. Il constitue dans l'Etat l'essence de la puissance suprême, et l'on doit appeler souverain celui qui en possède la plénitude, que ce soit un individu, auquel cas le gouvernement est monarchique, ou bien une ou plusieurs assemblées, comme cela a lieu dans le gouvernement dit *constitutionnel*, ce qui constitue en réalité, quelque nom qu'on lui donne, un régime polyarchique. L'acte de ce pouvoir est ce qu'on appelle la *loi*, dont nous avons exposé les caractères au livre IV. Il ne nous reste à parler ici que de l'organisme législatif, c'est-à-dire des moyens d'obtenir une bonne législation. Ces moyens se rapportent ou à l'ordonnance elle-même, ou à la connaissance de ce que demande l'utilité publique, qui doit diriger le législateur dans ses décrets. Ici revient ce que quelques-uns appellent le pouvoir *délibératif*, qui n'est au fond qu'une partie de la puissance législative. Nous allons traiter brièvement de l'un et de l'autre.

SECTION I

Du pouvoir délibératif.

509. — Pour que les lois soient faites et exécutées d'une manière utile, le législateur doit bien connaître l'état de la société confiée à ses soins. Les moyens d'acquérir cette connaissance sont : 1° l'inspection exercée par les magistrats sur les diverses parties de la cité et les rapports qu'ils en font au prince; — 2° les remontrances et les pétitions des sujets, qui lui exposent leurs besoins et leurs doléances, en demandent le remède et le prient

d'y pourvoir par son autorité. Ces remontrances peuvent être individuelles ou collectives, c'est-à-dire provenant de certains corps secondaires, comme les assemblées municipales, provinciales et les tribunaux, ainsi que cela était usité dans les monarchies fondées au moyen-âge, et spécialement en France. Or l'existence de ces corps consultatifs répondant au prince qui les consulte, ou lui représentant spontanément les nécessités publiques, est un des principaux moyens de tempérer dans la pratique l'exercice du pouvoir monarchique pur ou absolu, sans tomber dans les inconvénients que présente la division du pouvoir législatif. Tels étaient autrefois les Etats généraux, qui présentaient aux rois les vœux, les demandes et les plaintes de leurs sujets, et les aidaient de leurs conseils dans la recherche et l'application des remèdes aux maux de l'Etat. Car l'office de ceux qui étaient députés à ces assemblées n'était point de faire des lois et de gouverner le pays, comme font nos chambres constitutionnelles, mais de porter au prince les cahiers de *doléances* de ceux qui les envoyaient.

Au pouvoir délibératif appartient la discussion ou l'examen des rapports, des pétitions et surtout de la loi elle-même ou du moyen proposé pour satisfaire aux besoins qui se font sentir. Cette discussion demande des hommes probes, prudents et versés dans la question que l'on agite. Ils doivent être en nombre suffisant pour l'examiner sous tous les rapports, ce qui n'est guère possible à une ou deux personnes, et cependant ils ne doivent pas être trop nombreux, car toute multitude, même composée de sages, devient peuple par le fait seul que c'est une assemblée; et l'on n'en peut guère attendre que confusion, dissensions et lutte de passions diverses : telle est la faiblesse humaine!

Dans toute monarchie bien réglée, quelque absolue qu'elle soit, le roi n'ordonne pour l'ordinaire rien d'important sans une discussion préalable faite dans son conseil (1).

Dans les gouvernements polyarchiques, il existe ordinairement des assemblées permanentes, auxquelles appartiennent tout à la fois la discussion et la décision des affaires, ce qui entraîne de nombreux dangers et de fréquentes dissensions, comme nous l'avons montré plus haut. Dans la monarchie consultative ou tempérée au contraire, la discussion seule appartient au conseil, quels que soient le nom et l'organisation de celui-ci; mais la décision est réservée au prince.

(1) C'est, pour le dire en passant, une chose digne d'admiration de voir avec quel soin, quelle maturité, les ordonnances royales étaient préparées en conseil par des hommes experts sur chaque matière, dans l'ancienne monarchie française, où le pouvoir législatif n'était cependant pas divisé. L'histoire de ces ordonnances ferait bien honte à ces innombrables décrets rendus avec tant de précipitation, de fougue et de légèreté par les assemblées populaires auxquelles on remet aujourd'hui le gouvernement des Etats. — Cet ancien procédé réunit les avantages qu'offrent la pluralité pour augmenter les lumières et l'unité de volonté pour diriger la société vers sa fin, et il écarte en même temps, d'une part, le danger de dissension et d'anarchie qui caractérise les gouvernements mixtes, et de l'autre, celui du despotisme, inévitable lorsque le prince décide de tout sur le champ, avec légèreté et par pur caprice

SECTION II

De la décision souveraine ou du pouvoir législatif proprement dit.

510. — Le législateur, qu'il soit une personne physique ou une personne morale, s'acquitte d'autant mieux de son office qu'il a en même temps une intelligence plus éclairée et une volonté plus droite pour procurer le bien public. L'organisation du pouvoir législatif doit donc tendre à lui assurer cette double qualité, et elle est d'autant plus parfaite qu'elle y réussit mieux, non une fois par hasard, à cause de quelque circonstance spéciale, mais habituellement et en vertu de ses propres règles. Or, si l'on se rappelle les principes que nous avons posés sur les formes du gouvernement, et qui se rapportent surtout à la législation, son acte principal, on reconnaîtra facilement qu'il y a plus d'utilité et moins de péril à la confier à un seul qu'à en charger plusieurs, et que les inconvénients s'accroissent avec le nombre de ceux-ci. L'organisme législatif est donc fort imparfait lorsqu'il livre la législation à la multitude. Ainsi le nombre des législateurs doit être petit : quant à leur qualité, nous allons faire quelques remarques qui peuvent, proportion gardée, s'appliquer aux assemblées consultatives des monarchies tempérées.

Pour préparer et porter prudemment les lois, il faut de l'habileté dans les affaires matérielles, dans le gouvernement des hommes et aussi dans la science morale, puisque l'honnêteté doit dominer dans toute loi. Il faut donc admettre dans les assemblées législatives ceux que l'on doit présumer pourvus de ces qualités dans un degré éminent : et comme il est rare que la même personne les réunisse toutes, il est bon de choisir dans les diverses classes de citoyens les hommes qui possèdent le mieux l'une ou l'autre (1).

L'ancienne composition des Etats généraux était fort bien appropriée à ce but; car l'élément démocratique leur fournissait des hommes entendus dans les affaires matérielles et capables de donner sur ce point de bons avis. Aussi étaient-elles l'objet principal de leur intervention, modeste d'abord comme cet objet; car pendant longtemps le *tiers* se bornait à présenter une pétition aux Etats; et le temps n'est pas encore fort éloigné où la formule des actes du parlement anglais lui-même était celle-ci : *Accordé par le roi et les seigneurs du parlement aux humbles supplications des communes* (2).

La noblesse, plus accoutumée au commandement, plus habile dans la direction des hommes et moins accessible aux passions envieuses et cupides qui bouleversent les Etats, avait dans la délibération un rôle plus élevé et qui se rapprochait de la décision souveraine,

(1) Voyez Liberatore, *Jur. Nat*, § 179, — Et Taparelli, *Cours élémentaire de Droit naturel*, L. V, C. III.

(2) Pour juger à quel point l'influence de la noblesse est restée prépondérante jusqu'à nos jours dans le gouvernement *libre* de l'Angleterre, il suffit de dire qu'en 1810 la chambre des communes était ainsi composée : 365 propriétaires de fiefs, 235 propriétaires inférieurs et 58 jurisconsultes ou négociants. Londres y envoyait alors 8 députés au lieu de 40, qu'eût réclamé la proportion de sa population, tandis que le comté de Cornouailles, qui, suivant cette proportion, n'aurait eu droit

comme on le voit, par la formule ci-dessus. Aussi est-il conforme à la nature de la société que les conseils législatifs soient surtout composés de personnes de cette classe. Enfin les *Etats* renfermaient dans leur sein, et au premier rang, un élément sacré, le clergé, gardien principal de l'honnêteté dans les lois. Admis dans cette assemblée à cause de son habileté dans la direction des hommes, de sa connaissance plus grande des lois morales et de l'amour qu'il leur porte, il y était une garantie efficace contre les lois tyranniques ou immorales, qui auraient pu causer le plus grand dommage à la société, et il pouvait, par ses représentations, ramener tout le monde et même le prince au devoir.— Telle était l'organisation du pouvoir législatif dans des sociétés que l'on n'a pas craint d'appeler barbares et serviles.

Mais lorsqu'elle a été renversée par les envahissements de l'élément démocratique, qui a tout absorbé, comme il arriva en France après 1789, il en est résulté dans les monarchies l'oppression du prince dominé par l'ascendant de la multitude, et dans tous les régimes un despotisme sans limites, fruit naturel de la démo-

qu'à 7, en envoyait 44. Manchester et Birmingham, villes alors de 100,000 âmes, ne nommaient pas de députés, et le bourg d'*Old-Sarum*, où il ne restait qu'une masure, en nommait deux. Il n'y avait guère que 50 ou 60 élections contestées à la noblesse. — V. Rubichon, *de l'Angleterre*, I, p. 155.

La réforme de 1832 a déjà beaucoup modifié cet état de chose au profit de la démocratie, dont le flot montant se prépare à renverser de fond en comble l'ancienne constitution britannique.

cratie. Car dans ce régime, le gouvernement est envahi par une troupe confuse d'ignorants ou, qui pis est, de demi-savants adonnés aux arts ou enflés de quelques connaissances matérielles, mais étrangers à la science morale et politique, à l'exclusion des classes capables de comprendre les intérêts d'un ordre plus élevé et de les défendre efficacement. Alors on voit délibérer confusément, ou plutôt discourir avec impertinence sur les affaires d'Etat les plus graves et les plus ardues, les chimistes, les banquiers, les marchands, les médecins, les avocats surtout, etc., tous s'appuyant sur l'autorité du peuple, à laquelle on ne peut rien disputer. Quels droits pourraient alors demeurer sacrés? (1)

501. — De toutes les manières dont on peut constituer l'organisme législatif, il n'y en a donc point qui s'écarte davantage du but auquel il doit tendre que celui qui est en vigueur dans les démocraties et les nouveaux gouvernements constitutionnels, surtout lorsqu'aux vices déjà indiqués viennent se joindre comme aujourd'hui la confusion de toutes les idées et la pression qu'exercent sur les législateurs la licence de la presse et des journaux.

Quant à la manière de désigner ceux qui doivent être appelés aux conseils législatifs, la plus défectueuse est l'élection, surtout l'élection démocratique, telle qu'elle se pratique aujourd'hui. Les intérêts des diverses classes de citoyens sont ordinairement bien mieux défendus par les hommes qui tiennent le premier rang dans chacune d'elles, et qui sont ainsi ses représentants naturels, que par des hommes choisis dans chaque circonstance

(1) *Voyez à l'appendice la note* XXVIII.

avec tous les défauts et les dangers inhérents au système électif, et que M. de Tocqueville a si bien développés dans son livre *de la Démocratie*. En outre, la confection des lois demande de la gravité, une mûre et paisible délibération, le calme des passions; toutes choses incompatibles avec les modernes délibérations publiques, où la plupart des législateurs n'ont d'autre but que de surpasser en faconde leurs adversaires, de capter la faveur publique ou d'enflammer par de vaines et perfides déclamations les plus mauvaises passions de la multitude. C'est ce qu'Anacharsis reprochait jadis avec raison aux assemblées populaires des Athéniens, et ce que M. Rubichon stigmatise avec non moins de sagesse et de vigueur dans son ouvrage sur l'Angleterre, ce type si vanté du régime parlementaire.

« Il n'y a pas, dit-il, de moyen plus puissant, quoi-
» qu'il n'en soit pas de plus banal, pour duper les
» hommes que de flatter leur vanité; celle des Anglais,
» c'est de ce qu'on croit dans le reste de l'Europe que
» le peuple ici est le maître de consentir ou de refuser
» l'impôt..... Parmi les fausses spéculations qui ont
» fait tant de prosélytes, en est-il une qui le soit davan-
» tage que celle de priver des hommes de toute réflexion,
» de toute justice, comme tout rassemblement le fait,
» et ensuite de les faire juges et parties; et sur quoi?
» sur leurs intérêts les plus directs, sur le quart ou
» le tiers de leurs revenus?... Les dépenses publiques
» étant énormes ici, comme la corruption inhérente
» à tout gouvernement représentatif l'exige, pèsent
» forcément sur le riche, quelque violents que soient

» les efforts qu'il fait pour s'en décharger. Je main-
» tiens que toute assemblée publique et nombreuse,
» qui ne sera pas gouvernée despotiquement, fera tou-
» jours toute chose aussi mal qu'elle puisse être
» faite.....

» Pour disposer des hommes aux réflexions les plus
» profondes, aux discussions les plus froides, on bat
» la générale, on sonne le tocsin; l'homme sage et
» probe reste chez lui; les ignorants s'assemblent pour
» choisir parmi eux le plus présomptueux, les mé-
» chants, le plus vicieux. A qui est due la louange de
» tant de grandes choses que firent la France et l'An-
» gleterre? Aux lois de Saint-Louis, d'Edouard, de
» Louis XIV. A qui est dû le blâme de tant d'actions
» viles? Aux assemblées publiques qui furent l'ins-
» trument de la tyrannie d'Henri VIII, qui immolèrent
» Charles Ier, Louis XVI. Supposez que des lois tolé-
» rables pussent être obtenues d'une assemblée, ce
» serait dans le cas où elle n'y aurait aucun intérêt..... »

Rubichon, *de l'Angleterre*, 2e *édition*, *1815. Chap de la Royauté et des colonies.*

ARTICLE III

DU POUVOIR EXÉCUTIF.

512. — Ce pouvoir, moins élevé que la puissance législative, n'est pas moins nécessaire; car les lois ne contiennent que des règles générales et abstraites, et les actions des citoyens qu'elles doivent diriger sont concrètes et individuelles. L'autorité qui gouverne la société a donc besoin d'une faculté spéciale pour leur

appliquer ces règles, et même pour les suppléer dans les choses moins importantes, qui doivent être abandonnées à sa volonté : car dans tout art, comme le remarque Aristote (*Politique* III), et surtout dans celui du gouvernement, ce serait une folie de vouloir tout réglementer d'avance par des écrits et par des lois (1). Cette faculté de l'autorité est ce qu'on appelle le pouvoir *exécutif*, qui remplit dans la société le même office que la conscience dans l'individu, en appliquant la règle générale aux cas particuliers.

513. — Le pouvoir exécutif doit avoir principalement trois qualités : *l'habileté*, la *fidélité* et la *force*. — L'*habileté*, qui renferme la prudence et toutes les connaissances nécessaires pour bien remplir son office. Un moyen de réaliser cette condition, c'est que le prince et ses principaux ministres dans les provinces, s'aident du conseil de quelques hommes sages réunis en commissions consultatives. Un autre, c'est que chacun des officiers ait une aptitude proportionnée à son emploi, tant par l'intelligence que par la droiture de la volonté et la fermeté du caractère. Il faut donc s'enquérir soigneusement de cette aptitude avant de les choisir; car rien ne contribue autant au bien public que le choix de magistrats probes et capables, de telle sorte que l'on

(1) « Le système (exagéré) des règlements généraux est la » mort du génie, des talents, des grands efforts et de toute » noble entreprise pour l'État; car s'il ne peut y avoir de dis- » tinction des personnes pour aucune raison, je ne vois pas » pourquoi on ferait des efforts pour se distinguer. » De Maistre, *Correspondance diplomatique*, T. II, p. 303.

pourrait presque dire que tout l'art du gouvernement consiste dans ce choix. S'il est bien fait, on n'aura plus besoin de chercher d'autres précautions contre la tyrannie.

2° La *fidélité* n'est pas moins nécessaire au pouvoir exécutif pour procurer l'exécution des lois, dont le prince, fût-il absolu, ne doit pas ordinairement s'écarter. Ce qui distingue en effet le régime monarchique du despotisme, c'est que dans celui-ci la seule volonté du prince décide de tout, en chaque occasion, tandis que dans la monarchie c'est la loi, qui, bien que portée par l'autorité du prince et pouvant être abrogée par elle, doit néanmoins, tant qu'elle subsiste, lui servir de règle ordinaire : — Cela n'empêche pas cependant qu'il ne puisse accorder pour de bonnes raisons des dispenses, des exceptions et des privilèges, comme sont les amnisties, qui ont toujours été usitées dans les États monarchiques. Mais quoique ces grâces, en tant qu'elles s'appliquent à des cas particuliers, concernent la puissance exécutive, à raison toutefois de l'autorité qu'elles supposent, elles appartiennent encore plus à la législation. Aussi, en dehors du régime monarchique, n'a-t-on pas coutume de les concéder au pouvoir exécutif.

3° Ce pouvoir a encore besoin de force, comme les libéraux eux-mêmes sont obligés d'en convenir (1), sans quoi il ne pourrait y avoir d'efficacité dans l'exé-

(1) « Le pouvoir exécutif *doit être fort*, donc il faut qu'il » soit unique; tout pouvoir partagé est faible. Mais l'unité » n'est pas la seule condition de la force; le pouvoir est fort » aussi par la stabilité. Or, il n'y a de pouvoir stable que le

cution, qui rencontre souvent tant d'obstacles. Cette force suppose trois choses : l'unité, la subordination, et des moyens coërcitifs. *L'unité*, parce que le pouvoir exécutif admet encore moins que le législatif, la division, surtout entre beaucoup de personnes. — La *subordination* parfaite dans la hiérarchie des fonctionnaires qui doivent dépendre du chef de l'Etat; ce qui montre le vice du système qui tend, sous prétexte de liberté, à les rendre presque tous indépendants par l'inamovibilité, ou bien encore en les faisant sortir de l'élection populaire ; car rien n'est plus propre à mettre partout la confusion et l'anarchie. — Enfin il faut une *force* coërcitive, sans laquelle on ne pourrait soumettre les méchants à l'empire des lois, et qui consiste surtout dans la milice, destinée à maintenir l'ordre intérieur comme à repousser les agressions du dehors. Chacun doit savoir qu'il ne violera point la loi impunément, quelle que soit sa puissance ou sa popularité. L'autorité doit donc avoir une force suffisante pour réprimer tous les infracteurs des lois. La milice doit être soumise à la direction du pouvoir exécutif et lui obéir passivement en tout ce qui est honnête : autrement elle manque à sa mission, laisse l'autorité désarmée et la société en proie à l'anarchie. C'est cette insubordination des troupes qui a conduit l'empire romain à sa ruine à travers tant de révolutions, et l'on pourrait citer des sociétés modernes auxquelles elle n'a pas été moins

» pouvoir héréditaire. L'hérédité et la tradition, voilà la vraie
» origine du pouvoir exécutif..... » Cousin, *Cours d'histoire de la philosophie morale*, leçon 9.

funeste : le *prétorianisme,* favorisé par l'exagération démesurée de l'état militaire, n'est pas aujourd'hui un de leurs moindres dangers (1).

514. — Le pouvoir exécutif peut être considéré sous deux points de vue : comme dirigeant les hommes et leurs actes vers l'accomplissement des lois, et comme prenant soin des choses qui concourent au bien public. Dans le premier cas, on l'appelle plus proprement *gouvernement*, et dans le second *administration;* mais aujourd'hui on tient peu compte de cette distinction. Car, d'une part, le titre de *gouverneurs*, qui blesse les oreilles libérales, a presque disparu; on ne veut plus *être gouverné;* et de l'autre, le titre d'*administration* convient mieux au mécanisme matériel auquel presque toute l'action sociale est maintenant réduite.

Le *gouvernement*, dans le sens restreint qu'il a ici

(1) Le comte de Maistre signalait ce danger en 1814, en voyant l'Europe couverte de quatre millions de soldats. « Quand » on pense, disait-il, qu'Auguste menait le monde connu avec » 400,000 hommes, on ne sait que penser de ce qu'on voit. » L'augmentation sans bornes de l'état militaire doit maintenant fixer l'attention de tous les hommes d'Etat..... Il en » arrivera maintenant quoi? Personne ne le sait; mais ce sera » quelque chose dont on ne s'apercevra que quand il n'y aura » plus moyen de l'empêcher..... D'une manière ou d'une autre, » il me paraît impossible que l'état militaire ne nous mène » pas à quelque grande révolution, et cela par deux raisons : » parce qu'étant exagéré, il menace et détrône le souverain, et » à cause des dépenses ruineuses qu'il entraîne. Pierre Ier avait » 30,000 hommes de troupes; Catherine II en laissa 65,000; » Alexandre en a un million. » *Correspondance diplomatique*, tome II, pages 178, 203.

(car dans un sens plus large il désigne toute l'action de l'autorité), appartient au chef du pouvoir exécutif, et sous sa direction aux officiers qui participent à son autorité. Ils sont ses délégués pour la portion qu'il leur en communique : il convient donc qu'ils soient choisis par celui qu'ils doivent aider, afin qu'il y ait plus d'unité et de subordination hiérarchique : et l'on s'expose à mettre la confusion partout quand on remet ce choix à l'élection populaire, comme on le fit en France en 1789 (1).

Quant aux magistrats qui dirigent les sociétés subordonnées, comme les communes, dans les affaires locales, régulièrement il convient mieux qu'ils soient choisis par les communautés elles-mêmes, selon les règles propres à chacune, lorsqu'elles sont bien organisées. De cette sorte, l'administration (car il ne s'agit guère ici de gouvernement proprement dit) des affaires municipales se fait avec plus de suavité et de prudence. Aussi se pratique-t-il d'ordinaire dans les monarchies tempérées, quoique absolues, et ce fut longtemps l'usage en France. Mais il en est autrement dans une société démocratique qui a détruit dans son sein toutes les corporations, et qui ne tient même plus compte de la famille dans les affaires publiques. Comme une telle société n'a plus d'autres moyens de constituer ses magistrats qu'une élection purement démocratique et faussée presque nécessairement par l'envie, la cupidité et les autres passions mauvaises que les doctrines socialistes ont exci-

(1) Il faut lire sur ce point les *réflexions sur la révolution de France*, par Ed. Burke, page 104 et passim.

tées dans le peuple; de telles élections portent le plus souvent aux affaires ceux qui en sont les moins capables et les moins dignes : l'expérience ne l'a que trop montré. Tant que dure cet état violent, il vaut mieux que ces magistrats soient désignés par l'autorité supérieure, et cela est vrai surtout lorsqu'ils joignent les fonctions politiques à l'administration municipale.

515. — Ici revient sous un nouveau point de vue celui des *concours*, une question que nous avons déjà examinée plus haut (440) au point de vue du régime *électif*, celle des droits du *mérite* à la préférence pour les fonctions publiques. On demande donc si le droit naturel oblige le prince à ne consulter que certaines aptitudes individuelles pour le choix de ses officiers, en mettant tout au concours par la voie des examens publics; comme l'usage s'en est établi dans plusieurs démocraties modernes. Il ne manque pas de gens qui l'affirment, se fondant sur ce que, selon eux, chacun a le droit de prétendre à tout dans l'Etat. — Mais cette opinion nous semble inadmissible, tant au point de vue du droit des individus qu'à celui du bien public. Il est à désirer sans doute que les hommes qui peuvent être très-utiles à l'État ne soient pas exclus des charges par une barrière infranchissable. Autre chose est toutefois admettre, par une exception fondée par une raison spéciale, les hommes du peuple doués d'un génie supérieur aux charges même les plus élevées; autre chose, exciter par une concurrence effrénée la foule des gens médiocres à tendre à ce qu'il y a de plus haut, et inoculer à toute la société la fièvre d'une ambition délirante.

Le fruit de ce système est de rendre tout le monde mécontent de son sort, de susciter une foule d'appétits qu'il est impossible de satisfaire, et qui conspirent *per fas et nefas* à bouleverser la société, pour se faire sur ses ruines une place qu'ils ne trouvent point dans l'édifice (1). Les mœurs de la société n'en souffrent pas moins que sa stabilité, car l'ambition étant ainsi surexcitée chez tout le monde, tous les moyens deviennent bons à ceux qui sont dans une condition inférieure pour s'élever à une plus haute. Le désir de l'avancement devient la préoccupation constante et universelle : il remplace tous les sentiments d'honneur, de désintéressement, de fidélité et de dévouement au bien public, qui font l'ornement, comme la force, d'une société bien réglée. La dernière conséquence de cet état de choses est le déclassement universel, prélude d'une ruine inévitable pour la société; car il n'attaque pas moins l'esprit de famille que l'ordre politique, en ruinant l'esprit de tradition qui la conserve. L'amour du foyer disparaît avec celui de la profession paternelle, et l'on devient cosmopolite pour augmenter son salaire ou ses appointements de quelques écus. C'est ainsi que la société se trouve arrachée de ses bases, et semble seulement campée sur le sol dans lequel elle avait jadis poussé des

(1) Ed. Burke a sur ce point des remarques très-sages. C'est un auteur que doivent lire tous ceux qui prennent intérêt aux questions sociales. — Voyez aussi sur les vices nombreux du régime des *concours : Institutions d'instruction publique en France*, par M. Cournot, inspecteur-général de l'Université, *chap. des examens*.....

racines profondes. La concurrence pour les emplois n'est pas sans doute l'unique cause de cet état de choses qui se développe de plus en plus; mais on ne saurait nier qu'elle n'y ait une très-grande part. On doit donc lui préférer un état social dans lequel certaines classes sont destinées au ministère public par droit ordinaire et presque héréditaire, toutefois sans exclusion absolue des autres. Car cela est plus favorable au bien public et à l'ordre domestique sur lequel il repose, ainsi qu'au véritable bonheur des individus eux-mêmes, et surtout à la stabilité, chose la plus précieuse pour un Etat. C'est ce que démontre M. de Bonald, qui a parfaitement traité de cette organisation politique dans ses divers ouvrages et spécialement dans celui qui a pour titre : *Essai analytique sur les lois de l'ordre social.*

L'*administration* proprement dite a pour objet, comme nous l'avons dit, le soin des choses matérielles utiles ou nécessaires au bien de l'Etat. Tels sont les domaines publics, le commerce, l'industrie, les finances, les impôts et les autres choses de ce genre. Les devoirs du pouvoir exécutif, par rapport à ces choses, donnent lieu à de nombreuses questions : nous examinerons les principales, avec quelques autres qui appartiennent au gouvernement proprement dit, dans le chapitre suivant, qui traitera des droits et des devoirs de l'autorité souveraine. Ici nous ne voulons que déterminer la nature et la fin du pouvoir exécutif et en assigner la matière. Il faut lire sur ce sujet M. de Bonald, *Théorie du pouvoir,* tome III, livre II.

SECTION IV.

Du pouvoir judiciaire.

516. — Ce pouvoir fait partie de la puissance exécutive; car il a pour objet de vaincre les obstacles moraux qui s'opposent à l'action de l'autorité et à l'exécution des lois, comme la force militaire combat les obstacles matériels. Il convient néanmoins de le considérer à part à cause de son importance et aussi de son caractère propre, qui demande qu'il soit ordinairement séparé du gouvernement et de l'administration proprement dite, et confié à des fonctionnaires spéciaux, pour prévenir bien des abus. Le pouvoir judiciaire est *civil* ou *criminel*. Le premier a pour objet d'interpréter et d'appliquer les lois avec une autorité impérative dans les discussions qui s'élèvent entre les citoyens sur leur véritable sens et sur les droits qu'elles consacrent. Le second tend à réprimer ceux qui par dol ou violence attaquent les droits manifestes des autres citoyens ou la sécurité publique. Tous les deux sont nécessaires pour la fin de la société; mais ils n'appartiennent qu'au souverain, qui sans eux ne saurait protéger comme il le doit l'Etat et les particuliers, et qui d'ailleurs a seul une force coactive suffisante pour surmonter les obstacles à la paix publique. La jurisdiction civile et criminelle est donc une propriété de la souveraineté, et elle possède le droit d'obliger les citoyens à exécuter ses arrêts. Elle diffère en cela de l'office des arbitres, dont les sentences n'ont que la force de pacte; parce qu'ils sont constitués par la seule volonté des

particuliers pour juger leurs procès : tandis que les juges publics prononcent au nom du prince et avec son autorité.

517. — L'exercice de la juridiction pourrait donner lieu à beaucoup de considérations qui ne sont point de notre sujet, ou qui dépassent du moins les limites que nous devons nous prescrire. Nous toucherons donc seulement les principales questions relatives à l'organisation du pouvoir judiciaire, qui appartiennent proprement au droit public.

Parlons d'abord des personnes à qui la fonction de juger doit être confiée. La source de la juridiction est, comme nous l'avons déjà indiqué, dans la personne, soit physique, soit morale, du souverain : elle demeure donc toujours radicalement en lui, et il doit pouvoir l'exercer par lui-même lorsque le bien commun et surtout le salut public le demandent, comme cela peut arriver dans des temps de trouble ; car, comme le remarque M. de Maistre, s'il convient qu'il s'en abstienne pour l'ordinaire, il serait souverainement dangereux de le lui interdire absolument. Mais dans une grande société il est indispensable que l'exercice de la juridiction soit confié à d'autres personnes, puisque le prince, surchargé de soins divers, ne peut régulièrement s'en occuper. Néanmoins, pour conserver l'unité dans la hiérarchie judiciaire, il faut qu'il y existe une subordination et une dépendance à l'égard de l'autorité souveraine, qui n'aille pas cependant jusqu'à mettre en péril la justice des sentences et l'intégrité des magistrats. Ceux-ci ne doivent pas pouvoir être séditieux impunément, et ils ne doivent pas davantage être des flatteurs du prince. Voilà le problème à résoudre et l'on a essayé pour cela bien des moyens divers. Sauf les imperfections inséparables des choses humaines, les rois de France semblaient y avoir réussi mieux que personne par l'organisation des corps de magistrature, auxquels ils avaient confié leur autorité, et qui pouvaient exciter à bon droit l'envie des autres peuples, avant que l'esprit de secte les eût séduits, pour en faire les instruments de la ruine de la monarchie (1).

Les anciens confiaient ordinairement la connaissance de chaque cause à un seul juge, et cet usage a passé du droit romain dans les tribunaux ecclésiastiques. Ce juge pouvait néanmoins prendre des assesseurs qui l'aidaient de leurs conseils sans participer à son autorité. — Mais comme un seul homme est plus exposé à l'erreur et à la passion et plus suspect de pouvoir céder à la corruption, l'usage a prévalu dans les sociétés modernes, de commettre les causes de quelque importance à des tribunaux formés de plusieurs personnes, dont les passions peuvent se neutraliser et les lumières se compléter mutuellement. De plus on leur assure communément l'inamovibilité dans leurs charges, afin de leur donner plus d'autorité vis-à-vis des citoyens et plus de force pour résister aux exigences du pouvoir, s'il leur en manifestait de contraires à la justice (2).

(1) Il faut lire sur l'organisation des tribunaux, de Bonald, *Pensées*, tome II, page 1 et suiv.; De Maistre, *Considérations sur la France*, chap. VIII et *passim*.

(2) En Angleterre toutefois, dans la libre Angleterre, les juges ne sont point inamovibles, et leur commission porte la clause résolutoire : *quandiù bene se gesserint*.

Ces deux précautions sont bonnes en elles-mêmes : elles font de la magistrature une des principales institutions qui peuvent servir de garanties contre les abus du pouvoir : aussi la plupart des peuples libres ont-ils quelque chose d'analogue. A ces garanties on en ajoute souvent d'autres pour assurer davantage l'équité des jugements, telles que la prohibition d'enlever une cause aux tribunaux ordinaires pour la faire juger par des commissions composées spécialement pour elle. Cette mesure est sage en général, les jugements par commissaires ayant assez mauvais renom. Mais l'intérêt excessif qui s'attache aujourd'hui aux accusés, a fait admettre en leur faveur d'autres précautions qui ne sont pas aussi raisonnables. Telle est la publicité absolue des débats criminels, qui le plus souvent en fait une école de corruption pour le peuple (1), et que l'audace des

(1) Voici comment M. Rubichon décrit les effets de la publicité des débats en matière criminelle :

« La justice criminelle et ses scandales sont (en Angleterre) un des aliments que la curiosité publique dévore avec le plus de voracité..... La foule sera toujours plus grande dans le tribunal, à proportion du scandale qui doit s'y passer ! et le lendemain cent journalistes, ces vraies images du monstre de la fable, qui ne pouvait être blessé nulle part, et dont le souffle seul faisait des plaies incurables, iront proclamer le crime dans toutes ses circonstances, et l'étaleront sous les yeux avides d'une jeunesse inquiète ! Nouveaux Atrées, ils présenteront tous les jours à la société un repas fait des membres putrides de ses propres enfants ; et comme ce roi parricide, ils y ajouteront encore leur poison vénéneux ! et nous serons obligés d'admirer toutes ces horreurs-là, lorsque les anciens prétendaient que le soleil s'était caché pour ne les voir ni les éclairer de ses rayons !

avocats et la malignité des factieux font tourner au mépris de l'autorité dans les procès politiques. La présence de son conseil et de quelques personnes choisies par l'accusé, à l'exclusion de la foule, serait pour lui une garantie suffisante. Mais les mœurs démocratiques ne s'accommodent pas de cette sage réserve; il leur faut le scandale et le bruit de la place publique.

518. — La doctrine de la souveraineté du peuple et la haine de l'autorité ont donné naissance sur le continent à une nouvelle institution judiciaire qui enlève la

Où est, en Angleterre, cette heureuse simplicité de la jeunesse qui ne connaît, qui ne soupçonne pas même le mal? où trouver cette inquiète curiosité de l'adolescence, qui a plus de charmes que le vermeil des lèvres qui l'expriment? cette candeur si agréable, surtout lorsque sans se flétrir elle s'est couverte de cheveux blancs? L'ignorance du mal est un bienfait auquel Dieu voulut laisser participer l'homme, et qu'il refusa même à son fils souffrant. Pourquoi craindrai-je de dire que les lois, les usages repoussent ici la main bienfaisante de Dieu; que personne n'ignore, ne peut ignorer le mal; que tous les crimes se proclament hautement, et que l'Angleterre, se dépouillant de toute chasteté, a dès longtemps banni l'innocence au-delà de ses rivages? Et la philosophie, dans son impudeur, viendra prêcher ce système et voudra forcer l'Europe à l'imiter! Pourquoi se plaint-on que le peuple ne soit ici ni susceptible de délicatesse, ni sensible au point d'honneur? pourquoi? parce qu'après l'avoir chassé des temples où il contemplait tous les jours ce que l'homme peut faire de grand et de beau, où il ne pénétrait dans la gloire du Créateur qu'à travers celle de la créature, vous venez lui salir à tout moment l'imagination par les ordures les plus dégoûtantes et les crimes les plus atroces. Si, au moins, on ne publiait le crime que lorsqu'il succombe devant les lois; mais c'est son triomphe surtout qui est proclamé; et quelles désastreuses conséquences! » *De l'Angleterre*, I, page 397.

justice criminelle aux juges établis par le prince, pour la remettre à des hommes pris au hasard parmi le peuple, et qu'on nomme *jurés*. Un certain nombre de ces hommes, revêtus momentanément du droit de juger, forment le *jury* ; on ne leur demande aucune garantie d'indépendance, de caractère, de probité, de capacité. Fussent-ils notoirement les plus vicieux des hommes, il suffit qu'ils n'aient pas encouru eux-mêmes de condamnation judiciaire pour être appelés à décider de la vie, de l'honneur et de la liberté de leurs concitoyens. On les préfère à des magistrats distingués par leur probité et leur prudence, et obligés de répondre constamment devant le public de la justice de leur sentence, sans pouvoir, comme les jurés, se cacher dans la foule et disparaître pour échapper à la honte d'une iniquité commise.

On peut trouver ce système étrange; mais M. de Tocqueville nous explique en deux mots la faveur dont il jouit auprès du libéralisme : « Appliquer le jury à » la répression des crimes, dit-il, me paraît introduire » dans le gouvernement une institution éminemment » républicaine...... » C'est là aujourd'hui le vrai mérite de cette institution, qui pouvait avoir sa raison d'être dans un ordre social différent du nôtre; mais qui est suspecte aujourd'hui aux hommes sages, et dont les avocats eux-mêmes, qui la préconisent en théorie, se moquent dans l'application (1). Voici, d'après l'expé-

(1) Rien de plus connu au palais que ce dicton des avocats : « Cet argument ne pourrait être présenté devant des juges; mais il est toujours bon pour des jurés ! » Le mot est flatteur pour ceux-ci, il faut en convenir.

rience, le triple résultat auquel elle aboutit : d'abord l'impunité fréquente des scélérats, au grand dommage des innocents et de la société (1) : en second lieu, le discrédit et la ruine des pouvoirs légitimes et modérés, lorsqu'ils sont en butte à une opposition factieuse : enfin l'oppression tyrannique des innocents dans les jugements, par un pouvoir violent qui ne recule pas devant l'emploi de la fraude, de la corruption et des menaces : car le jury devient aisément entre ses mains un docile instrument de tyrannie. C'est ce qu'on a vu sous les Tudors en Angleterre, et dans la Révolution française ; le tribunal révolutionnaire était composé de jurés. Quant à l'Angleterre, dont on a dit que ses annales étaient écrites plutôt avec du sang qu'avec de l'encre, aucune nation n'a offert autant d'exemples de cruautés

(1) Les jurés prennent ordinairement leur souveraineté au sérieux, et ne se laissent guère enchaîner par les lois, ni même par leurs serments. En ce moment, où il y a une véritable croisade du libéralisme contre la peine de mort ; en attendant qu'elle soit rayée du Code, les jurés la suppriment en pratique, en déclarant dans ce but avoué des *circonstances atténuantes*, contre le cri de leur conscience, selon laquelle ils ont juré de se prononcer. Cette faculté ne leur a même été accordée que pour arrêter le progrès de leurs acquittements scandaleux et systématiques de certains crimes ; et ils en usent largement, même au bénéfice des parricides aggravés par les circonstances les plus atroces. On a vu dernièrement un jury sauver ainsi un homme coupable, de son aveu, d'avoir commis dans un jour, sans provocation, quatre incendies et trois meurtres, dont un parricide. On a trouvé des circonstances *atténuantes*, parce qu'on ne voulait pas de la peine de mort, et on s'en est vanté hautement. Voilà une singulière justice !

judiciaires. Le jury qu'elle a toujours conservé est donc une faible garantie pour une liberté sage, malgré les éloges que lui donne le libéralisme, parce qu'il peut devenir à son heure un puissant auxiliaire pour les factieux (1).

519. — A l'organisation judiciaire appartient l'institution du ministère public, c'est-à-dire d'un magistrat attaché à chaque tribunal pour rechercher d'office les crimes, les déférer aux juges et en poursuivre la punition. Ce mode de poursuite est bien plus efficace et bien plus utile à la société que l'accusation privée, seule usitée dans l'antiquité, comme on le voit dans le droit romain.

Les soins donnés à l'organisation des tribunaux ne sauraient mettre entièrement les justiciables à l'abri de leurs erreurs ou même de leurs injustices. On leur a donc préparé un remède dans l'appel qui transporte la cause du juge inférieur au supérieur, lorsque l'objet en vaut la peine : car dans les petites affaires, l'appel serait abusif, et même dans les plus importantes, il faut qu'il ait un terme. La conformité de deux sentences faisant

(1) Le livre *de l'Angleterre*, de M. Rubichon, renferme des détails très-curieux sur la manière dont le jury administre la justice civile en Angleterre. En voici un trait qui a son prix : « Un juge, dit-il, a dernièrement été très-vanté pour avoir dé- » pêché avec ses jurés quatre cents causes en quinze jours. » Tout autre homme qu'un Anglais croirait avoir satisfait la » société, les plaideurs et surtout sa conscience, si en quinze » jours il avait obtenu la connaissance parfaite de quinze » causes. » — *De l'Angleterre*, tome I, page 319. — *Voyez à l'appendice la note* XXIX.

présumer leur justice, met fin au procès. Lorsqu'elles sont différentes, on s'en tient généralement aujourd'hui à celle du tribunal supérieur, composé d'un plus grand nombre de juges, et réputé pour cela plus éclairé. Peut-être serait-il mieux d'admettre alors, au moins pour les causes les plus graves, un troisième degré de juridiction, dont la sentence, adoptant l'une des premières, lui concilierait plus d'autorité et ferait présumer sa justice. C'était l'usage autrefois, et il est encore suivi dans les tribunaux ecclésiastiques. Quant aux preuves et à la manière dont le juge doit s'en servir pour former son jugement, il y a deux systèmes : celui de la preuve *légale* et celui de la preuve *morale*. Dans le premier, le juge forme son avis selon la preuve légitime, c'est-à-dire, d'après les qualités déterminées *à priori* par la loi même pour les preuves, par exemple tel nombre de témoins; et il ne lui est pas permis de s'en écarter, quelle que soit sa conviction personnelle. Ce système a été généralement en usage jusqu'à ce siècle.

La preuve *morale* est celle dans laquelle le juge forme et suit librement sa conviction d'après des indices de toute espèce dont la valeur est déterminée, non par la loi, mais par les seules règles de la prudence. C'est le système généralement admis aujourd'hui, non seulement pour le jury, mais encore pour les autres tribunaux, au moins dans beaucoup d'affaires.

Chacun de ces systèmes a ses avantages et ses périls. Le premier favorise l'impunité des délits; le second, spéculativement parlant, semble pouvoir tourner plus facilement à l'oppression des innocents ; mais, si l'on considère la chose en général et historiquement, il n'en est pas ainsi ; et l'on trouve à proportion plus d'innocents condamnés sur une preuve légale que sur une preuve morale. Cela peut venir de la corruption fréquente des témoins dont la déposition, quoique fausse, enchaîne le juge malgré lui. A tout prendre, dans une société corrompue, où les témoins doivent être fréquemment suspects, si l'on suppose le juge honnête et prudent, le système de la preuve morale semble préférable et plus philosophique.

521. — Disons quelque chose en terminant de la juridiction des arbitres en matière civile, qu'un gouvernement sage doit favoriser de tout son pouvoir. Elle offre les avantages du jury sans avoir ses inconvénients, substituant au hasard aveugle, le choix éclairé par l'intérêt, que les parties font naturellement des hommes les plus probes et les plus capables pour remettre leur cause à leur décision. Ainsi se trouvent terminées une foule de contestations sans frais, et sans ces procès qui sèment partout des haines éternelles, et qui causent la ruine de tant de familles. Au point de vue politique, la fréquence des arbitrages tend à diminuer le nombre et la puissance des hommes de loi, classe qui, lorsqu'elle est trop multipliée, devient extrêmement dangereuse pour la société. La France en a fait l'expérience à ses dépens, l'influence des légistes y a peu à peu détruit la noblesse, ruiné la propriété foncière et livré les affaires publiques à l'influence de la parole, d'une part, et de l'autre, à celle des théories dangereuses du droit

Césarien. Si la constitution Anglaise a pu, malgré les vices nombreux qu'elle renferme, subsister si longtemps, elle le doit surtout à l'absence presque totale de cette classe remuante et ambitieuse. Le jury en matière civile, si défectueux sous tant de rapports, l'a du moins préservée de ce péril (1); ce que les arbitrages auraient pu faire d'une manière bien plus avantageuse.

CHAPITRE VIII

DES DROITS ET DES DEVOIRS DE LA SOUVERAINETÉ

522. — Dans cette matière immense, nous devons nous borner à choisir quelques questions plus importantes et dans lesquelles il est nécessaire de réfuter les erreurs périlleuses qu'y ont répandues les novateurs. Remarquons avant tout que les droits et les devoirs du souverain n'ont point pour mesure sa seule volonté ni sa force physique, selon la doctrine impie de Machiavel et de Hobbes; mais la fin de la cité elle-même, ou le bien des citoyens assuré en cette vie par la sécurité, la concorde, l'honnêteté des mœurs et le soin de procurer les choses nécessaires ou utiles aux besoins de la vie. Tout ce qui est inutile, et plus encore, ce qui est nuisible à cette fin bien entendue, se trouve par là même hors de la sphère de cette autorité. Ce principe suffit pour faire crouler le système païen qui sacrifie tous les droits des individus et des familles au bien, ou pour mieux dire aux exigences, de l'Etat; système qui forma

(1) On peut voir sur ce sujet Ed. Burke, *passim*, et MM. Rubichon et Mounier, *de l'Agriculture en France — de l'Angleterre*, *passim*.

les mœurs des républiques grecques et romaines, et que Platon dans ses théories, Lycurgue dans ses lois, portèrent jusqu'aux plus honteux excès. Nos réformateurs politiques ressuscitent cette doctrine, sauf quelques changements dans les formes et dans les termes, et les nations qui reconnaissent pour principe fondamental, au moins en théorie, la souveraineté populaire, se rapprochent tous les jours davantage de cette sorte de panthéisme social (1) appelé *socialisme*, qui consiste à rendre l'Etat arbitre et administrateur de toutes choses, au nom de l'intérêt des masses. Le peuple y devient le Dieu politique qui peut tout, ne doit compte de rien à personne et auquel il est illicite autant qu'impossible de résister; et qui manifeste sa pensée dans ce qu'on appelle pompeusement *la majesté de la loi.* Loi humaine (car ces sociétés font abstraction de la loi divine), expression de la volonté générale qui est l'objet d'une sorte d'idolâtrie. Il ne peut être question de lui opposer les droits de la conscience. « *Quand la loi parle, la conscience doit se taire* » disait à l'abbé Emery en 1790 le fameux Bailly, celui qui substitua la souveraineté du peuple à la souveraineté royale dans l'assemblée du jeu de paume dont il fut le président. Parole profonde qui résume, pour qui sait la comprendre, toute la théorie révolutionnaire.

(1) M. de Tocqueville montre que les peuples démocratiques penchent naturellement vers le panthéisme. — *De la Démocratie*, tome II, part. I, chap. VII. — Au fait, le panthéisme est la grande erreur de notre siècle démocratique.

Il ne s'agit donc pour s'emparer légitimement de tout que de faire des lois ; et le peuple, ou ceux qui gouvernent en son nom, n'en sont point avares. Il vote les impôts qui tombent surtout sur les riches, et les accroît sans cesse de manière à faire passer le plus net des fortunes privées dans le trésor de l'Etat, qui les distribue en travaux publics, en traitements de fonctionnaires de tout genre multipliés sans mesure pour faire les affaires de chacun et non plus seulement celles de l'Etat. Ainsi le droit de propriété s'effaçant de plus en plus, le gouvernement se rapproche de même d'une simple application de la formule Saint-Simonienne : *distribuer toute la masse des biens à chacun selon sa capacité et à chaque capacité selon ses œuvres*. Voilà le point auquel aboutit logiquement la centralisation excessive et toujours croissante qui est le caractère du mécanisme administratif de nos jours. Nous n'entrons point dans les détails de ce système. On peut en voir le développement chez M. Dupont White, qui l'a préconisé, au moins dans de certaines limites, dans ses livres intitulés *L'individu et l'Etat — La centralisation*. D'autre part, M. de Haller et M. de Tocqueville, malgré l'opposition de leurs principes, se réunissent pour signaler les conséquences funestes de ce système (1).

(1) Voyez Haller, *Restauration de la Science politique*. T. I, chap. IV et VI ; de Tocqueville, *De la Démocratie*, T. II, part. IV. — Cette usurpation de tous les droits par l'Etat, et son omnipotence, ont été réprouvées par le pape Pie IX, dans l'allocution solennelle qu'il adressa, le 9 juin 1862, aux évêques réunis à Rome, de tout l'univers.

Remarquons toutefois que les citoyens n'ont guère le droit de se plaindre de cet envahissement de leurs droits, car dès qu'ils usurpent ceux de l'autorité en se proclamant souverains, il est assez naturel que celle-ci de son côté prenne le rôle des particuliers et gouverne leurs affaires. Il fallait rester chacun chez soi.

523. — Pour nous, nous suivons une route tout opposée en assurant à chacun ses droits : à l'autorité suprême, le droit de gouverner et d'administrer la cité, droit reçu de Dieu, et non d'un pacte social : aux citoyens et aux familles, la liberté personnelle et les droits domestiques. Notre principe favorise l'autorité renfermée dans ses justes limites; et ses résultats sont plus doux et plus heureux pour les citoyens. L'histoire, du reste, et l'expérience contemporaine permettent de juger facilement les deux systèmes à leurs fruits.

Voici donc, selon nous, le premier principe en cette matière : la somme des devoirs de l'autorité souveraine consiste à assurer tant aux individus qu'aux familles et aux corporations diverses, la possession de leurs droits naturels : et le peuple, pas plus que le roi, ne peuvent licitement entamer ces droits sans une vraie nécessité, ou du moins sans une grande utilité sociale. Nous ne nions pas cependant que ces droits ne puissent être limités, comme le demandent l'harmonie à établir entre ceux des différentes personnes, et les exigences du bonheur public, but de la cité. Car la vie sociale n'accorde à chacun ses droits que sous les réserves nécessaires pour qu'ils puissent se combiner avec ceux des autres et avec le bien public. Rousseau prétend donc bien à tort que l'homme sacrifie une partie de ses droits lorsqu'il entre en société; car ces restrictions nécessaires sont l'œuvre de la nature elle-même, et si elles ne trouvent pas d'application dans l'état de solitude où quelqu'un pourrait se trouver, ce n'est que faute d'occasions : celles-ci ne se trouvent que dans la vie commune. Toutefois, comme cette réserve naturelle dans les droits a quelque chose de vague et d'indéterminé, l'office de l'autorité publique est de faire disparaître cette indétermination, qui ne saurait subsister dans la pratique. C'est ainsi que la société, loin de les détruire, les perfectionne en fixant leurs proportions. Au lieu d'usurper les droits des sujets, l'autorité doit donc en prendre la défense contre ceux qui voudraient les violer. Les devoirs de la souveraineté, qui sont la mesure de ces droits, se réduisent en général au *gouvernement*, qui dirige les hommes vers le bien commun en favorisant la multiplication des associés, leur concorde, leur activité et leur adresse dans les opérations utiles : et à *l'administration*, qui prend soin des choses ou des richesses sociales nécessaires au bien commun à un certain degré. Nous allons traiter brièvement les principales questions relatives à ces deux objets.

ARTICLE I

DU GOUVERNEMENT

SECTION I

De l'office du pouvoir civil par rapport à la population.

524. — Il est peu de questions plus importantes que celle-ci; il n'en est guère aussi que les sophistes aient

plus embrouillée par leurs déclamations, au grand dommage de la société. Les politiques en effet, et surtout les philosophes du dernier siècle, ont souvent exalté, comme principal moyen de prospérité pour l'État, un grand développement de la population. Suivant en cela les traces des protestants, ils ont déclamé sans mesure contre le célibat religieux, en honneur dans l'Église catholique, et se sont efforcés de l'abolir, en faisant aux ordres religieux une guerre acharnée qui n'a que trop réussi. Mais la conséquence de cette funeste victoire, qui déplaçait en même temps et dilapidait les richesses sociales chez les nations soumises à leur expérimentation, a été la création du paupérisme et un accroissement excessif de la population, montrant la famine en perspective pour l'avenir. Ce résultat, que nous ne pouvons qu'indiquer ici, est prouvé jusqu'à l'évidence dans les écrits déjà cités de MM. Rubichon, Mounier et Cador, auxquels nous renvoyons le lecteur. Effrayée de ces conséquences, une nouvelle école d'économistes s'est mise à chercher des moyens d'arrêter ce progrès menaçant de la population. Elle n'a rien trouvé de mieux que la prohibition violente du mariage, au mépris des droits naturels à tous les hommes, ou des pratiques encore plus détestables (1). Mais elle n'a

(1) Lorsque la prévoyance fait défaut, dit M. Leplay, comme il arrive en Alsace, en Lorraine..... le morcellement du sol multiplie, avec l'hypothèque et l'usure, le type, spécial à ces contrées, du *propriétaire indigent*. Toute enquête faite en France sur la partie la plus intelligente de la petite propriété, démontrera qu'elle tend de plus en plus à *se constituer sur le principe de la stérilité du mariage*. — *Les Ouvriers européens*, p. 241.

pas voulu revenir à la véritable solution du problème dont dépend le salut de la société, solution que la religion catholique seule peut fournir, en persuadant doucement à un grand nombre de personnes de garder le célibat, et en leur donnant en même temps les moyens d'y vivre honnêtement. Ce problème, comme bien d'autres, ne peut être assez résolu dans la condition actuelle de l'homme par les seuls principes naturels. — La multitude des citoyens contribue, il est vrai, à la force d'un État comme à celle d'une armée, pourvu qu'elle soit accompagnée d'autres conditions indispensables, comme la discipline, l'abondance des vivres, etc., sans quoi elle ne produit que confusion. Elle peut même amener la ruine de la société, ou parce que l'autorité trop faible ne peut contenir dans le devoir cette multitude excessive, comme il arrive dans les grandes démocraties; ou parce que le territoire ne suffit plus pour nourrir un si grand nombre d'habitants; ce qui amène la famine et les discordes civiles qui en sont la suite. La fécondité du sol est bornée en effet, et si la proportion entre elle et le nombre de ceux qui le couvrent vient à se rompre, il en résulte pour l'État un accroissement, non de prospérité, mais de faiblesse et de dangers, comme on peut le voir à la Chine. De là naît une question; celle de savoir ce que peut et doit faire le souverain pour établir et maintenir cette proportion entre la population et les ressources du sol qui doit la nourrir? En d'autres termes, quelle action il peut exercer sur les mariages de ses sujets? Les propositions suivantes résoudront cette question.

PROPOSITION I

Le souverain n'a aucun droit direct sur les mariages, qui lui permette de les déterminer individuellement.

525. — *Preuve.* Un pouvoir de cette sorte ne peut appartenir au pouvoir politique, si le mariage n'appartient pas directement en lui-même et primitivement à l'ordre politique, mais à un autre ordre plus élevé auquel celui-ci lui-même doit être rapporté. Or il en est précisément ainsi. En effet, le mariage est établi par la nature même pour la conservation, la propagation et la perfection du genre humain, auquel il est constamment nécessaire. De plus, il est le commencement d'une nouvelle société domestique. Enfin le droit de contracter mariage est un droit naturel à toute personne, et dont l'exercice peut quelquefois lui être nécessaire. Et tout cela est vrai dans la simple société patriarchale, et par conséquent indépendant de l'existence de la société civile, qui lui est postérieure. Le mariage appartient donc de soi et primitivement à l'ordre naturel, à l'ordre domestique et à l'ordre individuel, qui ont chacun leur régulateur propre; car les fonctions de l'ordre naturel ne peuvent être réglées que par l'auteur même de la nature : l'ordre domestique est dirigé par le père de famille, et les nécessités individuelles, par la raison de l'individu lui-même, comme les fonctions de l'ordre politique sont réglées par le souverain. Le réglement direct des mariages n'appartient donc pas plus au pouvoir politique que le soin de l'économie domestique et des repas par lesquels l'in-

dividu soutient ses forces. En vain objecterait-on que les mariages influent sur l'ordre social; car on peut en dire autant des autres choses que nous venons de nommer : et si cette influence indirecte était une raison suffisante pour soumettre quelque chose aux ordonnances du souverain, celle-ci devrait s'étendre à tout, jusqu'aux sauces et aux ragoûts, comme cela se faisait à Sparte, et comme le veulent aujourd'hui nos socialistes. — Voyez Taparelli, *Essai*, etc., § 1112.

Il y a plus, et l'ordre politique est lui-même subordonné aux trois autres; car il a pour objet de faciliter l'observation des lois naturelles et d'assurer la sécurité des familles et le bonheur des individus. Il ne peut donc rien entreprendre de contraire à ce but, ni violer les droits des familles et des personnes. C'est néanmoins ce qui arriverait nécessairement si le pouvoir politique s'attribuait la réglementation du mariage, pour l'ordonner à celui-ci, l'interdire à celui-là; ou imposer des choix qui pourraient rendre très-malheureuses les personnes auxquelles ils répugneraient. Une telle ingérence, plus propre que toute autre à faire le malheur des citoyens, serait donc une usurpation de la part du souverain.

PROPOSITION II

Le souverain peut néanmoins exercer sur les mariages une influence indirecte.

526. — *Preuve.* Cette influence indirecte est celle qui consiste non à commander ou à défendre les mariages; mais à les protéger, en assurant à la famille et à l'indi-

vidu la jouissance de leurs droits naturels relatifs à ce point, et en réprimant les abus contraires. C'est ainsi que la propriété, qui ne dépend pas directement et absolument de l'ordre politique, puisqu'elle peut exister en dehors de lui, en reçoit néanmoins une grande protection.

Or on ne peut nier que le souverain n'exerce en bien des manières une telle influence; car il peut prohiber directement les abus, comme la violence et la fraude dans les mariages, protéger les enfants contre la tyrannie de certains parents dénaturés, et régler jusqu'à un certain point les parties de l'administration domestique qui sont naturellement liées à l'ordre public comme les héritages. Mais tout cela suppose la société conjugale déjà constituée par d'autres principes dont l'autorité civile ne fait que protéger l'application. — Elle peut aussi procurer indirectement l'accroissement de la population, en facilitant les mariages par l'augmentation des richesses sociales, qui permet à un plus grand nombre de personnes de suivre leur inclination naturelle pour cet état. De même, si l'accroissement de la population est trop rapide, elle peut l'arrêter indirectement, non en privant personne de son droit naturel au mariage; mais en favorisant les institutions qui peuvent détourner librement et honnêtement plusieurs personnes de s'y engager, comme sont toutes celles que l'Eglise catholique a consacrées par le célibat. Par là, on échappe aux dangers d'un excès de population, sans blesser les droits de personne : au contraire, ceux qui renoncent volontairement aux leurs, font place à d'autres qui n'auraient pu s'établir convenablement dans une société trop nombreuse et livrée par là au paupérisme. Il est donc vrai que le souverain peut influer indirectement de bien des manières sur les choses qui ne sont qu'accessoires à la substance de l'institution du mariage, et sur le développement de la population, conformément aux besoins du temps.

SECTION II

De l'émigration.

527. — La question de l'émigration des citoyens touche à celle de la population. Beaucoup de partisans du contrat social regardent l'émigration comme un attentat aux droits de l'État, auquel chaque associé est censé s'être livré corps et biens : et voilà comment, sous prétexte de liberté, on introduit une véritable servitude, puisqu'il n'y a rien de plus naturel à l'homme que le droit de choisir son habitation. Pour nous, laissant de côté les théories abstraites, nous chercherons la solution de la question dans les faits et dans la nature des rapports sociaux qui naissent des manières différentes dont l'association s'est formée.

Le droit d'émigrer est de soi naturel à l'homme ; mais il peut être restreint ou supprimé à divers titres, lorsque du fait qui a formé telle société, naît pour certaines personnes physiques ou morales une obligation spéciale d'habiter un territoire. Tels étaient par exemple ceux qui par naissance ou par convention étaient soumis aux liens du servage dans le moyen-âge. Mais là où règne complètement la liberté civile, il ne peut guère exister d'obligation à résidence par rapport à l'état même, quoique des particuliers puissent avoir une telle obligation envers d'autres personnes ; comme les enfants, les épouses, les serviteurs à gages qui sont obligés d'habiter au même lieu que leurs parents, époux et maîtres.

Le souverain n'a donc point, en dehors de ces titres spéciaux, le droit de prohiber l'émigration; si ce n'est lorsque la charité et l'amour de la patrie obligent les citoyens à y demeurer pour la défendre, ou pour aider leurs concitoyens dans une nécessité pressante. Il est juste, en effet, que ceux qui ont joui des avantages de l'association, ne l'abandonnent pas quand ils peuvent la soutenir dans les épreuves qu'elle subit. Régulièrement le souverain ne peut pas davantage imposer l'émigration à des citoyens innocents, par exemple pour la translation d'une ville dans un autre lieu ou pour la fondation de colonies lointaines. La nécessité d'un grand bien général pourrait seule l'y autoriser, en indemnisant toutefois les émigrants aux dépens de ceux auxquels l'émigration profite.

On voit que chacun est libre de soi d'abdiquer sa patrie pour en adopter une autre, envers laquelle il contracte les obligations de citoyen, dont il est délié par rapport à l'ancienne. Il pourrait même alors, sans encourir le reproche de trahison, porter les armes contre celle-ci au service de sa nouvelle patrie, quoique ce procédé ait quelque chose de peu convenable. Réciproquement, celui qui s'est fait naturaliser dans un autre pays sans le consentement de son prince, peut être regardé par celui-ci comme ayant renoncé à sa patrie et être traité comme étranger.

SECTION III

De la protection à donner aux bonnes mœurs.

528. — Au gouvernement proprement dit appartiennent le droit et le devoir de favoriser l'honnêteté extérieure des mœurs, qui influe plus que tout le reste sur le bien, même temporel, de la société, et de pourvoir à la sécurité, tant des droits privés que de l'ordre politique. Ce principe a des applications nombreuses, que contestent bien à tort les novateurs. Le souverain, en effet, ne doit pas seulement, comme ils le prétendent, réprimer les délits pour ainsi dire matériels, comme le vol et l'homicide; mais encore les délits moraux, c'est-à-dire ceux qui ne semblent pas atteindre si immédiatement l'ordre extérieur, quoiqu'ils l'ébranlent souvent d'une manière bien plus périlleuse, comme la profession publique d'impiété et la corruption des mœurs. Si quelquefois l'autorité politique est obligée de tolérer beaucoup de choses en ce genre, ce n'est pas le droit de les réprimer qui lui manque, ce sont les forces et les moyens de répression.

L'autorité publique doit non seulement respecter les droits des citoyens, mais encore les défendre contre les attaques des autres; et tous ont droit de sa part à une protection égale sur ce point, comme nous l'avons expliqué ailleurs. Nous devons surtout signaler ici deux objets d'une extrême importance, à l'égard desquels cette protection fait trop souvent défaut aujourd'hui. Le premier est le droit de propriété, l'une des bases de l'ordre social, et que les mœurs administratives de notre siècle, imbues de socialisme, sacrifient trop facilement à une prétendue utilité publique, qui n'est trop souvent que le caprice de quelques faiseurs. On prépare ainsi l'esprit du peuple à immoler le droit même de propriété à la première utopie de bien public qui lui sera présentée. Le socialisme n'est pas autre chose (1).

Le second objet que l'autorité doit spécialement protéger est le droit appartenant à chacun de se choisir un genre de vie honnête, et spécialement un de ceux qui sont les plus favorables à la pratique de la vertu. C'est assez dire combien sont tyranniques les lois qui, sous prétexte de liberté, ont interdit la profession de l'état religieux, ou même de l'état ecclésiastique. On voit aussi ce qu'il faut penser des exigences exagérées de la conscription militaire, cette autre conquête de la liberté moderne, qui atteint aujourd'hui la moitié de la jeunesse (2).

(1) Voyez un écrit remarquable de M. de Maumigny sur la centralisation. *Univers*, 1, 2, 26 octobre 1858.

(2) Voici quelques réflexions d'un habile physiologiste, qui nous semblent dignes d'être sérieusement méditées, au sujet de l'affaiblissement notoire qui se fait sentir dans la race française, depuis la Révolution :

« Une des conditions qui pèsent depuis longtemps sur la France, dit-il, contribue, selon nous, à doter nos populations de ce caractère d'impuissance à dominer les excitations de faiblesse en face des influences physiques, qui rend les opérations

529. — Ici revient le droit de censure préventive que le souverain *peut* et *doit* régulièrement exercer, pour empêcher que l'on n'attaque par des discours ou des écrits, les mœurs publiques, l'honnêteté, la religion et le respect dû à l'autorité. C'est un point que le bon sens antique n'aurait jamais mis en doute, mais sur lequel les impies, et même certains catholiques

chirurgicales beaucoup plus périlleuses et plus meurtrières en France qu'en Angleterre. Cette condition, c'est le long régime de la conscription, qui sans relâche enlève depuis quatre-vingts ans la partie vigoureuse de la population, pour la moissonner dans des guerres meurtrières ou la rendre affaiblie et corrompue par les excès de la vie militaire. L'influence de la conscription sur la vigueur de notre race est un effrayant problème à étudier. Il commence à frapper bien des esprits, et il faut s'attendre à le voir s'imposer de plus en plus aux préoccupations sérieuses des économistes. Il faudra décider si nous sommes en état de supporter indéfiniment des levées annuelles de 100,000 hommes, sans avoir à redouter l'affaiblissement progressif de la race. Les signes de dégénérescence de l'espèce se font jour partout dans nos conseils de révision, et cependant le bien-être général augmente d'une manière incontestable. Il y a dans ce contraste des indices alarmants et qui donnent matière à de tristes réflexions. Notre conscription, si propre à faire une bonne armée, ne serait-elle pas, par une douloureuse compensation, destinée à affaiblir la population foncière du pays; et ne deviendrons-nous pas, sous son influence, une nation étiolée, souffreteuse, ardente toujours, mais d'une ardeur qui épuise celui qu'elle anime? La race anglo-saxonne, qui n'a pas de conscription, ne présente pas, que nous sachions, ces signes d'affaiblissement qui marquent visiblement la nôtre. » — *De l'Assistance hospitalière*, par le docteur Chauffard. — *Correspondant*. T. 60, p. 115.

imprudents, que l'Eglise a désavoués, n'ont que trop réussi à égarer d'une manière déplorable l'opinion publique. Néanmoins, malgré les sophismes qu'ils ont entassés pour réclamer en faveur de tous la liberté de penser, ou pour mieux dire, la licence de parler et d'écrire, il demeure vrai que nul n'a, de par la nature, le droit de pouvoir ébranler les fondements de la société, en attaquant l'honnêteté des mœurs, la religion et l'autorité, pour satisfaire la présomption vaniteuse qui le porte à s'ériger en réformateur nécessaire. Pour montrer l'absurdité de cette prétention, il suffit de la transférer de l'ordre moral à l'ordre physique, et de l'empoisonnement des âmes à celui des corps. Le prince a donc le droit et même le devoir de prévenir l'un comme l'autre et de sauver la société qu'il représente en se défendant lui-même : car l'ordre public a souvent plus à craindre des discours et des écrits factieux ou corrupteurs que d'une sédition armée. Ainsi, il faut refuser à l'autorité le droit de réprimer celle-ci, ou lui accorder le droit de se défendre aussi contre les calomnies qui la préparent dans l'esprit des peuples. Or cette défense ne peut être efficace que par la censure préventive ; car la peine dont sont frappés après coup les délits de la presse n'empêche pas le poison une fois lancé de circuler dans les veines du corps social : elle ne fait même qu'irriter le mal, comme l'expérience l'a si souvent montré dans ce siècle. Il est plus sage de le prévenir, puisqu'il est irréparable. On peut abuser du droit de la censure sans doute : on peut abuser aussi de la police qui préserve les citoyens des entreprises des sicaires, des voleurs et des escrocs. Est-ce une raison pour appliquer à ces violateurs du droit individuel la maxime du *laisser-faire, laisser-passer?* Est-ce que la liberté qu'on réclame pour les précepteurs du genre humain est elle-même exempte d'abus? et doit-on hésiter entre les intérêts de leur orgueil, disons, si l'on veut, entre quelques vérités utiles qui pourraient surnager dans beaucoup de fatras, quand on a sous les yeux une société qui se meurt du poison que lui ont inoculé les sophistes, au nom de cette liberté fatale? Concluons que si la liberté de *penser* est à l'abri de l'action du pouvoir politique, qui ne saurait en exercer aucune sur l'intime de l'âme, il n'en est pas de même de la liberté de *parler* et d'*écrire*. Si celles-ci, prises en soi, sont naturellement franches, l'abus pernicieux qu'il est si facile d'en faire, les soumet accidentellement à l'autorité, qui est obligée, par sa fin, d'empêcher, autant qu'elle le peut, que personne ne nuise par ses actions extérieures aux particuliers ou à l'Etat (1).

(1) La question de la liberté de la presse est très-bien traitée par Mgr Tharin; *Du Gouvernement représentatif et de la Monarchie tempérée*, chap. V. Nous y renvoyons le lecteur. Toutefois, il ne sera pas sans intérêt de rapporter ici, sur ce sujet, les paroles d'un prince qui a souvent passé pour patroner des idées et des institutions qu'il a tout simplement subies. Elles sont tirées d'un écrit du roi Louis XVIII, où il critique sévèrement les cahiers très-libéraux de la noblesse du Poitou aux Etats de 1789. — L'article 21 de ces cahiers réclamait la liberté de la presse et la suppression de la censure; or voici les réflexions fort justes qu'il inspire au royal critique : « C'est, dit-il, de la philosophie moderne toute pure. Dès que les philosophes aper-

ARTICLE II

DE L'ADMINISTRATION

SECTION I

De l'Economie politique.

530. — Le souverain ne doit pas seulement diriger les personnes vers le bien social, il doit encore étendre prudemment ses soins aux choses matérielles qui leur sont utiles, et qui concourent par là à procurer le bien temporel, fin prochaine de la société politique. Ces choses qui servent au besoin et à l'agrément de la vie, sont ce qu'on appelle des *richesses*, lorsque leur acqui-

çoivent quelques entraves mises au débit de leur système, ils crient qu'on veut attenter à la liberté de penser, et veulent détruire l'obstacle. Mais comment ne sentent-ils pas la différence qu'il y a entre la pensée et son expression? La première échappe à toutes les autorités temporelles, Dieu seul en est le maître; la seconde est du ressort du souverain; il doit y veiller sans cesse pour propager ce qu'elle a d'utile et arrêter ce qu'elle a de nuisible. La presse est le moyen le plus sûr et le plus prompt d'opérer cette propagation; faut-il lui laisser un libre cours? C'est comme si l'on demandait s'il faut permettre à un pharmacien de débiter indistinctement toutes sortes de drogues. Je voudrais savoir si les rédacteurs de cet article seraient fort édifiés de voir vendre publiquement et à qui en voudrait, de l'arsenic et du sublimé corrosif? Ils trouvent, au contraire, fort bon que l'on ne puisse les délivrer que sur une ordonnance du médecin. Eh bien! ce que le médecin fait au physique, le censeur le fait au moral. On crie que la censure étouffe le génie, je voudrais savoir quel est l'ouvrage utile qu'elle a jamais empêché de paraître..... *Principiis obsta* doit être la maxime de tout bon gouvernement; et quand la censure n'aurait produit, dans sition demande quelques efforts. Augmenter les richesses c'est donc produire un plus grand nombre de ces objets. On a beaucoup écrit depuis un siècle sur l'art de procurer cette augmentation; et de là est née une science nouvelle : l'*économie politique*, dont les docteurs sont appelés *économistes* (1). Leur chef est l'Anglais Smith, auteur du traité *de la richesse des nations* (2,) dont les idées, importées chez nous par J.-B. Say et Garnier, dominent encore toute cette matière, au grand dommage des peuples qui se sont laissés séduire par ces doctrines, dont le résultat le plus net a été la diffusion du paupérisme.

le cours d'un siècle, d'autre effet que d'empêcher un mauvais ouvrage de voir le jour, elle aurait bien mérité de l'Etat. La punition d'un coupable auteur est utile pour l'exemple; mais quand son venin est répandu, sa punition n'en arrête pas les progrès. Que les censeurs soient bien choisis; qu'une responsabilité terrible pèse sur leur tête; que le ministère public recherche avec soin les auteurs et imprimeurs des écrits anonymes; qu'ils soient sévèrement et *personnellement* punis, si l'ouvrage est dangereux, c'est le moyen de rendre la presse utile et d'en ôter le danger. Mais en lui donnant une liberté indéfinie, toutes les précautions que l'on prendrait pour en arrêter l'abus seront toujours malheureusement tardives et trop souvent superflues. » — *Manuscrit inédit de Louis XVIII*, publié par M. Martin d'Oisy, en 1839, p. 355.

(1) Ce nom désigne aussi dans un sens plus restreint une secte de réformateurs nés en France sous Louis XV, et dont le fameux Turgot fut un des principaux adeptes. — Il faut voir à son sujet M. de Tocqueville, *l'Ancien Régime*, livre III, chap. III.

(2) On a dit, et non sans fondement, de cette idole des économistes : *S'il y a cent moyens de détruire la société, Smith en a recommandé quatre-vingt-dix-neuf!* (*Enquêt. angl.* III, p. 245.)

Ce triste résultat ne doit pas faire méconnaître l'existence d'une doctrine vraie et utile sur l'économie politique; mais seulement déplorer la corruption de cette science, qui lui a été commune avec tant d'autres dans ce siècle d'erreurs. Les économistes l'ont faussée en donnant plus d'importance à l'éclat, au luxe et à la simple circulation des richesses qu'à leur production, et en favorisant le négoce, les industries de luxe et les transactions pécuniaires, plus que l'agriculture, qui est pourtant la source principale des véritables richesses. Imbus d'ailleurs des idées protestantes et philosophiques contre toute stabilité, et des rêveries modernes sur le progrès, ils ont attaqué imprudemment la hiérarchie sociale, les principes protecteurs de la famille, et presque tous les fondements des mœurs, entraînant à leur suite dans ces voies fatales la masse des classes supérieures et moyennes de la société. Aussi y a-t-il à peine une autre science qui soit aussi profondément viciée que celle-ci, et ceux mêmes qui cherchent à en réfuter les conséquences désastreuses admettent souvent à leur insu ses définitions et ses points de départ les plus dangereux. L'expérience n'a cependant pas été perdue pour tous, et il commence à se former une école réparatrice dont M. Rubichon est le fondateur.

531. — Il y a deux sources de richesses. La première est la fécondité de la terre, dont les productions, et surtout celles des règnes végétal et animal, fournissent la matière de toutes les richesses, c'est-à-dire de tout ce qui sert à nos besoins. La seconde est l'industrie, par laquelle l'homme modifie cette matière au

moyen de ses propres forces et des autres qu'il trouve dans la nature, comme les éléments ; donnant ainsi aux produits de la terre une forme nouvelle qui multiplie leurs usages. La plupart des économistes admettent une troisième source de richesse, le négoce, dont ils exagèrent l'importance en lui attribuant principalement la prospérité des nations ; ce qui les a portés à exagérer aussi l'industrie appliquée aux choses propres au commerce. De là est résultée dans la société une tendance funeste au matérialisme du bien-être et à la cupidité de l'or.

Dans la réalité, néanmoins, le commerce, ainsi que les opérations qui s'y rapportent, comme la banque, n'ajoute rien aux vraies richesses : il en procure seulement l'échange entre les peuples et les personnes. Quoiqu'il soit, dans une certaine mesure, nécessaire au bien public, et qu'il puisse faire la fortune d'une ville ou d'un particulier ; on ne peut, lorsqu'on le prend sur une plus grande échelle, le favoriser au-delà d'une certaine mesure sans faire tort à la véritable richesse de la société. Celle-ci en effet consiste dans la production des choses utiles aux usages de la vie, non dans l'accumulation des espèces monétaires ou du papier, qui ne sont que des signes représentatifs de la richesse, mais qui ne la constituent pas. La terre, en tant que soumise à la culture, est donc la principale source de richesses et devrait être le premier objet de sollicitude pour la science économique ; mais c'est précisément tout le contraire qui a eu lieu depuis un siècle. Pour nous, nous allons commencer par poser brièvement à ce sujet quelques principes fondamentaux, renvoyant pour les développements aux auteurs que nous indiquerons.

SECTION II

Des richesses territoriales.

532. — A part les métaux et quelques autres substances semblables que l'industrie de l'homme tire du sein de la terre; tout ce qui sert à nos usages est le produit de la végétation ou du règne animal, qui nous fournissent les vivres, les vêtements et une grande partie de ce qui est nécessaire à l'habitation. Ce qui sert à augmenter la production de ces objets est donc le principal moyen d'assurer la richesse et la tranquillité publique; car le vivre, le couvert et le vêtement sont nécessaires à tous; et lorsque chacun en est pourvu, la société est tranquille; le danger de sédition venant surtout de la multitude de ceux qui manquent du nécessaire. Le souverain, il est vrai, ne peut se charger lui-même de la culture des terres, ni même régler trop minutieusement ce qui tient à leur possession, dans laquelle les règles de la justice naturelle d'une part, et de l'autre l'empire des circonstances, introduisent une grande variété. Le législateur peut néanmoins, par des moyens indirects et même par certaines lois relatives à la possession et à la transmission des biens, établir par rapport à ceux-ci un état de choses propre à favoriser l'abondance des produits nécessaires à la vie. C'est là un des points les plus importants du gouvernement, non seulement pour la richesse publique, mais aussi

pour la paix et la moralité même de la société. Aussi la constitution de la propriété foncière, d'où dépend surtout la prospérité de l'agriculture, doit-elle attirer toute l'attention du souverain (1).

533. — Deux choses sont surtout nécessaires à une bonne constitution de la propriété rurale : c'est que les terres aient une étendue suffisante, et que leur possession se perpétue dans les mêmes familles ; ce qui donne aussi à celles-ci une perpétuité très-utile à l'État sous mille rapports. Il existe en effet, entre la terre et la famille, un lien étroit dont la rupture a pour celle-ci des conséquences funestes, et a coutume d'amener promptement sa ruine. C'est là une des raisons pour

(1) « Il est un principe qui nous semble incontestable, dit M. Rubichon, c'est que le sol ne doit pas être occupé sous des conditions qui rendent impossible de le faire valoir tout ce qu'il peut valoir, puisque ce n'est que du sol que dépendent la subsistance et l'existence du pays. — Aujourd'hui que l'art de l'agriculture est enfin connu, nous voyons que celui qui cultive moins de 100 à 150 hectares, ne peut pas leur faire produire tout ce qu'ils peuvent produire. Le préjugé qui domine le continent de l'Europe, que l'ordre inférieur des agriculteurs peut non seulement cultiver, mais encore posséder une étendue de terre beaucoup plus petite, est donc précisément ce qui l'énerve.

» N'est-il pas au-dessus d'un petit propriétaire, celui qui a un long bail d'une grande ferme, et ce bail ne se renouvelle-t-il pas d'ailleurs pour ses enfants? L'état des fermiers a acquis dernièrement dans la Grande-Bretagne la même solidité d'existence que celui des propriétaires..... Et quoique les hommes de tout état soient toujours enclins à se plaindre de leurs supérieurs, l'ensemble des enquêtes sur les relations entre le propriétaire et le fermier, est en général un retentissement d'éloges lesquelles on peut dire qu'après la religion, la propriété foncière est le plus solide fondement de la société. Celle-ci vit de l'esprit de tradition, et les traditions ne se conservent que dans la famille fortement constituée et restant fixée au manoir des aïeux. Lorsqu'au lieu de familles durables, on voit surgir partout des hommes nouveaux, les traditions disparaissent, l'amour des nouveautés les remplace, tout devient flottant dans l'État, et le discrédit où tombe bientôt l'autorité le conduit à sa ruine. Ceux qui dans la révolution ont pris tant de soin de morceler les terres et de les arracher à leurs anciens possesseurs savaient bien ce qu'ils faisaient; et ils ont entassé des ruines qu'il sera peut-être impossible

les uns des autres. » — *Extrait des enquêtes du Parlement d'Angleterre*, tome II, p. 141.

On compte en Angleterre, suivant M. d'Israëli, 250,000 propriétaires fonciers. 2,000 tout au plus possèdent le tiers des terres et du revenu, et 50 parmi eux ont des fortunes princières. Ces 2,000 familles possèdent en moyenne 5,000 hectares et 250,000 fr. de revenu par famille; les 248,000 autres, 80 hectares et 4,000 fr. de rente. Mais ces fortunes sont en fait fort inégales. La proportion de la richesse territoriale en Angleterre, estimée à 1,500,000,000 fr. de revenu, est de 41 pour 100; celle de la richesse immobilière, de 59 pour 100. — De Franqueville, *Institutions de l'Angleterre*, p. 335.

En France, le sol est partagé bien différemment. On y comptait avant 1850, 4,800,000 familles propriétaires, dont 3,900,000 possédaient en moyenne 3 hectares 64 ares; 700,000, 20 hectares 60 ares; les 100,000 autres, 177 hectares, sur lesquelles il n'y en a que 8,000 qui possèdent en moyenne 400 hectares. Quelle différence dans la tenure des terres entre les deux pays! — Voyez sur ce sujet Tocqueville, *De la Démocratie*, tome I, chap. III; — *et à l'appendice, la note* XXX.

de relever jamais. Les économistes et les philosophes du XVIIIe siècle leur avaient préparé les voies, en attaquant par mille sophismes la grande propriété, qu'ils représentaient comme contraire à l'équité, au bien public et à la liberté des citoyens ; mais l'expérience n'a pas confirmé leur théorie : un exemple éclatant, qui s'est produit sous nos yeux, suffirait pour le prouver. C'est celui de l'Angleterre et de la France, qui sont entrées, il y a quatre-vingts ans, dans des voies tout opposées en cette matière. Le premier de ces pays prit alors des mesures efficaces pour agglomérer les terres et l'autre pour les diviser à l'infini. De là est résultée pour l'agriculture anglaise et pour la population agricole de ce pays une prospérité remarquable, qui procurerait à la nation entière la plus heureuse abondance, si des raisons d'un autre ordre, telles que l'exagération de l'industrie dans les villes, ne venaient neutraliser ces bons résultats ; tandis qu'en France le morcellement excessif du sol, en compromettant l'agriculture, a augmenté la misère du peuple et menace de le réduire un jour à la famine, si la cause du mal n'est enlevée. Cette assertion pourra surprendre ceux qui ne connaissent l'état des choses que par les compliments que la vanité nationale se décerne dans les statistiques et documents officiels; mais sa vérité est reconnue par ceux qui ont examiné sérieusement la question, et l'on peut en trouver la preuve dans quelques livres sérieux publiés sur ce sujet (1).

(1) Voyez *Du Mécanisme de la Société en France et en Angleterre*, par M. Rubichon, in-8°, 2e édition, 1842. — *De l'Agri-*

534. — Les objections que l'on fait contre la grande propriété sont de peu de valeur. On objecte d'abord la corruption qui menace les riches; comme si elle ne tenait pas plus à la faiblesse de la nature humaine qu'à la grandeur des possessions. On peut voir aujourd'hui si elle est plus rare dans le peuple et surtout chez les classes industrielles, qu'elle ne l'était autrefois chez les grands. Ecoutons ce que dit à ce sujet le célèbre Burke : « Laissez, dit-il, ces grands propriétaires devenir ce » qu'ils voudront. Quels qu'ils soient, et ils ont leur » chance d'être parmi les plus recommandables, ils » n'en seront pas moins pour leur pis aller, le lest du » vaisseau de la chose publique. Car, quoique la » richesse héréditaire et le rang qui l'accompagne » soient trop idolâtrés par des flatteurs rampans et par » des admirateurs aveugles et abjectes du pouvoir, ils » sont d'un autre côté trop témérairement méprisés » dans les spéculations inconsidérées des faquins pé- » tulans, présomptueux et à courte vue de la phi- » losophie. Il n'est ni contre nature, ni injuste, ni » impolitique d'accorder à la naissance quelques préé- » minences convenables et quelques préférences, pourvu

culture en France, d'après les documents officiels, par M. Mounier, 2 vol. in-8°, chez Guillaumin, Paris. Ouvrages dignes d'être étudiés avec le plus grand soin. — *Population et Subsistances*, par Cador, in-8°, chez Guillaumin. — *La Réforme sociale de la France*, par M. Le Play, conseiller d'Etat, 2 vol. in-8°, Plon. — « Les grandes propriétés, dit M. de Bonald, sont les véritables » greniers d'abondance des nations civilisées, comme les » grandes richesses des corps en sont le trésor. » *Pensées*, tome I, page 21. *Voyez à l'appendice la note* XXXI.

» toutefois que ce ne soient pas des attributions exclu-
» sives. — *Réflexions sur la Révolution française,*
» 3e édition, 1791, p. 102. »

535. — L'autre objection, que l'on prétend tirer de l'équité, mènerait logiquement au communisme, si elle avait quelque valeur. Car, ou la justice veut que tous soient également propriétaires, ou elle est désintéressée dans la question de savoir s'il y a plus ou moins d'hommes qui le soient; et il lui suffit que les droits de ceux qui le sont en effet soient respectés. Nul homme raisonnable n'oserait soutenir le premier membre de l'alternative. Il ne s'agit donc pas ici de justice, mais d'utilité et de prudence. Or, mettant de côté l'excès qui est mauvais en tout, il faut, surtout dans un pays étendu, un certain nombre de grands propriétaires; tant pour le besoin de la hiérarchie sociale, que parce qu'eux seuls peuvent entreprendre pour le bien de l'agriculture certaines opérations trop coûteuses pour des fortunes médiocres, et qui tournent au bien des plus pauvres par l'abondance qu'elles procurent. Il faut aussi un nombre plus considérable de propriétés de médiocre étendue, et enfin de plus petites qui ne forment que la moindre partie du sol, et qui ne soient pas néanmoins émiettées par un morcellement excessif sous prétexte de donner un champ à chacun. Ce ne serait là servir l'intérêt ni de l'agriculture ni du petit propriétaire lui-même. Les pauvres n'ont véritablement qu'un intérêt, c'est que la propriété soit constituée de la manière la plus propre à augmenter le produit des terres, puisque les fruits devant nécessairement être consommés, ils

y participent d'autant plus qu'il y en a davantage. C'est ce que montre évidemment la comparaison de ce qui se passe dans les années d'abondance ou de disette.

536. — Le meilleur système, sans contredit, serait celui qui joindrait aux avantages de la grande propriété celui de faire participer en quelque manière un plus grand nombre de personnes à la possession du sol, et d'assurer en même temps la conservation des domaines. Or, c'est ce que produit l'emphythéose, dont la constitution féodale de la propriété n'était qu'une forme spéciale, qui a encore ses analogues dans le régime des domaines congéables conservé en Bretagne et où deux familles ont part aux avantages de la propriété. Ainsi, dans l'emphythéose proprement dite, la condition du colon se rapproche beaucoup de celle d'un propriétaire grevé de lourds impôts. Dans le fief, au-dessous du premier maître, perpétuel et immuable, d'un ample territoire, qui n'en tirait qu'une légère redevance et qui était aux premiers rangs de la hiérarchie sociale, chaque vassal jouissait d'une manière plus pleine des avantages de la propriété; et le colon qui se perpétuait dans sa ferme, où il trouvait pour sa famille une existence assurée et commode, y avait aussi sa part. Si l'afféagement avait plusieurs degrés, les familles participant aux bienfaits de la propriété se multipliaient dans la même proportion, sans porter atteinte à l'agglomération et à la stabilité des terres, que réclame l'intérêt de l'agriculture et qui auraient disparu par un partage du sol fait entre toutes ces personnes (1).

(1) *Voyez à l'appendice la note* V.

537.—Il ne suffit pas, pour l'avantage de l'agriculture, qu'un pays renferme un certain nombre de grandes propriétés, il faut encore que chaque corps d'exploitation rurale conserve son état d'agglomération et qu'il reste communément dans les mains de la même famille, tant pour la possession que pour la culture. Car s'il est souvent divisé, par exemple à la mort de chaque propriétaire par un partage entre ses héritiers, il en résulte une perturbation continuelle dans la chose qui a le plus besoin de stabilité. Chaque terre, en effet, doit renfermer une certaine quantité proportionnelle de bâtiments. de bois, de terres labourables et de prairies, qui puissent y nourrir un troupeau suffisant ; mais le partage vient troubler cette harmonie et détruire les conditions indispensables d'une bonne culture. De même, si les maîtres et surtout les fermiers changent souvent, ils n'entreprendront point sur les terres des améliorations, qui demandent ordinairement beaucoup de temps et des dépenses auxquelles ne se résignera jamais celui qui prévoit que la terre sortira bientôt de ses mains. Au lieu d'améliorer la terre, le colon, sans souci d'un avenir qni ne lui appartient pas, l'épuisera de toutes manières. Voilà pourquoi l'emphythéose, si peu en faveur dans une société mouvante, qui ne songe qu'à dévorer l'avenir pour jouir du présent, avait toujours été regardée jusqu'ici comme un excellent moyen d'accroître la fécondité de la terre.

Si de l'ordre matériel on passe à l'ordre moral, on verra qu'il tire un grand avantage de la stabilité des familles, qui suppose en général la perpétuité de leurs possessions territoriales : soit qu'elles s'y perpétuent dans une branche principale, soit qu'elles y demeurent dans l'indivision. Car celle-ci, malgré tout le mal qu'en ont dit nos légistes, y maintient la paix et la concorde mieux que tous les partages, comme nous l'avons montré ailleurs.

SECTION III

Des richesses mobilières.

538. — Les richesses mobilières sont les produits du règne végétal ou animal et les minéraux qui peuvent être adaptés à nos usages. On appelle *première production* les actions qui les mettent entre nos mains; comme la culture des champs, le soin des troupeaux, l'exploitation des mines, etc., et *seconde production*, l'industrie qui transforme plusieurs de ces objets, en faisant par exemple des draps avec la laine : on appelle aussi, quoique improprement, *troisième production* l'échange de ces objets entre des personnes de la même nation ou de nations étrangères, ce qui constitue le commerce intérieur et extérieur. Je dis *improprement*, parce que cet échange ne produit réellement rien de nouveau, et ne fait que transférer d'une personne à l'autre ce qui était déjà. De là on peut classer ces trois opérations selon leur importance. La plus utile, sans contredit, est la première production qui est la base des autres, et qui suffit seule pour qu'un grand nombre d'objets puissent servir à nos usages. La partie la plus importante de cette production est celle qui

s'applique aux subsistances, comme l'agriculture (1).

Au second rang se trouve l'industrie, dont l'importance varie avec le degré de nécessité ou d'utilité des objets auxquels elle s'applique. Elle est très-grande s'il s'agit des nécessités de la vie, et très-petite si ce sont des choses superflues ne servant qu'à entretenir le luxe. Ce dernier genre d'industrie, lorsqu'il est très-développé, est même plus nuisible qu'utile à la société. Il est donc plus sage de travailler au moins indirectement à le restreindre, que de l'encourager sans mesure et de l'élever au-dessus de tout, comme on le fait de nos jours.

Le commerce ne vient qu'au troisième rang, celui de l'intérieur d'abord, qui est nécessaire en bien des choses; puis celui de l'extérieur, beaucoup moins important : car, malgré l'engouement des économistes pour lui, il n'enrichit guère le corps de la nation, mais seulement quelques personnes ou quelques villes qui sont comme les courtières des peuples. C'est donc bien à tort qu'on l'a exalté comme la source presque unique de la prospérité publique, pendant qu'on lui sacrifiait l'agriculture, véritable source de la richesse. Cela est vrai d'une manière toute spéciale du commerce de l'argent ou de la banque, qui opère, non sur des marchandises, mais sur les monnaies et les créances. Opération stérile de soi, qui ne produit et ne fait venir d'ailleurs aucune chose utile à nos usages; mais qui ne consiste que dans des fictions et des usures, et qui

(1) Voyez Bossuet, *Politique tirée de l'Ecriture Sainte*, liv. X, art. I, prop. X. — *Voyez à l'appendice la note* XXXII.

s'est pourtant mise au premier rang, au grand dommage de la prospérité et des mœurs publiques; car son résultat le plus clair a été d'allumer partout la soif de l'or, et de soumettre toute la société, princes et peuples, à la domination des enfants d'Israël, maîtres passés dans l'art de la finance.

Le commerce consiste essentiellement dans un échange de marchandises par lequel chacun donne ce dont il abonde pour obtenir ce qui lui manque. Mais comme cet échange direct est difficile entre des lieux éloignés, on emploie une substance d'un transport plus facile, qui est universellement reçue par un accord tacite, comme le signe représentatif des autres choses et comme leur équivalent, parce qu'elle peut toujours être échangée contre elles. Ce signe est la monnaie formée de certains métaux, l'or, l'argent et l'airain, qui sont même souvent remplacés par de simples promesses écrites. La monnaie est donc un signe représentatif facile à diviser et à transporter, et d'une valeur conventionnelle et toute relative, qui par sa commodité est devenu la mesure commune de la valeur respective de toutes les marchandises.

539. — On voit que la monnaie métallique n'est point une vraie richesse et n'ajoute rien à celles que fournit la nature. Elle n'est qu'un signe dont la valeur change lorsque la proportion ordinaire est troublée entre la quantité de la monnaie et celle des marchandises, de même que le prix ou la valeur respective de celles-ci subit aussi des changements lorsque l'abondance de l'une la déprécie vis-à-vis des autres : on a cependant

coutume de compter l'argent parmi les richesses à raison des choses qu'il représente. Il résulte de là que la véritable prospérité matérielle d'un peuple dépend de la quantité des fruits de la terre et des autres choses propres aux usages de la vie, et non de la quantité d'argent ou de papier-monnaie, billets, lettres de change, etc., qui circulent chez lui. Ce papier, en effet, n'a de valeur qu'autant qu'on peut le changer à son gré contre les espèces métalliques : le jour où on ne le peut plus, ce n'est qu'un chiffon, comme on le voit dans les banqueroutes. L'argent, de son côté, ne peut en dernière analyse servir qu'à acquérir les fruits naturels ou industriels propres à pourvoir à nos besoins. Ainsi tout ce qui est regardé chez une nation comme ayant quelque valeur se réduit enfin à la quantité de fruits de la terre qu'elle possède actuellement, ou qu'elle peut se procurer à l'aide de ces valeurs.

540. — Ce qui précède montre comment le souverain peut satisfaire à l'obligation qu'il a d'augmenter autant qu'il le peut les richesses sociales, afin d'accroître le bonheur temporel des citoyens, fin prochaine de la société civile.

Il doit favoriser avant tout la production des substances alimentaires, moyen plus efficace de pourvoir à l'utilité du peuple et au soulagement des indigents que les taxes et les autres moyens administratifs, qui ne parviennent jamais, comme le montre l'expérience, à arrêter les progrès du paupérisme. C'est ce qui faisait dire à Sully que le labourage et le pâturage étaient les mamelles du pays. Tout ce que l'autorité fait en faveur des autres arts doit donc être subordonné à l'intérêt de ces deux-là. — Les industries nécessaires, ou vraiment utiles à la commodité de la vie, viennent au second rang; mais on doit se garder de favoriser celles qui amollissent ou dépravent les citoyens, et il faut toujours avoir soin qu'un développement exagéré de l'industrie ne vienne pas rompre l'équilibre entre la population et les subsistances, comme il est arrivé en Angleterre, en exposant le pays aux dangers perpétuels de famine et de révolution. — Au troisième rang vient le commerce, qu'il faut développer prudemment, surtout à l'intérieur, dans les choses nécessaires ou utiles, en évitant pareillement de favoriser et d'honorer avec excès une profession qui de soi porte plus à la cupidité et à la fraude qu'aux sentiments nobles et généreux, dont dépendent principalement la gloire et le bonheur du pays. Il y a sans doute des négociants très-estimables à tous égards; mais, pris dans l'ensemble, un peuple de marchands ne sera jamais une nation bien noble ni bien honnête ; l'histoire est là pour l'attester. Cela s'applique à plus forte raison au commerce d'argent et au crédit des banquiers , agents d'affaires, agioteurs, etc., dont le développement immodéré est pernicieux à la société et l'expose à des périls de toute espèce. Car il finit par mettre toute l'influence dans les mains les moins sûres et les moins morales du pays.—Le commerce extérieur doit aussi être encouragé avec modération; mais doit-il être affranchi de toutes entraves, et le *libre échange* est-il l'idéal de la prospérité matérielle? Telle est la question qui a donné lieu de nos jours à des débats passionnés. Elle a été résolue affirmativement par ceux qui y trouvaient leur intérêt; mais d'autres ont cruellement souffert de cette solution. A vrai dire, elle semble beaucoup dépendre des circonstances et de l'état où se trouve respectivement l'industrie chez telle et telle nation. C'est donc une question de prudence pour ceux qui gouvernent de voir en quelles choses et jusqu'à quel point le *libre échange* doit être admis entre elles; mais le proposer *à priori* comme un système universel et nécessaire, c'est une utopie économiste à laquelle l'expérience a donné de cruels démentis.

SECTION IV

De l'usure et de l'intérêt de l'argent.

541. — La question du commerce et de l'industrie est étroitement liée à celle de l'intérêt, qui reçoit aujourd'hui parmi nous une solution bien différente de celle que lui donnaient au moyen-âge les sociétés catholiques. On convient communément que l'usure ou le gain tiré du simple prêt *sans autre titre*, est contraire au droit naturel, parce que le prêt est un contrat gratuit de sa nature, qui n'autorise pas à reprendre plus qu'on n'a donné (1). Mais tous conviennent aussi qu'il peut être accompagné de circonstances extrinsèques qui, imposant au prêteur une charge spéciale, lui permettent d'en exiger la compensation. Cette compensation, qui consiste dans le paiement d'une rente annuelle jusqu'à la restitution du capital prêté, est appelée intérêt et se confond matériellement avec l'usure, quoi-

(1) Voyez Pothier, *Traité du prêt.*

qu'elle en diffère moralement par les circonstances qui l'autorisent. Ces circonstances se réduisent à quatre, que tout le monde admet : — 1° Le dommage que souffre le prêteur à l'occasion du prêt *(damnum emergens)*; — 2° le gain qu'il aurait fait en employant son argent d'une autre manière, par exemple en faisant lui-même le commerce *(lucrum cessans)*; — 3° le péril extraordinaire du capital prêté, par exemple à un navigateur ou à un homme d'une solvabilité douteuse *(periculum sortis)*; — 4° le défaut de remboursement du capital au temps convenu *(pœna conventionalis)*, qui donne lieu aux intérêts dits *moratoires*. — Lors même que ces circonstances existent, l'intérêt doit être modéré et proportionné au titre en vertu duquel il est perçu : autrement il retombe dans l'usure proprement dite, dont il prend le nom et contracte la malice.

542. — L'usure fut permise par les lois sans distinction chez plusieurs nations païennes, spécialement à Rome, où elle fut une des plaies les plus dangereuses de l'Etat. Elle y contribua singulièrement à ruiner la République, et ne fut pas moins nuisible aux particuliers. C'est ce que Caton voulut faire entendre en répondant à celui qui lui demandait : *qu'est-ce que l'usure? quid est fœnerare?* par cette autre question qui indiquait la similitude des deux choses : *qu'est-ce que le meurtre? quid est occidere?* Le mal était si grand que le *vertueux* Brutus, ayant prêté à l'intérêt annuel de 144 pour 100 à une ville de Chypre qui ne put le satisfaire, fit assiéger le sénat de cette ville pour lui extorquer de l'argent, jusqu'à ce qu'une grande partie des

sénateurs fussent morts de faim. C'est son ami Cicéron qui raconte ce trait édifiant du *dernier des Romains*.

Chez les peuples chrétiens du moyen-âge, l'usure était généralement interdite, tellement qu'en pratique on admettait à peine les circonstances qui l'autorisênt; et dans le fait le peu de développement de l'industrie et du commerce rendait celles-ci assez rares. Cette prohibition à son tour arrêtait ce développement en permettant difficilement aux négociants de réunir de grands capitaux par le moyen du prêt. De là la prépondérance que les richesses agricoles conservèrent pendant ce temps sur celles de l'industrie, en donnant moins d'éclat peut-être, mais certainement plus de consistance à la société. Aussitôt que les protestants eurent secoué le joug de l'Eglise, ils s'affranchirent aussi des lois restrictives de l'usure et se livrèrent au négoce avec plus d'ardeur et de succès, lorsque les circonstances les favorisèrent, comme il arriva en Angleterre et en Hollande. Chez les catholiques, la prohibition légale de l'intérêt a persévéré jusqu'à 1789. Aujourd'hui la loi civile le permet généralement jusqu'à un taux fixé, sans s'inquiéter de l'existence de titres particuliers qui l'autorisent. Ce qui surpasse le taux légal est réputé *usure* prohibée.

543. — Deux questions se présentent au sujet de cette loi nouvelle, celle de sa légitimité et celle de son utilité. Quant au premier point, l'immense développement qu'ont acquis les opérations industrielles et commerciales dans la société moderne, développement qui réalise habituellement les circonstances propres à légi-

timer l'intérêt, semblent autoriser le législateur à le permettre indistinctement, en suppléant dans le prêteur en vertu du haut domaine, le droit qui pourrait lui manquer dans un cas spécial, comme il le supplée dans le cas de la prescription. Par ce moyen, en effet, il favorise très-efficacement le développement de l'industrie et du commerce qui est regardé communément comme avantageux à la société : et comme d'ailleurs ceux qui empruntent de l'argent dans ces circonstances s'en font plutôt un instrument de gain qu'un objet de simple consommation, ils ne sont réellement pas lésés par le paiement d'un intérêt. Que s'il en est autrement dans de rares circonstances, elles sont comptées pour rien ; car la loi s'occupe des cas ordinaires et doit négliger les accidents particuliers. *Lex est de eo quod plerumque fit.*

De là naît un cinquième titre d'intérêt, celui de la *loi civile*, indépendant des quatre premiers, quoiqu'il en renferme ordinairement quelqu'un. Ce titre n'est pas aussi universellement admis; il semble cependant que ce n'est pas sans raison que beaucoup de gens le regardent comme légitime dans l'état actuel de la société, qui d'une part atténue beaucoup les inconvénients de cette législation pour les particuliers, et de l'autre la rend indispensable à un développement du commerce et de l'industrie tel qu'il existe de nos jours.

544. — Mais ici revient l'autre question, savoir si ce développement immense du négoce et du crédit est vraiment utile à la société et exempt de nombreux dan-

gers moraux et matériels; ou bien si on doit le regarder comme un mal rendu nécessaire par les circonstances, et auquel le législateur doit seulement se prêter pour éviter un plus grand mal. Les admirateurs aveugles du progrès matériel ne tarissent point sur les éloges de cet état de choses et ne songent qu'à pousser ce développement au-delà de toutes limites. Mais il en est bien autrement des hommes sages qui ne font pas consister la prospérité publique seulement dans la circulation de l'argent et des billets, dans des industries plus ou moins utiles et un luxe effréné. D'abord, au point de vue même matériel, cette prospérité apparente cache des abîmes, et l'excès du système de crédit aboutit nécessairement tôt ou tard à une banqueroute universelle qui bouleverse toute la société.

En attendant, l'accroissement du paupérisme répand le malaise dans toute la société, malgré l'éclat dont elle brille à sa surface (1). La soif de l'or, un amour excessif du bien-être envahissent toutes les classes et

(1) Un document authentique, *l'Exposé de la situation du royaume de Belgique*, donne des renseignements curieux sur le rapport qui existe entre le progrès des opérations industrielles, commerciales et financières, et celui de la misère et de l'immoralité. Dans ce pays, la population s'est accrue d'un dixième de 1830 à 1850. Dans le même intervalle, le mouvement annuel du commerce s'est élevé graduellement de 321 millions à 765. En 1853, il a atteint le chiffre de 1,194 millions. En 1840, il était de 401 millions. — Dans cette dernière année (1840), le nombre des indigents inscrits était de 401,675. Il s'est accru graduellement d'une manière continue, et en 1850, il était de 901,456. Il avait donc plus que doublé dans cette

prennent la place de la frugalité, de la modération, du culte de l'honneur et des autres vertus qui font fleurir la cité. En contemplant ces résultats, on pensera peut-être que nos ancêtres avaient été sages en mettant des obstacles au développement exagéré de ces richesses fictives, afin de modérer aussi la cupidité et de diriger de préférence les forces et l'industrie des citoyens vers la production des choses nécessaires ou vraiment utiles, qui méritent à meilleur titre le nom de richesses. Si une société agricole, comme était la leur, n'offre pas tant d'agitation et ne jette pas tant d'éclat qu'une société commerciale, elle lui est bien supérieure pour les mœurs et la félicité (1).

SECTION V

Des Impôts.

545. — Les impôts sont cette portion des richesses mobilières que le souverain reçoit de ses sujets pour

période décennale ; proportion qui est presque celle de l'accroissement des affaires.

Quant à la moralité, le nombre des accusés, prévenus et inculpés, était, en 1831, de 33,802; — en 1840, de 48,814; — en 1850, de 67,197; la progression croissant assez régulièrement d'année en année jusqu'à doubler et au-delà dans l'espace de vingt ans. — Ces chiffres n'ont pas besoin de commentaires; ils disent assez haut ce que sont l'industrie et la finance au bonheur de la société. — *Voyez sur les suites de l'industrie la note* XXXIII, *à l'appendice.*

(1) Voyez de Bonald, *Considérations politiques sur l'argent et le prêt à intérêts.* — *Mélanges*, tome I, page 435.

son entretien et les autres dépenses nécessaires au bien public. En effet, les offices du souverain, qui sont de protéger la sécurité publique contre les ennemis du dedans et du dehors, d'administrer la justice et de faire beaucoup de travaux nécessaires ou utiles au bien commun : ces offices, dis-je, entraînent ordinairement de grandes dépenses, auxquelles il est juste de faire contribuer ceux qui en profitent. Il y a pour le souverain deux manières de s'assurer l'argent nécessaire aux dépenses d'intérêt public. La première, que l'on pourrait appeler le *système domanial,* consiste à se réserver des propriétés stables et suffisantes : la seconde, le *système des impôts,* consiste à prélever une partie des richesses mobilières qui circulent dans la société. Le système domanial convient aux sociétés naissantes et simples, comme furent les premiers royaumes nés de la société patriarchale, et la société féodale qui avait beaucoup de rapports avec eux. Le mécanisme très-simple de ces sociétés n'exigeait que des dépenses médiocres auxquelles suffisaient les possessions du prince ; et la condition de celui-ci y était à peu près celle d'un propriétaire riche et indépendant. Haller (1) a parfaitement expliqué la nature et les règles de ces sociétés. On peut seulement lui reprocher de n'avoir pas assez tenu compte des complications qu'entraîne un état social plus développé, où tous les rapports du prince avec ses sujets ne peuvent pas être suffisamment expliqués par sa qualité de propriétaire. Il faut nécessairement y recourir

(1) *Restauration de la Science politique,* tome II, et spécialement chap. 35, 36 et 37.

à une distinction plus nette de la juridiction et du domaine indépendant : deux choses réellement différentes, malgré leurs affinités, et que ce publiciste, d'ailleurs si éminent, a trop confondues (1).

Lorsque le développement naturel de la société a multiplié les citoyens et les fonctions publiques, la fortune patrimoniale du prince ne suffit plus aux dépenses qui en résultent, et il est obligé de recourir à des tributs imposés à ses sujets. Mais le produit de ces impôts doit être réellement employé au bien commun, et le prince ne peut en user avec la même liberté que de ce qui provient de sa fortune propre.

Les impôts, qui sont le principal moyen d'administration, sont aussi la plus grande difficulté du gouvernement : car les hommes se portant difficilement à des dépenses où ils ne voient pas clairement leur utilité individuelle et présente, la nécessité où se trouve le souverain de demander de l'argent à tous ses sujets crée entre eux une cause perpétuelle d'opposition, pour ne pas dire de guerre, et il n'y a point eu d'occasion plus fréquente de sédition. La conciliation des besoins publics avec cette ténacité des particuliers pour garder leur argent, est donc aussi difficile qu'importante, et demande beaucoup de prudence et d'adresse.

546. — On distingue deux sortes d'impôts : l'impôt *direct*, qui frappe d'une manière absolue les richesses que chacun possède : telles sont les taxes fixes imposées sur les fonds de terre et les revenus provenant d'une industrie ou d'un capital placé : et l'impôt *indi-*

(1) Voyez Solimani, *Ethic.*, tome II, page 91.

rect, qui atteint les marchandises que chacun consomme, en exigeant à l'occasion de leur production, de leur vente ou de leur transport, le paiement d'une taxe qui en dernière analyse retombe indirectement sur les acheteurs et les consommateurs.

Chacun de ces impôts a ses avantages et ses inconvénients. Les économistes se sont livrés sur leur mérite respectif à des discussions très-vives dans lesquelles nous ne pouvons entrer. Nous nous bornerons à établir à ce sujet quatre principes incontestables.

I.—L'agriculture étant la source de presque toutes les richesses sociales, on doit préférer le système d'impôt qui lui est le plus favorable et qui détourne le moins les possesseurs de terres de faire les dépenses propres à augmenter leur fertilité, dépenses qui sont véritablement productives.

II.—On doit régulièrement préférer les impôts dont la perception est plus facile, moins sujette à la fraude et demande moins d'employés; car la multitude de ceux-ci absorbe une grande partie des impôts fort inutilement, puisque l'office de ces sortes de personnes est tout-à-fait stérile et ne produit aucune valeur nouvelle. De là la nécessité d'augmenter les taxes. C'est certainement un grand défaut dans l'organisation sociale que la multiplication de ces fonctionnaires qui épuisent le Trésor public en vivant à ses dépens, sans ajouter aucune force réelle à l'autorité. Ce système mène à une telle exagération des impôts que le plus net du revenu des propriétaires passe par les mains du prince, pour aller alimenter cette nuée de fonctionnaires parasites.

Tout le monde veut vivre du budget, c'est là le principe même du socialisme (1).

III.—Les impôts doivent être établis de manière à ne pas peser sur les pauvres, à qui leur travail ne procure que le strict nécessaire pour vivre; c'est pourquoi les impôts indirects ne doivent point porter sur les marchandises de première nécessité. Il convient, au contraire, d'imposer surtout les industries et les marchandises qui ne servent qu'au luxe et dont un usage trop répandu favorise ordinairement le vice.

IV.—Les impôts directs établis sur les personnes capables de les payer, doivent régulièrement être proportionnels à la fortune de chacun. Ainsi, si celui qui a mille francs de revenu en paie cent à titre d'impôt, celui qui jouit de dix mille francs de rente doit en payer mille; ce qui fait pour les deux la même proportion

(1) C'est ainsi que les dépenses publiques de l'Etat se sont élevées en France à plus de deux milliards. Aussi rien n'échappe à l'impôt. L'impôt personnel atteint l'individualité du contribuable; l'impôt foncier, le produit de ses terres; l'impôt mobilier, la valeur locative de sa demeure; l'impôt des portes et fenêtres, la quantité d'air et de lumière qu'il possède; l'impôt de l'enregistrement, le capital qu'il transmet ou fait circuler; l'impôt des patentes, ses profits commerciaux et industriels; l'impôt des consommations, presque toutes les matières appropriées à son usage; l'impôt des prestations, ses moyens de travail; par l'impôt du timbre, on parvient même à taxer quelque chose qui semblait autrefois insaisissable au fisc; l'émission de la pensée humaine : c'est une découverte due aux Etats-Unis, et promptement développée en Europe. Les taxes municipales saisissent ce que l'Etat a pu oublier. Il reste net bien peu de chose entre les mains du propriétaire, comme on le voit.

du dixième. Mais certains économistes veulent substituer à l'impôt *proportionnel* l'impôt *progressif* qui soumet les plus riches non seulement à payer une somme plus élevée, mais encore à contribuer dans une proportion plus forte que les moins riches; de sorte que, par exemple, dans le cas que nous venons de citer, le plus riche devrait payer deux mille francs, c'est-à-dire le cinquième au lieu du dixième. Ce système a trop de rapport avec le socialisme, qui tend au nivellement des fortunes, pour que nous puissions l'approuver. L'assemblée constituante française de 1848, si démocratique qu'elle fût, n'a pas osé elle-même adopter la proposition qu'en avaient faite les communistes. S'il prévalait, les propriétaires ne seraient plus guère que des fermiers du fisc et toucheraient les revenus non pour eux, mais pour le Trésor public. Les sociétés modernes ne se rapprochent déjà que trop du socialisme par l'exagération de leurs impôts proportionnels; que serait-ce donc si on les rendait progressifs ?

547. — Quoiqu'on ne puisse méconnaître la nécessité des impôts dans la société, il ne manque pas de gens qui refusent au souverain le pouvoir d'en établir, si ce n'est du consentement de ses sujets, et qui prétendent que c'est là un principe de droit naturel. Quoi qu'il en soit de ce dernier point, toutes les constitutions modernes ont attribué aux mandataires élus par le peuple la détermination des impôts. Il est incontestable qu'une loi de ce genre peut exister de droit positif dans certains pays; mais, vu l'importance du sujet, nous croyons devoir montrer qu'elle n'est point exigée par le droit

naturel, et qu'elle n'a pas même pour le peuple, dans la pratique, les avantages que lui prête la théorie. C'est ce que nous ferons dans les propositions suivantes.

PROPOSITION I.

Le souverain a régulièrement le droit d'établir des impôts.

Preuve. Celui qui est strictement obligé à remplir un office, a droit aux moyens sans lesquels il ne saurait y satisfaire. Or le souverain a l'obligation de gouverner la société, de comprimer les rebelles, de repousser les ennemis et de faire beaucoup de travaux matériels pour le bien commun : toutes choses qui exigent de grandes richesses que les impôts seuls peuvent lui procurer. En effet, de même que l'autorité publique n'a d'autre force que les forces réunies des membres de la société, de même aussi, surtout dans un état social fort développé, elle n'a guère d'autres richesses que celles qui résultent de leurs contributions pécuniaires ; elle ne peut donc sans celles-ci satisfaire à son office. De là résulte pour elle le droit d'établir ces contributions selon la mesure de la nécessité et même d'une juste utilité qui ne peut se définir mathématiquement, mais qui doit s'entendre avec une certaine latitude. C'est au prince qu'il appartient d'en déterminer les bornes avec justice et prudence, en tenant compte de ce que demande une certaine magnificence que réclament la dignité de la nation et par conséquent le bien public ; sans la faire dégénérer toutefois en prodigalité. — Voyez Bossuet, *Politique*, livre VI, article II.

PROPOSITION II

Le souverain n'est point obligé par la nature même des choses d'avoir le consentement de ses sujets pour établir des impôts.

548. — *Preuve.* La direction des actions et des forces privées vers le bien commun, direction qui est l'objet des lois et du gouvernement, appartient au souverain comme son droit propre, et le consentement des sujets n'y est point requis de soi; autrement ils ne seraient plus sujets, mais personnes indépendantes. Or l'imposition des tributs est une loi disposant d'une partie des forces ou des biens des sujets pour l'appliquer au bien commun. Elle est donc, sous ce rapport, de même nature que les autres lois; elle appartient également au droit du législateur et n'a pas plus qu'elles besoin du consentement des sujets. D'ailleurs les citoyens possèdent, en vertu du même droit, leurs richesses et leur liberté. Si donc, de l'aveu de tous, cette liberté peut être restreinte pour le bien public, par des préceptes ou des prohibitions, l'usage de leurs richesses peut de même être limité pour donner au souverain le moyen d'accomplir des devoirs qui sont dans leur intérêt à eux-mêmes.

Enfin, comme le remarque très-bien Suarez (1), qui soutient notre sentiment, un prince souverain n'a pas besoin du consentement du peuple pour déclarer la guerre ni pour construire des ponts, des routes, des

(1) *De Legibus*, lib. V, cap. XVII.

forteresses, etc... Pourquoi donc ce consentement lui serait-il nécessaire *ex natura rei* dans l'établissement des impôts, qui ont ordinairement ces opérations pour objet? Cette condition énerverait toute sa puissance par ailleurs, comme on le voit dans les monarchies constitutionnelles de ce siècle, où tout le gouvernement passe de fait aux assemblées populaires qui votent l'impôt, et l'on ne saurait soutenir qu'un tel état de choses soit de droit naturel. Il reste donc vrai que celui-ci n'exige point le consentement des sujets. Il y a plus, si dans quelque pays le prince accorde bénignement un tel privilége au peuple, celui-ci ne peut s'en prévaloir pour rejeter arbitrairement les impôts demandés, par exemple afin d'usurper ainsi le gouvernement qui ne lui appartient pas; mais il peut seulement rejeter ceux qui seraient injustes et inutiles. Concluons donc que le souverain seul, soit individuel, soit collectif, a de soi le pouvoir d'établir les impôts.

PROPOSITION III

Le droit de consentir à l'impôt, accordé au peuple par une loi positive, lui est ordinairement plus onéreux qu'utile.

549. — *Preuve.* Cette preuve résulte d'abord de toute l'histoire, et surtout de l'expérience de ce siècle, qui montre partout les peuples jouissant de ce privilége plus imposés que les autres. La raison en est facile à comprendre. Lorsqu'un prince fait en son propre nom une action odieuse au peuple, telle qu'est l'établissement

d'une taxe, il est obligé de ménager l'opposition publique qu'il pressent et qu'il aurait peine à comprimer seul, s'il la soulevait par des exactions excessives. Mais lorsque les impôts sont censés établis par l'autorité du peuple lui-même, on n'a pas cette retenue; car tout est couvert par le vote de ses mandataires, que la corruption ou d'autres moyens amènent assez facilement à voter l'accroissement des taxes, et qui souvent s'y portent d'eux-mêmes. Ils sont cependant la seule garantie d'économie pour l'Etat, puisqu'il est impossible, surtout dans un grand pays, de consulter tout le peuple sur la question des finances. Rien ne serait d'ailleurs plus dangereux, parce que dans son ignorance il rejetterait souvent à l'aveugle les dépenses les plus indispensables et bouleverserait chaque année les services publics les plus nécessaires à l'Etat, au péril de sa ruine. L'expérience montre que les assemblées mêmes qu'il a élues peuvent quelquefois amener les plus grands maux par une résistance imprudente et injuste, quoique pour l'ordinaire elles soient l'instrument le plus propre à augmenter les impôts sans mesure. Le privilége de consentir l'impôt n'est donc guère en général que celui d'engouffrer sa fortune dans le trésor public; quoiqu'il puisse avoir son utilité dans certaines circonstances, surtout s'il est restreint à l'établissement de nouveaux impôts. C'est ce que montre avec évidence l'exemple de l'Angleterre, dont le parlement a toujours consenti l'impôt, et qui est à la fois le pays le plus taxé et le plus endetté de l'Europe. La France est entrée dans la même voie depuis qu'elle vote ses impôts; suivie en cela par tous les peuples qui ont acquis plus récemment ce privilége (1).

On peut juger de ses résultats par un seul fait. Dans le royaume de Naples, sous le roi absolu Ferdinand II, si décrié par le libéralisme, l'impôt réparti sur tous les citoyens était, terme moyen, de neuf francs par tête, tandis qu'à la même époque chaque Français en payait 49 et chaque Anglais 57. Il n'y a pas là de quoi tant exalter le privilége de s'imposer soi-même ; et on voit qu'en matière d'économie comme en matière de liberté, il y a loin des théories libérales à la pratique.

(1) Il faut lire, entr'autres, sur ce sujet, M. Rubichon, *De l'Angleterre*, *passim*. — Il montre que le souverain avait beaucoup plus de puissance en Angleterre qu'en France, parce qu'il y attaquait la bourse et la liberté de ses sujets, non en son nom propre, mais au nom du parlement. Voyez tome I, p. 253, 257 et p. 260, où il indique aussi la différence qui existe entre les deux pays pour la liberté de la presse, liberté beaucoup plus grande et plus hostile au pouvoir en France qu'en Angleterre.

Voici un tableau proportionnel des impôts et des dettes, calculé en moyenne pour chaque habitant, dans plusieurs Etats de l'Europe :

Le Hollandais	paie par tête..	58 fr.	12 c.,	et doit.	567 fr.
L'Anglais	— ..	57	12	— .	694
Le Français	— ..	49	75	— .	252
L'Espagnol	— ..	37	21	— .	244
Le Belge	— ..	31	82	— .	132
L'Autrichien	— ..	21	37	— .	161
Le Prussien	— ..	28	60	— .	»

Le budget de l'Autriche était pour 1862 de 855 millions, tandis que celui de la France, qui vote ses impôts, dépassait le chiffre de deux milliards, pour un territoire et une population sensiblement égale. — Voyez *Situation financière de l'Autriche*, par Debrauz.

SECTION VI

De la dette publique.

550. — Dans l'état normal, une société peut, comme les particuliers, contracter des dettes pour des besoins accidentels et dans des circonstances difficiles, après lesquelles elle se libère peu à peu. Elle est soumise ici aux mêmes règles de fidélité et de prudence que les personnes privées. Mais aujourd'hui on entend la dette publique d'une tout autre manière. Car la doctrine de la souveraineté populaire, qui remet tous les droits des particuliers entre les mains de la nation, a fait adopter comme principe d'administration que les dépenses ne doivent pas être réglées d'après les revenus, comme on le pensait autrefois; mais que les recettes, au contraire, doivent être élevées, par le moyen des impôts ou des emprunts, autant que l'exigent les dépenses ordonnées par le peuple, c'est-à-dire par ceux qui passent pour ses organes. A ce principe, les économistes en ont ajouté un autre non moins commode pour les prodigues : c'est que *l'Etat est d'autant plus riche qu'il doit davantage*. Cela posé, il n'est pas étonnant que les dettes se soient accrues partout sans mesure, de manière à ôter tout à la fois l'espérance et la volonté de les rembourser jamais ; ce qui pousse l'Etat d'une manière fatale à la banqueroute. Pour payer seulement l'intérêt toujours croissant de la dette aux créanciers de l'Etat, il faut imposer les autres citoyens, de telle sorte que le fisc suivant cette progression finirait par devenir l'unique propriétaire effec-

tif du sol. Lorsque les choses arrivent à ce point, il devient indispensable de supprimer ou du moins de réduire l'intérêt promis aux créanciers, qui sont même souvent frustrés du capital. Ainsi ce système flotte continuellement entre l'injustice qui résulte de la violation des promesses et une autre, pire encore dans ses conséquences, la confiscation de presque toute la fortune des classes qui devraient nourrir la société par l'agriculture.

Ce n'est pas là le seul danger de ce système de crédit public, il entraîne, sous le nom d'*agiotage*, une foule d'opérations frauduleuses relatives aux rentes, et dirige vers les affaires d'argent tous les capitaux qui devraient être appliqués aux besoins de l'agriculture, ce qui amène une diminution des véritables richesses et cause de grands dommages à la société. Quant à l'ordre politique, le système du crédit y concentre toute l'influence entre les mains des banquiers qui deviennent les véritables souverains; et il sacrifie tous les intérêts sociaux à celui de leurs caisses. Ce n'est plus des mœurs ni de l'honnêteté des lois qu'il est question dans un tel régime; il ne s'agit que de faire de l'argent par toute sorte de moyens. Nous laissons à de plus habiles dans la matière le soin d'assigner les règles de ce système économique. Nous n'avons qu'une chose à en dire, c'est qu'un Etat entré dans cette voie périlleuse doit s'efforcer de retarder autant que possible, par une grande prudence et une stricte économie, la ruine qui le menace. Disons aussi que lorsque le fardeau imposé aux propriétaires devient trop pesant, il est juste que les créanciers le partagent en subissant une réduction de leurs rentes. L'équité ne permet pas de faire peser toutes les charges de l'État sur les seuls propriétaires, en épargnant des classes souvent beaucoup plus riches.

CHAPITRE IX

DES DEVOIRS DES SUJETS

551. — Les devoirs des citoyens de chaque État se partagent en trois classes. Les uns se rapportent à leurs concitoyens pris individuellement; les autres à la société, considérée dans son ensemble, et les troisièmes enfin à l'autorité qui la gouverne.

I. — Les devoirs que la nature a établis entre tous les hommes nous obligent à un nouveau titre envers nos concitoyens, auxquels nous sommes liés par une association spéciale. Nous devons en outre respecter en eux les droits que leur donnent les lois civiles, et remplir fidèlement les devoirs corrélatifs à ces droits. Enfin l'amour dû à tous les hommes doit régulièrement, et toutes choses égales d'ailleurs, se porter encore plus sur nos concitoyens, qui sont membres du même corps social. Aussi voit-on que la nature nous inspire communément cette préférence instinctive pour nos compatriotes.

552. — II. — L'homme contracte envers la société dont il est membre, surtout lorsqu'il est né dans son sein, des obligations nombreuses, et il lui doit un amour tout particulier. On peut en effet dire en quelque manière

qu'il tient tout d'elle, car c'est par sa protection et son secours que ses parents ont pu l'élever, l'instruire dans les arts et l'enrichir. De là l'affection filiale que l'on désigne sous le nom d'amour de la patrie : *amor* PATRIÆ, mot qui exprime bien le rôle quasi-paternel que la société remplit envers ses membres. Quoique ce sentiment se porte aussi sur le lieu même de la naissance, c'est surtout vers la société des personnes qu'il doit se diriger (1). — Si quelqu'un abandonne pour une juste cause sa patrie d'origine pour s'attacher à une autre, il contracte à peu près les mêmes obligations envers celle-ci.

L'amour de la patrie, de celle d'origine surtout, est un des sentiments les plus vifs du cœur humain. C'est aussi un de ceux qui ont été le plus exaltés chez tous les peuples, et non sans raison, pourvu qu'il soit renfermé dans de justes bornes. Cette modération n'a pas été gardée par les anciens, surtout dans les républiques comme étaient Rome et la Grèce. Ils ont poussé l'amour de la patrie jusqu'à un fanatisme qui étouffait même les affections domestiques, et qui excitait le plus souvent contre les autres peuples une hostilité féroce. On vit ainsi toutes les lois de l'humanité et de la justice foulées aux pieds sans pudeur à l'égard des étrangers, et dans l'enceinte même de la cité les droits les plus sacrés des individus immolés à l'idole de la patrie.

(1) « *Patriam*, dit Heineccius, *nec agellus constituit ad orientem vel ad occidentem situs, nec cœtus hominum quà hominum, qui plures inesse possunt latrones, nebulones et stolidi; sed ipsa societas civilis à cujus salute nostra omnis salus pendet.* »

Mais la religion chrétienne, en recommandant une charité universelle, adoucit ce patriotisme farouche, et le releva en même temps par des inspirations plus généreuses. Toutefois les chrétiens eux-mêmes ont à se garder d'un faux patriotisme, qui consiste moins à se dévouer pour le service de son pays, qu'à l'exalter indiscrètement et à l'élever au-dessus de tout avec une jactance inspirée par l'orgueil et l'égoïsme. Chacun sans doute doit avoir au cœur une juste préférence pour sa patrie; mais il est absurde de la vanter par-dessus tout, même contre l'évidence, et de mépriser toutes les autres nations. Ce travers est cependant fort commun, et bien des hommes graves d'ailleurs n'en sont pas exempts. On les voit, sous prétexte d'*honneur* et *d'esprit national*, compter pour rien les droits de la vérité et de la justice, et s'exposer à la dérision de tous ceux qui ne partagent pas les préjugés de leur vanité ridicule (1). C'est de ces gens-là que M. de Maistre a dit avec tant de raison : « Contre le préjugé, religieux et national » surtout, le bon sens est inutile. » Il ne pardonne à rien de ce qui le contredit. Pour mettre chaque chose à

(1) M. de Tocqueville nous montre un curieux exemple de ce patriotisme aveugle chez les *libres* citoyens des Etats-Unis. « L'Amérique, dit-il, est un pays de liberté où pour ne blesser » personne l'étranger ne doit parler librement ni des parti» culiers, ni de l'Etat, ni des gouvernés, ni des gouvernants, ni » des entreprises publiques, ni des entreprises privées, de rien » enfin de ce qu'on y rencontre, sinon peut-être du climat et » du sol; encore trouve-t-on des Américains prêts à défendre » l'un et l'autre, comme s'ils avaient concouru à les former. » *De la Démocratie*, tome I, chap. 14.

sa place, on doit faire passer avant tout, et surtout avant les susceptibilités de l'orgueil national, les droits sacrés de la vérité et de la justice, et faire consister son patriotisme à se dévouer au bien du pays avec une généreuse abnégation dans les nécessités publiques, au lieu de s'épuiser en déclamations pleines de jactance. C'est un point digne de remarque, que l'orgueil national se développe chez les peuples à mesure que l'égoïsme y étouffe davantage l'esprit de sacrifice et de dévouement au bien commun.

553. — L'homme a, selon les circonstances, beaucoup de devoirs à remplir envers sa patrie. Il doit, lorsque cela devient nécessaire, lui immoler son repos dans les fonctions publiques, partager ses biens avec elle, et quelquefois même lui faire de sa vie un sacrifice qui a toujours été compté parmi les actions les plus nobles et les plus glorieuses. Nos ancêtres ont rempli tous ces devoirs avec un zèle plus pur et une générosité non moins grande que celle de ces païens qu'on propose presque seuls à notre admiration avec tant d'imprudence et d'injustice; et les annales des nations chrétiennes, trop peu connues de la jeunesse, sont pleines des plus beaux traits en ce genre.

L'exercice des fonctions publiques n'est pas le seul moyen de servir son pays; trop souvent même on les recherche moins par zèle pour le bien public que par un sentiment d'ambition ou de cupidité. Ainsi les hommes qui donnent un exemple trop rare de modération, en s'abstenant d'y prétendre lorsque leurs services ne sont pas nécessaires, sont plus dignes d'éloges que de blâme. Se renfermer dans les soins de la famille, qui est la pépinière de l'Etat, faire de ses enfants des citoyens utiles et vertueux, administrer sagement sa fortune et la partager charitablement avec les malheureux, c'est rendre au pays plus de services qu'il n'en pourra jamais attendre des brouillons qui, ayant toujours le bien public à la bouche, ne cessent de troubler l'Etat sous ce prétexte, par leur inquiétude, leurs intrigues et leurs discordes (1).

554. — III. — Le premier devoir des sujets envers l'autorité qui dirige la société est l'obéissance à ses lois et à ses préceptes; car, bien qu'il y ait certaines lois purement pénales, comme nous l'avons expliqué ailleurs, régulièrement parlant, la loi atteint la conscience même du sujet. Les citoyens doivent encore le respect et l'amour aux magistrats, et surtout au souverain, parce qu'il est l'image vivante de la divinité dont il

(1) Bossuet résume parfaitement en quelques mots nos devoirs envers la patrie : « Si l'on est obligé, dit-il, d'aimer tous les hommes, et qu'à vrai dire il n'y ait point d'étranger pour le chrétien, à plus forte raison doit-il aimer ses concitoyens. Tout l'amour qu'on a pour soi-même, pour sa famille et pour ses amis, se réduit dans l'amour que l'on a pour sa patrie ; notre bonheur, celui de nos familles et de nos amis y est renfermé. C'est pourquoi les séditieux, qui n'aiment pas leur pays et y portent la division, sont l'exécration du genre humain..... On ne doit point épargner ses biens quand il s'agit de servir sa patrie..... Qui sert le public sert chaque particulier. Il faut même sans hésiter sacrifier sa vie pour son pays..... Quiconque donc n'aime pas la société civile dont il fait partie, c'est-à-dire l'Etat où il est né, est ennemi de lui-même et de tout le genre humain. » *Politique sacrée*, liv. I, art. VI.

tient la place. Cette sorte de consécration de sa personne la rend inviolable et digne de recevoir de la part de tous des hommages qui, par elle, remontent à Dieu, à l'autorité duquel elle participe. D'ailleurs, s'il faut chérir sa patrie, on ne doit pas moins aimer le père de cette patrie (1), qui en est comme la tête, qui l'administre avec tant de soins, et dont la conservation importe si fort au salut public. Aussi peut-on dire qu'une nation ne tire pas moins d'avantages que d'honneur de ce noble sentiment d'amour pour ses princes qui la rend capable de tous les sacrifices pour leur témoigner son affection, son respect et sa fidélité. Ce dévouement au père de la patrie fait de tous les citoyens une même famille par la communauté de leur amour filial. — Malheur, au contraire, à toute société où la personne du prince est comme étrangère, pour ne pas dire odieuse aux citoyens, où ils ne lui rendent qu'une obéissance matérielle par nécessité, ou tout au plus par un principe spéculatif d'ordre, sans aucune affection. Chez un tel peuple, la constitution ne saurait être solide ni l'administration suave, car le cœur seul peut unir la force à la douceur dans la direction de toute société humaine, et les principes abstraits ont peu de prise sur la multitude lorsque les cœurs ne sont pas touchés (2).

(1) Le nom de *patrie*, formé de celui de *père* (*pater*), indique à la fois et la formation et la nature de la royauté, comme Taparelli le remarque après bien d'autres.

(2) Cette vérité brille de tout son éclat dans la comparaison de l'antique société française, si célèbre par son amour pour

On voit par là ce qu'il faut penser de nos mœurs constitutionnelles, qui font de tous les citoyens autant de censeurs et de détracteurs des magistrats et du prince lui-même. Partout où pénètre ce désordre, c'en est fait de la *religion de la seconde majesté*, l'ornement, l'appui et la sauvegarde de la société politique.

Si le prince vient à faillir dans le gouvernement de l'Etat par défaut d'habileté ou même de bonne volonté, ce n'est pas une raison pour lui refuser le respect et l'amour qui lui sont dus, ni, à plus forte raison, pour se livrer à des murmures séditieux; car après tout il est homme et par conséquent sujet à l'erreur et aux

ses princes, avec la société du XIXe siècle, caractérisée par son mécanisme administratif si sec et si abstrait de tous les sentiments humains. — Voyez M. de l'Epinois, *Vie du Dauphin*, p. 29 et 308; et Rubichon, *De l'Angleterre*, I, p. 284. — Burke a bien parlé sur ce point, dans ses *Réflexions sur la Révolution française*.

« Le siècle de la chevalerie est passé! s'écriait-il. Celui des » sophistes, des économistes et des calculateurs lui a succédé, » et la gloire de l'Europe est à jamais éteinte; non jamais davantage nous ne reverrons plus cette loyauté..... cette sou- » mission fière, cette obéissance dignifiée et cette subordination » du cœur, qui dans la servitude même conservait tout entier » cet esprit animé d'une liberté exaltée. Cet ornement généreux » de la vie, cette défense gratuite des nations, cette pépinière » de tous les sentiments courageux et des entreprises héroïques, » tout est détruit. Elle est perdue cette sensibilité de principes, » cette chasteté de l'honneur, pour laquelle une légère tache » était comme une large blessure; qui inspirait le courage en » adoucissant la férocité, qui ennoblissait tout ce qu'elle tou- » chait..... On arrache avec cruauté toutes les draperies qui passions. Il serait donc injuste d'exiger de lui plus de perfection que n'en comporte la faiblesse humaine, surtout si l'on tient compte des difficultés, des séductions et des périls de tout genre dont il est environné. Il faut avoir compassion de ceux qui gouvernent, et leur savoir gré si ordinairement ils suivent les règles de la justice, celles d'une prudence commune, et s'ils sont dirigés dans l'ensemble des affaires par le désir de procurer la félicité publique.

555. — Enfin il n'est pas permis aux citoyens d'innover dans l'Etat au préjudice de ceux qui y possèdent légitimement l'autorité suprême : conspirer dans ce but, c'est se rendre coupable de crime de trahison. En vain

» faisaient l'ornement de la vie; on va rejeter pour jamais, » comme une morale ridicule, absurde et antique, toutes ces » idées que l'imagination nous représente comme le luxe de la » morale : idées que le cœur avoue et que l'entendement ratifie; » parce qu'elles sont nécessaires pour couvrir les défauts, pour » masquer la nudité de notre pauvre nature, et pour l'élever » dans notre propre estime à la hauteur de sa dignité. Dans ce » nouvel ordre de choses, un roi n'est qu'un homme comme un » autre..... La chose publique est désormais dépouillée de toutes » ses ressources pour engager l'affection. D'après les principes » de cette philosophie mécanique, aucunes de nos institutions ne » peuvent jamais être personnifiées, si je puis m'exprimer ainsi, » de manière à faire naître en nous l'amour, la vénération, l'admiration ou l'attachement. Mais cette sorte de raison, qui bannit » ainsi toutes les affections, est incapable de les remplacer; » les affections publiques, combinées avec les mœurs, sont quelquefois nécessaires comme supplément, quelquefois comme » correctif, et toujours comme soutien de la loi. »

Réflexions sur la Révolution de France, p. 156, 3e édition.

se retrancherait-on derrière le prétexte d'améliorer l'Etat et d'y introduire un régime plus libre et plus parfait. Ce n'est là le plus souvent qu'une ruse hypocrite par laquelle les séditieux cherchent à dissimuler leur ambition. Fussent-ils sincères, il n'appartient pas au premier venu de blesser les droits du supérieur légitime, pour imposer au pays ses utopies. Quand on supposerait à celles-ci autant de sagesse qu'elles en ont peu pour l'ordinaire, leurs avantages ne sauraient compenser le mal que fait à la société la violation des droits du souverain. Il faut donc rejeter le sentiment de certains catholiques modernes qui ne reconnaissent point de délits politiques; mais qui justifient toutes les entreprises des sujets contre l'autorité, pourvu qu'elles soient inspirées par l'amour du *progrès* et de la *liberté*. Cette doctrine, soutenue dans le journal l'*Avenir*, a été condamnée par le Pape Grégoire XVI, ainsi que par Pie IX, dans son allocution consistoriale du 20 avril 1849.

Bossuet résume parfaitement les devoirs des sujets envers le prince en quelques paroles que nous citerons pour terminer.

« Le prince, dit-il, voit de plus haut et de plus loin :
» on doit croire qu'il voit mieux et il faut obéir sans
» murmure, puisque le murmure est une disposition
» à la sédition..... flatter le peuple pour le séparer des
» intérêts de son roi, c'est lui faire la plus cruelle de
» toutes les guerres et ajouter la sédition à ses autres
» maux. Que les peuples détestent donc les Rabsacès
» et tous ceux qui font semblant de les aimer lorsqu'ils

» attaquent leur roi. On n'attaque jamais tant le corps
» que quand on l'attaque dans la tête, quoiqu'on paraisse
» pour un temps flatter les autres parties. — *Le*
» *prince doit être aimé comme un bien public et sa*
» *vie est l'objet des vœux de tout le peuple.* De là le
» cri de *vive le roi* qui a passé du peuple de Dieu à
» tous les peuples du monde..... la vie du prince est
» regardée comme le salut de tout le peuple : c'est
» pourquoi chacun est soigneux de la vie du prince
» comme de la sienne et plus que de la sienne..... qu'il
» soit permis au peuple oppressé de recourir au prince
» par les magistrats et par les voies légitimes, mais
» que ce soit toujours avec respect. *Obéissez à vos*
» *maîtres non seulement quand ils sont bons et mo-*
» *dérés; mais encore quand ils sont durs et fâcheux.*
» L'Etat est en péril, et le repos public n'a plus rien
» de ferme, s'il est permis de s'élever pour quelque
» cause que ce soit contre les princes. La sainte onction
» est sur eux, et le haut ministère qu'ils exercent au
» nom de Dieu, les met à couvert de toute insulte.
» Nous avons vu David, non seulement refuser d'at-
» tenter à la vie de Saül, mais trembler pour avoir osé
» couper le bord de sa robe, quoique ce fût à bon des-
» sein. (*1 Reg., C. 24, v. 6. 9.)*

» Les paroles de Saint Augustin sur ce passage sont
» remarquables..... Il reconnaît après l'Ecriture une
» sainteté inhérente au caractère royal qui ne peut être
» effacée par aucun crime..... Jérémie, après la ruine
» de Jérusalem et l'entier renversement du trône des
» rois de Juda, parle encore avec un respect profond

» de son roi Sédécias (*Thren.* IV. 20). Les bons sujets
» ne se tenaient pas quittes du respect qu'ils devaient
» à leur roi, après même que son royaume fut renversé
» et qu'il fut emmené comme un captif avec tout son
» peuple. Ils respectaient, jusque dans les fers et après
» la ruine du royaume, le caractère sacré de l'autorité
» royale. — *Politique tirée de l'Ecriture Sainte.*
» Liv. VI, art. I et II.

LIVRE X

DE LA SOCIÉTÉ RELIGIEUSE

CHAPITRE I

DE LA SOCIÉTÉ RELIGIEUSE EN GÉNÉRAL

556. — Pour compléter la théorie du droit social, il reste à indiquer brièvement les principes qui regardent la société religieuse, comptée parmi les sociétés complètes, et ses rapports avec la société civile. Car ces deux sociétés, existant sur le même territoire et embrassant le même peuple, ont l'une sur l'autre une influence réciproque; et il serait même impossible de connaître pleinement la société civile, si l'on faisait abstraction de la société religieuse, son principal appui. Aussi, bien qu'il n'appartienne qu'à la théologie de traiter pleinement de la religion surnaturelle et de la société qui la professe, ce ne sera pas nous écarter de notre objet de dire quelque chose de la nature de cette société et de ses rapports avec l'Etat, en réfutant sommairement les principales erreurs si répandues aujourd'hui sur ce sujet important : car la société civile ne saurait être bien réglée ni atteindre parfaitement son but si l'on n'observe la loi de ses rapports légitimes avec l'Eglise, dont les sujets sont aussi les siens.

A ne regarder que l'ordre purement naturel, l'homme, que les anciens ont appelé avec raison *un animal religieux* aussi bien qu'*un animal raisonnable*, pratiquerait la religion, qui est le bien moral entre lui et Dieu, sa fin dernière. Mais comme il est aussi par nature un animal social, et qu'il a coutume d'employer dans ce qu'il fait le concours des conseils et des forces de ses semblables, c'est-à-dire d'agir *socialement*, il en aurait aussi usé de cette sorte par rapport à la religion : car il ne peut satisfaire le penchant qui le porte à honorer Dieu et à chercher le bonheur de la vie future, sans former dans ce but quelque société avec les autres hommes. Sa faiblesse, le besoin qu'il a de leur secours pour l'éducation domestique et l'instruction religieuse, lui en font une nécessité. Cette nécessité ne résulte pas moins de la sympathie naturelle et du besoin qu'il a de communiquer aux autres ses propres sentiments, ceux surtout qui l'émeuvent davantage. Aussi voit-on que la nature a donné partout à la religion quelque forme sociale, même chez les peuples les plus barbares, et quoique dans le paganisme ces sociétés se multipliassent comme les cités, avec lesquelles elles étaient presque identifiées ; cependant elles ajoutaient à l'élément civil quelque chose de distinct et de plus noble. Il existe d'ailleurs, comme nous l'avons vu, une société universelle du genre humain fondée sur la communauté d'origine, de fin et de devoirs relatifs à cette fin. Or une partie de ces devoirs concernent les rapports de l'homme avec Dieu et forment la religion naturelle.

Il est donc certain que dans cet ordre il aurait existé une société religieuse, quelle qu'eût été sa forme et son organisation, que nous n'avons point à examiner ici ; et quand même les cérémonies du culte extérieur ne se fussent pas étendues au-delà des limites de la famille ou de la cité, elle aurait eu néanmoins une unité générale du côté de la fin et des moyens essentiels, parce que la vérité et la justice qui la déterminent sont universelles.

557. — Mais c'est assez parler de cet ordre purement naturel, qui de fait n'a jamais existé, puisque Dieu a établi dès l'origine une religion surnaturelle à laquelle, par conséquent, la société religieuse appartient. Il résulte de là que la société civile, quoique purement naturelle en soi, se trouve maintenant nécessairement liée à la société religieuse surnaturelle, et que ces deux ordres, le naturel et le surnaturel, bien que distincts, ne peuvent pas plus être séparés en politique qu'en philosophie sans les inconvénients les plus graves, et sans que cette division produise un état violent. Aussi les nations païennes qui, ayant perdu la religion surnaturelle, n'avaient plus même que des traces à demi effacées de la religion naturelle, qui aurait pu être établie, ne purent-elles jamais atteindre cette perfection et cette douceur du gouvernement politique dont jouissent les sociétés chrétiennes. Elles étaient, il est vrai, constituées comme cités, mais elles manquaient de cet élément concomitant, la vraie religion, qui aurait perfectionné leurs membres, et conséquemment la société elle-même : élément qui, étant nécessaire à chacun, doit pénétrer toute association humaine, sans quoi il manque toujours quelque chose à celle-ci.

558. — Quoique la religion surnaturelle ait toujours été une et universelle de droit, sa forme sociale fut d'abord peu développée et le culte extérieur ne franchissait guère les limites du foyer domestique. Toutefois l'unité de la fin et des moyens essentiels pour y parvenir, suffisait pour établir l'universalité de la société religieuse. La révélation mosaïque développa davantage la forme sociale chez les Hébreux, mais l'institution de l'Eglise lui a donné sa dernière perfection. Maintenant la société religieuse embrasse tout l'univers dans un organisme aussi complet en son genre que celui des Etats les plus parfaits. Son unité ne consiste plus seulement dans celle de la fin et des moyens nécessaires, elle résulte encore d'une hiérarchie parfaite, munie des pouvoirs et des moyens les plus efficaces pour exercer une grande influence sur chacun des membres de cette société. Or il est aisé de comprendre à quel point la condition des Etats doit être modifiée sous mille rapports par la présence d'une société de ce genre qui existe au milieu d'eux, les pénètre et exerce une action aussi énergique sur les citoyens : car la coexistence de deux êtres sur un même point entraîne toujours des relations qui restreignent leur liberté ou du moins celle de l'un d'eux; mais qui peuvent compenser cet inconvénient par de bien plus grands avantages, comme cela arrive pour chaque homme dans la constitution même de la cité. Nous avons à exposer ici la nature de cette société religieuse et ses relations fondamentales avec l'Etat.

CHAPITRE II

DE LA NATURE DE L'ÉGLISE CATHOLIQUE

559. — Pour bien comprendre la nature de la société religieuse, il faut observer qu'elle est fondée en partie sur l'essence même de la religion pour laquelle elle est établie, et en partie sur la volonté positive de Dieu qui l'a instituée. Sous le premier rapport, la religion toute entière ne regarde directement que le service de Dieu et la félicité de l'homme dans la vie future : car même dans l'ordre naturel, et à plus forte raison dans l'ordre surnaturel aujourd'hui existant, elle consiste toute dans les rapports qui unissent l'homme à Dieu, et ne regarde les autres choses de la vie présente qu'autant qu'elles ont quelque relation avec la fin dernière. Ainsi l'office propre de l'Eglise est de procurer la gloire de Dieu et le salut surnaturel des âmes ; elle ne touche aux choses humaines qu'autant qu'elles se rapportent à ce but. Aussi S. Paul détermine-t-il l'objet du sacerdoce par ces paroles remarquables : *Omnis pontifex ex hominibus assumptus pro hominibus constituitur* IN IIS QUÆ SUNT AD DEUM. (Hebr. C. V.) Il avertit ceux qui l'exercent de ne pas s'embarrasser des affaires temporelles : *Nemo militans Deo implicat se negotiis sæcularibus, ut ei placeat cui se probavit* (II Tim. C. II), et il rappelle les fidèles à la pensée de la fin sublime qui doit détacher leur cœur des biens de cette vie : *Qui utuntur hoc mundo tanquàm non utantur.* (I Cor. C. VII.) *Non habemus hîc manentem civitatem, sed futuram inquirimus.* (Hebr. C. XIII.) Voilà l'esprit de

l'Eglise et la doctrine apostolique : s'en écarter serait changer la religion divine en une institution humaine.

La fin de l'Eglise et sa nature la destinent donc au culte de Dieu et au salut éternel de l'homme. Quant aux choses qui regardent le bonheur de la vie présente et les relations mutuelles des hommes dans la recherche qu'ils en font, elles ne sont point l'objet de la société ecclésiastique, mais de la société civile ; et ce serait mettre le trouble partout que de confondre les fins, les limites et les ministères de ces deux sociétés.

560. — Cela n'empêche pas néanmoins que la religion ne développe la civilisation et le bonheur des peuples dès cette vie, comme un de ses effets secondaires, bien qu'elle ne se le propose pas directement. Il n'y a même qu'elle qui puisse atteindre parfaitement ce but. L'histoire en fait foi et la philosophie le démontre. En effet, le progrès de la civilisation provenant d'un usage convenable de l'activité humaine et des choses qui y sont soumises, il dépend surtout de la religion qui règle et contient tellement dans le devoir l'esprit et la volonté de l'homme, en lui proposant une fin plus noble, qu'elle le porte efficacement à garder dans toutes les choses terrestres l'ordre, qui contribue plus que tout le reste à rendre cette vie heureuse. Il n'est donc pas étonnant que la religion chrétienne, tout en paraissant tendre uniquement à la félicité de l'autre vie, produise encore le bonheur de celle-ci, comme le remarque Montesquieu (1); tandis qu'au contraire la cupi-

(1) « Pendant que les princes mahométants donnent sans cesse la mort ou la reçoivent, la religion, chez les chrétiens,

dité et une ardeur excessive dans la recherche des biens de ce monde, ont toujours amené la ruine de la prospérité publique et privée (1).

561. — La fin de la société religieuse étant indépendante de la diversité des lieux, des personnes et même de certains moyens libres propres à l'atteindre; puisqu'elle répond à une relation avec Dieu, qui est commune à tous les hommes; il est évident que cette société est de sa nature une et universelle. Il eût été difficile néanmoins d'établir par les seules forces naturelles une autorité unique et une organisation universelle capable de la diriger : les rivalités des peuples et la diversité des opinions, si commune parmi les esprits qui doivent déterminer par eux-mêmes où est la vérité, y eussent mis obstacle. Mais l'intervention divine a levé ces difficultés par l'institution de l'Eglise, qu'elle

rend les princes moins timides, et par conséquent moins cruels. Le prince compte sur ses sujets, et les sujets sur le prince. *Chose admirable, la religion chrétienne, qui ne semble avoir d'objet que la félicité de l'autre vie, fait encore notre bonheur dans celle-ci.* » — *Esprit des Lois*, liv. XXIV, chap. III.

(1) On peut voir par là combien il importe à l'Etat que la vraie religion fleurisse dans son sein, puisqu'elle seule peut conduire le peuple à une civilisation parfaite et unir solidement par des liens d'amour les cœurs des princes et des sujets. Cela suffit aussi pour juger le système moderne de l'indifférentisme religieux en politique, et de l'athéisme légal, qu'on ose nous vanter comme un progrès de la société, et qui n'est qu'un produit ou plutôt l'essence même de la *Révolution*. Système réprouvé par l'encyclique *Mirari* de Grégoire XVI, et les allocutions consistoriales de Pie IX, des 27 septembre 1852, 26 juillet 1855 et 15 décembre 1856.

a chargée d'enseigner et de gouverner tous les hommes dans les choses religieuses.

Or cette institution divine est encore de son côté un principe sur lequel reposent l'organisme et la constitution de l'Eglise, et duquel résulte l'indépendance de ces deux choses à l'égard de tout pouvoir terrestre. Une constitution sociale, en effet, ne peut être changée que par les causes qui lui ont donné naissance et à l'action desquelles elle est actuellement soumise: par conséquent l'Eglise, qui est surnaturelle et ne procède point de la volonté de l'homme, doit nécessairement être conservée telle que Jésus-Christ l'a établie pour toujours.

562. — Voici les points fondamentaux de la constitution de l'Eglise. — Elle se compose comme toute société de deux éléments : une multitude d'associés qui s'unissent à elle par la profession de la foi ; et des supérieurs qui gouvernent cette multitude avec une autorité légitime. — Cette autorité réside dans le Souverain Pontife et les évêques qui ont reçu de Jésus-Christ la charge de gouverner l'Eglise sous la direction du suprême pasteur. Le gouvernement de l'Eglise est donc monarchique, puisque le pouvoir suprême, la source de l'autorité et le centre de l'unité de toute l'Eglise, se trouvent dans le Pontife romain. On peut dire néanmoins que l'exercice de son pouvoir est tempéré par une certaine influence aristocratique, puisqu'il est confié en chaque pays aux évêques qui sont, comme le remarque Bellarmin, de véritables princes spirituels dans leurs propres diocèses. L'Eglise participe aussi

quelque peu à la démocratie, dans un sens assez impropre que nous avons expliqué plus haut, c'est-à-dire, en tant que personne n'est exclu des dignités ecclésiastiques, auxquelles chacun peut arriver par la voie du sacerdoce; mais le peuple comme tel n'a aucune part au gouvernement de l'Eglise, comme l'ont prétendu les protestants et les constitutionnels français. Le pouvoir ecclésiastique est de deux sortes : celui de l'ordre qui a trait à l'administration des sacrements et à la prédication de la parole de Dieu, et celui de la juridiction qui a pour objet le gouvernement des fidèles tant au for intérieur qu'au for extérieur, et qui renferme les trois fonctions législative, exécutive et judiciaire, comprises dans la notion même de l'autorité suprême.

L'autorité ecclésiastique tend directement et principalement à régler les opérations des âmes, ce qui l'a fait appeler *spirituelle*. Mais l'homme n'étant pas un pur esprit et ses actes intérieurs étant aidés et manifestés par des opérations extérieures; sans lesquelles ne pourrait se former une société visible, telle que l'Eglise doit l'être par son institution; il en résulte que l'autorité de celle-ci atteint aussi d'une manière secondaire ses opérations extérieures, et par conséquent gouverne l'homme tout entier dans ce qui concerne le culte divin et le salut éternel.

On voit que l'Eglise est un empire spirituel établi de Dieu parmi les hommes, entièrement distinct de l'empire civil et bien plus excellent que lui. Ce n'est donc pas une simple corporation (*collegium*) établie dans le sein de la société civile et soumise à son autorité suprême, comme l'ont soutenu les protestants et après eux les politiques du droit nouveau ; car c'est là l'erreur capitale de ce siècle, condamnée par Pie IX dans son allocution solennelle du 9 juin 1862. Ce point, du reste, a une telle importance pour les relations mutuelles des deux sociétés, qu'il demande à être expliqué davantage. Ce sera l'objet de la proposition suivante.

PROPOSITION

L'Eglise est une société existant par elle-même, et indépendante, quant à son objet, de la société civile.

563. — *Preuve.* Une société existant par elle-même et indépendante, est celle qui a indépendamment de toute autre société une fin, des moyens, un objet, une origine et une constitution propres, ainsi que le droit de s'agréger des associés et de les obliger de tendre à sa fin par une action commune ; droit qui constitue le lien social et l'autorité sur les associés. Or telle est l'Eglise, spécialement par rapport à la société civile, qui seule pourrait lui disputer son indépendance. Car 1° elle a une fin propre : le salut éternel des hommes à procurer par le culte surnaturel de Dieu, la prédication de la doctrine de Jésus-Christ, la conservation de la foi ; toutes choses dont elle a été chargée par Dieu, son auteur, et non par aucune autre société ou autorité ; tandis que la société civile a aussi sa fin propre, fort différente de celle-là : savoir, la sécurité et le bonheur de l'ordre temporel. Or, bien loin que la fin de l'Eglise puisse être subordonnée et assujettie à celle de la cité, comme le veut la politique rationaliste ; c'est au

contraire la seconde qui est soumise à la première, à cause de l'excellence de celle-ci au-dessus de ce qui est temporel et de la nécessité du salut, fin dernière de la nature humaine, à laquelle se rapportent comme autant de moyens toutes les circonstances de la vie présente. Si donc il venait à s'élever un conflit entre les droits de la cité et ceux de l'Eglise, ceux-ci devraient prévaloir, puisque ce sont les droits de Dieu même, dont elle tient la place et exerce le pouvoir.

2º L'Eglise a des moyens qui lui sont propres, les lois par lesquelles elle protége la foi et les mœurs et l'application des moyens de salut institués par Jésus-Christ, comme les sacrements. Or, quoique la société civile exerce aussi quelque action sur les mœurs, cette action diffère de celle de l'Eglise et n'atteint pas comme elle ce qui est intérieur ; mais elle ne poursuit guère sa fin que par une force extérieure et en quelque sorte matérielle, tandis que l'Eglise emploie surtout les exhortations, la persuasion et les peines spirituelles.

3º L'Eglise a un objet distinct : le culte divin avec toutes les obligations qui s'y rapportent et l'honnêteté des mœurs tant extérieure qu'intérieure et même surnaturelle ; ce qui s'étend fort loin. L'objet direct de la société civile est seulement l'honnêteté extérieure des mœurs et l'ordre matériel qui sont nécessaires pour la paix, la commodité et la tranquillité de la vie présente. Quant à l'ordre moral, elle ne l'atteint par elle-même qu'indirectement, en tant qu'il est nécessaire jusqu'à un certain degré pour la sécurité et le bon état de la cité.

4° L'Eglise a aussi une origine spéciale et distincte : car l'histoire nous apprend qu'elle a été instituée par Jésus-Christ avec une forme divinement déterminée ; de sorte que l'autorité qui la gouverne procède de Dieu, non pas seulement comme auteur de la nature, mais encore par une action spéciale et surnaturelle qui a réglé la forme de son gouvernement d'une manière immuable. Mais il en est autrement de la société civile ; car, bien que prise en général, elle ait commencé presque à l'origine du monde par le développement de la famille, Dieu le voulant ainsi et manifestant ses volontés par les besoins et les aptitudes naturelles de l'homme ; si néanmoins on la considère dans chaque Etat, on voit qu'elle y est née de faits purement humains, qui peuvent aussi déterminer et modifier diversement, soit quant à la personne, soit quant à la forme du gouvernement, l'autorité qui la dirige.

5° L'Eglise a reçu de Dieu seul et possède en propre le droit d'obliger tous les hommes à entrer dans son sein, pour y tendre à leur fin commune par une action commune aussi, en s'aidant réciproquement dans cette recherche par la prière, l'exemple, l'enseignement, sous la direction de l'autorité ecclésiastique : et le fondement de cette obligation des hommes, est qu'ils ne peuvent parvenir autrement à leur fin dernière. L'Eglise a donc aussi, indépendamment de l'Etat, cette multitude de membres nécessaire à l'existence de toute société. — Il est vrai que les membres de l'Eglise sont aussi membres de la cité ; mais ils appartiennent à ces deux sociétés sous des rapports différents, pour des fins diverses ; et la dépendance qu'ils ont de l'autorité qui dirige chacune d'elles est distincte aussi ; les rapports des citoyens avec la cité étant purement naturels, et ceux des fidèles avec l'Eglise surnaturels. Rien n'empêche toutefois que la double qualité de fidèle et de citoyen ne concoure dans la même personne; comme dans une même cité un homme peut appartenir à différentes corporations. La société civile, en favorisant par sa protection la multiplication des hommes, fournit, il est vrai, à la société ecclésiastique la matière sans laquelle elle ne saurait subsister; mais cette coopération purement matérielle ne peut constituer au profit de la cité aucun droit de suprématie sur l'Eglise, contrairement aux rapports qui établissent leurs fins respectives.

6º Enfin, de toutes les conditions qui viennent d'être énumérées, résulte dans l'Eglise l'existence d'une autorité et d'une hiérarchie de supérieurs qui lui sont propres, et qui constituent la *forme* de la société, comme la multitude d'associés lui fournit la *matière;* et ainsi la constitution de l'Eglise se trouve complète.

En effet, les autorités, comme les sociétés, se distinguent les unes des autres par la diversité de leurs fins, de leurs objets et de leur origine..... Or l'autorité qui dirige l'Eglise diffère de l'autorité civile sur tous ces points; et la nature même des choses montre assez que ce n'est pas celle-ci qui a pu les déterminer pour l'Eglise. L'histoire constate d'ailleurs que l'autorité ecclésiastique et la hiérarchie de supérieurs qui l'exerce, ont été instituées par Jésus-Christ, et ne dépendent quant à leur être que de lui, comme de leur seul auteur. L'Eglise a donc, indépendamment de la cité, tout ce qui complète sa constitution sociale, et par conséquent elle en est indépendante.

Cette indépendance peut encore être confirmée par une autre raison. Car non seulement l'Eglise ne tire pas son origine de la cité, ce qui eût été pour elle le principal titre de dépendance; mais encore elle est une et universelle; tandis qu'il y a dans le monde beaucoup de sociétés politiques. Or cette unité de l'Eglise ne pourrait subsister si dans chaque Etat elle était soumise à l'autorité civile quant à son objet propre; et si pour éviter cet inconvénient on prétendait restreindre cette dépendance au gouvernement d'un seul Etat, on ne voit aucune raison d'attribuer ce privilège à l'un plutôt qu'à l'autre. L'Eglise est donc nécessairement indépendante comme une société complète et existant par elle-même.

564. — COROLLAIRE. — « L'Eglise n'est donc pas, comme le prétendent Fébronius et les protestants Puffendorf, Bœhmer, etc....., un simple COLLÉGE ou corporation reçu dans l'Etat et dépendant de sa souveraineté comme les autres corporations civiles. »

Un collége, en effet, tel qu'il est défini dans le droit, *(L. 1 et 3 ff. De collegiis et corporibus)* ne peut être constitué que dans les limites d'un Etat ou d'une province, comme dans un lieu soumis à la domination d'autrui; tandis que l'Eglise, vu son universalité, n'est limitée par aucune frontière, et n'a pas besoin pour exister de cette permission du prince que les légistes requièrent pour les colléges civils, puisqu'elle a reçu son institution et son immutabilité du souverain auteur de toutes choses. Ainsi donc, quoique tous les fidèles dont se compose l'Eglise soient membres de quelque Etat auquel ils doivent obéir dans les choses civiles, l'Eglise comme telle n'est point *dans l'Etat*, selon la phrase reçue, comme une de ses parties subordonnée au tout; mais seulement d'une manière matérielle et comme coexistant en partie avec lui sur le même territoire. Mais elle y est elle-même comme un Etat; c'est-à-dire comme une société distincte par sa fin et son objet et complète dans son ordre, embrassant dans son étendue, de droit toutes les cités, de fait un grand nombre d'entre elles, et gouvernant leurs citoyens avec une pleine liberté, dans les choses spirituelles. De sorte que, renversant la formule que nous venons de rejeter, on pourrait dire avec plus de raison que c'est *l'Etat qui est dans l'Eglise*.

565. — Remarque. — Saint Thomas, adoptant d'une certaine manière cette maxime que *l'Eglise est dans l'Etat*, lui donne une interprétation aussi juste qu'ingénieuse. Elle y est, dit-il, comme l'âme est dans le corps, en tant qu'elle lui communique la vie morale qui, sans elle, y serait fort imparfaite et languissante, comme on le voit dans les sociétés qui n'ont pas reçu l'influence de l'Eglise, et qui, par suite, sont restées sujettes à la tyrannie, aux séditions, à la corruption des mœurs et à mille calamités. Que l'on compare par exemple la France du XVIIe siècle aux sociétés musulmanes ou païennes, et l'on reconnaîtra facilement ce que doivent à l'Eglise, sous le rapport du bien-être, du bon ordre

et de la liberté, les sociétés qui l'acceptent comme leur âme et leur principe de vie morale. La chose est du reste bien naturelle, puisque son rôle est de veiller sur les doctrines et les sentiments qui pourraient menacer le salut public, de corriger les mœurs, de rendre les hommes doux et bienveillants les uns pour les autres, les sujets soumis et dociles, et les supérieurs justes et bienfaisants. Certes on n'a jamais vu et on ne verra jamais qu'un souverain qui s'accorde bien avec l'Eglise soit un tyran, tandis que ceux qui la tourmentent ont coutume de ne pas plus épargner les peuples ; et cette soumission à la direction morale de l'Eglise dans un prince, sera toujours une meilleure garantie du bonheur public que tous les mécanismes constitutionnels par lesquels notre siècle rationaliste cherche à remplacer l'influence religieuse. Entreprise insensée, que la sagesse antique eût regardée comme une frénésie, et dont notre aveugle orgueil se glorifie comme d'un progrès ! Saint Thomas a donc bien raison de nous montrer l'Eglise comme l'âme de la cité, lui communiquant la vie, la beauté, la perfection dans ses opérations propres et partant le bonheur.

Mais, de ce que l'âme de l'homme existe dans son corps, personne ne conclut que c'est à celui-ci de la gouverner ; au contraire. De même aussi, la coexistence et la compénétration de la cité et de l'Eglise, loin d'exiger la dépendance de celle-ci, indiquent plutôt que la société matérielle doit être dirigée et perfectionnée par la société spirituelle, tout en conservant ses fonctions propres ; comme il arrive dans le corps humain vivifié par l'âme.

Enfin cette parole équivoque : l'*Eglise est dans l'Etat*, dont la politique moderne fait un abus si pernicieux, peut aussi être conservée et en même temps retournée avec une signification légitime, en ce sens que l'Eglise est dans l'Etat quant aux affaires temporelles, où les lois civiles exercent leur influence; et que l'Etat est à son tour dans l'Eglise quant aux affaires spirituelles, qui sont soumises aux lois de l'Eglise. Cette interprétation laisse intacte l'indépendance légitime de celle-ci et convient à l'union amicale qui doit exister entre les deux sociétés. En ce sens il ne répugne pas qu'il y ait un *Etat dans l'Etat*. Cette hypothèse ne serait absurde que si l'on supposait l'existence dans un même territoire et par rapport aux mêmes hommes de deux puissances du même ordre et s'exerçant sur les mêmes objets; car leurs lois seraient alors opposées et contradictoires. Voyez *Liberatore. Jur. nat.*, § 212, Edit. 10e.

CHAPITRE III

DES PRINCIPAUX DROITS DE L'ÉGLISE

566. — De l'indépendance de l'Eglise dans son existence et sa constitution dérivent pour elle beaucoup de droits dont nous exposerons ici brièvement les principaux, qui se résument tous dans sa *liberté*, ou la faculté d'exercer sans entraves son action dans toutes les choses nécessaires à l'accomplissement de sa fin. Or cette liberté, loin de nuire à l'Etat ou au souverain, est au contraire parmi toutes les libertés que l'on

réclame de toute part avec tant d'instances, la seule qui n'offre aucun péril pour l'autorité des princes, et qui lui apporte même un appui solide et une grande sécurité. C'est ce que sentent parfaitement tous les ennemis de l'autorité souveraine; aussi ont-ils coutume de commencer la guerre qu'ils font à l'ordre politique, en attaquant, avec le concours de celui-ci même, la liberté et les droits de l'Eglise. Et lorsqu'ils ont démoli ce rempart de la société, ils lèvent le masque et ruinent de fond en comble les droits de la royauté, que leur hypocrisie semblait d'abord défendre avec tant de zèle. C'est là, en deux mots, l'histoire de ce siècle et du précédent.

Le premier droit de l'Eglise est celui de se propager librement par toute la terre, selon l'ordre que Jésus-Christ lui en a donné par ces paroles: *Data est mihi omnis potestas in cœlo, et in terrâ. Euntes ergo docete omnes gentes, baptizantes eos in nomine Patris, et Filii, et Spiritûs sancti : docentes eos servare omnia quæcumque mandavi vobis.— Matth. XXVIII,* 18. Ces paroles prescrivent aussi la manière dont l'Eglise doit se propager, c'est-à-dire la prédication de la foi et l'enseignement, qui lui amènent librement les hommes, et non l'emploi des armes et la violence. Mais après qu'ils sont entrés dans l'Eglise par le baptême, qui en est la porte, ils sont tous soumis, quels que soient leur qualité et leur pouvoir, à son autorité en ce qui regarde sa fin et son objet.

Du droit de s'étendre, de se conserver et de poursuivre sa fin, naît celui d'établir partout où il y a des fidèles la hiérarchie nécessaire à l'exercice du pouvoir spirituel, et de réclamer pour elle la liberté d'action que demande cet exercice.

L'Eglise tire de la même source le droit d'exercer son autorité dans l'ordre spirituel selon le triple office qu'elle embrasse, le législatif, l'exécutif et le judiciaire; et ce droit, résultant de la notion même de la société, ne peut dépendre que de celui qui l'a fondée.

567. — On doit reconnaître à l'Eglise, comme conséquence de ce qui précède, les facultés suivantes (1) :

1° La libre communication des évêques et de tous les fidèles avec le Pontife romain; car il n'y a rien de plus naturel et de plus intime que les rapports du pasteur avec son troupeau, du père avec ses enfants. Traiter son pouvoir de puissance étrangère par rapport aux nations catholiques, n'est pas chose moins absurde que si l'on voulait représenter l'âme comme étrangère au corps et la tête aux membres.

2° L'exécution des lois spirituelles en vigueur dans l'Eglise, sans excepter celles qui concernent le mariage;

3° La libre prédication de l'Evangile, la censure des erreurs et la convocation des conciles ou autres assemblées ecclésiastiques;

4° La formation des clercs selon les règles de la discipline ecclésiastique : car ils sont comme la milice de

(1) La plupart des droits énumérés ici sont revendiqués dans les actes pontificaux du Pape Pie IX, des 10 juin et 22 août 1851, 27 septembre 1852, 15 décembre 1856, 30 septembre 1861, 9 juin 1862, 21 décembre 1863; et autres que nous avons cités ailleurs.

l'Eglise, milice absolument nécessaire à ses fonctions, et qu'elle peut par conséquent librement instruire et diriger au même titre qui lui permet d'exister et d'agir;

5° La liberté d'élever les enfants dans la foi et les mœurs chrétiennes, afin que la jeunesse soit formée à la fois à la vie littéraire, morale et religieuse. Ce qui rend tout-à-fait convenable aux ecclésiastiques la charge d'enseigner les sciences qui se rapportent aux mœurs, et qui se lient à l'*éducation* ou à la formation de l'homme moral. Car dans la pratique on ne peut guère séparer cette instruction littéraire de l'éducation religieuse pour les livrer à des influences différentes sans amener la ruine de celle-ci.

Nous ne prétendons pas cependant que le clergé seul puisse donner l'instruction littéraire et même l'éducation morale. Nous disons seulement que tous ceux qui s'acquittent de l'une ou l'autre de ces fonctions doivent le faire selon la doctrine et la direction de l'Eglise, si l'on veut éviter pour les enfants la perte de la foi et des mœurs, que l'Eglise a le droit et le devoir de leur conserver. Elle peut donc, par rapport à l'éducation des enfants, non pas à la vérité tout faire par ses propres ministres, mais surveiller les autres maîtres et les corriger dans ce qui regarde la doctrine et les mœurs. Et quoique le droit d'éducation appartienne aux parents par droit de nature (364), ceux-ci, étant obligés envers l'Eglise dont ils sont membres, à élever leurs enfants chrétiennement, elle peut veiller à l'accomplissement de cette obligation.

La cité ne peut s'attribuer les mêmes droits sur l'éducation, quelques prétentions qu'élève à cet égard l'école révolutionnaire, qui, renouvelant sur les traces de Platon la tyrannie antique de l'Etat envers les citoyens, lui livre l'éducation de tous les enfants et détruit la plus précieuse liberté des familles, en foulant aux pieds les droits de la nature. La vérité est que l'Etat, manquant de cette influence morale que possède l'Eglise, ne saurait à aucun titre se mêler de l'éducation des enfants malgré leurs parents, de même qu'il ne peut forcer les adultes à fréquenter certaines écoles. Et loin qu'il ait sur les enfants plus de droits que sur les hommes faits, ceux-là au contraire n'appartiennent pour ainsi dire pas encore à la cité; mais ils se rattachent à la famille par un lien bien plus étroit. Le droit de l'Etat en cette matière se borne, régulièrement parlant, à cette inspection générale qu'il peut exercer sur les maisons d'éducation comme sur les autres choses, dans l'intérêt de l'ordre public. On voit donc à quel point tout le système d'instruction publique, que la révolution a introduit dans les institutions politiques de l'Europe, est dépourvu de fondement au point de vue du droit naturel. Il ne soutient pas mieux la critique si on l'examine dans ses résultats.

6o L'Eglise a le droit de posséder librement des biens, meubles et immeubles, comme toute société, et par conséquent d'en acquérir et de les administrer.

7o Enfin elle a le droit, nécessaire au développement de son activité propre, de produire dans son sein des associations subalternes dans lesquelles certaines personnes, assujetties à des lois déterminées sous une autorité particulière subordonnée à l'Eglise, professent un genre de vie plus parfait. Tels sont les ordres religieux qui s'engagent par vœu à la pratique des conseils évangéliques. Comme ces deux derniers droits de l'Eglise sont l'objet d'attaques plus violentes de la part des novateurs, nous en établirons plus spécialement les bases dans les deux propositions suivantes (1).

PROPOSITION I

L'Eglise, comme toute autre société, a de droit naturel la faculté de posséder et par conséquent d'administrer des biens.

568. — 1° *Preuve par rapport aux sociétés en général.* De même que l'individu a besoin de secours pour soutenir sa vie, de même aussi les personnes morales, comme sont les sociétés, ne peuvent atteindre leurs fins qu'à l'aide de certains moyens, et ordinairement de la possession de quelques biens. Elles ont

(1) Personne n'a mieux traité cette matière importante que MM. Rubichon et Mounier, qui, luttant courageusement contre les préjugés si répandus sur cet article, ont consacré leur vie et leur talent à démontrer l'utilité des ordres religieux et des propriétés ecclésiastiques pour la société, à tous les points de vue, et spécialement à celui de l'économie politique. — Voir en particulier l'ouvrage intitulé : *De l'Action du Clergé sur les Sociétés modernes*, Lecoffre, 2 vol. in-12. — On peut y joindre ceux-ci : *De l'Action de la Noblesse et des Classes supérieures sur la Société.* — *De l'Agriculture en France*, par M. Mounier. — *Du Mécanisme de la Société en France et en Angleterre*, par M. Rubichon.

donc droit à cette possession par cela même qu'elles existent légitimement. D'ailleurs, si le droit de propriété est naturel à chaque individu, à plus forte raison l'est-il aussi à la multitude d'individus qui forment une société : car le fait de l'association, loin d'éteindre leurs droits, leur donne plus de force par leur multiplication; de sorte que la violation d'un droit social, blessant plus de personnes, est par là même plus coupable : et puis la société elle-même, dès qu'elle existe légitimement, a le droit de se conserver et d'employer pour cela les moyens nécessaires.

Au fait, qu'est-ce que l'Etat lui-même, sinon un corps moral qui ne peut rien posséder qu'à ce titre ? Il faut donc reconnaître ou bien que cette qualité de corps moral ne s'oppose point au droit de propriété, ou bien qu'elle en prive l'Etat lui-même, auquel seul les novateurs veulent, par une contradiction flagrante avec leur propre principe, attribuer le domaine même des particuliers. Le droit de propriété convient donc de soi aux autres sociétés aussi bien qu'à l'Etat, quoiqu'il puisse recevoir chez elles certaines modifications établies par la loi civile, à raison de leur subordination à la cité. Mais s'il se trouve quelque société indépendante de l'Etat, cette restriction n'a plus lieu par rapport à elle, et telle est la condition de l'Eglise.

2° *Preuve par rapport à l'Eglise en particulier.* L'Eglise est une société composée d'hommes, répandue partout, et qui a besoin de beaucoup d'objets matériels pour les fins diverses qu'elle doit atteindre, comme sont la construction des temples, la pompe du culte divin, l'entretien de ses ministres, afin que ceux-ci, exempts de sollicitude sur les nécessités de la vie, puissent vaquer uniquement à leur office, exercer les œuvres de miséricorde, etc.; toutes choses indispensables pour qu'elle puisse, par son action, atteindre sa fin dernière. Il est donc moralement nécessaire, à considérer la question en général, que l'Eglise possède des biens stables; quoique dans telle ou telle circonstance particulière elle puisse pourvoir à ces nécessités par des aumônes ou d'autres secours précaires. Or, cela posé, on voit que le droit de propriété ressort pour l'Eglise de la nature même des choses; car si toute société utile et exempte de danger pour autrui, peut de droit naturel s'établir librement et se pourvoir des moyens nécessaires à son existence et à son but; combien plus ce droit convient-il à l'Eglise, qui possède ces qualités plus qu'aucune autre société, et qui est non-seulement souverainement utile; mais encore, dans l'état présent, absolument nécessaire au genre humain; et quelle souveraine injustice n'y aurait-il pas à la dépouiller de ce droit? Il faut remarquer d'ailleurs que les autres sociétés commerciales, industrielles, etc... que l'on désigne sous le nom général de corporations (*universitates*), quoiqu'utiles en soi, ne sont pas néanmoins nécessaires, et peuvent, dans certaines circonstances, avoir des inconvénients; ce qui les soumet, en plusieurs manières, à la législation civile qui peut régler et limiter leurs droits, ou même quelquefois les supprimer pour le bien public; quoiqu'elle ne doive user de cette faculté qu'avec beaucoup d'équité et de circonspection. Mais il en est tout autrement de l'Eglise, qui est d'une souveraine utilité même pour le bien temporel des hommes, sans pouvoir jamais lui nuire véritablement, et dont l'existence et la fin ne dépendent d'eux en aucune façon. Elle ne peut donc, même au point de vue du pur droit naturel, être privée par aucune autorité humaine des moyens qui lui sont indispensables.

Mais la loi de nature est confirmée ici par le droit divin positif, puisque Jésus-Christ, en établissant son Eglise comme une société humaine extérieure et visible, lui a conféré un droit incontestable à tout ce qui lui est nécessaire pour se conserver et s'étendre sous cette forme. Or c'est ce qui ne se pourrait faire si elle n'avait aucune possession; et même, après sa diffusion parmi les hommes, il semble moralement nécessaire qu'elle puisse avoir des biens fixes et déterminés, terres, rentes et autres semblables, qui assurent non-seulement la vie, mais l'indépendance de ses ministres; tandis que le système du salaire, qui prévaut aujourd'hui dans la politique des Etats envers l'Eglise, tend à l'abaisser, à l'asservir et à la réduire peu à peu à la condition d'une institution de police (*instrumentum regni*). La Révolution sait bien ce qu'elle fait en établissant partout ce régime.

Le droit de propriété de l'Eglise est donc de soi indépendant de la loi civile, qui ne peut rien contre la constitution et les droits nécessaires de cette société. Aussi chez toutes les nations chrétiennes, les lois lui ont non seulement reconnu cette faculté; mais elles l'ont encore développée par de nombreux privilèges. Or ce droit de propriété emporte régulièrement celui de libre administration, qui est de l'aveu de tous un annexe naturel du domaine, et qui n'en peut être détaché que pour des causes accidentelles. Notre thèse demeure donc prouvée dans son entier. — Elle est établie dans l'allocution consistoriale de Pie IX, du 15 décembre 1856, et dans son Encyclique du 17 septembre 1863.

569. — REMARQUE. — Au siècle dernier, on a accumulé les sophismes, au nom de l'économie politique, contre la propriété ecclésiastique, et surtout contre celle des biens immobiliers; mais une triste expérience est encore venue ici réfuter les théories de cette malheureuse époque. Au lieu de la prospérité que l'on en attendait, le pillage des biens ecclésiastiques n'a amené que la banqueroute du trésor, la ruine de l'agriculture, le paupérisme et la misère pour la société, une terrible malédiction morale sur les nombreux acquéreurs, complices de cette odieuse confiscation qui, suivant l'expression de M. de Tocqueville, *a fait à la France une mauvaise conscience,* et pour dernier résultat la menace du socialisme toujours suspendue sur nos têtes. Il n'est pas difficile de rendre raison de ces déplorables résultats; car pour que la fortune des riches soit en sûreté, il faut qu'une certaine portion des biens dans la société soit appliquée au soulagement des indigents. C'est non-seulement une disposition de la Providence et une loi d'humanité; mais encore une de ces nécessités provenant de la nature des choses, contre lesquelles

rien ne saurait prévaloir. Aussi se reproduit-elle aujourd'hui sous le titre, plein de dangers, de *droit à l'assistance ;* théorie d'autant plus périlleuse qu'elle repose sur un principe vrai dont on abuse, et pose d'une manière insoluble un problème inévitable, que le christianisme avait résolu de la manière la plus heureuse. La dotation de l'Eglise, en effet, avait entr'autres avantages celui de pourvoir à cette nécessité de l'assistance de la manière la plus efficace pour le soulagement des pauvres, et la plus propre à éviter les inconvénients qui s'y rattachent. Cette ressource une fois détruite par les confiscations révolutionnaires, on se trouve en présence de l'expédient déplorable à tout point de vue, de la taxe des pauvres, si onéreuse pour l'Angleterre, ou d'une misère toujours croissante, source d'inspirations mauvaises qui menacent sans cesse la société de séditions, et les riches de l'invasion du communisme (1). — Les économistes ont voulu livrer tous les biens à une circulation perpétuelle et à une division sans limites; c'est là l'esprit qu'ont hautement affiché les rédacteurs du Code civil, qui a propagé si efficacement les principes de la Révolution sur la propriété;

(1) Malgré le lyrisme des statistiques officielles, célébrant toujours le progrès et la prospérité croissante de la France, le moins contestable de nos progrès est celui du paupérisme, depuis que l'on a dépouillé l'Eglise de ses biens. Mais ce n'est pas ici le lieu de traiter cette question à fond. Qu'il nous suffise de citer un exemple d'autant plus frappant qu'il est pris dans un pays que la Révolution a moins démoralisé que bien d'autres, et dans une ville qui n'est pas sujette aux causes de misère qu'amène l'industrie manufacturière. C'est celle de Vannes,

mais les lois de la nature exigent pour la fécondité de la terre qu'elle soit en grande partie soumise à une possession constante et presque invariable, comme était celle qu'on appelait de *main-morte;* et cette condition était heureusement remplie par la propriété ecclésiastique et par l'organisation féodale et la substitution des biens nobles. Ce que la destruction de ces deux institutions a causé de dommages et créé de dangers dans l'avenir pour la société, c'est ce que les hommes qui étudient sérieusement les questions, sans se payer des déclamations banales en l'honneur du progrès, ont déjà pu reconnaître; et nul ne l'a montré d'une manière plus évidente que MM. Rubichon et Mounier, dans les ouvrages que nous avons déjà indiqués et dont nous ne saurions assez recommander l'étude. L'avenir mettra encore cette triste vérité dans un plus grand jour; et plaise à Dieu qu'on ne la reconnaisse pas trop tard pour le salut de la société, dont ces écrivains n'ont pas moins bien mérité que de l'Eglise!

PROPOSITION II

L'Eglise a le droit d'établir dans son sein des so-

qui renferme 1,900 familles, sur lesquelles 370 étaient inscrites en 1841 au rôle des secours publics. — En 1842, ce nombre montait à 390. — En 1843, à 405. — En 1844, à 450. — En 1845, à 460. — En 1846, à 490. — En 1847, à 560. — En 1848, à 610. — Comme on le voit, la progression est constante et régulière; ce n'est point un simple accident. Que n'aurions-nous pas à dire sur le paupérisme de l'Angleterre protestante! Mais nous renvoyons à M. Rubichon, auteur de l'observation que nous venons de citer.

ciétés moindres et subordonnées, soumises à sa direction, pour l'aider à obtenir plus facilement et plus parfaitement sa fin, comme sont par exemple les ordres religieux.

570. — *Preuve.* Toute grande société a besoin de certaines associations plus petites, et soumises à son autorité, dont elle s'aide pour obtenir sa fin; car ces associations donnent une bien plus grande efficacité aux efforts individuels qui tendent vers cette fin, et la grande société acquiert par là l'ordre et la gradation hiérarchique qui augmentent sa sécurité et sa puissance, en même temps qu'ils sont pour elle un ornement. C'est là une vérité de raison et d'expérience tout à la fois. Ainsi dans la cité, les sociétés particulières qui ont pour objet les arts, l'industrie ou le commerce, sont pour elle des moyens de procurer la commodité de la vie; celles qui forment la hiérarchie militaire, sont des moyens efficaces de défense, et il serait insensé de refuser à l'Etat le droit d'établir ou de permettre et de protéger de telles associations, sans lesquelles tout languirait dans son sein. — Or il en est de même de l'Eglise qui, étant plus étendue que la cité, n'a pas moins besoin de ces associations subalternes, telles que les ordres religieux, les congrégations, les confréries, etc. Ce sont des instruments utiles pour le culte divin et le salut des âmes; et elles constituent pour la défense de l'Eglise une sorte de milice sacrée, que l'on peut comparer aux armées permanentes dans l'ordre politique. On ne peut donc lui interdire l'établissement de ces sociétés, si inoffensives pour tout le

monde, et si utiles pour elle et pour la fin qu'elle doit atteindre.

2° Cette doctrine peut être confirmée par un argument tiré du droit, naturel aux individus, de former entre eux toute espèce d'association honnête : droit dont ils ne sauraient être privés sans tyrannie, à moins qu'une cause assez grave et accidentelle n'exige une telle restriction ; ce qui est assez rare. De même donc que plusieurs citoyens peuvent s'unir pour négocier, labourer ou naviguer ; de même, il doit être libre aux fidèles de s'associer pour servir Dieu d'une manière spéciale et plus excellente, sous l'approbation de l'Eglise. L'Etat ne peut mettre obstacle à de telles associations sans opprimer avec autant d'imprudence que d'injustice la liberté naturelle de l'homme. La faculté qu'établit notre proposition est donc fondée tout à la fois sur le droit de l'Eglise et sur celui de chaque citoyen. — Ce droit de l'Eglise est établi dans les allocutions consistoriales de Pie IX, des 27 septembre 1852, 22 janvier et 27 juillet 1855, et 15 décembre 1856.

571. — Remarque. — On commence déjà à reconnaître la vanité des déclamations économistes sur la prétendue inutilité et l'oisiveté des ordres religieux. Et certes, quand même ils seraient aussi oisifs et aussi inutiles que l'ont prétendu les sophistes du XVIIIe siècle, cela ne donnerait pas à l'Etat le droit de les inquiéter. Qui oserait dire, en effet, que l'autorité publique peut chasser les riches de leur maison sous le seul prétexte d'oisiveté ? N'est-ce pas là l'éternel refrain des Saint-Simoniens et des communistes contre

tous les propriétaires ? L'autorité civile n'a rien à dire à quiconque n'attaque ni par fraude, ni par violence l'ordre public, les bonnes mœurs ou les droits de ses concitoyens ; car c'est là tout ce qu'elle peut exiger de ses sujets par le titre de son institution. — Du reste, l'histoire nous apprend ce qu'il faut penser, au point de vue général, de l'oisiveté prétendue des religieux. Et quant à leur inutilité, l'expérience de ce qui a suivi leur destruction n'est pas moins propre à les venger de cette calomnie. C'est ce qu'ont encore très-bien montré MM. Mounier et Rubichon dans les ouvrages déjà cités.

Enfin, pour peu que l'on veuille élever ses pensées au-dessus de la matière, on reconnaît la fausseté et la bassesse de ce point de vue, qui fait consister tout le bien social dans les actions propres à procurer l'argent et les délices sensuelles; et combien leur sont supérieures et préférables pour le bien public celles qui ont pour objet l'honnêteté des mœurs et le culte dû à Dieu par la société. Quoi de plus utile, en effet, à la cité, que les exemples de modération, de frugalité et de vertus héroïques, les consolations et les secours prodigués aux pauvres, et la culture des sciences dégagée des périls qui l'accompagnent trop souvent dans le siècle. Car ici la multitude des gens de lettres, leurs prétentions sans bornes et leur humeur inquiète sont un danger perpétuel pour l'Etat; qu'ils prétendent gouverner à leur gré, de par le droit de l'écritoire, et dont ils immolent sans scrupule la tranquillité et la sûreté même, au succès d'une phrase, au triomphe de leur idée, comme on ne l'a que trop vu depuis un siècle (1). Dans le clergé, au contraire, et parmi les religieux, la culture des lettres et des sciences offre à la société tous les avantages qu'elle est capable de donner par elle-même, sans avoir aucun de ces dangers qu'y mêlent l'ambition et la cupidité. — Voir de Maistre, *Soirées de Saint-Pétersbourg*, tome II.

En outre, les monastères sont des asiles qui préservent un grand nombre d'hommes des derniers malheurs, du désespoir et des crimes sans nombre dont il peut être la source. Sous ce rapport, ils ne sont pas moins utiles.

CHAPITRE IV

DES RAPPORTS MUTUELS DE L'ÉGLISE ET DE L'ÉTAT

572. — On a à se garder en cette matière de deux sortes d'erreurs. La première, que nous ne faisons qu'indiquer, parce qu'elle a été réfutée plus haut, est celle des indifférents qui, posant en principe que l'Etat et ses lois doivent être athées, veulent qu'il se conduise comme si la religion n'existait pas. L'autre est celle des protestants et des Fébroniens qui soumettent l'Eglise à l'autorité politique, et la détruisent ainsi par

(1) On dirait qu'Euripide avait ces hommes en vue dans ces paroles qu'il met dans la bouche d'Hécube, défendant la vie de sa fille Polixène contre les artificieux discours d'Ulysse :

« O vous tous qui recherchez les honneurs populaires, que » votre race est ingrate ! Plût au Ciel que je ne vous connusse » point, vous qui ne vous souciez pas de blesser vos amis, » pourvu que vous disiez des choses qui plaisent à la multi- » tude ! » — *Hécube*. V. 250.

le fait; car la fin de l'Eglise étant bien supérieure à celle de la cité, comment l'autorité établie de Dieu lui-même d'une manière immuable pour conduire les hommes à cette fin, pourrait-elle être soumise à l'autorité variable et purement humaine qui poursuit le but bien moins noble de l'Etat? Ne serait-ce pas soumettre l'éternité au temps et la fin aux moyens? Une telle aberration tend à transformer la religion en une affaire politique et ses ministres en fonctionnaires civils, ce qui détruit la nature du christianisme; et nuit par conséquent d'une manière singulière à la civilisation des peuples, dont il faut bien reconnaître en lui la véritable source.

Cette double erreur se trouve réfutée par ce principe, que les deux sociétés, religieuse et civile, sont à la vérité distinctes et indépendantes chacune dans son ordre, au sens que nous allons expliquer; mais qu'elles ne sont nullement séparées pour cela. Au contraire, un lien étroit les unit, puisqu'elles répondent à un double besoin de l'homme: son salut éternel et la sécurité de sa vie temporelle; deux choses pareillement liées entre elles, comme le sont la fin et les moyens.

573. — Parlons d'abord de l'indépendance mutuelle de l'Eglise et de l'Etat qui est la base de tous leurs rapports. D'après ce que nous avons dit, chacune de ces deux sociétés est constituée avec une fin, une origine, une autorité, des ministres et des droits entièrement distincts : chacune est donc une souveraineté existant par elle-même, indépendamment de l'autre, dans sa sphère; et l'Eglise surtout, qui est le royaume

visible de Dieu sur la terre, peut revendiquer cett indépendance à meilleur titre que tout autre. Elle peut donc comme la cité exercer librement son pouvoir dans les limites de son action et de son objet propres. Les deux sociétés sont égales en ce point. Prétendre que l'une dépend de l'autre et soumettre l'une à l'autre quant à l'exercice de ses droits, ce serait détruire leur distinction et considérer l'une comme faisant partie de l'autre, ce qui est faux (1). Telle est la situation respective des deux sociétés considérées en elles-mêmes et pour ainsi dire d'une manière abstraite. Mais chaque homme en particulier est soumis à l'une et à l'autre sous des rapports différents : à la loi civile pour les affaires temporelles, et à l'autorité de l'Eglise pour les spirituelles; de telle sorte néanmoins que s'il survenait quelque opposition entre leurs lois et les exigences de leurs fins diverses, l'autorité et la fin les plus excellentes devraient l'emporter. Il résulte de là que l'autorité qui préside à la société religieuse peut corriger les lois civiles qui nuiraient à son propre bien, le salut des âmes, ou qui blesseraient les droits naturels des particuliers. Car par là même ces lois seraient contraires à l'honnêteté, sans laquelle le bien propre de la cité elle-même ne saurait être obtenu, puisqu'elle en forme la partie principale. Cela ne nuit nullement à l'indépendance légitime de la cité, qui ne s'étend pas aux choses déshonnêtes, ni à celles qui seraient plutôt nuisibles qu'utiles à sa fin; car personne n'a le droit de se plaindre qu'on restreigne sa liberté dans les limites de

(1) Voyez Liberatore, *Jur. nat.*, §§ 207 à 209.

l'honnêteté : ce n'est pas là diminuer cette liberté, c'est la perfectionner. Mais tant que l'honnêteté demeure sauve, l'Eglise n'intervient jamais dans les fonctions de la cité, de la famille ou des autres sociétés ; on peut donc dire qu'elles sont vraiment indépendantes quant à leur fin et à leur objet propre (1).

De cette indépendance de l'Eglise et de l'Etat au point de vue absolu, naît pour ces deux sociétés une dépendance relative et mutuelle d'un certain genre. Car les fidèles et les clercs étant citoyens des Etats particuliers où ils résident, ils doivent obéir dans les affaires temporelles aux magistrats et aux lois civiles de ce pays, et telle est l'intention de l'Eglise. D'autre part, tous les magistrats et les princes chrétiens sont soumis dans les choses spirituelles aux lois de l'Eglise et à ses ministres. Ainsi chaque puissance est souveraine dans son genre, et néanmoins leurs rapports naturels présentent une harmonie parfaite (2).

574. — Quant à l'accord entre le sacerdoce et l'Empire, *qui procèdent*, dit Justinien, *d'un seul et même principe*, rien de plus propre à l'entretenir que les services mutuels qu'ils se rendent. Car l'Eglise aide singulièrement

(1) Voyez Taparelli, *Cours élémentaire de Droit naturel*, §§ 363-364 ; — et les Lettres apostoliques de Pie IX, du 22 août 1851.

(2) C'est ce qu'exprime parfaitement le Pape Nicolas, dans sa lettre à l'empereur Michel, dont nous donnons ici le texte. « *Cùm ad verum ventum est, ultrà sibi nec imperator jura Pontificatûs arripuit, nec Pontifex nomen imperatoris usurpavit, quoniam idem mediator Dei et hominum homo Christus Jesus sic actibus propriis et dignitatibus distinctis officia potestatis utriusque*

l'Etat, en réglant les mœurs des citoyens, en leur recommandant le respect et l'observation des lois, l'obéissance à l'autorité légitime, et en procurant par les moyens spirituels le développement de toute vertu et la prospérité de l'ordre moral. L'Etat, de son côté, aide l'Eglise dans la poursuite de sa fin, en la protégeant, en réprimant les attaques des impies contre elle, et en lui procurant les moyens d'exercer plus facilement son action salutaire. Ainsi se forme des deux une seule famille, terrestre et divine tout à la fois, par l'union amicale et sans confusion des offices propres à l'Eglise et à l'Empire. Tel est l'idéal de l'Etat chrétien à peu près réalisé au moyen-âge dans la société européenne, sauf les imperfections que la faiblesse humaine ne peut manquer d'y mêler dans la pratique. Le protestantisme arrêta son développement et en empêcha la consommation, telle qu'elle pouvait être espérée sur la terre. La Révolution, sa fille, en a pris à tâche la destruction complète, qui rejetterait le monde dans la barbarie, s'il lui était donné d'y réussir; et c'est proprement en cela que consiste le progrès dont on assourdit nos oreilles. L'empereur Justinien, dans sa

discrevit, propriâ volens medicinali humilitate sursùm efferri, non humanâ superbiâ rursùs in infernum demergi, ut et Christiani Imperatores pro æternâ vitâ Pontificibus indigerent, et Pontifices pro cursu temporalium tantummodò rerum imperialibus legibus uterentur; quatenùs spiritualis actio à carnalibus distaret incursibus, et ideò militans Deo minimè se negotiis secularibus implicaret; ac vicissim non ille rebus divinis præsidere videretur, qui esset negotiis sæcularibus implicatus. — Decret. C. 6, distinct. 96.

Novelle VI, exprime très-bien les rapports naturels des deux puissances : « *Maxima quidem in hominibus sunt dona Dei à supremâ collata clementiâ, sacerdotium et imperium : et illud quidem divinis ministrans, hoc autem humanis præsidens, ac diligentiam exhibens. Ex uno eodemque principio utraque procedentia humanam exornant vitam. Bene autem omnia geruntur et competenter si rei principium fiat decens et amabile Deo. Hoc autem futurum esse credimus si sacrarum regularum observantia custodiatur, quam justè et laudandi et adorandi inspectores et ministri Dei verbi tradiderunt Apostoli, et Sancti Patres custodierunt et explanaverunt.* » *Nam,* dit ailleurs ce prince, *quod in religionem divinam committitur in omnium fertur injuriam. Cod.* Lib. I, tit. v. 4. — Les deux puissances doivent donc unir leurs efforts pour la répression de ces entreprises pernicieuses. Il y a deux écueils à éviter dans cette alliance de l'Eglise et de l'Etat. Le premier serait que les ecclésiastiques, sous prétexte d'aider l'Etat, s'ingérassent, surtout malgré ses chefs, dans les affaires purement séculières, contre le précepte de l'apôtre, abaissant ainsi vers la terre leur ministère céleste, au risque d'exciter la défiance du pouvoir civil en usurpant ce qui lui appartient.

L'autre écueil, plus à craindre, est que l'autorité politique, sous prétexte d'une protection hypocrite, porte une main sacrilège sur les choses saintes, mette des entraves à l'exercice du ministère sacré et usurpe tout ou partie des droits de l'Eglise, en la privant de sa liberté, le plus précieux de tous (1). C'est l'abus que l'on a vu se développer systématiquement, surtout pendant le XVIIIe siècle, et auquel la Révolution a mis le dernier sceau. Pour l'éviter, les politiques doivent avoir toujours devant les yeux ces paroles de Saint Ambroise qui réfute d'avance les théories modernes sur l'omnipotence de l'Etat : « *Allegatur imperatori licere omnia, ipsius esse universa. Respondeo, noli te gravare, imperator, ut putes te in ea quæ divina sunt imperiale aliquod jus habere; noli te extollere; sed si vis divinitùs imperare, esto Deo subditus, sicut scriptum est; quæ Dei Deo, quæ Cæsaris Cæsari. Ad imperatorem palatia pertinent, ad sacerdotem Ecclesia; publicorum tibi mœnium jus commissum est, non sacrorum.* » *Epist. 14, Alias. 33. ad. Marcellin.*

(1) Voyez Liberatore, §§ 210, 211. — Voyez aussi les Lettres apostoliques de Pie IX, du 22 août 1851, et ses Allocutions du 1er novembre 1850 et du 9 juin 1862.

LIVRE XI

DU DROIT DES GENS

575. — On a coutume de désigner sous le nom de *droit des gens* deux choses fort distinctes. Ce sont d'une part les règles (quelles que soient leur origine et leur nature) qui dirigent les rapports mutuels des nations indépendantes, ou le droit international, qui sera l'objet principal de ce livre. — D'autre part, on appelle aussi *droit des gens (jus quo gentes utuntur)*, en un sens moins propre et moins usité parmi les modernes, certaines mœurs ou règles d'action qui tiennent le milieu entre le droit naturel et le droit civil, et qui ont pour objet non les relations internationales, mais quelques institutions relatives aux droits individuels et communes à tous ou à presque tous les peuples. On compte ordinairement parmi celles-ci le droit des prescriptions, des sépultures, etc. ; car bien que ces choses ne soient point strictement établies par le droit naturel, dans lequel elles n'ont qu'un fondement de grande convenance, et que d'un autre côté elles reçoivent de la loi civile leur dernière détermination ; leur universalité indique pour elles une autre origine, qui ne peut être que les mœurs communes du genre humain, ou, comme le dit Justinien : *quod usu exigente et humanis necessitatibus gentes humanæ sibi constituerunt.*

L'objet du droit des gens est, comme on le voit, fort différent selon le sens dans lequel on le prend ; mais, quel que soit ce sens, il donne lieu à peu près aux mêmes questions par rapport à son origine et à la nature de l'obligation qu'il impose. Ce sont ces questions que nous allons examiner.

Ce livre sera divisé en quatre chapitres. Dans le premier, nous essaierons d'expliquer la vraie notion du droit des gens, et de montrer en quoi il diffère du droit naturel et du droit civil. Dans le second, nous examinerons quelle espèce de société existe entre les nations indépendantes. — Le troisième traitera de leurs relations pacifiques selon les règles du droit international. — Enfin, dans le quatrième, nous exposerons brièvement ce qui regarde leurs relations hostiles, c'est-à-dire la guerre, selon le même droit.

576. — Mais il faut, avant tout, pour éviter les équivoques, bien établir ce que nous entendons par *nation (gens)*. Et d'abord nous n'examinons point ici les conditions pour ainsi dire physiques, qu'on demande ordinairement pour constituer l'unité d'une nation, comme l'identité de race, de langage, de pays, etc., et nous ne considérons que ses qualités politiques ou juridiques. Nous appelons donc seulement nation toute cité ou société politique indépendante, qui étant personnifiée comme un être moral dans l'autorité qui la gouverne, est capable à ce titre de droits et d'obligations. Il résulte de cette notion que les relations internationales se terminant à l'unité de chaque peuple, ne peuvent avoir leur exercice qu'entre les supérieurs qui constituent cette unité, qu'ils soient princes, sénats, ou assemblées souveraines quelconques. — Après ces prélimi-

naires qu'on ne devra pas perdre de vue, voyons quelle est la véritable notion du droit des gens.

CHAPITRE I

VÉRITABLE NOTION DU DROIT DES GENS

577. — Le langage incohérent des jurisconsultes romains sur le droit des gens, a donné lieu à beaucoup de questions de mots, qui ont fort embrouillé cette matière : et les légistes, en s'attachant servilement aux définitions bizarres par lesquelles les lois romaines confondent le droit naturel avec le droit positif, et même avec ce qui est en dehors de tout ordre moral (1),

(1) Ainsi, Ulpien (L. I, ff. *De justitiâ et jure*) définit le droit naturel : *illud quod natura omnia animalia docuit.....* quoique le droit ne puisse affecter que des êtres raisonnables. Puis il appelle indistinctement droit des gens : *illud quo gentes utuntur*, ce qui s'applique aussi bien au droit civil. On voit combien cette définition est mal conçue. — Selon Gaius (L. 1, *eod.*), le droit des gens est : *quod naturalis ratio inter omnes homines constituit et apud omnes peræque custoditur..... veluti*, ajoute Pomponius (L. 2, *eod.*), *ergà Deum religio, ut parentibus et patriæ pareamus*. Exemples qui appartiennent au droit naturel rigoureux, ce qui montre que ces jurisconsultes ne distinguent pas le droit des gens du droit naturel. Un autre, Hermogénien (L. 5, *eod.*), rapporte pêle-mêle au droit des gens beaucoup de choses qui appartiennent au droit naturel, au moins en tant qu'il est permissif. *Ex hoc jure gentium*, dit-il, *introducta bella, discretæ gentes, regna condita, dominia distincta, agris termini positi, ædificia collocata, commercium, emptiones, venditiones, locationes, conductiones, obligationes institutæ, exceptis quibusdam quæ à jure civili introductæ sunt.* — Justinien (*Instit.*, L. I,

ont été conduits à des distinctions obscures et arbitraires, tout-à-fait inutiles pour expliquer la vérité des choses. C'est ainsi qu'ils ont divisé le droit des gens en droit *primaire*, qui n'est autre chose que le droit naturel, et droit *secondaire*, auquel seul peut convenir le nom de droit des gens.

Pour nous, laissant de côté les subtilités de la loi romaine et de ses commentateurs pour ne nous attacher qu'à la nature des choses, nous exposerons d'abord les diverses acceptions que l'on peut donner au mot *droit des gens*, afin de mieux éclaircir la question, controversée parmi les modernes, de son existence en tant que distinct des autres droits.

tit. II, § 2) définit mieux le droit des gens : *quod usu exigente et humanis necessitatibus gentes humanæ sibi constituerunt* : apportant pour exemple la servitude et la plupart des contrats : et, d'une part, il le distingue ainsi du droit naturel, qui ne doit rien à l'institution humaine ; de l'autre, il ne le restreint pas aux seules relations internationales. Cette définition de Justinien est donc, parmi les définitions romaines, celle qui exprime le mieux la notion générale du droit des gens, en le présentant comme une constitution positive, distincte du droit naturel et du droit civil, et n'ayant pas seulement pour objet les rapports internationaux, mais encore certaines institutions que les peuples ont jugé utile de se donner. Mais il est moins exact dans les exemples qu'il apporte ; car les contrats dont il parle appartiennent à la nature même. On ne peut donc les attribuer au droit des gens, en ce sens qu'ils soient établis par les peuples, mais seulement en tant qu'ils sont usités partout ; et cette manière de parler convient à l'usage des Romains, qui avaient coutume d'appeler choses *du droit des gens* tout ce qui n'appartenait pas à leur droit civil propre, nommé : *Jus quiritium.*

578. — On peut comprendre sous cette expression, *droit des gens :*

1° Cette partie de la loi naturelle qui règle les rapports mutuels des nations indépendantes, ou le droit naturel appliqué aux nations prises comme personnes morales, et que l'on pourrait appeler, pour éviter toute équivoque, *droit naturel international.*

2° Les lois positives en usage chez tous les peuples, et n'appartenant point aux rapports internationaux; lois que nous avons quelquefois invoquées dans les livres précédents, sous ce titre de droit des gens *intérieur*, par opposition au droit *international.*

3° Les lois positives auxquelles les nations, comme telles, sont soumises pour leur commerce mutuel; soit qu'elles les aient établies elles-mêmes par des pactes réciproques ou par une coutume obligatoire, soit qu'elles les aient reçues d'un autre législateur; lois qui, comme on le voit, peuvent donner lieu, à raison de leur origine, à des distinctions que nous examinerons plus tard.

4° Dans un sens plus général, qui comprend le second et le troisième ci-dessus, on peut comprendre sous le nom de droit des gens tout ce qui a été établi par le consentement des peuples pour la nécessité ou l'utilité commune.

5° Enfin, on peut désigner sous ce nom, non une loi obligatoire, mais une faculté mise en usage par la coutume des peuples. En ce sens, on peut attribuer au droit des gens la division et la propriété des biens, en tant qu'elle n'était point strictement prescrite par la nature même; mais qu'elle a été établie par la volonté et l'usage général du genre humain.

On voit de quelle obscurité est enveloppée la question de l'existence distincte du droit des gens, si l'on ne détermine avec soin dans quel sens on prend cette expression.

579. — Voici donc comment nous posons cette question.

Existe-t-il un droit des gens positif, procédant de la volonté des hommes et réellement distinct du droit naturel ou du droit civil? — ou bien ce nom de *droit des gens* n'est-il qu'une simple dénomination appliquée à diverses parties du droit soit naturel, soit civil, à raison de circonstances accidentelles (comme serait leur objet) qui n'affectent ni leur nature ni leur origine?

Ce dernier sentiment est celui de Hobbes (1), que suivent en ce point un certain nombre de modernes. Ils ne reconnaissent que le droit naturel, qu'ils appellent *droit naturel des gens,* en tant qu'il s'applique, non plus aux individus, mais aux nations indépendantes, qui jouissent, comme personnes morales, des mêmes droits de liberté, de conservation, etc..... que les particuliers; et qui doivent, par conséquent, suivre dans

(1) *Lex naturalis dividi potest in naturalem hominum, quæ sola obtinuit dici lex naturæ, et naturalem civitatum, quæ dici potest lex gentium, vulgò autem jus gentium appellatur. Præcepta utriusque eadem sunt: sed quia civitates semel institutæ induunt proprietates hominum personales, lex quam loquentes de hominum singulorum officio, naturalem dicimus, applicata totis civitatibus, nationibus, sive gentibus, vocatur jus gentium.* (Hobbes, *De cive*, cap. XIV, art. IV.)

leurs rapports mutuels les lois établies entre ceux-ci par l'auteur de la nature, comme la fidélité aux promesses, la modération dans sa propre défense, etc..... Ainsi, lorsque dans les relations internationales on parle de droit des gens, suivant l'expression reçue dans l'usage; ces mots n'indiquent, selon ces auteurs, que le droit naturel pur, mais seulement considéré dans d'autres sujets : et en dehors de lui, ils ne reconnaissent aucun droit des gens positif, produisant une véritable obligation. Ils fondent surtout leur sentiment sur l'indépendance des peuples, qui ne reconnaissent aucun supérieur commun dans les choses humaines. Or, disent-ils, la loi et même la coutume ne tirent leur force obligatoire que de la volonté, au moins tacite, du législateur : les nations ne peuvent donc avoir de loi commune, ni même établir de coutume qui oblige véritablement. Elles ne peuvent former que des pactes, obligatoires en vertu de la loi naturelle, pour les seules nations contractantes; et qui, partant, ne forment pas plus un droit des gens universel et distinct de cette loi, que les contrats des particuliers, confirmés par la loi civile, ne créent le droit civil lui-même. Ainsi les usages reçus entre certains peuples sur la manière de faire la guerre, les privilèges des ambassadeurs, etc..... sont affaires d'urbanité et de convenance, non d'obligation rigoureuse; et chaque peuple, en renonçant aux avantages provenant pour lui d'une telle coutume, peut sans injustice les refuser aussi aux autres, pourvu qu'il respecte les prescriptions de la loi naturelle. Cette opinion est soutenue par Puffendorf, Barbeyrac, Heineccius, et en général par les jurisconsultes protestants, sauf Grotius et Wolf. Quelques catholiques l'ont aussi embrassée.

580. — La plupart des jurisconsultes et les théologiens scolastiques soutiennent qu'il existe un droit des gens positif et purement humain, introduit par la coutume. Ils se fondent sur l'existence et les exigences de la société humaine générale, qui maintient une certaine unité morale dans le genre humain, malgré sa division en Etats divers, et rend nécessaires entre ceux-ci des rapports demandant une règle. Or, quoique la loi naturelle y pourvoie jusqu'à un certain point, il reste des choses qu'elle n'a pas assez déterminées, et dans lesquelles les nations peuvent suppléer à son silence par un droit coutumier général, analogue à celui que les mœurs établissent souvent dans le sein de chaque cité. Cela est d'autant plus aisé, que la nature indique pour l'ordinaire ce qu'il convient d'établir ainsi, quoiqu'elle ne le règle pas elle-même d'une manière précise et rigoureuse (1).

(1) Voici en quels termes Suarez expose cette opinion, qui est la sienne :

« *Genus humanum quamtumvis in varios populos divisum, retinet tamen quamdam unitatem moralem quam indicat naturale præceptum amoris, quod ad omnes extenditur, etiàm extraneos; quapropter, licet unaquæque respublica sit in se communitas perfecta et suis membris constans, est etiam membrum aliquo modo hujus universi, prout ad genus humanum spectat. Numquàm enim illæ communitates adeò sibi sufficiunt singillatìm quin indigeant mutuo juvamine et societate, interdùm ad majorem utilitatem et commoditatem, interdùm etiam ob mo-*

581. — Pour éclaircir cette question, embrouillée par la nature diverse des règles que l'on a coutume de comprendre confusément sous le nom de *droit des gens,* nous établirons, par autant de propositions distinctes, ce qui nous paraît vrai pour chacune d'elles ; mais avant tout, il faut écarter un argument sur lequel s'appuient les protestants, en montrant qu'il ne fait rien à la question présente. Il faut, disent-ils, réduire le droit des gens au droit naturel, parce que sa force obligatoire repose en dernière analyse sur celui-ci. Cette dernière assertion est vraie sans doute, mais elle ne tombe pas moins sur le droit civil et sur les contrats privés que sur le droit des gens, puisque toute loi positive est fondée sur la loi de nature, et tout pacte sur l'obligation naturelle de fidélité. Cette dépendance n'empêche pas cependant de distinguer du droit naturel le droit civil et les contrats, comme quelque chose de positif et d'arbitraire. La même raison s'applique

ralem necessitatem et indigentiam, ut ex ipso usu constat. Hâc ergò ratione indigent aliquo jure quo dirigantur et rectè ordinentur in hoc genere communicationis ac societatis. Et licet magnâ ex parte hoc fiat per rationem naturalem ; non tamen sufficienter et immediatè quoad omnia : ideòque aliqua specialia jura potuerunt usu earumdem gentium introduci. Nam sicut in unâ civitate consuetudo introducit jus, ità in universo genere humano potuerunt jura gentium moribus introduci, eò magis quod ea quæ ad illud jus pertinent, et pauca sunt, et jure naturali valdè propinqua, et facillimè ab illo deducuntur, ità ut, licet non sit evidens deductio tanquàm de se omninò necessaria ad honestatem morum, sit tamen valdè conveniens naturæ et de se ab omnibus acceptabilis. » (Voyez Suarez, *De Legib.*, L. II, C. 19, n° 9.)

au droit des gens, auquel on peut par conséquent attribuer une existence propre, si l'on montre que lui aussi repose immédiatement sur quelque fait positif.

Cette difficulté étant ainsi levée, voici comment nous caractérisons chacune des parties communément comprises sous le nom général de *droit des gens*.

PROPOSITION I

Il existe un droit naturel des gens, ou droit naturel international, qui n'est autre que le pur droit naturel appliqué aux nations.

582.—*Preuve*. Les nations indépendantes ont comme personnes morales, de même que les particuliers, des droits qui doivent être protégés et des relations nécessaires qui doivent être réglées. Or, c'est ce que fait la loi naturelle, que Dieu, auteur de la nature et de la société, a imposée aux hommes dans l'état d'association, aussi bien que dans la condition individuelle. Ainsi les principales relations que nécessite la coexistence de plusieurs Etats se trouvent soumises à la loi naturelle; mais le caractère de cette loi demeure le même, qu'elle s'applique à des individus ou à des sociétés, car ce sont toujours des êtres doués de raison. Elle demeure donc également universelle, nécessaire et immuable. Ainsi c'est à bon droit que les partisans de l'une et l'autre opinion affirment que la loi naturelle s'applique aussi aux peuples, et dans ce cas on peut l'appeler *droit naturel des gens* pour indiquer cette application. Ce n'est pas ici, non plus que dans la proposition suivante, que gît la difficulté entre les partisans des deux systèmes.

PROPOSITION II

Il existe un droit des gens, ou droit international purement positif, qui consiste dans l'ensemble des traités libres et expressément formés entre certaines nations.

583. — *Preuve.* Quelques nations peuvent former entre elles, sur des choses purement arbitraires, des contrats dont l'ensemble forme un corps de droit propre à elles seules : tel fut le traité de Westphalie entre les parties contractantes. Or un tel droit est évidemment purement volontaire et en quelque sorte privé, comme les conventions des individus, et il repose tout entier sur une obligation de fidélité et de justice. Néanmoins, à cause de la qualité des contractants, on l'appelle souvent droit des gens, mais dans un sens restreint à la signification d'international. Au reste, quoi qu'il en soit du nom, il n'y a aucune difficulté sur la nature positive de ce droit. Il n'en est pas de même de celui qui fait l'objet des deux propositions suivantes, qui renferment le nœud de la question proposée.

PROPOSITION III

Il existe un droit des gens international mixte, provenant à la fois d'une coutume qui oblige par un consentement tacite des peuples, et d'un instinct naturel de la convenance d'une chose dans leurs relations mutuelles. C'est ce qui constitue proprement le droit international des gens, en tant que positif et distinct du droit naturel et du droit civil, entre lesquels il tient le milieu (1).

584. — *Preuve* I. Cette proposition peut s'appuyer d'abord sur le sens commun des hommes, et surtout des jurisconsultes, qui ont coutume de parler du droit des gens comme d'une source spéciale de devoirs, et qui en ont toujours appelé à lui dans certaines questions. Cet argument n'est certainement pas à mépriser.

Preuve II. Le genre humain, quoique divisé en nations différentes, conserve un lien commun d'amour et d'unité morale, dont la loi naturelle ne détermine point le mode de conservation et de manifestation. La loi civile étant propre à chaque cité, ne saurait non plus prescrire ce mode pour plusieurs États. Une telle détermination, qui cependant est nécessaire, ne peut donc provenir que des mœurs, ou de la volonté commune de plusieurs nations à la fois.

Preuve III. Quoique chaque peuple forme une communauté parfaite et, absolument parlant, suffisante pour sa conservation; néanmoins, comme elle n'est pas seule au monde, et que d'ailleurs chaque pays ne produit pas tout ce qui est utile au bien-être, les nations ont souvent un besoin plus ou moins urgent de communications réciproques, soit pour vivre plus à l'aise, soit pour pourvoir à des nécessités plus pressantes, et pour assurer leur paix intérieure ou extérieure. Or le mode de ces communications est réglé par la coutume

(1) Cette proposition renferme la doctrine de Suarez : *De Legibus*, L. II, C. IX, § 8; et du cardinal Gerdil, *Œuvres*, T. VII, page 8.

ou par le consentement tacite des nations elles-mêmes, et ainsi se trouve constitué le droit des gens.

Preuve IV. Dans les rapports des peuples, comme dans ceux des individus, il se rencontre beaucoup de choses vers lesquelles la loi naturelle incline à la vérité, en les présentant comme très-convenables au bien général, sans les prescrire toutefois comme évidemment nécessaires, et qui, partant, n'obligent point strictement, parce qu'elles tendent au mieux et non au bien indispensable. Mais l'expérience montrant leur utilité dans le commerce des peuples, ceux-ci les adoptent facilement, et l'usage s'en établit par une sorte d'intention commune, de sorte que tous ceux qui admettent une telle coutume sont censés s'engager interprétativement vis-à-vis des autres à l'observer, quoiqu'il n'intervienne aucun pacte, les hommes pouvant manifester la volonté de s'obliger par leur manière d'agir aussi bien que par des paroles. De même donc que dans un Etat la coutume seule peut établir une loi, pourvu que la communauté ait l'intention de s'obliger et que le supérieur ne s'y oppose pas ; de même dans l'universalité du genre humain, où il n'existe point de supérieur qui réprouve une telle coutume (1),

(1) Si l'on prétendait cependant que l'autorité d'un supérieur est ici nécessaire pour compléter la force légale de cette coutume, on pourrait satisfaire à cette exigence en disant que Dieu, qui gouverne tous les peuples, ratifie leur intention manifestée par les mœurs, et lui imprime ainsi le dernier sceau de la légalité. Ainsi s'évanouit la principale objection que l'on puisse faire contre l'existence du droit des gens positif. — Voyez Biner, *Apparatus eruditionis ecclesiasticæ : De jure gentium*, part. II, cap. XI.

l'intention de la communauté manifestée par les faits suffit pour établir l'obligation, sinon par une puissance de juridiction, du moins par voie de prescription. C'est pourquoi une telle coutume ne saurait être abrogée que du commun accord de ceux qui l'ont introduite; mais cet accord ne peut guère se réaliser tant que durent les circonstances qui ont donné lieu à cet usage; car les mêmes raisons de convenance qui l'ont fait adopter aux peuples les y maintiennent naturellement.

C'est ainsi que se forme un droit des gens fondé en quelque manière sur le droit naturel par sa convenance, et cependant proprement humain et positif; puisqu'il tire sa force obligatoire de la volonté des hommes. A lui surtout conviennent ces paroles de Justinien : *Usu exigente et humanis necessitatibus gentes humanæ quædam jura sibi constituerunt.* Telles sont beaucoup de lois ou de coutumes reçues au sujet de la guerre, des ambassades, du commerce, etc. Ainsi par exemple la servitude des captifs a été abrogée parmi les nations chrétiennes, comme elle avait été établie chez les païens, par le droit des gens volontaire. Il en est de même de l'usage reçu chez les nations les plus policées de limiter aux seules armées les actes d'hostilité dans la guerre; usage que conseille le droit naturel; mais qui ne devient proprement obligatoire que par le consentement tacite des nations.

On comprend d'après ce qui précède pourquoi le droit des gens, bien qu'assez stable et fort répandu, parce que les raisons qui l'ont fait établir sont ordinairement constantes et générales, ne jouit pas cependant d'une universalité et d'une immutabilité absolues; et pourquoi il n'oblige pas toujours de la même manière. Car lorsqu'il a pour objet des choses presque indifférentes de soi, il n'impose qu'un devoir de convenance et d'humanité, les peuples n'ayant pas alors l'intention de s'obliger strictement; une nation peut donc sans injustice s'écarter d'une telle coutume, de même que les particuliers peuvent s'abstenir de certains rapports de politesse. La question dépend des circonstances et n'est pas toujours facile à résoudre : aussi les limites du droit des gens ont-elles souvent quelque chose de vague et d'indéterminé.

PROPOSITION IV

585. — *Il existe aussi un droit des gens fondé à la fois sur un instinct naturel de la convenance des choses et sur le consentement tacite des peuples, et qui a pour objet, non leurs rapports internationaux, mais leur état intérieur et certaines relations des particuliers qui les composent.*

Preuve. Cette proposition est fondée sur les mêmes raisons à peu près que la précédente. Il y a, en effet, dans les rapports privés comme dans les relations internationales, certains points que le droit naturel indique, sans cependant les déterminer, de sorte que cette détermination se fait, à raison de leur utilité générale, non pas seulement par les lois particulières à quelques peuples, comme dans le droit civil, mais par les mœurs de tout le genre humain. Or de telles coutumes ne méritent pas moins le nom de *droit des gens* que celles qui regardent les rapports internationaux; car elles n'en diffèrent qu'accidentellement dans leur objet; et ont d'ailleurs la même origine, le même caractère et la même efficacité. Il y a seulement cette différence que l'abrogation d'un point du droit des gens international réagit sur les autres peuples; tandis qu'il n'en serait pas de même pour celui qui affecte les relations privées. Cette abrogation n'aurait ici d'effet qu'entre les sujets du souverain qui la ferait.

Les jurisconsultes romains rapportaient à cette sorte de droit des gens tout ce qui n'était pas propre à leur droit civil, comme la plupart des contrats de bonne foi, le dépôt, la vente, etc.... Mais c'était à tort; car ces choses appartiennent quant à la substance au droit naturel permissif, et quant aux déterminations particulières au droit civil de chaque peuple.

D'autres au contraire suppriment ce droit des gens en rapportant ce qui en fait l'objet partie au droit naturel permissif et partie au droit civil. Mais cette opinion ne nous semble pas fondée; car il est des choses qui, outre la permission et les insinuations même du droit naturel, supposent quelque intervention positive de l'homme; laquelle, à raison de son universalité, ne s'explique pas bien par le seul droit civil. Tels sont la prescription, le soin des funérailles et autres choses semblables, qu'il n'est pas loisible au législateur civil de supprimer, quoiqu'il lui appartienne d'en fixer les dernières déterminations. Or ces choses ont par là même tout ce qui constitue la notion du droit des gens, et par conséquent en reçoivent le nom à juste titre.

Concluons donc que le droit des gens proprement dit ou volontaire se partage en deux branches : le droit international et le droit des gens intérieur, que quelques-uns appellent mal à propos *impropre*.

586. — COROLLAIRE. — « Le droit des gens au sens vulgaire, ou le droit international, pris dans toute son étendue, est donc en partie purement naturel, en partie purement positif, résultant des traités, et en partie mixte, découlant en même temps de la nature et de la volonté des hommes; et c'est cette dernière partie qui mérite plus proprement le titre de droit des gens. — Le droit des gens intérieur, au contraire, est tout entier mixte ou fondé sur les insinuations de la nature et l'institution humaine. »

Ce dernier membre de la division est moins important que le premier, parce que chaque peuple pourrait à la rigueur y suppléer par son droit civil, qui se rapporte aux mêmes objets ; tandis que ce dernier droit ne peut rien sur les rapports internationaux.

587. — REMARQUE I. — On peut tirer de ce qui précède la notion exacte des rapports et des différences du droit des gens positif avec le droit naturel et le droit civil. Et d'abord il convient avec le droit naturel par son universalité, au moins morale; par leur fin commune, le bien public de la société humaine, auquel chacun d'eux tend à sa manière, et par sa convenance avec ce que la raison demande pour ce bien, convenance qui a donné lieu à l'accord des peuples dans l'établissement de ces coutumes. *Naturalis discursus fecit*, dit Connan, *ut unaquœque gens ratione utens et commu-*

nem utilitatem respiciens, in idem cùm aliis placitum consenserit.

Ces deux droits diffèrent spécifiquement : 1° A raison de la fin, qui dans le droit naturel regarde principalement la félicité intérieure et éternelle de l'homme en le perfectionnant par rapport à lui-même et à Dieu, et qui ne regarde que secondairement le bien social absolument nécessaire. Mais le droit des gens a pour objet propre le perfectionnement du bien-être extérieur de la société humaine sur la terre.

2° Ils diffèrent dans les objets, qui pour le droit naturel, sont fondés sur une nécessité absolue relative à la félicité indispensable de l'homme; et pour le droit des gens, sur une plus grande convenance seulement.

3° Ils diffèrent dans les sujets; car le droit naturel oblige absolument tous les hommes, et le droit des gens, les peuples seulement qui ont admis ces coutumes; de sorte qu'il peut être conditionnel, n'obligeant qu'à l'égard des peuples qui l'observent eux-mêmes. Ce point est important à noter pour la solution de plusieurs questions relatives au droit de la guerre.

4° Ils diffèrent dans leurs causes; car la cause efficiente et immédiate du droit naturel, est la volonté absolue de Dieu comme auteur de la nature, indépendamment de tout consentement humain; et sa cause finale est le bonheur nécessaire à la nature humaine. — La cause efficiente et immédiate du droit des gens est la volonté des peuples comme tels, manifestée par l'usage. Que si, comme le veulent quelques-uns, il faut la rapporter à titre spécial (1) à Dieu comme gouvernant tous les peuples, ce ne serait jamais qu'en présupposant la coutume et le consentement des hommes, à l'égard desquels la volonté divine serait alors *conséquente*; tandis qu'elle est *antécédente* dans le droit naturel.

La cause finale du droit des gens est de procurer à la société un bien plus grand, mais non toutefois absolument nécessaire ; auquel le droit naturel n'a pas assez pourvu d'une manière immédiate par ses règles trop générales. Car, celles-ci ne suffisant pas pour la détermination de chaque affaire, les peuples ont dû établir pour leur usage certaines règles plus particulières. Ainsi, par exemple, le droit des gens défend d'employer contre l'ennemi les armes empoisonnées, tandis que le droit naturel, supposé la justice de la guerre qui donne le droit de tuer l'ennemi, ne détermine rien par lui-même sur la nature des armes que l'on peut employer (2).

5° Ils diffèrent enfin dans leurs propriétés; le droit naturel étant absolument universel et immuable, tandis que le droit des gens peut varier selon le degré de civilisation des peuples, être abrogé par une coutume contraire ou un consentement mutuel, ou même cesser d'un seul côté sans dommage pour autrui, comme il est

(1) Nous disons *à titre spécial*, parce que toute obligation se résoud généralement et en dernière analyse dans la volonté de Dieu.

(2) Voyez Schwartz, *Inst. juris public. natur. et gent.*, T. I, p. 207; — et Grotius, *De jure belli*, L. III, C. IV, § 16.

arrivé chez les chrétiens où la coutume, autorisée par le droit des gens ancien, d'asservir les captifs, a été abolie pour le cas même où ceux-ci appartiennent à des nations barbares qui conservent cette coutume.

Le droit des gens diffère du droit civil — 1° à raison de l'origine ; car celui-ci procède de la volonté du législateur humain et ne peut être abrogé sans son consentement, au moins implicite, tandis que le droit des gens vient de la coutume des peuples qui suffit aussi pour l'abroger, puisqu'il n'y a point de supérieur humain qui puisse s'opposer à cette abrogation, et que la volonté de Dieu sur ce droit est, comme on l'a dit, conséquente à celle des nations. Il résulte de là que chaque cité peut changer son droit civil sans consulter les autres, quand même elles en auraient un semblable; car cette similitude ne fait rien à la nature de ce droit. Mais elle ne peut changer seule, au préjudice des autres, le droit international strictement obligatoire, parce que celui-ci ne dépend pas plus de chaque peuple pris isolément, que le droit civil de chacun des citoyens. 2° Ils diffèrent à raison de la matière. Le droit civil ayant pour objet les nécessités privées, est propre à un seul Etat, et la plupart des objets qu'il détermine sont indifférents au point de vue du droit naturel, par exemple le nombre de témoins dans un testament; ce qui fait que ses motifs se tirent souvent de circonstances accidentelles. Mais le droit des gens concernant les nécessités des peuples, est commun à plusieurs nations; et les objets auxquels il s'applique ont ordinairement plus d'affinité avec les principes généraux de la loi naturelle, dont S. Thomas les appelle des conclusions (1, 2, q. 95, a. 3 et 4.) Il est en effet plus aisé ici que dans le droit civil de reconnaître par le raisonnement la convenance et l'utilité morale de ces préceptes, qui les a fait introduire, *necessitate exigente*, comme parle Justinien, plutôt que par une volonté arbitraire.

588. — Remarque II. — On explique diversement la manière dont se forme l'obligation du droit des gens positif. Les uns la rapportent à des conventions expresses, hypothèse purement gratuite si on l'étend au-delà des traités internationaux. D'autres ont recours à des pactes ou suffrages tacites, et d'autres au simple usage entre quelques nations voisines, que les autres ont imitées en voyant l'utilité qui en résultait : de sorte qu'à la longue ces coutumes ont passé peu à peu sinon en lois, du moins en conventions implicites créant une véritable obligation, et qui ont tiré le nom de *droit des gens*, des nations (*gentes*) qui leur ont donné naissance. Tous ces auteurs, à la suite de Grotius, font dériver l'obligation de la seule force des pactes et lui donnent le caractère de justice plutôt conventionnelle que légale. — Schmier, Schwartz et plusieurs autres émettent un sentiment différent, qui nous semble préférable. Ils posent comme base de ce droit non une convention, mais le long usage, d'où dérive une obligation légale, en vertu de la coutume prise comme un témoignage implicite du consentement général. De plus, afin de compléter ici, comme dans les coutumes de droit civil, l'obligation légale, ils recourent à la volonté d'un supérieur, qui n'est autre que Dieu,

comme gouverneur immédiat de la société humaine partagée en nations indépendantes, et n'ayant point par conséquent de supérieur humain. Il n'est donc pas nécessaire, selon ces auteurs, que la force obligatoire du droit des gens soit purement humaine ; il suffit qu'il soit positif et distinct du droit naturel et du droit purement divin ; or c'est ce qui a lieu, comme nous venons de l'expliquer.

Ils rejettent aussi, et avec raison, l'opinion au moins gratuite de Wolf, qui regarde tous les peuples comme formant ensemble une société démocratique, où la volonté du plus grand nombre, manifestée par l'usage, oblige les autres nations de la terre, comme il arrive parmi les citoyens d'un Etat populaire.

Il ne semble pas nécessaire, il est vrai, pour les raisons exposées plus haut (584), de recourir ici à une intervention spéciale de Dieu; mais il n'y a pas non plus d'inconvénient à le faire. Aussi nous admettons volontiers la définition du droit des gens que Schwartz donne à peu près en ces termes : « *Le droit des gens est un ordre de choses raisonnable, établi par une longue coutume des peuples et le consentement de Dieu, comme gouverneur immédiat de la société humaine, pour l'utilité commune des nations considérées comme telles.* » Nous remarquerons seulement que ces paroles, *considérées comme telles*, ne concernent que le droit international, et qu'il faut les retrancher de la définition pour qu'elle s'applique aussi au droit des gens intérieur (1).

(1) Voyez Schwartz, *Inst. juris public. natur. et gent.*, part. I, tit. II, p. 212 à 217.

589. — Remarque III. — Le droit des gens se divise en affirmatif et négatif, selon qu'il regarde des actions à faire ou à omettre. Nous en exposerons plus loin les objets, au moins quant au droit international, qui offre plus de difficultés, lorsque nous expliquerons les divers rapports des peuples. Son obligation, comme nous l'avons dit, n'a pas toujours la même rigueur ; mais elle admet des degrés différents, dont la détermination est souvent fort difficile. Il ne l'est pas moins d'assigner en détail les limites respectives du droit naturel et du droit des gens positif : il faut dans ces questions, comme le remarque Grotius, tenir beaucoup compte de l'usage et du sentiment commun des hommes instruits sur cette matière.

Nous croyons en avoir dit assez pour fixer la véritable notion du droit des gens. Nous avons à examiner maintenant si les nations indépendantes forment une société entre elles, et quelles sont les principales lois que cette société emprunte au droit des gens.

CHAPITRE II

DE LA SOCIÉTÉ INTERNATIONALE

590. — Quoique les nations forment autant de personnes morales indépendantes, comme le seraient des familles vivant isolées et sans gouvernement commun, il existe néanmoins entre elles une société naturelle décrite plus haut (327), dont Dieu, qui gouverne tout le genre humain par sa Providence, est le supérieur, et dont la loi naturelle est le droit fondamental. De là dé-

coulent entre les peuples, et entre les hommes appartenant à des nations diverses, les droits et les devoirs d'humanité, qui trouvent leur application aussitôt qne ces personnes morales ou physiques entrent en contact. Cette société universelle, fondée sur la communauté d'origine et de nature, établit dans le genre humain une certaine unité qui ne détruit point celle de chaque peuple ni son autonomie; et elle est la source des droits et des devoirs internationaux, application plus ample des principes que nous avons exposés sur les droits et les devoirs privés (1).

Cette société, telle qu'elle sort des mains de la nature, est dirigée par le pur droit naturel des gens. Mais des pactes entre certains peuples, ou des mœurs communes à la plupart d'entre eux, peuvent y ajouter de nouvelles règles qui forment le droit des gens positif ou mixte, expliqué plus haut (584) : droit dont l'obligation a pour raison dernière l'autorité de Dieu, chef unique de toute cette société, qui n'est soumise à aucune autorité humaine; puisque chaque nation est indépendante. Telle est la notion vraie et essentielle de la société internationale.

Cette société du genre humain, sans perdre sa nature, s'est singulièrement perfectionnée chez les chré-

(1) C'est cette société que Saint Augustin décrit en ces termes : « *Post civitatem vel urbem sequitur orbis terræ, in quo tertium gradum ponunt societatis humanæ, incipientes à domo, atque indè ad urbem, deindè ad orbem progrediendo venientes : qui utique sicut aquarum congeries, quantò major est, tanto periculis plenior.* » — *De civit. Dei*, XIX, 7.

tiens, par l'influence de la religion et de l'Eglise, qui développe la loi de justice et de bienveillance sur laquelle reposent les droits et les devoirs d'une telle société. La foi catholique, en effet, non seulement confirme la communauté d'origine et la fraternité des hommes; mais encore elle l'exalte, et leur donne un nouveau motif d'amour mutuel en leur rappelant l'adoption divine qui leur est communiquée par la grâce; et en corrigeant leurs mœurs, elle rend tous leurs rapports plus doux et plus bienveillants. C'est ainsi que le droit des gens intérieur, et surtout le droit international, ont acquis chez les chrétiens une perfection et une douceur toujours inconnues aux nations infidèles. Tant il est vrai que par une admirable disposition de la Providence, l'ordre surnaturel perfectionne dans sa propre sphère l'ordre de la nature, qui, dans dans sa corruption présente, ne saurait atteindre qu'à grand'peine et fort imparfaitement les fins mêmes qui lui sont propres.

Nous exposerons, dans le chapitre suivant, le droit qui résulte pour chaque nation de la société que nous venons de décrire. Mais ici se présente une question qu'il faut d'abord examiner. Outre cette société naturelle, existe-t-il entre les peuples une association positive purement humaine, fondée sur un pacte ou un fait humain, et exigeant une organisation et une autorité concrète constituée par l'homme? La question peut être posée, ou par rapport à un petit nombre de peuples unis par un lien spécial, ou par rapport à tout le genre humain, que quelques-uns représentent comme formant une société universelle et positive qu'ils appellent *Ethnarchie*, et qui serait dirigée par une autorité suprême et de l'ordre humain.

Au premier point de vue, l'histoire atteste qu'il intervient souvent entre plusieurs peuples des pactes et des alliances qui produisent entre eux des associations spéciales de forme arbitraire, ainsi que des droits et des devoirs purement positifs. Mais ces traités sont pour l'ordinaire restreints à quelque objet particulier, et n'établissent point une société complète, gouvernée par une autorité commune aux nations ainsi associées, qui demeurent juridiquement égales et indépendantes. Telles sont les alliances que forment deux à trois Etats, unissant leurs forces pour la défense commune ou pour le commerce, etc., sans que la forme propre de chacun et l'autonomie de son régime politique soient altérées. Cela peut être considéré comme le moindre degré d'association internationale; et le droit qui lui est propre est purement conventionnel.

591. — L'expérience montre encore que plusieurs cités peuvent s'unir en une confédération stable, présidée par une autorité commune, comme un conseil formé de députés de chaque Etat, qui dirige leurs rapports mutuels, termine leurs différends, et quelquefois même intervient jusqu'à un certain point dans le régime intérieur; quoique dans ce dernier cas, on puisse à peine reconnaître dans chaque société confédérée le caractère distinctif d'un Etat souverain, l'autonomie intérieure. L'Amérique et l'Allemagne en offrent des exemples. Il en était de même de la Suisse, où depuis

quelques années la souveraineté cantonnale a presque disparu pour faire place à un régime unitaire. Il est difficile de fixer, au point de vue du droit public, le caractère de ces confédérations, que les circonstances rendent si diverses. Dans les exemples que nous venons de citer, il est certain que l'idée d'un Etat politique indépendant n'est pas pleinement réalisée dans chaque cité, comme elle l'est en France, par exemple. On ne saurait cependant les considérer comme de simples provinces. Elles tiennent un milieu assez vague entre ces deux extrêmes. Du reste, ces sortes de confédérations répondent assez bien dans leurs limites à l'idée d'une société ethnarchique, telle que certains auteurs la conçoivent pour le monde entier. Elles n'en diffèrent que par l'étendue; mais cette différence est immense quand on les considère dans l'ordre concret. Renfermées dans ces limites, des sociétés ethnarchiques ont toujours existé dans le monde; mais la philosophie n'a rien à dire de leurs droits propres, qui reposent tout entiers sur des règles arbitraires. Il suffit de remarquer que ceux qui écrivent sur le droit public et les diplomates, faisant plus d'attention à l'autorité commune qu'à la portion de souveraineté qui reste propre à chaque Etat, ont coutume de regarder ces confédérations comme un seul peuple.

Au contraire, un Etat tributaire seulement, ou soumis au patronage d'un autre, n'est point censé pour cela perdre son autonomie et sa personnalité. Il en est de même de celui qui est soumis par une union personnelle au souverain d'un autre Etat, sans être incorporé à celui-ci; mais en conservant, sous un chef commun, son existence et sa constitution propre. Enfin, dans le régime féodal, l'hommage rendu pour un fief ne dérogeait point à la souveraineté dont jouissait le vassal sur un autre territoire. C'est ainsi que le roi d'Angleterre, vassal du roi de France pour la Normandie et la Guienne, n'était pas moins regardé comme souverain indépendant de la Grande-Bretagne; réunissant en lui-même comme deux personnes politiques.

Il y a donc deux sortes de sociétés internationales : l'une naturelle et universelle, l'autre positive et particulière; quoique la première ne semble pas trouver sur la terre le complément rigoureux du caractère social, puisqu'elle n'est pas régie par une autorité humaine, ce qui semble renfermé dans l'idée complète de toute société terrestre. On peut néanmoins lui donner ce nom; tant à cause de la loi naturelle, qui est en elle comme une autorité abstraite, qu'à cause de Dieu, auteur de cette loi, qui gouverne, comme supérieur invisible, tout le genre humain par sa Providence.

592. — Reste à examiner la question de la possibilité et de l'existence d'une ethnarchie *universelle* dans l'ordre naturel; question que nous ne ferons qu'effleurer, parce qu'elle nous semble moins pratique. La société toute morale que la nature a établie entre tous les hommes, et qui relie, ainsi que nous l'avons vu, les nations comme les individus, peut-elle et doit-elle se traduire dans l'ordre matériel des faits par une organisation positive, qui soumette les peuples à une autorité commune à toute la terre, et qui établisse entre

eux des rapports analogues à ceux qui unissent, sous l'autorité fédérale, les divers membres d'une confédération particulière? En deux mots : l'ethnarchie restreinte, dont l'histoire nous offre plusieurs exemples, doit-elle devenir universelle dans l'ordre naturel, en vertu du principe de l'analogie et des tendances de l'humanité vers un progrès indéfini? Voilà le problème que des écrivains très-recommandables de ce siècle, frappés du mouvement qui se manifeste vers l'unité, et de la facilité de communications que les découvertes modernes établissent entre les peuples, résolvent d'une manière affirmative.

Nous allons exposer le plan de cette ethnarchie tel qu'ils le comprennent et qu'on peut le voir dans les écrits de Liberatore et de Taparelli.

593. — Toute société, disent-ils, tend naturellement à se développer d'une manière indéfinie, et les mêmes instincts, les mêmes besoins qui poussent l'homme à former diverses associations, et spécialement la société civile, le pressent aussi, quoique d'une manière moins impérieuse, d'organiser sur des bases analogues la société internationale, qui est le couronnement de l'édifice, et qui donne la dernière satisfaction à ses aspirations progressives vers le bien universel. Une telle institution en effet procurerait d'une manière plus efficace et plus parfaite que l'état anarchique des nations le bien des peuples, et par conséquent celui des individus qui les composent. Car l'autorité ethnarchique, que l'on doit supposer à la tête d'une telle association, pourrait et devrait régler les relations mutuelles, en promul-

guant et faisant exécuter un code de droit international, prévenir ou apaiser les querelles, réprimer la tyrannie des princes et la rébellion des sujets, enfin faire disparaître du monde la violence et la guerre ; ce qui nous ramènerait presque au siècle d'or.

Cette autorité aurait deux fonctions : protéger l'existence et les droits de chaque nation à l'égard des autres, et modérer tellement son opération intérieure qu'elle en bannît les défauts les plus graves, comme sont la tyrannie et la rébellion. Tout cela néanmoins doit, selon les partisans de ce système, s'entendre de telle sorte que l'indépendance politique de chaque peuple n'en reçût aucune atteinte ; ce qui nous semble difficile à concevoir. Car dans cette organisation, on transporterait à l'autorité ethnarchique des droits qui ont toujours été regardés jusqu'ici comme des attributs propres de la souveraineté, tels que le droit de paix et de guerre. Les Etats perdraient en liberté tout ce qui serait donné d'autorité à ce nouveau supérieur ; et ils seraient à peu près réduits à la condition présente des principautés de la confédération germanique, auxquelles personne ne s'avisera de reconnaître une pleine indépendance. On dira peut-être que cet état de choses leur est meilleur qu'une liberté sans frein et trop exposée aux abus. C'est ce que nous n'entendons pas nier ici ; mais telle n'est pas la question : il s'agit de savoir si leur autonomie serait perdue, et non si cette perte serait avantageusement compensée.

L'autorité ethnarchique est de sa nature polyarchique, parce que la société à laquelle elle préside est formée de personnes morales égales entre elles et mutuellement indépendantes. Ceci la rapproche de la démocratie universelle imaginée par Wolf; si ce n'est que celle-ci est supposée naturelle et nécessaire; tandis que l'ethnarchie, dont nous analysons ici les principes, serait une institution positive que les nations formeraient peu à peu par le développement progressif de leur civilisation.

Au reste l'autorité ethnarchique aurait, comme l'autorité civile, la quadruple puissance constituante, législative, exécutive et judiciaire. Elle s'étendrait seulement à moins d'objets, et ceux-ci seraient d'un intérêt plus général : telle serait presque la seule différence entre ces deux pouvoirs. Quoique régulièrement polyarchique, l'autorité suprême pourrait néanmoins être déléguée à une seule personne, par le consentement des nations qui lui seraient soumises; comme cela s'est fait dans le saint Empire romain, qu'on cite comme un exemple et une application du système ethnarchique chez les peuples chrétiens. On veut encore trouver une esquisse de ce régime dans le système de l'équilibre européen auquel la diplomatie de nos jours travaille avec tant de sollicitude (1).

(1) Voici comment Watel décrit cet équilibre : « L'Europe, » dit-il, fait un système politique, un corps où tout est lié par » les relations et les divers intérêts des nations qui habitent » cette partie du monde. Ce n'est plus comme autrefois un » amas confus de pièces isolées, dont chacune se croyait peu » intéressée au sort des autres, et se mettait rarement en peine » de ce qui ne la touchait pas immédiatement. L'attention con- » tinuelle des souverains à tout ce qui se passe, les ministres

594. — Les partisans de l'ethnarchie avouent que l'on n'en a point encore vu de parfaite, ni surtout d'universelle; mais ils espèrent que cette lacune sera comblée un jour. Ne voit-on pas en effet la facilité et la rapidité des communications se développer d'une manière prodigieuse, et détruire, en faisant disparaître les distances, les obstacles matériels qui s'opposaient à l'union des peuples; pendant que ceux-ci tendent à l'unité sous toutes ses formes, avec une énergie qui ne s'était point encore vue. Ce développement social d'ailleurs est logique et nécessaire à l'évolution complète de la perfectibilité humaine; car on ne saurait nier qu'un tel état ne fût beaucoup plus parfait que tout ce

» toujours résidents, les négociations perpétuelles, font de l'Eu-
» rope moderne une espèce de république dont les membres
» indépendants, mais liés par l'intérêt commun, se réunissent
» pour y maintenir l'ordre et la liberté. C'est ce qui a donné
» naissance à cette fameuse idée de la balance politique ou de
» l'équilibre du pouvoir. On entend par là une disposition des
» choses au moyen de laquelle aucune puissance ne se trouve
» en état de prédominer absolument et de faire la loi aux
» autres. » — *Le Droit des Gens*, T. II, liv. III, ch. 3, § 47.

Il nous semble que l'état des choses décrit par Watel ne ressemble guère à une société unique dirigée par un pouvoir commun; c'est plutôt un état de division, de suspicion et de jalousie, dans lequel, faute d'une telle autorité, on cherche à procurer la sécurité de chaque société, environnée d'Etats semblables en droits, mais inégaux en puissance, par des négociations, des pactes et des alliances particulières. Cet état est donc plutôt l'exclusion de l'ethnarchie que son image. — Sur les vices du système de l'équilibre, voyez Schmier, *Jurisp. public.*. L. IV, § 153.

qui s'est vu jusqu'ici. Tel est en peu de mots l'exposé du système des auteurs que nous avons nommés et des principaux fondements sur lesquels il repose.

595. — Cette hypothèse est fort belle sans doute et ne peut que flatter les désirs des amis de l'humanité ; mais n'a-t-elle point quelque teinte de cette tendance utopique à laquelle échappent difficilement ceux qui prêtent une oreille favorable à la doctrine moderne du progrès ? Dans la spéculation, elle n'a rien qui répugne à l'ordre métaphysique. Le passage de l'ethnarchie restreinte à quelques cités voisines, dont l'histoire montre des exemples, à l'ethnarchie universelle, semble plutôt favorisé que contredit par la logique abstraite. Mais si de la théorie familière aux philosophes de profession, on descend à l'ordre des faits, on trouve à cette généralisation mille difficultés accidentelles, qui croissent avec la multitude des peuples, leur importance, leur diversité de mœurs, d'origine et de langage, etc., difficultés dont les illustres métaphysiciens qui patronnent cette idée n'ont peut-être pas assez tenu compte.

Il faut remarquer d'abord que les ethnarchies historiques ont toujours été restreintes à quelques nations unies par le voisinage et la communauté de race, d'idiôme et de caractère, comme cela a lieu dans les Etats-Unis d'Amérique. Que si quelquefois une nation étrangère à ces conditions s'y est adjointe, cette association n'a pu durer longtemps. C'est ainsi que l'Italie s'est séparée de bonne heure de l'Empire germanique; et l'on sait assez quelle animosité est résultée entre les deux peuples de cette union passagère et antipathique. Que serait-ce donc s'il fallait unir sous une même autorité le Latin, le Yankee, le Tartare, le Chinois, le Cafre, etc.? Sans doute les routes s'ouvrent, les distances se raccourcissent, le commerce se développe ; et cela facilite et multiplie les rapports matériels des peuples. On ira encore plus loin dans cette voie, nous n'en doutons point ; mais cela effacera-t-il les diversités de mœurs et de caractères ? Espère-t-on revenir à l'unité de langage détruite à Babel, et surtout pense-t-on que l'antagonisme produit par les intérêts et les passions humaines, si difficile à modérer déjà dans le sein d'un empire, pourra être dominé dans une organisation embrassant le genre humain tout entier ? Malgré les tendances réelles vers l'unité qui caractérisent notre siècle, et dont le produit le plus net a été jusqu'ici la centralisation socialiste et les annexions violentes opérées au nom du principe des nationalités (principe, pour le dire en passant, assez peu ethnarchique), nous sommes loin de voir se réaliser la sublime combinaison qui doit délivrer les nations de la tyrannie, de la révolte, de la violence et de la guerre ; et Taparelli ne dissimule pas qu'il faudra encore attendre longtemps ce que soixante siècles n'ont pu donner au monde.

596. — Les nombreuses et puissantes raisons de convenance qui recommandent cette constitution de la société internationale, à cause de son utilité, et l'analogie tirée des motifs qui poussent l'homme vers la société civile, ne nous semblent pas résoudre les difficultés de l'hypothèse. Car d'abord l'analogie n'est pas

toujours un argument péremptoire, surtout lorsque l'un des termes comparés offre des difficultés spéciales qui ne se trouvent pas dans l'autre, comme cela arrive ici. Dans l'ordre politique même on remarque qu'en général, et toutes choses égales d'ailleurs, le gouvernement est d'autant plus difficile que l'Etat est plus étendu, surtout dans la polyarchie, qui est la forme ethnarchique naturelle. Or on peut concevoir un degré dans cette étendue où l'autorité n'ait plus la force suffisante pour surmonter ces difficultés. L'argumentation du moins au plus n'est donc pas légitime ici ; et si dans l'ordre purement logique elle paraît concluante, dans l'ordre des faits elle vient se heurter à mille obstacles accidentels et inévitables dont la philosophie sociale et pratique ne saurait faire abstraction.

L'argument tiré des convenances de la chose et des opérations qui poussent l'homme à perfectionner le bien qu'il trouve déjà à un certain degré dans la société civile, ne nous semble pas plus convaincant. Car toute perfection possible en soi, n'est pas pour cela destinée à l'état présent de la nature déchue; et toute aspiration de l'homme vers la perfection, ne doit pas avoir son plein accomplissement sur la terre. Cela est manifeste pour les individus; pourquoi en serait-il autrement de la société. Si l'on étudie attentivement dans l'histoire les voies de la Providence sur le genre humain, on reconnaît évidemment qu'elle a destiné les sociétés comme les individus à un état de luttes, de combats et d'épreuves; qu'elle veut tirer le bien du mal; mais que le bien pur et sans mélange n'entre dans son plan que pour l'éternité. C'est là seulement que la perfectibilité humaine trouvera son terme; et ses aspirations vers le bien, leur pleine satisfaction. C'est là que la société sera parfaite dans son unité comme dans tout le reste, et que se vérifiera dans toute l'étendue imaginable cette parole : *Fiet unum ovile et unus pastor*, que l'on applique assez gratuitement, selon nous, à la question de l'ethnarchie, pour laquelle elle n'a point été dite.

Pour nous borner ici à une application, comment peut-on espérer la cessation totale de la guerre, si l'on comprend le rôle que joue ce fléau expiatoire dans l'ordre providentiel qui régit le monde déchu, et que l'illustre comte de Maistre a développé d'une manière si remarquable et si profonde? Il est du reste assez singulier que le siècle où cette utopie trouve faveur et qui voit s'assembler des congrès philanthropiques de la paix universelle, soit celui où l'on a vu les guerres les plus sanglantes, et qui a recommencé à jeter les nations entières les unes sur les autres, par l'exagération de ses armées; comme cela s'était vu chez les nations antiques.

597. — Enfin une grave présomption contre l'existence future d'une telle ethnarchie résulte, ce nous semble, de ce que rien de pareil ne s'est encore vu dans le monde. Nous n'avons pas assez de foi au progrès *humanitaire* pour espérer de tels changements dans les mœurs et le caractère des hommes, que l'on voie se réaliser des conditions sociales qui avaient paru jusqu'ici chimériques à tous les sages. S'il est déjà si difficile d'accorder sur un point et pour un moment les

nations policées de l'Europe, et si personne n'a pu jusqu'ici faire durer un tel accord pendant quelques années, comment pourrait-on se flatter d'établir entre tous les peuples une organisation et une concorde constantes, malgré tant d'accidents, de passions et d'intérêts qui les battraient sans cesse en brèche.

Les exemples qu'on apporte pour en établir la possibilité pratique ne sont rien moins que concluants. Et d'abord l'antique Empire romain, appelé avec tant d'emphase *universel*, quoiqu'il n'embrassât que le pourtour de la Méditerranée, n'était nullement une ethnarchie, mais une grande monarchie absorbant toute les nationalités qu'elle s'était incorporées. Elle n'a pu d'ailleurs subsister longtemps dans toute son étendue. Après deux siècles il a fallu la diviser, et avant le cinquième, elle avait disparu. Il n'y a donc rien à conclure en faveur du système de l'ethnarchie.

On peut en dire autant du nouvel Empire fondé par Charlemagne, dont la domination, beaucoup moins grande, embrassait presque toutes les parties alors chrétiennes de l'Occident. On ne trouve encore là aucune trace d'ethnarchie. — Après le partage de la monarchie carlovingienne, le titre d'*empire romain et universel* demeura, il est vrai; et il n'a pas manqué de gens qui, le prenant à la lettre, ont prétendu qu'il renfermait au moins tous les royaumes chrétiens, ce qui se fût rapproché de la forme ethnarchique. Cette hypothèse a souri beaucoup aux Italiens (1) et aux Allemands, chez lesquels cet em-

(1) Parmi les monuments qui nous restent de cette opinion, il faut compter les prétentions de Frédéric Ier, qui voulait que

pire ne tarda pas à se fixer. Mais il nous a toujours paru qu'elle renfermait plus de symbolisme et d'aspirations mystiques que de réalité politique. Car en dehors de l'Italie et de l'Allemagne, les Empereurs qui ont succédé à la race de Charlemagne n'ont jamais eu qu'un titre de prééminence purement honorifique entre les princes. La France, l'Espagne, l'Angleterre, la Scandinavie et la Moscovie ne reconnaissaient point leur autorité. L'ethnarchie impériale n'a donc jamais guère dépassé les limites étroites qu'elle avait lors de sa dissolution au commencement de ce siècle, et elle ne peut fournir un argument bien fort en faveur d'une ethnarchie universelle dont les conditions et les difficultés seraient tout autres.

On n'en peut pas tirer un plus efficace de la tendance actuelle des nations européennes à résoudre par des congrès les questions de droit international; car ce genre de solution appartient à l'ordre des pactes, et résulte d'un consentement qu'il faut chaque fois procurer à grand'peine. Ce n'est pas le fruit d'une autorité commune reçue de tous, et imposant à tous ses volontés par son droit propre. Bien loin de supposer une autorité ethnarchique, ces congrès en sont plutôt la négation,

tous les royaumes lui fussent soumis en quelque manière; et la consultation des docteurs de Bologne, qui, dans la diète de Roncaglia, en 1158, le reconnurent comme maître et empereur de Rome et du monde (*urbis et orbis*), ainsi que le rapporte Othon Morena, dans son histoire de Laon, p. 1017-1020. Bartole (*in L. hostes ff. de captivis*) assure que c'est un article de foi! — Contre ces prétentions ridicules, voyez Suarez, *De bello*, sect. V, § 4; et *De legib.*, L. III, C. 7.

puisqu'on n'y peut rien faire sans le consentement de tous les membres qui les composent.

598. — On voit donc que non seulement il n'a jamais existé d'autorité ethnarchique universelle de l'ordre naturel ayant une puissance coactive et matérielle sur chaque nation, mais encore qu'une telle autorité est à peine possible en pratique. Aussi plusieurs ont-ils recours pour l'établir à l'ordre surnaturel, en arguant du pouvoir exercé par l'Eglise sur les nations au moyen-âge. Mais c'est là sortir de la question, qui de soi est posée dans l'ordre de la nature. D'ailleurs, pour que cette ethnarchie fût universelle comme ils l'entendent, il faudrait supposer que toutes les nations embrasseraient, *comme telles*, la foi catholique, supposition qui manque de fondement. Car, quoique l'Evangile doive être prêché partout, et trouver partout des disciples, il n'est nullement certain que tous les Etats, en tant qu'Etats, le recevront et se soumettront à la direction de l'Eglise, surtout dans les choses temporelles. Ici même, loin de pouvoir invoquer un progrès dans ce sens, on voit au contraire tous les peuples autrefois catholiques tendre à émanciper leur gouvernement de toute influence religieuse, et à remplacer celle-ci par la séparation légale de l'Eglise et de l'Etat et par l'indifférentisme. Quelque déplorable que soit cette tendance, il faut bien la reconnaître comme un fait; et c'est à notre avis un invincible argument contre les prétentions à un progrès réel, dont se berce notre siècle. Si l'on considère l'ordre des faits, le monde s'éloigne donc de l'établissement d'une ethnarchie chrétienne plutôt qu'il ne

s'en approche; et l'ethnarchie dépouillée du caractère chrétien serait plutôt pour la société un système d'oppression qu'un vrai perfectionnement, comme le remarque avec raison Liberatore. (*Jur. natur.*, § 241.)

599. — Il faut bien distinguer ici deux sortes d'influences de l'Eglise sur la société humaine en général. L'une est purement morale; s'exerçant d'abord directement sur les individus pour les perfectionner, elle rejaillit indirectement sur les nations composées de ces mêmes hommes. Et de même que cette influence améliore les mœurs et les relations des particuliers dans la cité, abstraction faite de l'autorité politique; de même aussi, par une conséquence naturelle, en rendant les nations plus douces, plus justes et plus sociables, elle facilite et perfectionne les relations internationales, en faisant pareillement abstraction de toute autorité ethnarchique. C'est ainsi que l'on a vu le droit des gens s'adoucir en Europe par l'action du christianisme. Cette influence est ici hors de question, nul ne peut la contester, ni fixer les limites qu'elle pourrait atteindre selon le degré de développement plus ou moins grand et connu de Dieu seul, qui est destiné à la religion catholique parmi les peuples.

600. — L'autre sorte d'influence est celle qui résulterait d'une organisation ethnarchique positive, dont la direction serait confiée à l'autorité ecclésiastique. C'est de celle-ci seulement qu'il est question ici. C'est elle dont les partisans de l'ethnarchie veulent trouver un modèle et une ébauche dans le pouvoir que l'Eglise a exercé au moyen-âge sur les nations catholiques. Mais

quelques observations suffiront pour montrer qu'il n'y a point là de fondement solide pour leur système d'ethnarchie universelle, ni pour les résultats qu'ils en attendent.

D'abord cet arbitrage manquait de cette universalité qui est le caractère propre du système, et qui en fait aussi la plus grande difficulté. En second lieu, malgré ses bons résultats incontestables, il ne put le plus souvent empêcher les discordes et les guerres que le système prétend faire disparaître; car l'époque où il exista a été fort tourmentée. Troisièmement, il n'a pu se perpétuer. Sa chute, il est vrai, doit être attribuée à des causes accidentelles et à des passions humaines. Mais on verrait inévitablement ces causes se reproduire avec plus de force encore dans l'universalité des peuples, et les passions ne sont pas éteintes. Enfin, ce pouvoir arbitral ne fut point proprement une autorité née de la nature de la société internationale, ni de cette évolution naturelle de la sociabilité humaine qui fait la base du système : il n'appartenait donc pas de soi à l'ordre naturel et ne s'imposait pas à chaque nation, en vertu d'une tendance innée à une organisation ethnarchique. C'était un pouvoir d'un ordre tout différent, destiné par lui-même à diriger les hommes dans le culte de Dieu et l'honnêteté des mœurs; ce qui donna lieu à le consulter dans les questions de droit politique ou international comme un interprète fidèle du droit et de la justice. Cette sorte d'autorité, moitié morale, moitié juridique, se développa par diverses causes parmi lesquelles il faut compter au premier rang le besoin que sentaient ces nations encore incultes d'une tutelle ferme et prudente. C'est ainsi que s'explique, dans le système historique de Fénélon, l'influence politique que l'Eglise exerça sur les sociétés du moyen-âge comme docteur, conseiller et arbitre. Mais les qualités qui lui firent déférer cet arbitrage lui étaient propres et tout-à-fait indépendantes de l'association naturelle des peuples. Ce pouvoir est donc étranger à la question de l'universalité naturelle de la société ethnarchique, que l'on prétend déduire de principes métaphysiques sur la nature de l'homme et de la société.

601. — Que si, rejetant cette explication historique, on veut recourir au système théologique d'une autorité divinement conférée à l'Eglise sur les Etats dans l'ordre temporel, c'est sortir encore plus évidemment de la question posée. Aussi nous n'avons nullement à entrer dans l'examen de ce sentiment, qui est étranger à l'objet de ce traité. Nous nous bornerons à une simple observation. C'est que dans cette hypothèse, il ne faudrait plus parler d'ethnarchie, d'associations volontaires des peuples, ni d'exigences naturelles de la perfectibilité humaine, qui sont cependant les bases du système ethnarchique. Mais il s'agirait alors d'une théocratie surnaturelle, divinement établie au-dessus de l'ensemble des sociétés humaines ; ce qui transporte la question sur un terrain tout différent et étranger au *droit des gens*, que nous avons entrepris d'exposer.

Ainsi, de quelque manière que l'on explique l'influence de l'Eglise, elle reste en dehors de la question présente, qui roule sur la perfectibilité naturelle de la sociabilité humaine; et elle ne peut être la base d'une organisation à la fois naturelle et volontaire de tous les peuples en une seule société, gouvernée par une autorité de leur création, telle que l'entendent les partisans de l'opinion que nous venons d'examiner. On ne voit donc aucun moyen d'établir une ethnarchie de ce genre.

602. — Du reste, ce qui se passe maintenant dansle monde nous semble plus propre à rendre cette théorie suspecte qu'à la recommander. On s'est efforcé, en effet, de soumettre tous les Etats européens à l'autorité collective des grandes puissances qui, quoiqu'on fasse, exerceront toujours de fait en toute association ethnarchique une forte pression. Ainsi, on a essayé de ramener toutes les questions qui se sont élevées en Europe dans ces derniers temps à la décision des congrès, où ces puissances dominent, comme s'il appartenait à ces assemblées de bouleverser tous les droits par leurs protocoles, de supprimer, sous prétexte d'unité, des Etats indépendants, et de changer même la notion de l'injustice ; car à chacune des iniquités qui se sont accomplies dans l'ordre politique en ces derniers temps, nous avons vu en appeler aux congrès pour consacrer la violence et justifier les faits accomplis. L'usage que la révolution a fait ainsi de cet essai de gouvernement international indique le danger caché sous cette théorie, qui tend à enlever à chaque Etat son indépendance et doit nous tenir en garde contre ce qu'elle offre de séduisant dans l'ordre des abstractions.

CHAPITRE III

DES RELATIONS PACIFIQUES DES PEUPLES.

ARTICLE I

DES DROITS ET DES DEVOIRS PRINCIPAUX DES NATIONS CONSIDÉRÉES COMME TELLES.

603. — Les nations indépendantes, comme les individus qui les composent, jouissent de la dignité personnelle et de l'égalité quant aux droits qui découlent de la nature humaine; avec cette différence toutefois que leur personnalité est morale et collective, et que leurs droits, concernant une multitude d'hommes, ont plus d'importance que ceux d'un particulier. Aussi la violation de ces droits a-t-elle toujours paru un crime beaucoup plus grand que les délits privés, et digne des châtiments les plus graves. Les personnes morales et physiques, quoique semblables à bien des égards, offrent cependant quelque diversité dans leurs actions, leurs affaires, leurs droits et leurs devoirs, à raison de la différence qui existe entre les êtres individuels et les êtres collectifs. Ainsi, par exemple, la manière d'acquérir le domaine n'est pas tout-à-fait la même pour les particuliers et pour les nations. Celles-ci peuvent exercer l'occupation générale ou, comme l'on dit, *per universitatem*, posséder des lieux plus amples, une partie de la mer, une grande île, un fleuve, ce que le droit des gens n'accorde pas aux simples particuliers. La règle pratique de l'amour que les nations se doivent, diffère aussi de celle qui dirige cet amour entre les

particuliers, parce qu'elle doit se concilier avec celui que chaque cité se doit à elle-même et aux membres qui la composent. Ainsi, tandis qu'un particulier fait acte de vertu en sacrifiant ses avantages au bien d'autrui, les chefs d'un peuple, qui sont strictement obligés à procurer son bien, ne peuvent préférer à celui-ci l'utilité d'une autre nation. Il faut donc, en cas de conflit, comparer les droits et les devoirs internationaux selon les règles que nous avons données en parlant de la collision des droits, pour reconnaître ce qui doit l'emporter.

Les nations, comme les individus, reconnaissent deux sources de leurs droits et de leurs devoirs; la justice et la bienveillance, d'où découlent les droits parfaits et imparfaits. Aux premiers appartiennent les droits *négatifs*, qui peuvent être réclamés même par la force; aux seconds se rapportent les droits *affirmatifs*, dits d'*humanité*, qui ne peuvent donner lieu à des mesures coërcitives, à moins que quelques circonstances accidentelles ne les rendent parfaits.

On distingue encore les droits des nations en *absolus* ou *natifs*, et *hypothétiques* ou *acquis* en vertu d'un fait. Ceux-ci appartiennent au droit des gens purement positif, dont nous n'avons point à nous occuper. Quant aux droits absolus ou naturels, on peut à peu près les réduire aux points suivants.

I. — Le droit d'*existence* ou de *personnalité*, en vertu duquel une nation, comme un individu, a sa fin propre et ne saurait être traitée par une autre comme une simple chose, ni par conséquent détruite, sinon à titre de juste défense ou de punition légitime. Ce droit est la source de presque tous les autres.

II. — Le droit d'*égalité juridique*, quelle que soit l'inégalité de force, parce que le droit de souveraineté est le même dans chaque nation, comme les droits naturels des individus qui les composent. Si donc, entre les particuliers, la supériorité des forces de l'esprit et du corps ou des richesses ne détruit point l'égalité de droit naturel, mais modère seulement l'usage des droits de chacun selon les règles de la prudence, il en doit être de même pour les nations.

III. — La *liberté* et l'indépendance qui découlent de cette égalité; car toute soumission suppose quelque chose d'inégal, et par conséquent on ne peut proprement appeler nation que celle qui ne reconnaît aucun supérieur dans les choses temporelles, qualité que le pape Innocent III attribue expressément à la France et à ses Rois (1). Chaque peuple a donc le droit de défendre son indépendance à l'égard des autres, et la liberté d'action qui en est la conséquence.

IV. — Le droit de *défendre* sa dignité et son honneur, de venger les injures qui y seraient faites et d'en exiger une réparation convenable. Or l'injure faite au chef d'un État est réputée avec raison rejaillir sur la nation tout entière.

V. — Le droit *territorial*, c'est-à-dire celui de posséder son territoire à l'exclusion de tous autres, et d'y exercer librement et exclusivement sa jurisdiction.

(1) *Cap.* 13. *Per venerabilem. Qui filii sint legitimi.* — Decretal, liv. IV, tit. XVII.

VI. — Le droit de défendre sa *constitution*, de conserver ou même d'améliorer la forme de son gouvernement : ce qui emporte le droit d'user pour cela des moyens nécessaires, sans préjudice des autres peuples, comme sont les armées, les forteresses, et tout ce qui peut procurer la sécurité de l'Etat.

VII. — Le droit d'*acquérir* des domaines, ou par les modes originaires d'occupation, d'accession, etc., ou par les moyens secondaires des contrats.

VIII. — Le droit d'exercer le *commerce* nécessaire à la conservation ou même à l'utilité des citoyens, ce qui se rapporte au droit d'acquérir des domaines.

IX. — Le droit de *légation*, ou celui d'envoyer des ambassadeurs à d'autres peuples pour traiter des affaires publiques.

X. — Le droit de *guerre*, pour repousser par la force toute attaque injuste contre l'Etat ou ses membres, et en obtenir la réparation.

Tels sont les principaux droits absolus et parfaits des nations. Nous traiterons de quelques-uns avec plus de développement.

604. — A ces droits fondés sur la justice, la bienveillance, qui n'oblige pas moins les nations que les individus, en ajoute d'imparfaits ; car les chefs des peuples ne doivent pas tellement s'attacher au bien de leurs propres sujets, qu'ils oublient l'amour dû au reste des hommes (1). Toutefois, les premiers doivent

(1) C'est ce que Cicéron exprime très-bien par ces paroles : « *Qui civium rationem dicunt habendam, externorum negant, hi dirimunt communem humani generis societatem, quâ sublatâ,*

régulièrement être préférés, lorsque la justice n'y est pas blessée ou que le léger dommage causé aux nationaux a si peu de proportion avec le grand bien procuré aux étrangers qu'il doive être compté pour rien. Telle est la règle de la bienfaisance à exercer à l'égard des nations étrangères.

Aux devoirs imparfaits d'humanité se rapportent l'hospitalité et l'assistance dans les nécessités occurrentes. Ainsi, par exemple, une nation ne doit pas refuser aux autres le passage sur son territoire ou la navigation sur une mer qu'elle occupe, lorsqu'il n'en résulte pour elle aucun danger. Elle doit sous cette même réserve lui permettre chez elle les commerces innocents, et accorder son secours à ceux qui l'implorent contre d'injustes attaques. Si donc une nation voisine est en proie à la guerre civile, la charité internationale, non moins que le soin de sa propre sûreté, commandent d'aider à sa pacification, bien loin d'attiser le feu de la discorde, comme on ne le fait que trop souvent. On doit également secourir ses voisins lorsqu'ils sont désolés par la peste, la famine ou quelqu'autre calamité.

Si c'est un devoir strict de s'abstenir de ce qui pourrait nuire à la civilisation et surtout à la religion chez les autres peuples, ou les jeter dans la barbarie en les corrompant par des livres erronés, en leur envoyant

beneficentia, liberalitas, bonitas, justitia funditùs tollitur; quæ qui tollunt, etiam adversùs Deos immortales impii judicandi sunt, ab iis enim constitutam inter homines societatem evertunt. » (*De officiis*, L. III, C. 5.) Le patriotisme antique n'appliquait guère ces belles maximes.

des prédicants sectaires, il appartient aux devoirs imparfaits de les secourir par de bons conseils ou en leur envoyant des hommes instruits, et, selon les cas, des missionnaires qui puissent propager et conserver chez eux la vraie religion, ainsi que l'ont fait souvent d'illustres princes catholiques.

On voit par là combien s'éloigne de la loi naturelle l'odieuse politique de Machiavel, qui ne fonde la prospérité de l'Etat que sur la ruine de ses voisins, et ne cherche qu'à procurer celle-ci par la fraude et la violence. Plût à Dieu que cette politique n'eût pas obtenu tant de crédit depuis la réforme dans les conseils souverains de l'Europe où elle a abouti enfin à la théorie révolutionnaire du *droit nouveau*, c'est-à-dire de la force brutale et de la légitimité du succès.

Aux devoirs d'humanité appartient cette déférence qui porte chaque nation à reconnaître chez elle la validité des affaires réglées sur un territoire étranger, lorsqu'elles ne blessent pas ses propres droits; en admettant par exemple les droits de famille, d'hérédité, de testament et des contrats faits dans la forme usitée au lieu où ces actes ont été passés. Car, quoique cette manière d'agir soit tout-à-fait convenable, à la rigueur cependant les actes de jurisdiction exercés chez un peuple n'ont pas d'autorité en dehors de son territoire.

605. — Tous ces devoirs imparfaits obligent devant Dieu, plus ou moins, selon les circonstances; et ceux qui ont besoin qu'on les accomplisse à leur égard peuvent le demander; mais ils ne peuvent l'exiger par la force; car c'est à la personne qui doit les rendre

qu'il appartient de juger de leur obligation et de leur opportunité, puisqu'elle seule connaît les limites de ses facultés, et les ménagements qu'elle doit garder dans son propre intérêt. Celui qui réclame quelque office de ce genre ne peut donc jamais montrer avec évidence que son droit a été violé, comme il le peut pour les devoirs parfaits, ou la justice est manifeste par la nature même des choses, et n'attend plus que l'exécution.

606. — Les devoirs, tant parfaits qu'imparfaits, n'existent pas seulement entre les nations entières, mais encore entre un peuple et les particuliers appartenant à un autre, et de même entre les individus de nations diverses. Ainsi l'injure faite par la nation anglaise, par exemple, à un Français, est censée faite à la France elle-même, à cause du droit de chaque citoyen d'être protégé par son gouvernement. Et réciproquement, si un Français fait tort à un Anglais, le souverain de la France, quoiqu'innocent de cet acte, doit en procurer la punition et la réparation ; autrement il serait censé l'adopter par sa connivence. Mais ce n'est point aux particuliers à se faire justice à eux-mêmes, car tous ces droits et ces devoirs doivent régulièrement être réclamés ou exercés par les personnes publiques qui représentent chaque société, c'est-à-dire par leur souverain.

ARTICLE II

DE QUELQUES-UNS DES DROITS ET DES DEVOIRS DES NATIONS CONSIDÉRÉES EN PARTICULIER.

SECTION I.

Du droit d'indépendance.

607. — Quelques-uns des droits parfaits que nous

n'avons fait qu'énumérer plus haut demandent à être expliqués plus amplement, et c'est l'objet de cet article.

En premier lieu vient le droit d'*indépendance*, qui emporte pour chaque Etat la liberté de son action propre, surtout dans ses affaires intérieures. Il serait violé si un autre peuple prétendait s'immiscer dans son gouvernement, empêcher ou régler ses relations avec les autres, ou trancher de sa propre autorité les différends qu'il aurait avec eux. Ici se présente la question si fameuse de nos jours du droit d'intervention dans une société troublée par les discordes civiles, question dont la solution dépend entièrement des circonstances. Car si une telle intervention a pour objet d'exciter le feu de la sédition et de renverser l'autorité légitime, elle est manifestement contraire au droit naturel. Si, au contraire, elle tend à appuyer cette même autorité, surtout lorsque celle-ci la réclame, ou si les voisins sont forcés d'intervenir pour étouffer une rébellion qui les mettrait eux-mêmes en péril, il est manifeste qu'une telle intervention est parfaitement légitime, et souvent même indispensable. Il n'y a que les fauteurs de révolutions qui puissent la proscrire au nom du principe de *non intervention* imaginé par eux pour favoriser leurs sinistres desseins, et dont l'adoption par des gouvernements réguliers est une des marques les moins équivoques qu'ils aient données dans ce siècle, de leur aveuglement sur leurs plus grands intérêts.

Voyez contre le prétendu principe de *non intervention* l'allocution consistoriale de Pie IX, du 28 septembre 1860.

SECTION II

Droit territorial.

608. — Ce droit donne lieu à plusieurs questions importantes à cause de ses rapports avec la jurisdiction.

On peut se demander d'abord si un gouvernement a le droit d'interdire aux étrangers l'entrée ou la demeure sur son territoire, ou bien de la soumettre à certaines conditions? Sans doute cette façon d'agir serait contraire au devoir d'humanité, si elle n'était pas fondée sur des motifs raisonnables. Néanmoins celui qui violerait cette loi, violerait par là même le droit territorial, et pourrait être puni sans que son propre gouvernement dût se regarder comme offensé. Car quiconque entre sur un territoire se soumet par là même aux lois qui y sont en vigueur. S'il y entrait par autorité publique, il devrait être considéré et traité en ennemi plutôt qu'en sujet coupable. On suppose toujours que la prohibition était connue.

Ceux qui demeurent dans un pays étranger sont soumis à ses lois, sans cesser toutefois d'être citoyens de leur patrie et d'avoir droit à sa protection, s'ils ne l'ont pas quittée sans espoir de retour. On ne saurait les empêcher d'y retourner, à moins que telle n'ait été la condition de leur admission, ou qu'il ne soit survenu depuis une raison grave, comme serait, en temps de guerre, la crainte qu'ils ne révélassent à l'ennemi des secrets importants, qu'ils auraient pénétrés. Il n'y a rien de contraire au droit des gens dans les lois qui défendent aux étrangers de posséder des biens dans le territoire, et d'en rien emporter sans payer certains droits ou remplir d'autres conditions. Au reste, une nation ne peut sans motif spécial refuser à un peuple ce qu'elle accorde communément à tous les autres : ce serait une marque de mépris et une injure; mais d'autre part elle n'est point obligée de communiquer aux autres une concession faite à un état en particulier pour une raison spéciale.

Si deux concitoyens vivent en terre étrangère, et que l'un d'eux, après s'y être rendu coupable d'un délit envers l'autre, revienne dans sa patrie, il peut être puni par son souverain, encore qu'il ait été poursuivi et absous dans le lieu du délit. Toutefois, par une sorte de courtoisie internationale, on a coutume de s'en tenir à ce premier jugement.

Lorsqu'un étranger condamné pour un délit commis dans un Etat prend la fuite, cet Etat n'a pas un droit rigoureux d'exiger que le jugement rendu contre lui soit exécuté dans sa patrie; mais il peut exiger qu'il soit jugé de nouveau; il en est de même des sentences en matière civile.

L'étranger ne peut régulièrement être puni dans un pays où il s'est réfugié pour un crime commis dans sa patrie, et l'on ne peut exiger strictement son extradition s'il n'y a pas de convention spéciale sur ce point. Mais il est contraire au droit des gens de donner asile à de tels hommes, en leur permettant de conspirer contre leur patrie, ou contre d'autres pays, ou même contre la sûreté de personnes particulières. Il n'y a qu'un peuple ennemi du genre humain, et dépouillé de toute pudeur nationale, qui puisse se faire un titre d'honneur de fournir un repaire à tous les scélérats, et de les couvrir de sa protection, eux et leurs machinations les plus ténébreuses. Il en est pourtant, et des plus fiers, qui se glorifient de tels procédés.

SECTION III

Droit de domaine.

609. — Chaque nation, comme constituant une personne morale, est capable du droit de propriété, qui doit être d'autant plus respecté en elle que sa violation nuirait à plus de personnes, que celle d'un droit individuel.

Le domaine public d'une nation n'est pas soumis aux lois civiles ni au droit éminent de la société, comme celui des particuliers ; parce qu'elle n'a point de supérieur ; mais il est plein, absolu et indépendant du gouvernement des autres nations. Cela ne s'étend pas toutefois aux biens qu'elle posséderait dans un autre pays à la manière des particuliers ; ils suivent en tout la condition des propriétés privées.

Lorsqu'une nation occupe un pays, il passe tout entier dans son domaine. Elle conserve même le droit de souveraineté, et de dévolution en cas de vacance, sur les portions de ces terres que les citoyens de cette nation se seraient appropriées. Le consentement des autres peuples n'est pas requis pour cette occupation publique *(per universitatem)* ; mais il faut que la terre n'appartienne à personne ; comme serait une île déserte. S'il s'y trouvait cependant quelques individus vagabonds et sans liens d'association civile, leur présence ne s'opposerait pas, ce semble, à l'occupation publique de tout le pays; car il n'y a pas proprement de territoire politique, là où il n'y a pas de souverain qui en soit le maître. On serait seulement tenu de ne pas expulser ces habitants, et de respecter leur droit de propriété privée sur les choses qu'ils posséderaient. Mais dès qu'on les supposerait réunis en corps de nation, fussent-ils barbares, cet état ne les empêcherait pas de pouvoir acquérir par occupation publique.

La simple vue ou la déclaration d'intention, même accompagnée de quelque solennité, telles qu'en font les voyageurs en découverte, ne suffisent pas pour l'occupation publique. Il faut une appréhension réelle et efficace avec la volonté de s'approprier la terre, ce qui a lieu si par exemple on y construit un fort, ou qu'on y laisse une garnison même peu nombreuse.

En vertu d'une telle occupation, tout ce que renferme le terrain occupé passe sous l'empire et le domaine public de la nation qui l'occupe. Cela renferme même les parties désertes, stériles et incultes, comme lacs, étangs, forêts, montagnes, ce qui couvre la terre ou est renfermé dans son sein, comme les mines, les fleuves qui traversent la terre, le rivage et les îles voisines.

Les conséquences du domaine sont les mêmes pour les nations que pour les particuliers; par exemple, le droit d'exiger d'un autre peuple la restitution de ce qu'il aurait ravi injustement, et le droit d'aliéner, même par de simples pactes, et sans recourir à la tradition.

610. — Ici se présente la question célèbre de la li-

berté des mers, ou de la faculté de se les approprier; question que Grotius a soutenue dans le sens de la liberté contre Selden. Elle semble toutefois demander quelque distinction, car si on l'applique à l'Océan ou aux parties des mers fort éloignées du rivage, il est manifeste qu'elles demeurent libres pour tous et qu'elles ne sauraient devenir la propriété de personne, puisqu'elles ne sont pas susceptibles d'occupation, et que d'ailleurs leur usage, qui consiste dans la pêche et surtout dans la navigation, est inépuisable et peut suffire à tout le monde. Mais il en est autrement des baies qui pénètrent dans les terres, des détroits et des portions de la mer qui baignent le rivage. Tout cela est censé avec raison appartenir au peuple qui possède le territoire voisin. Car l'usage de ces parties de la mer n'est pas inépuisable, puisque la pêche des poissons, des perles, du corail, etc., qui offre tant d'utilité au peuple riverain, ne saurait être permise aux autres sans lui causer un grand dommage. Il y a donc ici un motif valable d'appropriation. Le moyen de la réaliser, l'occupation, ne fait pas non plus défaut. Car on peut fermer ces parages et en défendre l'accès aux étrangers autant qu'il le faut, par des forteresses et des moyens analogues. Enfin la sécurité de chaque nation demande que la mer qui l'environne soit en son pouvoir jusqu'à une certaine distance, de sorte qu'elle puisse à titre de domaine en exclure les autres lorsqu'elle le juge convenable. Sans cela elle serait trop exposée à des embûches et à des incursions hostiles. Elle a donc un juste motif de s'approprier cette portion de la mer, dont Bodin étend les limites, trop largement peut-être, jusqu'à 60 milles du rivage. C'est ce qu'on appelle les *eaux d'une nation.*

SECTION IV

Droit de prescription.

611. — C'est une grande question de savoir si la prescription a lieu entre les peuples, et sa solution dépend du fondement que l'on assigne à cette institution, car le droit civil, auquel plusieurs la rapportent, n'a point d'autorité entre les nations, et comme il faut au moins convenir que c'est ce droit qui en fixe les règles, il en résulte que la prescription internationale demeure toujours très-vague dans ses déterminations (310).

Néanmoins les motifs de la prescription ont encore ici plus de force que quand il s'agit des particuliers, car elle tend à prévenir des guerres funestes. Il faut donc dire qu'elle a, quant à sa substance, un fondement dans la nature, puisque l'équité et le bon ordre de la société humaine la réclament. Elle appartient aussi de la même manière au droit des gens, en tant que tous les peuples regardent comme légitime, dans l'intérêt de tous, une longue et paisible possession. Tous les peuples, en effet, se trouvent plus ou moins dans la situation que dépeignait Carnéade, ambassadeur des Athéniens à Rome, qui disait hardiment, en parlant de la justice : « *Omnibus populis qui florerent imperio, et Romanis quoque ipsis, qui totius orbis potirentur, si justi velint esse, hoc est, si aliena restituant, ad casas esse redeundum et in egestate ac miseriis jacendum.* » — *Apud Lactantium, Inst. divin.*, L. V, C. 17.

Il faut donc trouver un moyen d'assurer les droits des souverains et la tranquillité des Empires, en couvrant par le temps les vices dont l'origine de la possession pourrait être entachée. C'est l'œuvre de la prescription. Elle repose sur cette présomption que Dieu, souverain maître des royaumes et de leurs droits, ratifie entre les peuples, selon leur désir, ce qui s'appuie sur une possession longue et pacifique. Il n'y a pas de difficulté lorsque celle-ci est immémoriale, parce qu'alors personne ne peut invoquer un droit certain contre le possesseur qui, dans le doute, doit être préféré. Mais dans les autres cas, il est difficile et le plus souvent impossible de déterminer *à priori* les règles de la prescription internationale, quoiqu'on doive la regarder comme admise en substance par le droit et le consentement tacite de tous les peuples, au moins à titre d'équité, sinon de droit rigoureux et précis.

SECTION V

Droit de commerce.

612. — La bienveillance que se doivent les nations établit un droit au moins imparfait au commerce réciproque. Chaque pays, en effet, ne produisant pas tout ce que réclament nos besoins, l'échange mutuel des choses utiles et nécessaires est un vœu de la nature. Il ne se borne même pas aux avantages matériels, mais il exerce indirectement une influence morale par les relations qu'il établit entre les peuples, et qui, servant

à la culture de l'intelligence, à l'adoucissement des mœurs, aux progrès des arts, tendent à rétablir dans la famille humaine dispersée l'union et l'affection primitive. Telle est du moins la théorie et l'intention première de la nature, bien que par le fait le choc des intérêts fasse naître du commerce, lorsqu'il est très-développé, plus de rivalités et de dissensions entre les hommes que n'en produisent toutes les autres causes.

Quoi qu'il en soit, comme il est, dans de certaines limites, nécessaire au bien matériel, la loi d'amour universel oblige chaque nation à favoriser sa liberté, autant qu'elle peut, sans se nuire à elle-même. Mais cette liberté ne doit pas dégénérer en licence, en permettant par exemple l'importation des choses nuisibles ou périlleuses pour la nation et trop amollissantes pour les mœurs, ou une exportation excessive des marchandises utiles ou nécessaires. Le commerce doit donc être renfermé par des lois prudentes dans les termes de l'honnêteté et de l'utilité commune, si l'on ne veut pas qu'il devienne plutôt pernicieux qu'utile à la société.

Néanmoins, sauf le cas de nécessité extrême, l'obligation d'admettre au commerce les étrangers n'est qu'imparfaite et ne peut donner lieu à une réclamation armée. Car les nations ne sont tenues de concourir au bonheur des autres qu'autant que cela ne leur nuit point à elles-mêmes, et c'est une circonstance dont chacune reste juge, puisqu'elles sont égales et qu'aucune n'a d'autorité sur l'autre. Le refus de commerce sans cause légitime serait donc une chose peu conforme aux exigences de l'humanité et à l'honnêteté des mœurs civilisées; mais il serait injuste d'extorquer cette faculté par la violence, à moins que des pactes antérieurs n'eussent changé en obligation parfaite celle qui ne l'était pas d'elle-même, comme cela peut arriver.

Mais si certaines nations consentent à exercer le commerce entre elles, aucune autre n'a le droit de les en empêcher. Un cas tout différent est celui où deux peuples conviennent librement d'exercer un certain commerce entre eux, à l'exclusion de tous les autres; car ils cherchent dans un tel traité un avantage propre, ce qu'ils peuvent sans faire injure aux autres. Chaque peuple peut aussi prohiber l'importation des marchandises étrangères ou la soumettre à certains droits, selon l'avantage qu'il y trouve, et les théories de l'école du libre échange ne sont pas plus un principe du droit naturel qu'un article de foi dans la science économique. Nous n'entrons point ici dans les particularités qui regardent le droit purement positif; il nous suffit d'avoir indiqué les principes.

SECTION VI

Droit des pactes et des alliances.

613. — Les principes qui régissent les contrats privés sont applicables à ceux des peuples, sous certaines modifications résultant de la diversité des personnes ou de la matière. Ainsi l'importance de celle-ci, qui regarde le droit public, et la dignité des parties contractantes, rendent plus étroite l'obligation à l'honnêteté et à la fidélité dans les promesses. C'est ce qui fait regarder comme

un si grand crime la perfidie sociale, qui non seulement blesse le droit de la partie contractante, mais encore détruit le fondement de la foi et de la paix commune.

Dans le droit des gens, on appelle pacte une convention publique, c'est-à-dire formée par le souverain pour le bien public. Si elle est pour un temps très-long, et relative à de nombreux objets, elle prend le nom d'alliance, celui de pacte restant propre aux conventions transitoires sur un objet spécial. Le droit de former des pactes et des alliances est absolu et inné; mais ce qui résulte de ces actes est hypothétique, et appartient au droit purement positif, dont nous n'avons point à parler. Nous ne ferons qu'indiquer brièvement les principes du droit absolu.

La nature accorde le droit de traiter aux personnes morales, aussi bien qu'aux personnes physiques; mais, en ce qui touche les Etats, il ne peut être exercé que par les souverains ou en leur nom; les sujets ne pouvant disposer du bien public. Cependant il arrive quelquefois que des ministres, des gouverneurs de provinces ou des généraux d'armées, fassent aux nations étrangères des promesses qui dépassent leurs pouvoirs. Ces sortes de promesses, sans être assimilées aux traités publics, ne sont cependant pas dénuées de toute valeur. Elles doivent au contraire, régulièrement parlant, être observées, par exemple les capitulations militaires, lorsqu'elles paraissent fondées sur la faculté implicite que le prince est censé conférer à ses ministres de pourvoir prudemment aux nécessités occurrentes. Un prince dépouillé de son trône conserve le droit de faire des alliances, et se lie validement avec les puissances étrangères, parce que le droit de souveraineté survit en lui à la possession du royaume qu'il a perdue. Il en serait autrement d'un roi mineur, à qui son âge interdit l'administration.

614. — Le droit de traiter étant naturel et commun à tous, on doit garder à tous aussi la foi promise, à moins que l'objet ou les circonstances du pacte ne soient contraires à l'honnêteté naturelle.

Les peuples ne sont pas assujétis, dans leurs contrats, aux formules ni aux subtilités des lois positives. Leur consentement libre suffit, pourvu qu'il soit clairement exprimé. Une promesse toutefois n'oblige pas, et peut être révoquée jusqu'à ce qu'elle ait été acceptée.

La question de la nullité des pactes extorqués par une violence injuste est beaucoup plus délicate dans le droit des gens que dans le droit privé, à cause de la différence des affaires et des personnes. Souvent, en effet, les traités des nations, qui ont pour objet d'éviter ou de finir une guerre, manquent de quelqu'une des conditions requises entre les particuliers pour la validité, au point de vue de la crainte, sans que toutefois on puisse violer ces traités sous ce seul prétexte. Car s'ils ne suffisaient pas pour mettre fin à la guerre, le genre humain ne serait jamais en paix. Nous n'entendons pas dire toutefois que jamais un traité ne puisse être annulé à ce titre, car nous verrons le contraire plus loin (635), mais seulement qu'il faut une cause beaucoup plus grave que pour rescinder un contrat privé (1).

(1) Voyez Zallinger, *Juris natur. institut*, § 290.

L'objet des pactes et des alliances ne doit être ni malhonnête ni au-dessus des forces du peuple qui s'engage : autrement l'obligation, étant moralement ou physiquement impossible, serait nulle de droit. Tels seraient l'engagement d'opprimer injustement un autre peuple, ou de violer un droit qui lui serait acquis par un traité antérieur, ou enfin de faire une chose injuste et nuisible à la religion, à la société, et tendant à la ruine des peuples. Un pacte sur une chose déjà naturellement due, ajoute à cette obligation celle de la fidélité. Il peut même rendre parfaite une obligation qui n'était qu'imparfaite de soi.

Les alliances sont de plusieurs sortes : on les divise en *perpétuelles* et *temporaires* : — en *réelles,* qui sont formées au nom et en vue de l'Etat, et *personnelles*, qui se rapportent à la personne du souverain et s'éteignent avec elle : — en *égales*, qui produisent les mêmes avantages pour les deux parties, et *inégales*, qui sont plutôt au profit de l'une d'elles. Les alliances se divisent encore selon leur objet en alliances de *commerce*, de *paix* et de *guerre*, et celles-ci sont *offensives* ou *défensives*, selon qu'elles ont pour but l'attaque d'un tiers ou la sécurité des contractants.

615. — Enfin on distingue les *alliances*, ou plutôt les *pactes*, en *principaux*, qui sont formés pour eux-mêmes, et *accessoires*, qui n'ont pour objet que l'exécution des premiers, comme les cautions diverses, et surtout la tradition des ôtages. On appelle *ôtages* les personnes qu'une nation livre à une autre pour demeurer chez celle-ci jusqu'à l'accomplissement des pro-

messes faites. Le droit de donner des ôtages appartient au souverain qui peut seul exposer ses sujets aux derniers dangers, pour leur vie même, lorsque le salut public le demande. Les ôtages tiennent lieu de gages : ainsi le peuple auquel ils sont livrés n'a sur eux que le droit de *garde*, et ne peut attenter ni à leur vie, ni à leur dignité personnelle, ces choses n'étant point soumises dans l'homme à la puissance d'un autre homme; sinon à raison d'un délit ou d'une agression injuste.

SECTION VII

Droit d'ambassade.

616. — Le droit des pactes et l'obligation de favoriser la bienveillance et la communication entre les hommes, entraînent le droit d'ambassade, sans lequel ils seraient illusoires. La guerre même ne fait donc pas cesser l'obligation naturelle de recevoir les ambassadeurs, seul moyen de rétablir la paix, qui est l'état normal du genre humain. Aussi la personne de ces envoyés a-t-elle toujours été regardée comme inviolable et sacrée, et la violation de leur immunité, comme un crime atroce et digne des plus grands châtiments.

Il y a toutefois des distinctions à faire ; et la communication au moyen des ambassadeurs est tantôt un droit parfait, tantôt un droit imparfait, ou même une simple convenance, selon la diversité des occasions et la nature de l'objet que l'on veut traiter par leur entremise : le refus de les admettre est donc contraire tantôt à la stricte justice, savoir lorsqu'il est sans motif et que leur intervention est nécessaire, tantôt à l'équité et à l'humanité, et tantôt enfin à la simple politesse.

Outre ce qui vient de la nature elle-même quant à la substance du droit des ambassades, le droit de gens volontaire a établi beaucoup d'usages que le temps peut modifier. Tel est l'usage introduit au XVe siècle, parmi les nations civilisées, d'avoir les unes chez les autres des ambassadeurs résidants; usage que le machiavélisme moderne a fait dégénérer trop souvent en un espionnage dangereux.

Le droit d'envoyer des ambassadeurs n'appartient qu'au souverain; mais lorsqu'une nation tombe en guerre civile, la nécessité fait étendre ce droit aux deux partis, que l'on considère pour cette circonstance comme deux états distincts.

Le principal devoir des ambassadeurs est la sincérité, la fidélité dans l'accomplissement de leur office, et l'attention à ne rien faire, contrairement à son objet, qui puisse donner un juste sujet de plainte à la nation chez laquelle ils sont envoyés. S'ils changent le rôle d'ambassadeurs pour celui d'espions ou d'artisans de discordes, non seulement ils manquent à leur devoir et se rendent coupables d'injustice; mais ils impriment une tache honteuse à leur propre dignité et à l'honneur de leur nation. Toutefois les ambassadeurs ne sont point soumis à la juridiction de la nation chez laquelle ils résident, puisqu'ils représentent la leur qui est indépendante. Ainsi, régulièrement parlant, les crimes dont ils se rendraient coupables ne peuvent être punis par le prince près duquel ils sont accrédités. Mais la connaissance doit en être renvoyée à leur propre souverain, sauf le cas d'une nécessité pressante, dans une circonstance grave qui ne souffre point de délai, ce qui rentre dans le droit de défense naturelle.

CHAPITRE IV

DE LA GUERRE ET DE LA PACIFICATION.

ARTICLE I

DE LA NATURE ET DE LA LÉGITIMITÉ DE LA GUERRE.

617. — Grotius définit la guerre : *l'état de ceux qui luttent par la force.* Cette définition, conforme au langage reçu, nous paraît préférable à celles qu'on a voulu lui substituer. Car elle distingue la guerre *état* ou manière d'être continue, de l'acte passager du combat, ainsi que des autres luttes qui s'accomplissent sans violence, comme les procès.

La guerre se divise de plusieurs manières :

1° En *publique, mixte* et *privée.* La première a lieu par autorité souveraine entre des nations indépendantes ; — la seconde est faite par un souverain contre les particuliers indépendants de droit ou de fait : telle est la guerre civile contre les rebelles, qui cependant du côté du prince peut être regardée plutôt comme un acte de souveraineté ou de justice vindicative. — La troisième se fait entre les particuliers, comme le duel, et est plutôt regardée communément comme un délit que comme une guerre régulière. — On appelle *violence, privée* ou *publique* l'attaque dirigée contre un ou plusieurs citoyens par les autres. Lorsque le peuple prend les armes contre son prince, il y a sédition.

2° La guerre se divise en *juste* et *injuste*, distinction qui dépend surtout de la cause; quoique d'autres conditions, relatives au mode et à la nécessité, soient aussi requises pour que la guerre soit tout-à-fait juste.

3° On la divise encore en *défensive* et *offensive*, distinction qui s'explique diversement, selon qu'on l'envisage d'une manière matérielle ou formelle. — Au premier sens, on s'attache à l'ordre chronologique des hostilités. Ainsi celui qui en a exercé le premier est censé agresseur; mais la distinction ainsi entendue a peu d'importance. — Au point de vue formel, on appelle guerre *défensive* celle qui se fait pour repousser une injure physique (comme un acte d'hostilité) ou morale, qui n'est pas encore accomplie ou qui vient de l'être immédiatement, si par exemple on s'efforce sur le champ de rentrer dans un retranchement dont on vient d'être chassé. La guerre est *offensive* au contraire si l'on venge une injure déjà passée. — En tout cas, cette distinction, qui regarde la manière d'exercer les hostilités, n'a aucun rapport avec la justice ou l'injustice de la guerre, qui dépend de ses causes. Il en est cependant qui confondent ces deux choses, en appelant *défensive* la guerre par laquelle une nation protége son droit ouvertement violé par une autre; et *offensive*, celle que fait une nation, qui après avoir violé ce droit persévère dans cette violence. Dans ce sens, en effet, toute guerre défensive serait juste et toute guerre offensive injuste. C'est une question de mots; mais ce qui est incontestable, c'est qu'au point de vue moral, le véritable agresseur et le coupable est celui qui par ses procédés rend la guerre nécessaire, et non celui qui tire le premier coup de canon (1).

Ce que quelques auteurs appellent guerre *punitive* rentre dans la distinction précédente ; car il n'y a pas à proprement parler de punition entre des nations qui sont indépendantes, et ce qu'on appelle ainsi n'est qu'une juste vengeance ou une réparation du dommage causé, et une garantie pour l'avenir, sans aucun exercice de juridiction.

4° La guerre se divise encore en *solennelle* et *non solennelle.* La première est celle qui se déclare avec certaines formalités reçues chez les peuples civilisés, et après un délai indiqué pour la réparation de l'injure, de la manière expliquée dans un *ultimatum*. La seconde est celle qui manque de quelqu'une de ces formes, par exemple de déclaration, comme il arrive souvent dans une guerre défensive ou dans la répression d'une rébellion ; et cela peut, selon les circonstances, être très-juste.

618.— Les Manichéens prétendaient que toute guerre était injuste : les Anabaptistes, qu'elle était au moins défendue aux chrétiens. On peut leur adjoindre Luther, qui ne permettait pas de se défendre contre les Turcs, sous prétexte qu'il était illicite de résister aux châtiments de Dieu ; comme si Dieu, en permettant qu'il se fît des injustices, les approuvait positivement, et défendait de les repousser d'une manière juste ! Nous réfuterons toutes ces erreurs dans la proposition suivante.

(1) Voyez Schmier, *Jurisp. public.*, lib. IV, § 32.

PROPOSITION.

La guerre, tant offensive que défensive, pourvu qu'elle ait les conditions voulues, est permise par le droit naturel, le droit divin et le droit des gens. Elle est même quelquefois nécessaire.

Preuve. Nous prenons ici les mots de guerre offensive et défensive au sens formel expliqué plus haut. Or, en ce sens, l'une et l'autre guerre peuvent être justes; car elles ne sont en substance et au point de vue moral que le droit de propre défense ou de *sécurité*, sans lequel tout le reste serait inutile dans l'état de la nature déchue. Les personnes morales, en effet, ont comme les individus, les droits absolus d'égalité, de liberté, de conservation et d'amélioration de leur état, auxquels peuvent se joindre pareillement des droits hypothétiques fondés sur des faits ou des contrats. Mais tous ces droits deviendraient illusoires, si l'on était obligé de les laisser violer impunément; il est donc permis par toutes les lois de repousser la force par la force; selon l'adage *vim vi repellere omnia jura permittunt.* On peut, par conséquent, si la lésion du droit est accomplie, en exiger la réparation ainsi que la satisfaction pour l'injure reçue; ce qui donne lieu à la guerre formellement offensive. Que si on agit actuellement contre ce droit ou qu'on soit sur le point de le faire, il est permis de s'y opposer ou de prévenir cette injure; et voilà la guerre défensive ou celle de précaution que l'on peut y ramener. Car si ce droit de sécurité ou de défense ne peut être exercé par des moyens plus doux, il faut nécessairement recourir à la force.

D'ailleurs comment refuser aux nations le droit que tout le monde reconnaît aux particuliers, quoiqu'il soit moins nécessaire à ceux-ci? Car les particuliers peuvent ordinairement renoncer à leur droit et souffrir l'injure avec patience, ce qui est louable en eux s'ils le font par vertu. Mais les souverains sont obligés, par le titre même de leur existence, à procurer le bien de leurs sujets, et par conséquent à ne pas les laisser attaquer impunément. C'est un devoir pour eux de recourir aux armes s'ils ne peuvent autrement défendre les droits de ceux-ci. La guerre peut donc être, non seulement permise, mais encore commandée par le droit naturel (1). La pratique universelle et la persuasion commune du genre humain montrent assez qu'il en est de même d'après le droit des gens : et quant au droit divin, les nombreux exemples que fournit l'ancien testament (2) et la doctrine de l'Eglise catholique, prouvent qu'il n'interdit pas la guerre, même aux chrétiens. Sans doute les maux qu'elle entraîne exigent qu'on ne l'entreprenne pas sans une cause grave et une mûre délibération ; mais ses inconvénients ne doivent pas prévaloir sur les intérêts de la société humaine, qui serait mise en péril si elle ne pouvait se défendre ainsi contre une injuste agression. « *Quid enim culpatur in bello?* dit S. Augustin, *an quia moriuntur quandoque mo-*

(1) *Non modò justum, sed etiam necessarium est, cùm vi vis illata defenditur.* — Cicéron, *pro Milone.*

(2) Voyez entre autres l'exemple d'Abraham, *Genes.* XIV.

rituri, ut dominentur in pace victuri. Hoc reprehendere timidorum est. Nocendi cupiditas, ulciscendi crudelitas, impacatus atque implacabilis animus, feritas rebellandi, libido dominandi, et si qua similia, hæc sunt quæ jure culpantur. » La guerre est d'ailleurs un mal dont la Providence sait tirer beaucoup de bien, comme le montre M. de Maistre.—Voyez *Soirées de Saint-Pétersbourg.*

619. — REMARQUE. — Les conditions requises pour la légitimité de la guerre se réduisent à trois chefs. Le premier, qu'elle soit faite par une puissance légitime; le second, qu'elle ait une juste cause; et le troisième, que l'on y garde les règles justement reçues sur la manière de la faire, soit en la commençant, soit en la poursuivant. Ce dernier chef néanmoins regarde plutôt les accidents que la substance de la guerre, c'est pourquoi nous remettons à en parler dans l'article suivant. Nous allons expliquer ici les deux premiers. —Remarquons auparavant que la guerre, comme les procès, ne saurait être juste en soi, ou *matériellement,* des deux côtés, car le droit est nécessairement à l'un à l'exclusion de l'autre. Mais elle peut être juste *formellement* des deux parts, si chacun croit de bonne foi que la justice est de son côté. Il peut arriver aussi que la guerre soit injuste de part et d'autre, quand le droit est douteux, et que les parties refusent de recourir à une transaction équitable.

I. — La première condition pour la légitimité de la guerre est que les belligérants soient souverains. Car la guerre étant fondée sur la nécessité, n'est permise qu'à ceux qui n'ont point de juge qui puisse leur faire justice. Ainsi tous ceux qui, comme les vassaux et les sociétés imparfaites, reconnaissent un supérieur, doivent, s'il leur est commun, lui demander la réparation du droit lésé : s'ils n'ont pas le même supérieur, l'offensé ne peut pas néanmoins, sans le consentement de son souverain, entreprendre la guerre et mettre tout l'Etat en péril; tandis que peut-être ce souverain pourrait par son autorité morale ou par des menaces plus redoutables, obtenir la réparation légitime sans recourir aux hostilités. Il faut excepter le cas d'une nécessité pressante, qui permet aux officiers du prince de présumer son consentement. Faute d'un pouvoir suffisant, la guerre est non seulement contre la charité; mais encore contre la justice, et entraîne l'obligation de réparer tous les dommages qu'elle a causés.

620. — II. — La seconde condition pour la légitimité de la guerre, est qu'elle ait une cause juste, suffisante, et au moins moralement certaine; sans quoi elle ne produirait pas un droit certain et capable d'autoriser les maux qui résultent de la guerre. Mais il faut entendre ceci d'une certitude réflexe; car si l'on examine directement en soi la cause de la guerre, il suffit que le droit ait pour lui une probabilité plus grande ou même une probabilité égale jointe à la possession. C'est ce qu'établit bien Suarez (*De bello, Sect. VI*, § 1).

Toutes les causes de guerre se réduisent à prévenir ou à repousser une injure grave ou, si elle est déjà accomplie, à la venger ou à en obtenir réparation. Il ne suffit pas que l'injure soit certaine. Il faut régulièrement employer d'abord les voies pacifiques, en demandant à l'offenseur la réparation ; à moins qu'il ne soit certain que cette démarche sera inutile, et que les délais qu'elle entraîne ne soient dangereux. La raison de ce devoir est qu'on doit toujours, autant que possible, préférer les moyens les plus doux dans la défense du droit : aussi la guerre cesse-t-elle d'être légitime si une réparation convenable est offerte. De même que toutes les causes justes de guerre se réduisent à la défense ou à la vindicte, de même aussi les causes injustes peuvent se rapporter à deux chefs. Le premier est le droit de la force, qu'on appelle *jus in armis* (1). C'est cette présomption qui fait qu'on se croit permis de tout oser par cela seul qu'on est le plus fort. Là reviennent la colère, qui fait entreprendre la guerre pour la plus légère injure ou pour exiger un droit imparfait ; l'ambition de la gloire, de la domination ; la passion de la liberté, ou la susceptibilité excessive de l'orgueil national, qui prétend imposer partout son influence. — Le second chef est la *raison d'Etat*, appuyée sur les intérêts exclusifs d'une nation, et que l'école politique de Machiavel n'a que trop mise en honneur. Là se rapportent les ombrages conçus sur les puissances voisines, les prétextes d'équilibre, et le

(1) C'est celui qu'invoquait Brennus qui, dit Tite-Live, *Romanis quærentibus quid in Etrurià rei Gallis esset? ferociter respondit : « Se in armis jus ferre et omnia fortium virorum esse. »* (Liv. lib. V, C. 36, § 5.) — La race des Brennus ne s'est pas perdue.

désir de fonder sa prospérité sur la ruine des autres peuples.

620. — Après ces notions générales, exposons un peu plus en détail les principales causes qui ont coutume de produire la guerre (1).

1° Les injures qui peuvent autoriser justement la guerre sont de trois sortes : l'une est l'occupation de la chose d'autrui avec refus de la rendre : une autre est, du moins entre les nations civilisées, le refus fait sans cause raisonnable des facultés que le droit des gens volontaire a rendues communes, et élevées au rang des droits parfaits parmi ces peuples; comme le commerce ordinaire et le passage sur son territoire : la troisième est une insulte grave. Il suffit que l'injure soit faite au prince ou à quelqu'un de ses sujets, ou des alliés qui sont sous sa protection ; pourvu toutefois que ceux-ci veuillent poursuivre la réparation qui leur est due. Cette poursuite peut avoir deux objets : la restitution du dommage causé, sur laquelle il n'y a pas de difficulté, et la punition de l'offenseur obstiné, qui est plus délicate, à cause de sa ressemblance avec la vengeance. Car celle-ci n'est pas permise aux particuliers, comme l'est la reprise de ce qui leur a été enlevé ; parce qu'ils ne doivent pas se faire justice à eux-mêmes ; et il semble qu'il en devrait être de même des nations qui sont dans une condition semblable. Néanmoins il est certain qu'elles ont droit de faire la guerre *vindicative ;* parce qu'il importe à tout le genre humain que ces injures ne demeurent pas impunies, et que le

(1) Voyez Grotius, *De jure belli et pacis*, lib. II, cap. XXII.

défaut de supérieur commun ne permet pas ici que la peine soit appliquée par un autre que l'offensé : la guerre *punitive* lui est donc permise. Mais elle ne le serait pas aux autres nations, selon l'avis de beaucoup de jurisconsultes, qui se fondent sur ce qu'il n'appartient pas à une nation de corriger chez une autre la corruption des mœurs et les crimes domestiques. Ce sentiment toutefois souffre difficulté pour les cas les plus graves, si par exemple on pouvait par la guerre détruire facilement l'anthropophagie ou d'autres énormités qui déshonorent la nature humaine : cette guerre semblerait licite comme étant une défense des innocents (1).

2° Une nation peut prévenir par la guerre l'injure dont on la menace, cette menace blessant déjà son droit. Si d'ailleurs elle attendait qu'elle fût accomplie, le dommage pourrait être irréparable, ou la réparation entraîner de plus grands maux. Il vaut mieux généralement prévenir le mal que d'avoir à le réparer. Mais ceci s'entend du cas où les mauvais desseins de l'autre nation sont certains, si par exemple elle fait déjà ses préparatifs de guerre. Une crainte vague et fondée sur la simple possibilité, ne serait pas suffisante pour autoriser la guerre : il faut un danger grave, présent, extérieur et certain; autrement ce droit de prévention ouvrirait la porte à d'innombrables querelles.

3° Le simple accroissement d'une puissance et le

(1) Suarez (*De bello*, sect. V, § 7) soutient ce sentiment, qu'attaque Puffendorf, justement repris pour cela par Barbeyrac. *Droit de la nature et des gens*, liv. VII, chap. VI, § 5.

motif de la conservation de l'équilibre et des forces ne sont pas, du moins en théorie, de justes causes de guerre. La nation qui s'agrandit, comme le particulier qui s'enrichit par des moyens légitimes, use de son droit et ne fait tort à personne. En pratique toutefois, il en peut être autrement, surtout dans une société où la doctrine de Machiavel ayant prévalu partout, doit faire craindre comme certaine l'oppression des faibles par les forts. Ceci trouverait à plus juste titre encore son application à l'égard d'un peuple connu par l'expérience comme querelleur, ne tenant aucun compte de la justice, n'ayant d'autre mesure du droit que son intérêt, et n'attendant pour nuire qu'une occasion favorable.

Du reste un accroissement de puissance dangereux pour les autres, ne s'accomplit guère par des voies purement légitimes, et sans la violation de plusieurs traités, faits dans le but de conserver l'équilibre; de sorte qu'on ne manque pas de justes motifs de s'y opposer par les armes.

On voit la différence qu'il y a entre l'exposition théorique des principes et le jugement des cas pratiques, sur lesquels influent tant de circonstances qui échappent souvent à l'appréciation de la science. C'est ce qui fait qu'on peut facilement porter de bonne foi des jugements divers sur la justice d'une guerre.

4° La fin de la guerre étant de protéger, et non d'étendre ses droits, il est manifeste que l'on n'en peut trouver une cause légitime dans l'ambition de dominer ou de se faire un nom, d'étendre son empire, de reculer ses frontières ou de s'enrichir par le pillage. De telles entreprises, qui ont autrefois soumis le monde à Alexandre, et ensuite aux Romains, ne sont qu'un brigandage en grand.

5° On a demandé si le refus de donner passage à une armée sur son territoire était un juste motif de guerre? Les jurisconsultes ne sont pas d'accord sur ce point. En général, hors le cas de nécessité urgente, on n'a qu'un droit imparfait à l'usage de la chose d'autrui, lorsqu'il est incommode ou périlleux pour le propriétaire; et tel est régulièrement le cas du passage d'une armée; il n'y a donc pas là *casus belli* (1). Plusieurs pensent qu'il en est de même du refus de laisser passer les marchandises d'une nation, et de l'admettre au commerce; Grotius est d'un autre avis. Sur cette question et autres semblables, il faut toutefois faire une remarque générale; c'est que des droits qui ne sont qu'imparfaits par la loi naturelle, peuvent devenir parfaits, non seulement par des conventions expresses, mais encore en vertu des mœurs et du droit des gens volontaire.

6° C'est encore une grande question de savoir si la religion peut être une juste cause de guerre? Elle doit se résoudre négativement, s'il s'agit d'imposer par la force la religion, qui doit se soumettre les âmes par la persuasion. C'est tout le contraire s'il s'agit de la défendre contre ceux qui veulent l'opprimer et la

(1) Schwartz, *Instit. juris natur.*, T. II, p. 161. — Grotius, *De jure belli*, L. II, C. II, § 13. — Schmier, *Jurispr. public.*, L. IV, C. I, §§ 174, 192, 198.

déraciner du cœur des peuples ; car puisqu'elle est le plus grand bien de l'homme dès cette vie, et par conséquent de la société, on a le droit de la défendre pour soi et pour les siens, même par la force. (V. Liberatore, *Juris natur.*, § 2301).

7° Il est toujours permis de secourir un peuple qui soutient une guerre juste, lors même qu'on n'aurait pas d'alliance spéciale avec lui ; c'est même pour les nations un devoir réciproque de bienfaisance. On peut tirer de là les règles pour juger de la justice des alliances offensives et défensives. Lorsqu'elles sont conclues d'avance pendant la paix, on doit toujours y sous-entendre la condition de la justice de la guerre qui pourrait survenir.

622. — III. — Outre une juste cause, la guerre, pour être légitime, exige encore régulièrement une déclaration, dont la forme dépend des usages. La simple demande de réparation peut quelquefois en tenir lieu. Il en est de même d'une injure manifeste dont l'offenseur n'offre pas de lui-même la réparation, comme c'est son devoir. Enfin on n'est pas tenu de déclarer la guerre à celui qui l'a déjà commencée par des actes d'hostilité.

623. — IV. — Si l'on considère la justice de la guerre, non plus en elle-même, mais dans la personne de celui qui la fait, elle exige en lui l'intention de parvenir par là à la paix, qui, aux yeux de la nature, est la fin à obtenir ; tandis que la guerre n'est qu'un moyen d'y arriver. « *Pacem habere debet voluntas,* dit Saint Augustin, *bellum necessitas, ut liberet Deus à necessitate et conservet in pace. Non enim pax quæritur*

ut bellum geratur; sed bellum geritur ut pax acquiratur. Esto ergò etiam bellando pacificus, ut eos quos expugnas ad pacis unitatem vincendo perducas. » — Et Cicéron dit de son côté : « *Sic bellum suscipiatur, ut nihil aliud quam pax quæsita videatur.* »

624.—V.—Enfin, pour que la guerre soit parfaitement juste, elle doit être faite d'une manière légitime soit quant aux armes, soit quant aux autres circonstances. Toutefois, comme cela concerne plutôt les accidents de la guerre que sa substance, nous en traiterons dans l'article suivant.

ARTICLE II

DES RÈGLES QUE L'ON DOIT OBSERVER DANS LA GUERRE (1).

625. — Le droit de la guerre comprend non seulement la justice de sa cause, mais encore la manière de la faire ; car l'humanité ne permet pas d'y employer des moyens sans rapport avec la fin qu'on s'y propose, ou dont l'atrocité surpasse ce que demande la nécessité. Le droit de la guerre a donc ses bornes, et toute violence inutile au but y est taxée de cruauté.

Celui qui fait une guerre injuste n'y peut exercer aucun droit, ses actes d'hostilité sont des brigandages et l'obligent à réparer tout le mal qui en résulte. C'est la conséquence nécessaire de ce qu'on a vu dans l'article précédent. Au contraire, celui dont la cause est juste, peut faire tout ce qui est nécessaire pour le triomphe de son droit, et c'est à lui qu'appartient le

(1) Voyez sur ce sujet Grotius, *De jure belli et pacis*, liv. III, cap. I, §§ V à VIII et X à XVI.

jugement de cette nécessité, car il serait absurde de laisser ce jugement à l'adversaire; et on ne peut pas plus l'attribuer aux autres peuples, qui sont sans juridiction sur les parties belligérantes. C'est donc à la conscience de celui qui combat justement qu'il appartient de juger de ce qu'il faut faire pour atteindre sa fin.

Or il est des actes de violence que le droit naturel lui-même interdit dans la guerre; il en est d'autres dont s'abstiennent les nations civilisées par un principe d'honneur, d'humanité et de prudence, pour ne pas aggraver les maux de la guerre en provoquant de cruelles représailles, surtout au détriment des innocents. C'est, en effet, l'œuvre d'un furieux et non d'un généreux guerrier, de nuire sans profit pour lui-même et de commettre des dévastations qui ne lui procurent aucun avantage, et ne diminuent pas les forces de l'ennemi.

Ce qui est réglé par la loi naturelle dans la manière de faire la guerre est immuable et universel. — Il n'en est pas de même de ce qui dépend du droit des gens volontaire : la réciprocité joue d'ailleurs ici un grand rôle, et des actes illicites contre des nations civilisées, peuvent devenir nécessaires contre des peuples barbares, pour les punir par droit de représailles de leurs atrocités et les détourner de les exercer à l'avenir. C'est ainsi que le droit des gens reçu chez les chrétiens réprouve la servitude, à laquelle les anciens pouvaient légitimement réduire les captifs. — C'est aussi ce droit des gens qui prohibe l'emploi de certaines armes et de certains moyens que la plupart regardent comme absolument licites dans la rigueur du droit naturel. Ainsi les peuples policés réprouvent les armes empoisonnées, l'infection des sources et autres choses semblables, et ce n'est pas sans raison que le comte de Maistre s'élève(1) contre ceux qui s'ingénient à faire servir le progrès des sciences à l'invention de nouveaux engins de guerre, plus destructifs que tout ce qu'on avait vu jusqu'ici. Ici encore notre progrès tend à la barbarie.

Le droit naturel défend d'attaquer les ennemis, et surtout les chefs, par l'assassinat et la trahison des leurs, achetée à prix d'argent. On peut douter s'il est également défendu de faire tuer les chefs ennemis par un soldat envoyé pour cela ; ce qui semble ne pas sortir du cercle des embûches et des hostilités permises ; puisqu'il importe peu que l'ennemi qu'on a le droit de tuer, succombe à l'attaque d'une ou de plusieurs personnes. Toutefois, les ennemis généreux s'abstiennent de ce moyen (2).

Grotius remarque avec raison que, parmi les actes d'hostilité, il en est qu'on appelle licites, parce qu'ils sont réellement légitimes, et d'autres seulement en ce sens qu'ils restent impunis et sont censés, d'après le droit des gens, appartenir à la licence de la guerre. Tels sont le meurtre des captifs, des femmes, des enfants et des ôtages, que l'histoire enregistre sans les flétrir comme des violations du droit de la guerre, tel qu'il était reçu dans les mœurs des anciens peuples.

(1) Correspondance diplomatique, T. II, p. 304 et 321.

(2) Voyez Grotius, L. III, C. IV, § 18; et Schmier, L. IV, C. I, § 254.

D'où l'on voit que si le droit des gens peut adoucir en certains points (comme l'usage des armes empoisonnées) des rigueurs permises dans la guerre par le strict droit naturel; il a pu aussi autrefois les outrer, au moins dans le for extérieur, et quant à l'impunité ; car, au point de vue de la conscience, nul droit humain ne saurait prévaloir sur le droit naturel (1). Du reste, le droit des gens des nations policées ne tolère plus de semblables actes, qui y sont regardés comme des violations du droit de la guerre.

626. — Les effets de la guerre sont relatifs aux personnes et aux biens des ennemis.

Quant aux personnes, ceux qui font la guerre de bonne foi, peuvent tuer leurs ennemis, quoique ceux-ci résistent aussi de bonne foi, car ce n'est pas l'innocence ou la faute des soldats que l'on considère, mais le droit de la nation. On doit épargner les étrangers trouvés sur le sol ennemi, et même l'ennemi qui se rencontre sur un terrain neutre.

La nation qui commence une guerre ne peut arrêter les personnes de la nation qu'elle attaque, qui se trouvaient sur son territoire ; mais elle doit leur permettre de se retirer: car en admettant des étrangers chez soi, on est censé leur accorder par là même la faculté de s'en aller en cas de guerre.

On ne doit pas ranger parmi les véritables ennemis les personnes *innocentes* ; ce nom désigne ici celles qui sont étrangères aux combats, comme les enfants, les vieillards et les femmes, à moins qu'elles ne prennent

(1) Grotius, *De jure belli*, L. III, C. IV, § 2.

les armes, les personnes sacrées, celles qui sont d'une utilité commune, comme les laboureurs, les marchands, etc., et les autres qui s'abstiennent de toute violence et ne manifestent pas de desseins hostiles.

C'est la règle que traçait à ses compagnons d'armes l'illustre connétable Duguesclin : « En quelque lieu que » vous fassiez la guerre, leur disait-il, souvenez-vous » toujours que les ecclésiastiques, les femmes, les » enfants et les laboureurs ne sont point vos ennemis. »

On doit épargner de même les prisonniers, ceux qui se sont rendus sans conditions, et ceux qui sont prêts à poser les armes pour avoir la vie sauve, ou qui ont courageusement défendu une place ; ce qui doit plutôt leur attirer des louanges qu'une basse vengeance (1). On suppose toutefois que toutes ces personnes ne se sont pas rendues précédemment indignes de ces ménagements, en commettant des actes de cruauté contraires au droit de la guerre.

Ce serait faire acte de cette cruauté que de tuer, de tourmenter ou de déshonorer les personnes dont nous venons de parler ; car le droit naturel ne donne à personne un droit direct sur la vie des innocents, et il ré-

(1) La plupart des jurisconsultes comptent parmi les personnes hostiles toutes celles qui sont capables de porter les armes, surtout les soldats prisonniers, et ils concèdent en conséquence le droit de les tuer si cela est nécessaire pour inspirer la terreur à l'ennemi ou en tirer une pleine satisfaction et une juste vengeance. Mais le droit des gens usité maintenant parmi les chrétiens, ne permet plus de tels actes. — Voyez Suarez, *De bello*, sect. VII, §§ 7-10. — Schmier, L. IV, C. I, § 245. — Grotius, L. III, C. II, § 15, et C. IV, § 9.

prouve en tous cas les violences contraires aux bonnes mœurs. L'utilité que l'on trouve à jeter la terreur parmi les ennemis, ne suffit pas pour autoriser ces actes. Toutefois, on peut indirectement attaquer la vie de ces personnes, par exemple en tirant sur un lieu où elles sont renfermées ou en y allumant un incendie. — Le droit de capture s'étend bien plus loin sur les personnes réputées non hostiles et sur les choses qui leur appartiennent : on peut les saisir pour en tirer une rançon ou forcer l'ennemi à la paix.

627. — Le droit de la guerre sur les propriétés publiques ou privées des ennemis, s'exerce, ou par l'occupation, qui les met en notre pouvoir et permet d'enlever les choses mobilières soit avec ordre, soit en permettant aux soldats un pillage désordonné, ou bien par la dévastation, qui les détruit.

La justice de ces actes est fondée sur ce qu'ils conduisent directement à la fin de la guerre, en augmentant les forces de celui qui les exerce, ou du moins en diminuant celles de l'ennemi pour la résistance. Le droit de dévastation ne s'étend donc pas directement aux choses qui ne peuvent servir à entretenir la guerre. Ainsi, s'il est permis d'incendier les moissons pour réduire l'ennemi par la famine, c'est un acte de vandalisme sauvage de détruire de gaîté de cœur les chefs-d'œuvre des arts. Le droit de pillage a plus de latitude, parce qu'il profite à l'un des partis et affaiblit l'autre : il faut en excepter toutefois les choses sacrées ; car, dit Polybe, *Deo bellum inferre fatuum est.* On peut cependant les détruire d'une manière indirecte, par exemple en bombardant une ville. Dans une guerre juste, le domaine des choses prises sur l'ennemi passe au vainqueur, c'est-à-dire au souverain, et non aux soldats, qui ne sont que ses instruments. Ceux-ci n'acquièrent donc de droit sur ces choses que par la concession du prince et selon ses intentions. Il n'est pas défendu en soi de livrer une ville au pillage, pourvu qu'on s'abstienne des excès et des violences illicites. A plus forte raison peut-on imposer à l'ennemi, selon la proportion de ses facultés, des contributions militaires pour l'entretien de l'armée. Quant aux choses déposées dans le territoire ennemi, qui ne lui appartiennent pas, on n'acquiert aucun droit sur elles.

628.— L'effet d'une guerre juste quant aux sujets des souverains qui la font est de donner à ceux-ci le droit de les obliger au service militaire, et de lever les impôts nécessaires pour l'entretien de l'armée. Ce droit résulte de la nature des choses et est confirmé par l'usage de tous les peuples. Les sujets appelés par leur prince à faire la guerre, ne sont point obligés d'examiner la justice de celle-ci, à moins que l'opinion commune ne la signalât déjà comme injuste. Dans le doute, après avoir examiné, ils peuvent combattre, parce qu'alors la présomption de justice est pour le supérieur. Du reste ils ne peuvent guère pénétrer les raisons qui justifient la guerre; c'est pourquoi les soldats sont dispensés de tout examen; même, selon Suarez, les soldats étrangers enrôlés d'avance. Il donne la même décision pour ceux des chefs qui ne sont point appelés au conseil du prince : ce qui semble pouvoir être admis en pratique, vu la difficulté d'éclaicir ces questions; sauf le cas où l'injustice est manifeste (1).

629. — Les principales obligations de ceux qui font la guerre sont celles-ci. Si elle est injuste, et sans excuse tirée de la bonne foi et de l'ignorance invincible, le prince doit compte à Dieu de tous les meurtres, les rapines et les autres maux quelle entraîne; et il doit réparer tout ce qui peut l'être. Cette obligation s'étend aux conseillers, aux généraux et à tous ceux qui coopèrent sciemment à une guerre injuste. — Le prince est tenu de payer la solde à ses troupes.

L'obligation des soldats envers leur prince s'étend, même au péril de leur vie, à tout ce que comprend le service militaire. A l'égard des autres, ils doivent s'abstenir de toute violence, fraude, extorsion ; n'exiger que ce qui leur est nécessaire pour vivre, ou ce que le prince, dont ils sont les ministres, leur permet de prendre à l'ennemi.

Les obligations respectives des ennemis entre eux sont : 1° la modération dans la manière de faire la guerre, en se renfermant dans les limites d'une juste défense, ou de ce qui est nécessaire pour arriver à une réparation convenable. — 2° Une sincérité excluant le mensonge ; mais non les embûches et les stratagèmes admis par le droit des gens. — 3° La fidélité aux capitulations, armistices et autres conventions, qui font cesser l'état de guerre pour ce qui en fait l'objet, puisque l'on est d'accord sur ces points. — 4° L'hon-

(1) Voyez Suarez, *De bello*, sect. VI.

nêteté des mœurs, excluant les violences honteuses que réprouvent le droit naturel et les usages des nations policées. — 5° L'humanité exercée envers les morts par la sépulture; ce qui est un point du droit des gens.

630. — Ici se présente la question des *représailles*, qui s'exercent surtout dans la guerre pour ramener l'ennemi à la modération dont il s'écarte, bien qu'elles puissent aussi avoir lieu en dehors de la guerre, dont alors elles deviennent souvent l'occasion (1).

Dans son acception générale, le mot *représailles* désigne une sorte de guerre privée par laquelle on punit du talion une injure faite à un particulier par un autre particulier. On peut les définir *le droit en vertu duquel un magistrat punit et répare une injustice commise par les étrangers envers lui ou envers ses subordonnés et dont on a refusé de faire satisfaction.* Or, cela se fait non par la punition du coupable lui-même; mais en saisissant à sa place la personne ou les biens d'un autre. Ainsi les innocents paient pour les coupables, à cause du lien étroit que la nationalité établit entre eux, et qui permet d'imputer, par une sorte de solidarité, à la cité, et par conséquent à chacun de ses membres, ce qui est fait par l'un d'eux. Il résulte de là que, quant aux rapports internationaux, les biens des citoyens étant censés appartenir à l'Etat lui-même, ils peuvent être saisis pour sa dette par les représailles, et c'est à lui qu'il appartient ensuite d'indemniser les particuliers.

(1) Voyez sur les représailles, Grotius, *De jure belli*, L. III, C. II; et Schmier, L. IV, C. I, sect. VII.

Le droit de représailles n'est point fondé sur la nature, qui n'oblige personne pour le délit d'autrui ; mais il a été introduit par le droit des gens. Il ne peut être exercé que par autorité publique et, si l'on n'est pas en guerre, après qu'on a inutilement demandé la satisfaction due : car c'est un remède violent et extraordinaire. Les représailles doivent, autant que possible, s'exercer sur des biens de même sorte, et seulement jusqu'à concurrence du dommage causé. Lorsqu'elles se font par la saisie des personnes, celles-ci ne doivent pas être maltraitées ; car ce sont plutôt des ôtages que des ennemis.

Les représailles ainsi entendues ont de l'affinité avec le droit de *rétorsion*, qui n'est autre chose qu'une loi soumettant les sujets d'une puissance étrangère aux mêmes règles qu'elle applique à nos concitoyens ; en interdisant par exemple aux premiers le droit de succession, s'il ne nous est pas accordé à nous-mêmes par cette nation. Il est évident que ce dernier droit n'a rien qui blesse l'équité ; et il est d'ailleurs étranger au droit de la guerre.

631. — Quant aux représailles guerrières, elles consistent dans l'application exacte ou équivalente de la loi du talion ; si par exemple l'ennemi ayant exterminé tous les habitants d'une ville prise, on inflige un pareil traitement à l'une de ses cités. En principe, les représailles sont licites dans la guerre ; mais on trouve de grandes difficultés à déterminer les limites dans lesquelles elles doivent se renfermer. D'une part, en effet, il semble que l'on ne puisse mettre à mort les personnes

innocentes ; la peine du talion ne pouvant s'appliquer justement qu'aux auteurs du délit. De l'autre, toutefois, il est des ennemis qu'on ne peut détourner autrement de certains procédés atroces ; de sorte que la nécessité de la défense paraît exiger et légitimer l'emploi d'un tel remède contre les concitoyens des coupables ; car on peut leur imputer d'une certaine manière la cruauté exercée par ceux-ci, avec lesquels ils ne forment qu'un seul corps moral. De là, dans un cas de nécessité pressante, il serait peut-être difficile de condamner ceux qui recourraient à cette sorte de représailles ; d'autant plus qu'ordinairement la nation tout entière semble concourir par son approbation et ses excitations aux excès que l'on veut punir ainsi (1). On en voit un exemple frappant dans les barbaries que les sauvages d'Amérique exerçaient sur leurs prisonniers et qui étaient une fête publique à laquelle les femmes et les enfants prenaient part avec plus de rage que les guerriers eux-mêmes.

632. — Les parties belligérantes doivent respecter la neutralité des nations qui veulent la garder ; comme elles en ont le droit en vertu de leur égalité et de leur liberté naturelle. Outre cette neutralité simple, il y en a une autre fondée sur les traités, et qui est à la fois garantie et imposée d'un commun consentement à certains peuples. Telle est en Europe la neutralité de la Suisse et de la Belgique. Ceux qui font la guerre ne doivent exercer aucun acte d'hostilité sur le territoire

(1) Grotius paraît d'un sentiment contraire. *De jure belli*, L. III, C. IV, § 13, et C. XI, § 16.

de ces peuples ni leur causer aucun dommage. Le droit des neutres donne lieu à beaucoup de questions difficiles, que les limites de ce traité ne nous permettent pas d'aborder. On peut consulter sur ce point Grotius, *de Jure belli*, L. III, cap. XVII.

Tout ce qui a été dit des parties belligérantes principales s'applique, proportion gardée, à leurs alliés et à leurs auxiliaires, en tenant compte aussi des traités qui peuvent exister entre eux.

ARTICLE III

DE LA VICTOIRE ET DE LA PACIFICATION.

633. — Quoiqu'on parle beaucoup des droits de la victoire, comme elle n'est en soi que le triomphe de la force physique, elle n'a rien de moral et ne peut constituer aucun droit ; mais seulement faire reconnaître et respecter celui dont la violation a fourni un juste sujet de guerre. C'est donc de la cause de la guerre, et non de son succès, que provient en réalité le droit du vainqueur. Si la justice de cette cause était douteuse, l'effet légitime de la victoire est de forcer l'ennemi à une transaction dont l'acte, bien plus que la victoire elle-même, deviendra la règle du droit pour la suite.

Le droit de la victoire ainsi expliqué a pour premier effet de faire obtenir une pleine satisfaction pour l'injure reçue, ainsi que la compensation des dommages et des frais de la guerre. Il assure en second lieu la sécurité de la possession et permet au vainqueur de se précautionner contre la mauvaise volonté du vaincu, afin d'assurer une paix stable. En tout cela le vainqueur est juge de ce qui est nécessaire pour parvenir à ces fins, et c'est là proprement le privilége que lui confère la victoire, supposé la légitimité de la guerre : mais il reste soumis à l'obligation morale de ne pas excéder dans ce jugement les bornes de la modération. Dans ces limites, le droit de la victoire atteint la personne, les biens et les droits publics de l'ennemi, et jusqu'à l'existence même de l'Etat vaincu. Quant aux personnes, si elles ne sont pas coupables d'un délit spécial, le droit naturel ne permet pas de pousser contre elles la sévérité au-delà de la servitude ou de la rançon ; et même la servitude est exclue par le droit des gens des nations chrétiennes. Les biens privés et publics des vaincus sont acquis aux vainqueurs, toujours dans les mêmes limites, s'il n'y a promesses ou capitulations contraires. (Suarez, *De bello,* disp. XII, sect. VII, § 7.) Ce domaine toutefois est contesté par les vaincus, jusqu'à ce qu'il ne soit ratifié par une transaction ou par le traité de paix.

Quant à l'Etat qui a succombé, le vainqueur devient, à titre d'indemnité et de sécurité, l'arbitre de ses droits publics, et particulièrement de sa souveraineté et de son autonomie ou du droit qu'il avait de vivre selon ses propres lois. Ce n'est pas cependant qu'il puisse toujours à son gré lui ravir son indépendance. Cette mesure n'est juste que lorsque les vaincus ont mérité cette peine par l'excès de leur obstination et qu'elle paraît nécessaire pour compenser suffisamment les dommages ou pour assurer la tranquillité future des autres nations. Ainsi, quoiqu'au for extérieur tout soit abandonné à la discrétion du vainqueur, il ne doit pas oublier la modération et l'amour mutuel que la nature impose aux peuples, et il doit chercher à alléger autant que possible le fardeau des vaincus.

634. — La paix que Saint Augustin appelle *la tranquillité de l'ordre* est, en matière de droit public, un état de choses dans lequel les hommes usent de leur liberté, de telle sorte qu'aucun n'envahisse le droit des autres; et selon qu'on envisage cet état par rapport aux membres d'une même société ou par rapport aux nations entre elles, la paix est appelée intérieure ou extérieure. Telle qu'on la considère ici, la paix, ou plutôt la pacification, est le contrat public, entre les nations belligérantes, qui met fin à la guerre en supprimant sa cause; à la différence des trèves qui laissent subsister celle-ci et qui suspendent seulement les hostilités.

Outre les principes communs à tous les contrats, il en est de spéciaux pour les traités de paix, qui sont une sorte de transaction internationale; car la cause de l'une ou de l'autre des parties belligérantes est certainement injuste en soi, et aucun n'en veut convenir : il n'y a point d'ailleurs de juge commun, vu leur indépendance. La guerre ne finirait donc jamais, s'il fallait définir exactement selon la vérité les droits de chacun, et il ne reste pour le for extérieur d'autre moyen d'en finir qu'une transaction, dans laquelle, il est vrai, le vainqueur fait la loi lorsque le succès de la guerre a été fort inégal. Ainsi la paix, pas plus que la victoire, ne décide de la justice de la guerre; elle détermine seulement par une transaction ce qui devra dans la suite être reçu par les parties comme règle de leurs droits; et cet acte, suppléant ce qui pouvait manquer auparavant, devient la base d'un droit véritable pour l'avenir.

Le droit de faire la paix est une conséquence de celui de faire la guerre, puisque celle-ci ne tend qu'à rétablir et confirmer la paix. Il est donc comme lui propre à la souveraineté, et n'appartient point aux simples chefs militaires, dont les conventions n'ont que la force de capitulation. Les choses qui sont la matière du traité de paix doivent, comme il est évident, être soumises au pouvoir des parties contractantes. Ce sont d'abord celles qui ont été la cause de la guerre, par exemple le droit de posséder une province à titre de succession; ensuite l'aliénation d'une partie du territoire ou des autres biens, auxquels l'une des parties renonce en faveur de l'autre. On peut en effet aliéner une province, ou même le droit de pleine souveraineté, pour obtenir la paix, lorsque cela est nécessaire ou qu'il y a une grande et manifeste utilité. Enfin, pour confirmer la paix et compléter la réconciliation, on l'accompagne souvent d'une renonciation solennelle aux prétentions anciennes et, surtout dans les guerres civiles, d'une amnistie plus ou moins complète pour les torts, les injures et les méfaits qui l'ont précédée ou accompagnée.

635. — La pacification étant l'unique moyen d'obtenir la tranquillité et d'assurer le salut public, une fois faite, elle doit être fidèlement observée, même à l'égard des sujets rebelles; quoiqu'ils aient été réduits plutôt par le droit de souveraineté que par le droit de la guerre. Mais cette fidélité du prince à l'amnistie accordée im-

porte au bien commun. Si l'on n'y pouvait compter, les sujets, après s'être une fois soulevés, tomberaient dans le désespoir et se porteraient aux dernières extrémités, sans que l'on pût jamais rétablir la paix.

Un traité de paix semble cependant sujet à rescision, comme les autres contrats, pour cause de dol substantiel, de lésion énorme, ou de crainte injustement imprimée. Plusieurs même disent qu'en pareil cas il est nul de droit naturel, et en effet, comme il n'y a point de juge commun qui puisse prononcer la rescision entre des nations indépendantes, il faut admettre l'une de ces deux choses : ou que la partie lésée demeure libre dans le for intérieur, soit par la nullité intrinsèque du traité, soit par le pouvoir qu'elle a de le rescinder elle-même de sa propre autorité, à cause du vice qu'il renferme, et de revendiquer ses droits par la force en temps opportun. — Ou bien qu'une telle exception ne peut jamais être invoquée par rapport à un traité de paix, vu sa qualité de transaction, qui met fin à la guerre sans tenir compte de la justice ou de l'injustice de sa cause. Zallinger embrasse ce dernier sentiment, et Grotius l'adopte avec quelque restriction (1), parce que, disent-ils, s'il était permis, sous prétexte de crainte ou de lésion, de remettre en question ce que la paix a terminé, celle-ci perdrait son caractère, et ne ferait que suspendre la guerre au lieu d'y mettre fin.

La première opinion, que soutiennent Schwartz et Solimani, nous semble plus équitable, et le caractère de transaction attaché à la paix n'y met pas obstacle

(1) *De jure belli*, L. III, C. XIX, §§ 11 et 12; et C. XXV, § 7.

puisque ce contrat peut être rescindé même entre les particuliers pour cause de dol ou de violence; et il ne doit pas paraître étrange que la guerre ne soit que suspendue par un traité affecté d'un si grand vice intrinsèque. Mais il est manifeste que la seule diminution des droits que l'on possédait antérieurement ne saurait annuler la pacification, puisqu'elle ressort nécessairement du caractère de la transaction.

Un traité de paix étant conclu au nom de l'Etat, il doit être considéré comme un contrat réel, dont l'obligation passe aux successeurs, et qui doit être observé par eux.

636. — On appelle *rupture de la paix* un fait positif ou négatif contraire au traité, et qui le rompt en fournissant une nouvelle cause de guerre. Si ce fait est une injure nouvelle, il détruit, il est vrai, l'état de paix; mais il n'annule pas proprement le traité précédent, à moins qu'il ne s'y rapporte d'une manière directe en violant quelqu'une de ses clauses. La reprise d'hostilité qui s'ensuit est donc plutôt une guerre nouvelle que le renouvellement de la première. Toutefois cette rupture peut fournir l'occasion légitime de modifier dans le traité de paix subséquent les conditions du premier : et telle est la pratique universelle.

Celui qui viole une convention déterminée, exempte par là même l'autre partie de son observation; mais tous ne conviennent pas que cette libération s'étende à des conventions diverses, ou même aux articles du même traité qui n'ont pas de connexion avec ceux qui ont été violés. L'opinion négative semble préférable, sauf le droit de compensation pour le dommage causé par cette perfidie, et à la réparation duquel l'équité naturelle oblige le coupable; comme l'indique Grotius, *De jure belli et pacis*, L. III, cap. XIX, §§ 14 et 15.

Ici se termine ce que nous avions à dire sur le droit des gens. C'est assez pour notre but, qui n'est pas d'épuiser la matière; mais seulement d'exposer les notions élémentaires de la science, et les règles fondamentales à l'aide desquelles chacun pourra résoudre les questions particulières qui se présentent dans la pratique.

Tout notre travail n'a eu pour objet que de remettre en lumière les principes aujourd'hui trop oubliés sur lesquels reposent le bonheur et l'existence même des Etats. Le moment n'est pas favorable, il est vrai, pour se faire écouter en présentant des vérités austères, à une société enivrée des louanges de ceux qui la flattent pour la perdre, et infatuée de ses prétendus progrès. Ce n'est pas une raison toutefois pour dissimuler ces vérités nécessaires. Puissent-elles être assez tôt et assez généralement comprises pour conjurer les nouveaux orages qui semblent prêts à fondre sur le monde! Quoiqu'il en arrive, nous aurons du moins accompli un devoir.

Que si en exposant des doctrines que nous savons être saines et salutaires dans leur ensemble, il nous était échappé quelques inexactitudes, nous saurons toujours gré à ceux qui auraient la charité de nous en avertir. Nous avons tenu devant nos yeux, autant que nous le pouvions, les enseignements de cette Eglise que l'Esprit-Saint a nommée: *columna et firmamentum veritatis* (I, Tim. III, 15). Nous lui soumettons toutes nos paroles, prêts à effacer celles qui pourraient encourir sa censure.

APPENDICE

NOTES ET ÉCLAIRCISSEMENTS

NOTE XII

SUR LE CHANGEMENT OPÉRÉ DANS LES RAPPORTS DES MAÎTRES ET DES SERVITEURS PAR LA RÉVOLUTION

(§ 372, *p.* 58).

Voici en quels termes M. de Tocqueville expose les changements opérés par notre révolution démocratique dans les relations des maîtres avec leurs serviteurs, et des propriétaires avec leurs fermiers. On verra par ce témoignage peu suspect, ce qu'y ont gagné le bien-être, la morale et la dignité des caractères.

« .... Chez les peuples aristocratiques, dit-il, le pauvre est apprivoisé dès l'enfance, avec l'idée d'être commandé. De quelque côté qu'il tourne ses regards, il voit aussitôt l'image de la hiérarchie et l'aspect de l'obéissance.

» Dans les pays où règne l'inégalité permanente des conditions, le maître obtient donc aisément de ses serviteurs une obéissance prompte, complète, respectueuse et facile; parce que ceux-ci révèrent en lui, non seulement le maître, mais la classe des maîtres. Il pèse sur leur volonté avec tout le poids de l'aristocratie.

» Il commande leurs actes; il dirige encore jusqu'à un certain point leurs pensées. Le maître, dans les aristocraties, exerce souvent, à son insu même, un prodigieux empire sur les opinions, les habitudes, les mœurs de ceux qui lui obéissent, et son influence s'étend beaucoup plus loin encore que son autorité.

» Dans les sociétés aristocratiques, non seulement il y a des familles héréditaires de valets, aussi bien que des familles héréditaires de maîtres ; mais les mêmes familles de valets se fixent pendant plusieurs générations à côté des mêmes familles de maîtres (ce sont comme des lignes parallèles qui ne se confondent point ni ne se séparent); ce qui modifie prodigieusement les rapports mutuels de ces deux ordres de personnes.

» Ainsi, bien que, sous l'aristocratie, le maître et le serviteur n'aient entre eux aucune ressemblance naturelle ; que la fortune, l'éducation, les opinions, les droits les placent, au contraire, à une immense distance de l'échelle des êtres, le temps finit cependant par les lier ensemble. Une longue communauté de souvenirs les attache, et, quelques différents qu'ils soient, ils s'assimilent; tandis que, dans les démocraties, où naturellement ils sont presque semblables, ils restent toujours étrangers l'un à l'autre.

» Chez les peuples aristocratiques, le maître en vient donc à envisager ses serviteurs comme une partie inférieure et secondaire de lui-même, et il s'intéresse souvent à leur sort par un dernier effort de l'égoïsme.

» De leur côté, les serviteurs ne sont pas éloignés de se considérer sous le même point de vue, et ils s'identifient quelquefois à la personne du maître, de telle sorte qu'ils en deviennent enfin l'accessoire, à leurs propres yeux comme aux siens.

» Dans les aristocraties, le serviteur occupe une position subordonnée, dont il ne peut sortir ; près de lui se trouve un autre homme qui tient un rang supérieur qu'il ne peut perdre. D'un côté, l'obscurité, la pauvreté, l'obéissance à perpétuité; de l'autre, la gloire, la richesse, le commandement à perpétuité. Ces conditions sont toujours diverses et toujours proches, et le lien qui les unit est aussi durable qu'elles-mêmes.

» Dans cette extrémité, le serviteur finit par se désintéresser de lui-même; il s'en détache; il se déserte en quelque sorte, ou plutôt il se transporte tout entier dans son maître; c'est là qu'il se crée une personnalité imaginaire. Il se pare avec complaisance des richesses de ceux qui lui commandent; il se glorifie de leur gloire, se rehausse de leur noblesse, et se repaît sans cesse d'une grandeur empruntée, à laquelle il met souvent plus de prix que ceux qui en ont la possession pleine et véritable.

» Il y a quelque chose de touchant et de ridicule à la fois dans une si étrange confusion. Ces passions de maîtres transportées dans des âmes de valets, y prennent les dimensions naturelles du lieu qu'elles occupent; elles se rétrécissent et s'abaissent. Ce qui était orgueil chez le premier devient vanité puérile et prétention misérable chez les autres. Les serviteurs d'un grand se montrent d'ordinaire fort pointilleux sur les égards qu'on lui doit, et ils tiennent plus à ses moindres privilèges que lui-même.

» On rencontre encore quelquefois parmi nous un de ces vieux serviteurs de l'aristocratie; il survit à sa race et disparaîtra bientôt avec elle.

» Aux Etats-Unis, je n'ai vu personne qui lui ressemblât. Non seulement les Américains ne connaissent point l'homme dont il s'agit; mais on a grand peine à leur en faire comprendre l'existence. Ils ne trouvent guère moins de difficulté à le concevoir que nous n'en avons nous-mêmes à imaginer ce qu'était un esclave chez les Romains, ou un serf au moyen-âge. Tous ces hommes sont en effet, quoique à des degrés différents, les produits d'une même cause. Ils reculent ensemble loin de nos regards et fuient chaque jour dans l'obscurité du passé avec l'état social qui les a fait naître.

» L'égalité des conditions fait, du serviteur et du maître, des êtres nouveaux, et établit entre eux de nouveaux rapports.

» ..... Mais que dirais-je de ces tristes et turbulentes époques durant lesquelles l'égalité se fonde au milieu du tumulte d'une révolution, alors que la démocratie, après s'être établie dans l'état social, lutte encore avec peine contre les préjugés et les mœurs ?

» Déjà la loi et en partie l'opinion proclament qu'il n'existe pas d'infériorité naturelle et permanente entre le serviteur et le maître. Mais cette foi nouvelle n'a pas encore pénétré jusquau fond de l'esprit de celui-ci, ou plutôt son cœur la repousse. Dans le secret de son âme, le maître estime encore qu'il est d'une espèce particulière et supérieure; mais il n'ose le dire et il se laisse attirer en frémissant vers le niveau. Son commandement en devient tout à la fois timide et dur ; déjà il n'éprouve plus pour ses serviteurs les sentiments protecteurs et bienveillants qu'un long pouvoir incontesté fait toujours naître ; et il s'étonne qu'étant lui-même changé, son serviteur change; il veut que, ne faisant pour ainsi dire que passer à travers la domesticité, celui-ci y contracte des habitudes régulières et permanentes ; qu'il se montre satisfait et fier d'une position servile, dont tôt ou tard il doit sortir ; qu'il se dévoue pour un homme qui ne peut ni le protéger ni le perdre, et qu'il s'attache enfin, par un lien éternel, à des êtres qui lui ressemblent, et qui ne durent pas plus que lui.

» Chez les peuples aristocratiques, il arrive souvent que l'état de domesticité n'abaisse point l'âme de ceux qui s'y soumettent, parce qu'ils n'en connaissent et qu'ils n'en imaginent pas d'autres ; et que la prodigieuse inégalité qui se fait voir entre eux et le maître, leur semble l'effet nécessaire et inévitable de quelque loi cachée de la Providence.

» Sous la démocratie, l'état de domesticité n'a rien qui dégrade, parce qu'il est librement choisi, passagèrement adopté, que l'opinion publique ne le flétrit point, et qu'il ne crée aucune inégalité permanente entre le serviteur et le maître. Mais, durant le passage d'une condition sociale à l'autre, il survient presque toujours un moment où l'esprit des hommes vacille entre la notion aristocratique de la sujétion et la notion démocratique de l'obéissance.

» L'obéissance perd alors sa moralité aux yeux de celui qui obéit ; il ne la considère plus comme une obligation en quelque sorte divine, et il ne la voit point encore sous son aspect purement humain ; elle n'est à ses yeux ni sainte, ni juste, et il s'y soumet comme à un fait dégradant et utile.

» Dans ce moment, l'image confuse et incomplète de l'égalité se présente à l'esprit des serviteurs; ils ne discernent point d'abord si c'est dans l'état même de domesticité ou en dehors que cette égalité à laquelle ils ont droit se retrouve, et ils se révoltent au fond de leur cœur contre une infériorité à laquelle ils se sont soumis eux-mêmes et dont ils profitent. Ils consentent à servir, et ils ont honte d'obéir; ils aiment les avantages de la servitude, mais point le maître, ou pour mieux dire, ils ne sont pas sûrs que ce ne soit pas à eux à être les maîtres, et ils sont disposés à considérer celui qui leur commande comme l'injuste usurpateur de leur droit.

» C'est alors qu'on voit dans la demeure de chaque citoyen quelque chose d'analogue au triste spectacle que la société politique présente. Là se poursuit sans cesse une guerre sourde et intestine entre des pouvoirs toujours soupçonneux et rivaux : le maître se montre malveillant et doux, le serviteur malveillant et indocile ; l'un veut se dérober sans cesse, par des restrictions déshonnêtes, à l'obligation de protéger et de rétribuer, l'autre à celle d'obéir. Entre eux flottent les rênes de l'administration domestique, que chacun s'efforce de saisir. Les lignes qui divisent l'autorité de la tyrannie, la liberté de la licence, le droit du fait, paraissent à leurs yeux enchevêtrées et confondues, et nul ne sait précisément ce qu'il est, ni ce qu'il peut, ni ce qu'il doit. Un pareil état n'est pas démocratique, mais révolutionnaire.

» Ce que j'ai dit des serviteurs et des maîtres s'applique jusqu'à un certain point aux propriétaires et aux fermiers. Le sujet mérite cependant d'être considéré à part.

» En Amérique, il n'y a pour ainsi dire pas de fermiers, tout homme est possesseur du champ qu'il cultive.

» Il faut reconnaître que les lois démocratiques tendent puissamment à accroître le nombre des propriétaires et à diminuer celui des fermiers. Toutefois, ce qui se passe aux Etats-Unis doit être attribué bien moins aux institutions du pays qu'au pays lui-même. En Amérique, la terre coûte peu, et chacun devient aisément propriétaire. Elle donne peu, et ses produits ne sauraient qu'avec peine se diviser entre un propriétaire et un fermier. L'Amérique est donc unique en ceci comme en beaucoup d'autres choses ; et ce serait errer que de la prendre pour exemple.

» Je pense que dans les pays démocratiques aussi bien que dans les aristocraties, il se rencontrera des propriétaires et des fermiers, mais les propriétaires et les fermiers n'y seront pas liés de la même manière.

» Dans les aristocraties, les fermages ne s'acquittent pas seulement en argent, mais en respect, en affection et en services. Dans les pays démocratiques, ils ne se paient qu'en argent. Quand les patrimoines se divisent et changent de mains, et que la relation permanente qui existait entre les familles et la terre disparaît, ce n'est plus qu'un hasard qui met en contact le propriétaire et le fermier. Ils se joignent un moment pour débattre les conditions du contrat et se perdent ensuite de vue. Ce sont deux étrangers que l'intérêt rapproche et qui discutent rigoureusement entre eux une affaire, dont le seul sujet est l'argent.

» A mesure que les biens se partagent, et que la richesse se disperse çà et là sur toute la surface du pays, l'Etat se remplit de gens dont l'opulence ancienne est en déclin, et de nouveaux enrichis dont les besoins s'accroissent plus vîte que les ressources. Pour tous ceux-là, le moindre profit est de conséquence, et nul d'entre eux ne se sent disposé à laisser échapper aucun de ses avantages, ni à perdre une portion quelconque de son revenu.

» Les rangs se confondant, et les très-grandes ainsi que les très-petites fortunes devenant plus rares, il se trouve chaque jour moins de distance entre la condition sociale du propriétaire et celle du fermier; l'un n'a point naturellement de supériorité incontestée sur l'autre. Or, entre deux hommes égaux et malaisés, quelle peut être la matière du contrat de louage? sinon de l'argent!

» Un homme qui a pour propriété tout un canton et possède cent métairies, comprend qu'il s'agit de gagner à la fois le cœur de plusieurs milliers d'hommes; ceci lui paraît mériter qu'on s'y applique. Pour atteindre un si grand objet, il fait aisément des sacrifices. Celui qui possède cent arpens ne s'embarrasse point de pareils soins, et il ne lui importe guère de capter la bienveillance de son fermier.

» Une aristocratie ne meurt point comme un homme en un jour. Son principe se détruit lentement au fond des âmes, avant d'être attaqué dans les lois. Longtemps donc avant que la guerre n'éclate contre elle, on voit se desserrer peu à peu le lien qui jusqu'alors avait uni les hautes classes aux basses. L'indifférence et le mépris se trahissent d'un côté; de l'autre, la jalousie et la haine : les rapports entre le pauvre et le riche deviennent plus rares et moins doux; le prix des baux s'élève. Ce n'est point encore le résultat de la révolution démocratique, mais c'en est la certaine annonce. Car une aristocratie qui a laissé échapper définitivement de ses mains le cœur du peuple, est comme un arbre mort dans ses racines, et que les vents renversent d'autant plus aisément qu'il est plus haut.

» Depuis cinquante ans, le prix des fermages s'est prodigieusement accru, non seulement en France; mais dans la plus grande partie de l'Europe. Les progrès singuliers qu'ont fait l'agriculture et l'industrie, durant la même période, ne suffisent point, à mon sens, pour expliquer ce phénomène. Il faut recourir à quelqu'autre cause plus puissante et plus cachée. Je pense que cette cause doit être cherchée dans les institutions démocratiques que plusieurs peuples européens ont adoptées, et dans les passions démocratiques qui agitent plus ou moins tous les autres.

» J'ai souvent entendu de grands propriétaires anglais se féliciter de ce que, de nos jours, ils tirent beaucoup plus d'argent de leurs domaines que ne le faisaient leurs pères. Ils ont peut-être raison de se réjouir, mais à coup sûr, ils ne savent point de quoi ils se réjouissent. Ils croient faire un profit net, et ils ne font qu'un échange. C'est leur influence qu'ils cèdent à deniers comptants; et ce qu'ils gagnent en argent, ils vont bientôt le perdre en pouvoir.

» Il y a encore un autre signe auquel on peut aisément reconnaître qu'une grande révolution démocratique s'accomplit ou se prépare.

» Au moyen-âge, presque toutes les terres étaient louée

à perpétuité, ou du moins à très-longs termes. Quand on étudie l'économie domestique de ce temps, on voit que les baux de quatre-vingt-dix-neuf ans y étaient plus fréquents que ceux de douze ne le sont de nos jours. On croyait alors à l'immortalité des familles ; les conditions semblaient fixées à toujours, et la société entière paraissait si immobile qu'on n'imaginait point que rien dût jamais remuer dans son sein.

» Dans les siècles d'égalité, l'esprit humain prend un autre tour. Il se figure aisément que rien ne demeure. L'idée de l'instabilité le possède. En cette disposition, le propriétaire et le fermier lui-même ressentent une sorte d'horreur instinctive pour les obligations à long terme; ils ont peur de se trouver bornés un jour par la convention dont aujourd'hui ils profitent. Ils s'attendent vaguement à quelque changement soudain et imprévu dans leur condition. Ils se redoutent eux-mêmes ; ils craignent que leur goût venant à changer, ils ne s'affligent de ne pouvoir quitter ce qui faisait l'objet de leurs convoitises, et ils ont raison de le craindre ; car, dans les siècles démocratiques, ce qu'il y a de plus mouvant, au milieu du mouvement de toutes choses, c'est le cœur de l'homme.

» La plupart des remarques que j'ai faites ci-devant, en parlant des serviteurs et des maîtres, peuvent s'appliquer aux maîtres et aux ouvriers.

» A mesure que les règles de la hiérarchie sociale sont moins observées, tandis que les grands s'abaissent, que les petits s'élèvent, et que la pauvreté, aussi bien que la richesse, cesse d'être héréditaire, on voit décroître chaque jour la distance de fait et d'opinion qui séparait l'ouvrier du maître.

» L'ouvrier conçoit une idée plus élevée de ses droits, de son avenir, de lui-même ; une nouvelle ambition, de nouveaux désirs le remplissent, de nouveaux besoins l'assiègent. A tout moment il jette des regards pleins de convoitise sur les profits de celui qui l'emploie; afin d'arriver à les partager, il s'efforce de mettre son travail à plus haut prix et il finit d'ordinaire par y réussir.

» Dans les pays démocratiques, comme ailleurs, la plupart des industries sont conduites à peu de frais par des hommes que la richesse et les lumières ne placent point au-dessus du commun niveau de ceux qu'ils emploient. Ces entrepreneurs d'industrie sont très-nombreux, leurs intérêts diffèrent, ils ne sauraient donc aisément s'entendre entre eux et combiner leurs efforts.

» D'un autre côté, les ouvriers ont presque tous quelques ressources assurées qui leur permettent de refuser leurs services lorsqu'on ne veut point leur accorder ce qu'ils considèrent comme la juste rétribution du travail. Dans la lutte continuelle que ces deux classes se livrent pour les salaires, les forces sont donc partagées, les succès alternatifs... » *De la Démocratie,* T. II, partie III, chap. V, VI et VII.

Il y a matière à de graves réflexions sur l'avenir de la société dans ces quelques pages de l'apôtre de la démocratie !

NOTE XIII

FORMATION NATURELLE DE LA SOCIÉTÉ CIVILE D'APRÈS ARISTOTE ET S. THOMAS

(§ 385, p. 74).

§ 7. — « L'association première de plusieurs familles, dit Aristote (*Politique*, L. I, chap. I), formée en vue de rapports qui ne sont plus quotidiens, c'est le village, qu'on pourrait bien justement nommer une colonie naturelle de la famille ; car les individus qui composent le village ont, comme s'expriment d'autres auteurs, sucé le lait de la famille; ce sont ses enfants, les enfants de ses enfants. Si les premiers Etats ont été soumis à des rois, et si les grandes nations le sont encore aujourd'hui, c'est que ces Etats s'étaient formés d'éléments habitués à l'autorité royale, puisque dans la famille le plus âgé est un véritable roi; et les colonies de la famille ont filialement suivi l'exemple qui leur était donné. Homère a donc pu dire : « *Chacun, à part, gouverne en maître ses femmes et ses fils.* »

» Dans l'origine, en effet, toutes les familles isolées se gouvernaient ainsi. De là encore cette opinion commune qui soumet les dieux à un roi; car tous les peuples ont eux-mêmes jadis reconnu ou reconnaissent encore l'autorité royale; et les hommes n'ont jamais manqué de donner leurs habitudes aux dieux, de même qu'ils les représentent à leur image.

§ 8. — » L'association de plusieurs villages forme un Etat complet, arrivé, l'on peut dire, à ce point de se suffire absolument à lui-même; né d'abord des besoins de la vie, et subsistant parce qu'il les satisfait tous.

» Ainsi l'Etat vient toujours de la nature, aussi bien que les premières associations dont il est la fin dernière; car la nature de chaque chose est précisément sa fin ; et ce qu'est chacun des êtres quand il est parvenu à son entier développement, on dit que c'est là sa nature propre ; qu'il s'agisse d'un homme, d'un cheval ou d'une famille. On peut ajouter que cette destination et cette fin des êtres est pour eux le premier des biens; et se suffire à soi-même, est à la fois un but et un bonheur.

§ 9. — » De là cette conclusion évidente, que l'Etat est un fait de nature; que naturellement l'homme est un être sociable, et que celui qui reste sauvage par organisation, et non par l'effet du hasard, est certainement, ou un être dégradé, ou un être supérieur à l'espèce humaine. C'est bien à lui qu'on pourrait adresser ce reproche d'Homère : « *Sans famille, sans lois, sans foyers*..... » L'homme qui serait par nature tel que celui du poëte, ne respirerait alors que la guerre ; car il serait incapable de toute union, comme les oiseaux de proie.

§ 10. — » Si l'homme est infiniment plus sociable que les abeilles et tous les autres animaux qui vivent en troupe, c'est évidemment, comme je l'ai dit souvent, que la nature ne fait rien en vain. Or elle accorde la parole à l'homme exclusivement. La voix peut bien exprimer la joie et la douleur ; aussi ne manque-t-elle pas aux autres animaux, parce que leur organisation va jusqu'à ressentir ces deux affections et à se les communiquer. Mais la parole est faite pour exprimer le bien et le mal, et par suite aussi le juste et l'injuste, et tous les sentiments de même ordre, qui en s'associant constituent précisément la famille et l'Etat.

§ 11. — » On ne peut douter que l'Etat ne soit naturellement au-dessus de la famille et de chaque individu ; car le tout l'emporte nécessairement sur la partie, puisque le tout une fois détruit, il n'y a plus de parties, plus de pieds, plus de mains, si ce n'est par une pure analogie de mots, comme on dit, une main de pierre ; car la main séparée du corps est tout aussi peu une main réelle. Les choses se définissent, en général, par les actes qu'elles accomplissent et ceux qu'elles peuvent accomplir ; dès que leur aptitude antérieure vient à cesser, on ne peut plus dire qu'elles sont les mêmes ; elles sont seulement comprises sous un même nom.

§ 12. — » Ce qui prouve bien la nécessité naturelle de l'Etat et sa supériorité sur l'individu, c'est que si on ne l'admet pas, l'individu peut alors se suffire à lui-même dans l'isolement du tout, ainsi que du reste des parties ; or celui qui ne peut vivre en société, et dont l'indépendance n'a pas de besoins, celui-là ne saurait jamais être membre de l'Etat; c'est une brute ou un dieu.

§ 13. — » La nature pousse donc instinctivement tous les hommes à l'association politique. Le premier qui l'institua rendit un immense service; car si l'homme parvenu à toute sa perfection est le premier des animaux, il en est bien aussi le dernier quand il vit sans lois et sans justice. Il n'est rien de plus monstrueux, en effet, que l'injustice armée. Mais l'homme a reçu de la nature les armes de la sagesse et de la vertu, qu'il doit surtout employer contre ses passions mauvaises. Sans la vertu, c'est l'être le plus pervers et le plus féroce; il n'a que les emportements brutaux de l'amour et de la faim. La justice est une nécessité sociale; car le droit est la règle de l'association politique, et la décision du juste est ce qui constitue le droit. »

Saint Thomas explique en ces termes cette doctrine d'Aristote, qu'il adopte : « *Vicinia domorum, quæ est vicus, maximè videtur esse secundùm naturam. Nihil enim est magis naturale quam propagatio multorum ex uno in animalibus, et hoc facit viciniam domorum. Hos enim qui habent domos vicinas quidam vocant collactaneos, puerosque, id est filios et puerorum pueros, id est nepotes, ut intelligamus quod hujusmodi vicinia domorum ex hoc primo processit quod filii et nepotes multiplicati instituerunt diversas domos, juxtà se habitantes. Undè cùm multiplicatio prolis sit naturalis, sequitur quod communitas vici sit naturalis*... Et plus bas : *Finis rerum naturalium est natura ipsarum (principia enim quæ ad naturam entis constituendam concurrunt, respiciunt eam ut finem); sed civitas est finis prædictarum communitatum* (familiæ et vici, de quibus ostensum est quod sint naturales). *Ergò civitas est naturalis.* » Saint Thomas, in I, politic, lect. I.

Cicéron, de son côté, dont Liberatore développe la doctrine (au § 149, *Juris natur.*), expose en ces termes l'origine des sociétés : « *Cùm hoc sit naturâ commune omnium animantium ut habeant libidinem procreandi, prima societas in ipso conjugio est, proxima in liberis, deindè una domus, communia omnia. Indè autem est principium urbis et quasi seminarium reipublicæ. Sequuntur enim fratrum conjunctiones, post, consobrinorum sobrinorumque, qui cùm unâ domo jàm capi non possint, in alias domos tanquàm in colonias exeunt. Sequuntur connubia et affinitates, ex quibus etiam plures propinqui, quæ propagatio et soboles origo est Rerum publicarum.* » *De Officiis*, L. 1, C. 17.

NOTE XIV

ORIGINE HISTORIQUE DE LA SOCIÉTÉ D'APRÈS S. VICTOR

(§ 388, *p.* 80).

» J'ai déjà montré dans Abraham lui-même et dans ses fils, quelle était l'étendue du pouvoir du père dans sa famille. Avant eux, et lorsque la vie des hommes se prolongeait encore pendant plusieurs siècles, ce pouvoir devenait royal sans cesser d'être paternel; parce que, sous les yeux mêmes du patriarche chargé d'années, les générations se multipliaient au point de former un peuple, souvent même un grand peuple; que par conséquent, et ainsi que je l'ai dit encore, il devenait roi au même titre qu'il était déjà père. Lorsque la vie humaine eut été abrégée, cette marche des choses, si simple, si naturelle, dut nécessairement subir quelques modifications; les familles qui sortaient d'un même père devenaient plus indépendantes les unes des autres, après qu'il avait cessé de vivre; et quoique leurs chefs divers reconnussent une véritable prééminence dans celle qui se rapprochait le plus de la souche commune, cependant ils ne lui accordaient pas toujours sur eux-mêmes un pouvoir aussi absolu que celui qu'ils exerçaient sur leurs propres familles. Et, en effet, dans la simplicité des mœurs d'alors, et lorsque ces agrégations de familles étaient encore peu nombreuses, un tel pouvoir ne semble pas avoir été absolument nécessaire pour maintenir l'ordre dans la communauté. Le chef de la principale famille n'était donc que « le premier entre ses pairs, » c'est-à-dire entre les chefs des autres familles; et nous retrouverons là le gouvernement de la *Tribu,* qui fut depuis la base fondamentale de l'ordre social chez les Hébreux en Egypte et dans le désert, sous les juges, sous les Rois mêmes; gouvernement intermédiaire entre la société domestique et la société civile et politique. Les pères seuls y jouissent de quelque indépendance; et tout le reste est gouverné par le pouvoir absolu, soit qu'il s'exerce dans la famille, soit que les « princes des pères » l'exercent au nom de la communauté.

» Ainsi se gouvernèrent dès l'origine un grand nombre de peuplades dans l'ancienne Arabie; ainsi se gouvernent encore, de nos jours, les familles nomades répandues dans ses déserts et dans ceux de l'Afrique. Nous verrons que l'Inde n'a de vie sociale que par cette institution des tribus, enracinée en quelque sorte au milieu de ses populations; et que les Barbares du nord, dont nous sommes la postérité, étaient restés, pour la plupart, stationnaires dans cet état de demi-civilisation, jusqu'au moment où ils envahirent l'empire romain. De grandes pages sont réservées dans l'histoire à ces peuplades qui, pendant une longue suite de siècles, vécurent inaperçues hors des limites du monde civilisé qu'elles pressaient de toutes parts, et dont elles devaient un jour changer la face. Conservons-en le souvenir.

» Dans la guerre, ce chef ou roi, qu'on peut appeler

l'aîné de sa race, avait seul le commandement; dans la paix, il n'était que le président des « princes des pères, » ou chefs des familles les plus distinguées, qui formaient le tribunal où étaient portées les causes, où s'administrait la justice, où se réglaient en un mot toutes les affaires. On sait que ce tribunal tenait ses séances aux portes des villes, et cet usage, établi avant Abraham, dura encore bien des siècles après lui.......

» Partant alors de ce point (le déluge), qu'on peut justement appeler la seconde origine du genre humain, nous avons assisté, pour ainsi parler, à la formation des peuples, des royaumes, des empires; et nous avons vu les rois succéder aux pères, ou pour mieux dire, se confondre ensemble, la royauté et la paternité.

» En effet, soit que nous consultions l'histoire sacrée, soit que, parcourant les traditions profanes, nous saisissons les faibles lueurs qui y apparaissent de temps à autre, cette origine première des nations s'y trouve attestée par un témoignage unanime, et la vérité de ce témoignage y est confirmée par une circonstance qui ne présente presque pas une seule exception : « tous ces royaumes étaient d'une petite étendue. » La plupart ne se composaient que d'une ville ou bourgade et de la campagne environnante. On en comptait trente-trois dans la partie de la terre de Chanaan dont les Hébreux firent d'abord la conquête; et un passage de l'Ecriture nous fait entendre que, peu de temps auparavant, il y en avait bien davantage. Au temps d'Abraham, les cinq rois de la Pentapole se partageaient le long de « la vallée des bois » un terrain étroit qui ne pouvait guère avoir plus de quinze lieues d'étendue; et la seule vallée de Mambré, située entre Hébron et Jérusalem, comptait au moins trois princes qui firent alliance avec le père des Israélites. Alors le titre de roi était prodigué.

» Même forme de gouvernement parmi les nations dont la terre promise était environnée; resserrés sur les bords de la mer, les Philistins, dont le petit pays avait été soumis d'abord à un seul roi, se divisèrent ensuite entre cinq chefs confédérés, puis on les voit revenir à la monarchie. La Syrie était comme morcelée en petits Etats gouvernés par des chefs à qui l'on donnait le nom de rois, et trente-deux de ces rois accompagnaient, dans ses guerres, Benadab, souverain de Damas, qui paraît avoir été leur suzerain. Les Iduméens, les Moabites, les Ammonites, vivaient sous le gouvernement monarchique; et l'Ecriture nous donne la liste des premiers qui régnèrent sur les Héréens avant qu'Ésaü eut fait la conquête de leur pays. La Phénicie, la Mésopotamie étaient en quelque sorte peuplées de petits royaumes. Il est impossible de débrouiller la chronologie et les listes dynastiques de l'Egypte, même dans ce qu'elles présentent de moins obscur, sans supposer qu'anciennement cette contrée était partagée en deux royaumes, celui de Thèbes et celui de Memphis; et il est probable qu'il y en avait un plus grand nombre. Selon Pline, l'Ethiopie, soumise au gouvernement monarchique, était divisée en quarante-cinq peuples, et nous verrons bientôt que les empires d'Assyrie et de Babylonie qui, peu de siècles après, devaient prendre de si grands et si rapides accroissements, étaient loin alors d'être de grands Etats.

» Qu'on ouvre Homère, que la Grèce considérait à la fois comme son premier poëte et l'un de ses premiers historiens, on y verra que de ce petit coin de terre et des îles dont il était environné, sortirent, pour aller à la conquête d'une seule ville, une multitude de rois que commandait Agamemnon, appelé pour cette raison « le roi des rois, » quoiqu'il ne régnât en effet que sur l'Argolide, très-petite province du Péloponèse. De son côté, le monarque troyen appelle à son secours une autre multitude de rois, ses alliés ou ses tributaires, dont les royaumes étaient répandus dans l'intérieur et sur les côtes de l'Asie-Mineure, dans la grande Phrygie, dans la Mysie, dans la Lydie, dans les îles circonvoisines, etc., etc. Le témoignage du prince des poëtes, confirmé par celui des historiens des temps postérieurs, atteste que, dans cette vaste contrée, il n'y avait que des royaumes et qu'on n'y avait connu d'autre gouvernement que le monarchique. La chute de la ville de Priam fournit à quelques héros grecs l'occasion d'y fonder des royaumes nouveaux. D'autres héros, grecs et troyens, que la tempête ou la nécessité de chercher un refuge avait dispersés sur les côtes de la Méditerranée, s'y établissent dans le même temps; leurs établissements dans l'Italie sont encore des royaumes; et partout où aborde Ulysse, il trouve des peuples gouvernés par des rois.

» C'était alors, je le répète, la seule forme de gouvernement que connussent les hommes, et sur ce point il y a accord unanime entre tous les écrivains de l'antiquité qui ont recueilli les anciennes traditions. « C'est dans la nature » même, dit Aristote, qu'il faut chercher l'origine de la » maison (ou société domestique), de la bourgade, de la » colonie; et c'est pourquoi, dans le principe, les cités » étaient gouvernées par des rois. » — Toutes les anciennes » nations furent autrefois soumises à des rois, dit Cicéron : » » — Au commencement, dit Salluste, historien grave, et » qui avait fait une étude approfondie des antiquités, il y » eut donc des rois, car tel fut le premier pouvoir établi » sur la terre. » L'abréviateur de Trogue-Pompée dit expressément : « que ces premiers royaumes avaient des limites » très-étroites, » ce qui est conforme à la plupart des traditions; ensuite « que ces rois-patriarches s'occupaient » plutôt de faire prospérer que d'agrandir leur petit do-

» maine, » ce que ces traditions démentent. Dans le tableau que nous a tracé Tacite des mœurs des Germains, nous voyons qu'on comptait chez eux « autant de chefs que de bourgades, » et de même étaient gouvernées par des chefs ou rois ces tribus scythiques, qui partagèrent avec la grande famille celtique, dont les Germains faisaient partie, les immenses déserts de l'Asie et de l'Europe septentrionale. »

De Saint Victor, *Etudes sur l'histoire universelle*, t. I, chap. II, *p.* 227..... 205.

NOTE XV

THÉORIE DU CONTRAT SOCIAL D'APRÈS ROUSSEAU

(§ 399, *p.* 99).

« *Trouver une forme d'association qui défende et protége de toute la force commune la personne et les biens de chaque associé, et par laquelle chacun s'unissant à tous n'obéit pourtant qu'à lui-même, et reste aussi libre qu'auparavant*, tel est le problème fondamental dont le contrat social donne la solution.

» Les clauses de ce contrat sont tellement déterminées par la nature de l'acte, que la moindre modification les rendrait vaines et de nul effet, en sorte que, bien qu'elles n'aient peut-être jamais été formellement énoncées, elles sont partout les mêmes, partout tacitement admises et reconnues; jusqu'à ce que le pacte social étant violé, chacun rentre alors dans ses premiers droits et reprenne sa liberté naturelle, en perdant la liberté conventionnelle pour laquelle il y renonça.

» Ces clauses, bien entendu, se réduisent toutes à une seule, *l'aliénation totale de chaque associé avec tous ses droits à toute la communauté;* car, premièrement, chacun se donnant tout entier, la condition est égale pour tous, nul n'a intérêt de la rendre onéreuse aux autres. De plus, l'aliénation se faisant sans réserve, l'union est aussi parfaite qu'elle peut l'être, et nul associé n'a plus rien à réclamer; car, s'il restait quelques droits aux particuliers, comme il n'y aurait aucun supérieur commun qui pût prononcer entre eux et le public, chacun étant en quelque point son propre juge, prétendrait bientôt l'être en tout. L'état de nature subsisterait, et l'association deviendrait nécessairement tyrannique ou vaine.

» Enfin, chacun se donnant à tous, ne se donne à personne; et comme il n'y a pas un associé sur lequel on n'acquière le même droit qu'on lui cède sur soi, on gagne l'équivalent de tout ce qu'on perd, et plus de force pour conserver ce qu'on a. Si donc on écarte du pacte social ce qui n'est pas de son essence, on trouvera qu'il se réduit aux termes suivants : *Chacun de nous met en commun sa personne et toute sa puissance sous la suprême direction de la volonté générale*, *et nous recevons encore chaque membre comme partie indivisible du tout.* »

» A l'instant, au lieu de la personne particulière de chaque contractant, cet acte d'association produit un corps moral et collectif, composé d'autant de membres que l'assemblée a de voix, lequel reçoit de ce même acte son unité, son *moi* commun, sa vie et sa volonté. Cette personne publique, qui se forme ainsi par l'union de toutes les autres, prenait autrefois le nom de *cité* et prend maintenant celui de *république* ou de corps politique, lequel est appelé par ses membres *Etat* quand il est passif, *souverain* quand il est actif, *puissance* en le comparant à ses semblables. A l'égard des associés, ils prennent collectivement le nom de *peuple* et s'appellent en particulier *citoyens*, comme participant à l'autorité souveraine, et *sujets*, comme soumis aux lois de l'Etat. Mais ces termes se confondent souvent et se prennent l'un pour l'autre; il suffit de les savoir distinguer quand ils sont employés dans toute leur précision. » *Contrat social*, liv. I, ch. VI. Il ajoute ailleurs, liv. I, ch. VII :

» Afin que le contrat social ne soit pas un vain formulaire, il renferme tacitement cet engagement, qui seul peut donner de la force aux autres, que quiconque refusera d'obéir à la volonté générale, sera contraint par tout le corps : ce qui ne signifie autre chose sinon *qu'on le forcera d'être libre ;* car telle est la condition qui, donnant chaque citoyen à la patrie, le garantit de toute dépendance personnelle. » — Il est bon de remarquer qu'il n'est presqu'aucune des propositions précédentes que Rousseau, l'inconstance même, n'ait expressément contredite en plusieurs endroits de ses ouvrages. Qu'on veuille bien se rappeler cette observation, afin de ne pas nous accuser d'avoir dénaturé ses opinions ; car nous avons cité fidèlement ses propres paroles.

NOTE XVI

SENTIMENT DE FÉNÉLON SUR LA SOUVERAINETÉ DU PEUPLE

(§ 406, *p.* 114).

» Ce n'est pas par hasard que les uns naissent pauvres, les autres riches; les uns grands, les autres petits; les uns rois, les autres sujets. Ce partage inégal des biens et des honneurs de ce monde est fait avec une sagesse infinie, qui sait ce qui convient à chacune de ses créatures... Cette inégalité de rangs et ces dignités qui révoltent souvent, quand on ne regarde que ceux qui en sont revêtus, deviennent pourtant justes, quand on les considère comme des suites de l'ordre établi pour conserver la paix de la société.

» Violer les droits de la subordination établie est donc un crime de lèze-majesté divine; vouloir renverser la supériorité des rangs, réduire les hommes à une égalité imaginaire, envier la fortune et la dignité des autres, ne se point contenter de la médiocrité et de la bassesse de son état, c'est blasphémer contre la Providence, c'est attenter sur les droits du souverain père de famille, qui donne à chacun de ses enfants la place qui lui convient. Voilà le fondement sûr et immuable de toute autorité légitime.

» Rien, par conséquent, n'est plus faux que cette idée des amateurs de l'indépendance, que toute autorité réside originairement dans le peuple, et qu'elle vient de la cession que chacun fait, à un ou plusieurs magistrats, de son droit inhérent de se gouverner soi-même.

» Cette idée n'est fondée que sur la fausse supposition que chaque homme, né pour soi, hors de toute société, est le seul objet de ses soins, et sa règle à lui-même ; qu'il naît absolument son maître et libre de se gouverner comme il veut. Nous avons déjà vu que l'homme, antécédemment à tout contrat libre, à toute forme de gouvernement, à tout consentement exprès ou tacite, naît membre d'une société dont il doit préférer le bien public à son bien particulier, et par conséquent qu'il n'est ni son maître, ni sa loi à lui-même.

» Il est vrai que le consentement libre ou forcé, exprès ou tacite d'un peuple libre, à la domination d'un ou plusieurs, peut bien être un canal par où découle l'autorité suprême ; mais il n'en est pas la source. Ce consentement n'est qu'une simple indication de la volonté de Dieu, qui manifeste par là à qui il veut que son autorité soit confiée. C'est lui seul qui préside souverainement aux conseils des humains, qui les règle comme il veut, et qui donne aux nations des maîtres pour être les instruments de sa justice ou de sa miséricorde.

» Mais quoique la Providence dispose des couronnes à

son gré, cependant elle n'approuve pas tout ce qu'elle permet. Il y a certaines lois générales qui nous sont les marques non-seulement que Dieu permet les choses, mais encore qu'elles sont dans son ordre. Ces lois générales sont le fondement de ce qu'on appelle *droit civil* ; et elles sont établies pour être les règles constantes de nos devoirs et les signes certains de ce qui est de droit et de ce qui ne l'est pas.

» Or, dans la politique, ces lois générales sont tous les établissements compatibles avec l'ordre et l'union de la société, qui étant de leur nature fixes et palpables, empêchent que la subordination ne soit détruite et que la suprême autorité, si nécessaire parmi les hommes, ne soit sans cesse en proie à l'ambition de tous ceux qui voudraient y aspirer. » Fénélon, *Essai sur le gouvernement civil*, chap. VI, page 351, édit. Lebel.

NOTE XVII

CARACTÈRES DE LA SOUVERAINETÉ D'APRÈS GERDIL

(§ 407, *p.* 115).

» La souveraineté est le pouvoir de commander en dernier ressort dans l'état civil.

» Cette définition suffit pour faire connaître quels doivent être les caractères de la souveraineté. Le premier caractère est l'indépendance de toute autre autorité sur la terre, en ce qui concerne l'état civil. Il est absolument nécessaire, dit Burlamaqui, que dans tout gouvernement il y ait une telle puissance suprême. Car puisqu'on ne peut pas multiplier les puissances à l'infini, il faut nécessairement s'arrêter à quelque degré d'autorité supérieur à tout autre ; et quelle que soit la forme du gouvernement, il faut toujours qu'on soit soumis à une décision souveraine ; puisqu'il implique contradiction de dire qu'il y ait quelqu'un au-dessus de celui qui tient le plus haut rang dans un même ordre d'êtres.

» Un second caractère, qui est une suite du premier, c'est que le souverain, comme tel, n'est tenu de rendre compte à personne ici-bas de sa conduite, ni sujet à aucune peine de la part des hommes, car l'un et l'autre supposent un supérieur.

» Le troisième caractère de la souveraineté est qu'elle est au-dessus des lois humaines. Ce qui doit s'entendre du pouvoir coactif et de l'assujétissement à la peine portée contre les transgresseurs. Car d'ailleurs Burlamaqui avoue que l'équité veut que le prince observe lui-même ses propres lois, dans ce qui n'est pas incompatible avec sa dignité ; afin que ses sujets soient portés plus efficacement à leur observation ; et on doit ajouter : parce que le prince est obligé plus que tout autre de procurer le bien public, qui est l'objet de l'établissement des lois.

» Burlamaqui, sur la supposition d'un précédent état de nature, établit que cette souveraineté telle qu'on vient de la représenter résidait originairement dans le peuple ; il avoue néanmoins que dès qu'un peuple a transféré son droit à un souverain, on ne saurait supposer sans contradiction qu'il en reste encore le maître. D'où il conclut qu'il est certain que dès qu'un peuple s'est soumis à un roi véritablement tel, il n'a plus de pouvoir souverain. Autrement, ajoute son commentateur, il y aurait deux souverains à la fois dans un seul et même Etat ; ce qui répugne à la définition du pouvoir souverain (1).

Mais quelle que soit l'étendue du pouvoir souverain, il faut prendre garde de ne pas confondre le pouvoir absolu avec le pouvoir arbitraire. Ce sont deux idées très-diffé-

(1) Suarez professe la même doctrine. Voyez note XX ci-après.

rentes. Le pouvoir *arbitraire* serait celui d'un souverain qui serait censé pouvoir légitimement user de son autorité pour son propre intérêt, sans aucun égard au bien public, et même contre le bien public : tel est le pouvoir d'un maître qui est censé avoir droit de disposer de ses esclaves, non pour leur bien, mais pour son propre intérêt. Le pouvoir *absolu*, au contraire, n'exclut pas dans le souverain l'obligation de rapporter tout usage de sa puissance au bien public; il n'exclut que la dépendance d'un autre pouvoir; en sorte que le souverain qui jouit d'un pouvoir absolu est celui qui ne dépend de personne pour faire les règlements qu'il juge plus convenables au bien de l'Etat.

» Le pouvoir arbitraire serait contraire à la fin même de la société, qui est pourtant la source et la règle du pouvoir public; il est donc illégitime de sa nature; au lieu que le pouvoir absolu n'est pas contraire par lui-même au bien de la société, et qu'il peut même beaucoup y contribuer lorsqu'il tombe en de bonnes mains.

» Burlamaqui traite ensuite de la souveraineté absolue et de la souveraineté limitée; mais ces questions se rapportent aux différentes formes de gouvernement.

Des parties de la souveraineté, ou des droits essentiels qu'elle renferme.

» Pour connaître quelles sont les parties de la souveraineté, il ne faut que faire attention à sa nature et à sa fin. La souveraineté a pour but la conservation, la tranquillité et le bonheur de l'Etat, tant par rapport au dedans que par rapport au dehors; il faut donc qu'elle renferme en elle tout ce qui est essentiellement nécessaire pour procurer cette double fin.

» 1° Cela étant, la première partie de la souveraineté, et qui est comme le fondement des autres, c'est le pouvoir législatif, en vertu duquel le souverain établit des règles générales et perpétuelles tendantes à conserver la paix et le bon ordre, à prescrire ce que les citoyens doivent faire, et ce qu'ils doivent éviter pour le bien commun, à déterminer les droits respectifs des citoyens, les titres propres à les acquérir ou à les transmettre, et enfin les moyens de les faire valoir, sans troubler l'ordre et le repos public.

» 2° Au pouvoir législatif il faut joindre le pouvoir coactif, sans lequel le premier serait inutile. Ce pouvoir consiste à établir des peines contre ceux qui troublent la société par leurs désordres; mais, dit Burlamaqui, afin que la crainte des peines puisse faire une impression assez forte sur les esprits, il faut que le droit de punir s'étende jusqu'à pouvoir faire souffrir le plus grand de tous les maux naturels, je veux dire la mort; autrement la crainte de la peine ne serait pas toujours capable de balancer la force du plaisir et de la passion. En un mot, il faut qu'on ait manifestement plus d'intérêt à observer la loi qu'à la violer. Ainsi ce droit du glaive est le plus grand pouvoir qu'un homme puisse exercer sur un autre homme.

» 3° Comme on n'est pas toujours d'accord sur la manière de bien appliquer les lois aux cas particuliers, et qu'il y a souvent dans les actions dénoncées comme faites contre les lois plusieurs circonstances qui demandent un examen attentif, il est nécessaire, pour maintenir la tranquillité, que le souverain (par lui-même ou par des magistrats) connaisse des différends survenus entre les citoyens et qu'il les décide. C'est ce qu'on appelle juridiction ou pouvoir judiciaire, à quoi il faut rapporter le droit de faire grâce lorsque quelque raison légitime le requiert.

» 4° Pour mettre l'Etat en sûreté à l'égard du dehors, le souverain doit être revêtu du pouvoir d'armer ses sujets, de faire la guerre et la paix, aussi bien que des traités d'alliance avec les Etats étrangers.

» 5° Comme le souverain ne peut pas tout exécuter par lui-même, il est nécessaire qu'il ait le droit de créer des ministres, des officiers et des magistrats qui fassent les affaires en son nom et sous son autorité. Le souverain qui leur a confié ces emplois peut et doit les contraindre à s'en acquitter.

» 6° Les affaires de l'Etat demandant des dépenses considérables, le souverain a le droit de faire contribuer les sujets autant que les nécessités publiques le demandent. C'est ce qu'on appelle le droit des subsides ou des impôts.

Des différentes formes de gouvernement.

» Il faut qu'il y ait dans toute société un pouvoir souverain et en dernier ressort; mais ce pouvoir peut être différemment placé; d'où résultent différentes sortes de gouvernement, selon que la souveraineté réside ou dans un seul homme, ou dans une assemblée plus ou moins nombreuse relativement à l'Etat.

» Il ne sera pas inutile de remarquer que la forme du gouvernement est ce qui fait la constitution de l'Etat; et que les lois fondamentales sont proprement celles qui règlent et qui fixent la constitution, ou qui sont absolument nécessaires au maintien d'une telle constitution.

» On réduit d'abord toutes les différentes formes de gouvernement à deux classes générales, les unes simples, les autres mixtes, que Pufendorff désigne par le mot de régulières et d'irrégulières.

» Il y a trois formes simples de gouvernement, la démocratie, l'aristocratie, la monarchie, selon que la puissance souveraine réside ou dans la multitude elle-même, c'est-à-dire, dans les *chefs de famille* assemblés en un conseil, ou dans un conseil composé des principaux citoyens, ou enfin dans un seul chef qu'on appelle roi, empereur, souverain ou monarque.

» Comme dans une démocratie le souverain est une personne morale, composée et formée par la réunion des chefs de famille en une seule et même volonté, il y a trois choses absolument nécessaires pour sa constitution, et qu'on peut regarder comme autant de lois fondamentales de cette constitution.

» 1° Qu'il y ait un certain lieu et de certains temps réglés pour délibérer en commun des affaires publiques; sans cela les membres du conseil souverain pourraient s'assembler en divers lieux, d'où il naîtrait des factions qui rompraient l'unité essentiel de l'Etat.

» 2° Il faut établir pour règle que la pluralité des suffrages passera pour la volonté de tous; autrement on ne saurait terminer aucune affaire, étant impossible qu'un grand nombre de gens se trouve du même avis.

» 3° Enfin il est essentiel à la démocratie qu'on établisse des magistrats qui soient chargés de convoquer l'assemblée du peuple dans les cas extraordinaires, d'expédier en son nom les affaires ordinaires et de faire exécuter les décrets de l'assemblée souveraine.

» Pour ce qui regarde les aristocraties, puisque la souveraineté réside dans un conseil, ou sénat composé des principaux de la nation, il faut que les mêmes conditions qui sont essentielles à la démocratie concourent aussi pour établir une aristocratie.

» L'aristocratie peut être de deux sortes, héréditaire ou élective. La première est celle qui est renfermée dans un certain nombre de familles, à laquelle par conséquent la seule naissance donne droit, et qui passe aux enfants. L'élective est celle dans laquelle on ne parvient au gouvernement que par une élection.

» Une remarque s'applique également aux démocraties et aux aristocraties, c'est que dans un Etat populaire ou dans un gouvernement des principaux, chaque citoyen ou chaque membre du conseil suprême n'a ni le pouvoir souverain, ni même une partie de ce pouvoir. Mais ce pouvoir réside ou dans l'assemblée générale du peuple, convoquée selon les lois, ou dans le conseil des principaux; car autre chose est d'avoir une partie de la souveraineté, autre chose est d'avoir le droit de suffrage dans une assemblée revêtue du pouvoir souverain.

» Les gouvernements mixtes s'établissent par le concours des trois formes simples, ou de deux seulement; ils se forment par le partage de l'exercice des différentes parties de la souveraineté entre différentes personnes ou différents corps.

» Il faut que les lois fondamentales règlent si bien les limites respectives du pouvoir de ceux à qui elles le confient, que l'on voie aisément l'étendue de la juridiction de chacune de ces puissances collatérales.

» Dans cette constitution, les lois fondamentales sont de véritables conventions, *pacta conventa*, entre les différents ordres de l'Etat; par lesquelles ils stipulent les uns et les autres que chacun aura telle part à la souveraineté, et que cela établira la forme du gouvernement. Ainsi chacune des parties contractantes acquiert un droit primitif d'exercer le pouvoir qui lui est accordé et de le retenir. Elle ne saurait même en être dépouillée malgré elle et par la seule volonté des autres. La raison est que la constitution de ces gouvernements ne peut être changée que par la même voie par laquelle elle a été établie, c'est-à-dire, par le concours unanime de toutes les parties contractantes, qui ont fixé la forme du gouvernement par le contrat primitif de l'association (1).

(1) Cette assertion de Gerdil est plus théorique que pratique; car le temps, l'usage et les accidents ont plus de part à ces

» Malgré ce partage, Burlamaqui ne laisse pas de trouver une sorte d'unité dans cette constitution : il n'y a jamais ici, dit-il, à proprement parler, qu'un seul souverain qui ait en lui-même la plénitude de la souveraineté ; il n'y a qu'une volonté suprême. Ce souverain, c'est le corps même de tous les citoyens, formé par la réunion de tous les ordres de l'Etat ; et cette volonté suprême, c'est la loi elle-même, par laquelle le corps entier de la nation fait connaître sa volonté.

» Cela est vrai, du moins idéalement parlant (1), mais il est de ces constitutions mixtes où, après le partage des différentes parties de l'autorité entre certaines personnes ou certains ordres, le corps entier de la nation n'a plus d'assemblées légales qui puissent expliquer la volonté générale. Cette volonté générale manque ainsi d'un sujet propre et réel, qui puisse l'interpréter et la faire valoir. Chacun des différents ordres de l'Etat tâche de l'étendre et de la tourner autant qu'il peut en sa faveur ; il n'est pas possible qu'aucune loi puisse fixer les bornes de leur juridiction d'une manière si claire et si précise, qu'elle prévienne tous les doutes et toutes les contestations.

» De là naît comme un conflit naturel entre les différents ordres de l'Etat qui jouissent de quelque partie de la souveraineté. Les peuples, très-souvent aveugles sur leurs propres avantages, regardent cette rivalité comme le sceau et le garant de la liberté, et s'applaudissent quelquefois des maux qu'elle leur cause. Cependant ces maux sont réels,

changements de constitution que les conventions expresses, bien que celles-ci y concourent quelquefois. Il faut en dire autant des limites *précises* qu'il veut établir entre les pouvoirs.

(1) Dans les principes de Burlamaqui, qui admet la souveraineté originaire du peuple : mais nous l'avons réfuté sur ce point. (406.)

malgré l'opinion qui les soulage, et sont ordinairement suivis de secousses terribles et de la ruine même de l'État.

» Le même auteur observe judicieusement qu'il ne faut pas confondre la forme du gouvernement avec la manière de gouverner. Par exemple, dans un Etat démocratique, le peuple peut charger du soin de plusieurs affaires ou un chef ou un sénat. Dans un Etat aristocratique, il peut y avoir un principal magistrat, revêtu d'une autorité particulière; ou même une assemblée du peuple que l'on consulte quelquefois; ou enfin dans un Etat monarchique, les affaires importantes peuvent être discutées dans un sénat; toutes ces circonstances accidentelles ne changent rien à la forme du gouvernement; il n'y a pas pour cela un partage de la souveraineté et l'Etat demeure toujours ou purement démocratique, ou aristocratique, ou monarchique. Car il y a une grande différence entre exercer une partie de la souveraineté par un pouvoir émané du souverain, tel qu'est celui des simples juges, officiers ou magistrats dépendant d'une personne souveraine, ainsi qu'il arrive dans le cas proposé, et posséder en propre et en vertu des *pacta conventa* une partie de la souveraineté, comme il arrive dans les gouvernements mixtes.

Au reste, dit Puffendorf, il en est de la souveraineté comme de toutes les autres sortes de droits et de pouvoir, que les uns exercent bien et les autres mal : d'où vient qu'on distingue entre un Etat sain et bien constitué et un Etat malade. Ces maladies viennent ou de l'abus que l'on fait du pouvoir souverain, ou de la mauvaise constitution de l'Etat, et c'est pourquoi on les réduit à deux classes, savoir les défauts des personnes et les défauts du gouvernement.

Opuscules de Gerdil : *De la Souveraineté.*

NOTE XVIII

CE QUE C'EST QUE LA COLLATION IMMÉDIATE DU POUVOIR SELON SUAREZ

(§ 419, p. 130).

Voici en substance et en analysant exactement sa doctrine, comment Suarez explique ce que c'est que la collation médiate ou immédiate du pouvoir faite par Dieu, et la manière dont la volonté de l'homme peut y intervenir. « Ut aliqua potestas vero sensu dici possit immediatè à Deo data, non satis est ut ab ipso procedat tanquàm causâ primâ, sed oportet ut Deus per suam voluntatem sit causa proxima et per se donans talem potestatem directè subjecto quod illam recipit, nullâ inter istud et Deum mediante aliâ personâ, quæ hanc potestatem à Deo recipiat prædicto subjecto transferendam. Illud autem duplici modo fieri potest, naturaliter, et liberè seu voluntariè. — Fit naturaliter quandò Deus dat potestatem ut ex naturâ rei necessariò connexam cùm aliquâ re quam Deus ipse condit; tunc enim Deus agit simpliciter ut auctor naturæ. Sic in facultatibus physicis Deus creando animam dat illi immediatè intelligentiam et voluntatem, quæ ex ipsâ naturaliter fluunt. Sic cùm proportione in moralibus potestatibus, Deus immediatè confert ut auctor naturæ patri potestatem moralem in filium, non tanquàm peculiare donum à naturâ omninò distinctum, sed ut necessariò consequens illam, supposito generationis fundamento (1). Sicut è contrariò

(1) Pourquoi n'en serait-il pas ainsi d'un prince, étant supposée comme fondement la détermination qui a été faite de sa personne; car dans l'un et l'autre cas il faut un fait ajouté à la simple action de la nature, savoir ou la génération ou la détermination du prince? — En vain objecterait-on que cette dé-

subjectio filii ad patrem naturalis est et à Deo immediatè, non ex peculiari institutione additâ naturæ, sed ut necessariò consequens ad talem naturam rationalem sic productam.

Potestas datur immediatè à Deo voluntariè et peculiari donatione, ubi confertur, non ut necessariò connexa cùm creatione alicujus rei, sed ut superaddita alicui naturæ vel personæ, voluntate positivà atque liberâ Dei; ac proindè non ut ab eo agente tanquam auctore naturæ simpliciter, sed præter naturam, seu aliquatenùs supernaturaliter quoad modum. Sic in physicis potestas faciendi miracula

termination est arbitraire, tandis que la génération est une chose naturelle; car la génération à la vérité est naturelle quant à l'effet; mais elle est libre quant à l'action dont elle procède. De même, la détermination du prince est volontaire ou arbitraire quant aux actes qui la produisent; mais ces actes posés, la supériorité résulte naturellement de l'exigence essentielle de la société, qui demande qu'il s'y rencontre une autorité concrète. Il y a donc dans l'un et l'autre cas quelque chose de naturel, fondé sur un acte libre, et par conséquent il y a parité entre eux par rapport à la conclusion à laquelle nous tendons. — Un autre exemple rend la chose encore plus claire, c'est celui du mari qui reçoit immédiatement de Dieu l'autorité sur son épouse, posé le choix et le consentement conjugal de celle-ci. Ce consentement a plus d'analogie avec la détermination de la personne du prince par l'élection ou tout autre fait humain, que la procréation de l'enfant par la génération; car la condition de la femme est la même que celle de la multitude dans la détermination de son chef. Donc, de même que c'est Dieu, et non la femme, qui confère au mari l'autorité de chef, comme une suite naturelle du mariage, on peut dire aussi que c'est Dieu, et non la multitude, qui confère directement l'autorité au prince dont la personne a été déterminée, comme une exigence naturelle de la société constituée.

datur; in moralibus sic data est potestas jurisdictionis ecclesiasticæ S. Petro immediatè simul et supernaturaliter.

Duobus etiam modis potest actio aut voluntas humana intervenire in collatione potestatis à Deo ipso ducentis originem. 1° Designando personam quæ succedat in dignitate à Deo institutà, eodem prorsùs modo quo instituta est, et sine potestate illam mutandi, quo modo fit in constitutione summi pontificis, quam ecclesiastica traditio docet à Christo institutam fuisse cùm tali sui immutabilitate; et modus ille non impedit quominùs potestas directè et immediatè à Deo conferatur unicuique personæ sic designatæ.

2° Alio modo fieri potest collatio potestatis ab homine per novam donationem vel institutionem, ultrà designationem personæ; et tunc etiamsi talis potestas fundamentum habeat in aliquâ priori donatione divinâ alteri factà, nihilominùs collatio illa quæ posteà fit, simpliciter est de jure humano et non divino, et immediatè ab homine, non à Deo. » *Vid. Defens. fidei*, L. III, C. II.

Les modifications du pouvoir lui-même sont, suivant Suarez, des marques qu'il est conféré de cette manière; mais elles peuvent très-bien s'expliquer autrement et n'être qu'une suite de la manière dont la détermination est faite.

Suarez prétend que le pouvoir civil est ainsi conféré toujours *ex contractu, vel quasi contractu humano;* même lorsqu'il provient de la conquête, juste punition d'un délit, laquelle tient lieu de contrat quant à l'effet de transférer le domaine et le pouvoir. L'autorité, dit-il, est d'abord donnée de Dieu à la communauté, et ensuite transférée par celle-ci avec des déterminations diverses au sujet élu. « *Atque ita,* ajoute-t-il, *semper potestas hæc (regia) aliquo humano titulo, seu per* VOLUNTATEM HUMANAM *immediatè obtinetur.* » *Defens. fidei*, L. III, C. II, § ultim. — Voir aussi quant à la nécessité du consentement des sujets, id. *de opere sex dierum*, L. V, C. VII, § 14.

NOTE XIX

RAISONS QUI ONT PORTÉ LES SCOLASTIQUES A SOUTENIR QUE DIEU CONFÈRE IMMÉDIATEMENT LA SOUVERAINETÉ A LA MULTITUDE

(§ 421, *p.* 135).

La première de ces raisons paraît être l'autorité, parfois trop grande, qu'Aristote exerçait sur eux. Celui-ci, en parlant des républiques grecques, où tous les magistrats étaient établis par le peuple, semble souvent supposer que la démocratie est la source générale de l'autorité. Cependant, si on le lit attentivement, on voit qu'il n'émettait cette assertion que pour la société qu'il décrivait, et non d'une manière universelle. Mais elle revenait si souvent que l'on s'y est laissé prendre, et que d'une institution positive on a fait un système philosophique et prétendu naturel.

Ce qui contribua encore à autoriser cette erreur, c'est l'étude et l'usage du droit romain, qui reprenait alors une grande faveur, et qui insinue partout cette hypothèse de la démocratie comme état primitif ; parce qu'en effet la constitution de l'empire n'avait été qu'une usurpation imparfaite, dans laquelle les formes et la manière de parler montraient partout une délégation des pouvoirs du sénat et du peuple romain faite aux Césars. Voici comment Ulpien exprime la chose : L. 1, ff. *De constitutionibus principum. Quod principi placuit legis habet vigorem, utpote cùm* LEGE REGIA *quæ de imperio ejus lata est, populus ei et in eum omne suum imperium et potestatem conferat.*

Toute souveraineté semble donc encore à ce titre dériver de l'Etat démocratique ; et cette explication de son origine passa peu à peu dans les discours et dans les écrits de tous ceux qui traitaient de cette matière. Ainsi voit-on Suarez argumenter de la loi *Regia* et des autres textes du droit romain, comme si ces maximes, relatives à l'Etat particulier de la République romaine, avaient quelque valeur dans la question générale et philosophique de la première origine du pouvoir. Ceux même qui repoussent ce système, se laissent aller parfois à des manières de parler qui le supposent.

Une autre raison, et peut-être la principale, qui recommanda ce système aux scolastiques, fut l'avantage qu'ils croyaient y trouver pour l'autorité de l'Eglise ; et ils ont été suivis en cela par l'école catholico-libérale fondée par M. de La Mennais. Ils craignaient la confusion des puissances civile et ecclésiastique, s'ils accordaient que l'une et l'autre sont immédiatement conférées de Dieu aux personnes qui les exercent. Ils mirent donc tout leur soin à établir entre elles cette distinction, que le pouvoir ecclésiastique seul est conféré immédiatement de Dieu au Souverain Pontife, et le pouvoir politique au prince d'une manière seulement médiate. Ainsi la différence consiste selon eux en ce que le peuple, c'est-à-dire toute la communauté, s'interpose entre Dieu et le prince, et reçoit d'abord de Dieu l'autorité, par la seule force de la nature, tandis que pour la puissance ecclésiastique il n'y a point d'intermédiaire (voyez *Defens. fidei*, L. III, C. II); car Dieu la confère directement au Pontife et non au corps de l'Eglise, pour que celui-ci la transmette à son chef. De plus, ceci se fait par une action spéciale et libre, et non en vertu des simples exigences naturelles. — Si l'on objecte qu'il est nécessaire que la personne du Pontife, comme celle du prince, soit déterminée par un fait humain, Suarez répond que pour reconnaître par qui le pouvoir est immédiatement conféré, on ne considère que le titre originaire de la collation, et non les transmissions subséquentes. Ainsi, par exemple, après qu'un roi, élu par le peuple, a ainsi reçu immédiatement son pouvoir, on peut dire que ses héritiers le tiennent du peuple de la même manière : *non per novum consensum,* dit-il, *sed ex vi antiqui : à parentibus enim habent filii eadem regna in virtute primæ institutionis magis quàm parentum voluntate, nam etiamsi pater nolit, primogenitus succedit in regno ; et ideò pater solùm se habet quasi applicans seu constituens personam in quam eadem potestas ex vi ejusdem primi contractûs transferatur.* — De même, le Souverain Pontife, quoique élu par les hommes, tire son pouvoir de la première institution faite divinement en la personne de Saint Pierre, et par conséquent il le tient immédiatement de Dieu. C'est pour cela que les électeurs ne peuvent modifier ce pouvoir, comme le peuple peut limiter celui qu'il confère à un prince ou à un sénat, dans leur première institution (1).

(1) Voici comment Bellarmin (*De laïcis,* L. III, C. VI) expose cette question : « *Singulæ species regiminis in particulari sunt de jure gentium, non de jure naturæ; nam pendet à consensu multitudinis constituere super se regem vel consules vel alios magistratus, ut patet : et si causa legitima adsit, potest multitudo mutare regnum in aristocratiam aut democratiam et à contrario, ut Romæ factum legimus. — Ex dictis sequitur hanc potestatem in particulari esse quidem à Deo, sed mediante consilio et electione humanâ, ut alia omnia quæ ad jus gentium pertinent! Jus enim gentium est quasi conclusio deducta ex jure naturæ per humanum discursum. — Ex quo colliguntur duæ differentiæ inter potestatem politicam et ecclesiasticam : una ex parte subjecti, nam politica est in multitudine, ecclesiastica in uno homine tanquam in subjecto immediatè : altera ex parte efficientis, quod politica universè considerata est de jure divino ; in particulari considerata est de jure gentium, ecclesiastica omnibus modis est de jure divino et immediatè à Deo.* »

Mais, pour établir solidement la distinction des deux puissances et échapper au danger que redoutaient les scolastiques, il n'est nullement nécessaire de recourir à l'hypothèse qu'ils défendent. Car en admettant que Dieu confère immédiatement le pouvoir au prince, il le ferait : 1° comme auteur de la nature ; — 2° pour une fin et par une exigence purement naturelles ; — 3° en supposant nécessairement une détermination humaine, non seulement de la personne, mais encore de la forme du gouvernement ; qui permettrait par conséquent de faire diverses modifications à l'exercice de la souveraineté, quoique celle-ci demeurât en soi la même, comme nous l'avons vu plus haut. Cette latitude que Dieu laisse aux hommes dans la détermination du régime politique, est prouvée tant par l'expérience de ces variétés admises universellement, que par la raison ; qui, tout en reconnaissant la nécessité d'un supérieur, reconnaît aussi la possibilité de modifier diversement la forme de son autorité. Ces deux points nous sont connus indépendamment de la révélation.

Quant à l'institution de la puissance ecclésiastique, elle est : 1° libre, et non une suite nécessaire de la création de l'homme ; — 2° surnaturelle dans sa fin et dans la manière dont elle a été établie ; — 3° entièrement déterminée par la révélation, soit quant à la nature du sujet, qui doit être une personne physique, soit quant à la limite de son pouvoir, qui ne peut ni lui être enlevé, ni être diminué par personne. Or de telles différences suffisent et au-delà pour dissiper tout danger de confusion entre les deux puissances, sans recourir à l'hypothèse démocratique des scolastiques, abandonnée par les écrivains catholiques les plus autorisés des temps modernes (1).

(1) Tels sont entre autres, Bossuet, Fénélon, Haller, Gerdil, les PP. Taparelli, Dmowski, Martin, Liberatore, etc., auxquels on

Les partisans de cette hypothèse insisteront peut-être en disant que si le prince reçoit son pouvoir immédiatement de Dieu et non du peuple, il ne pourra en être légitimement privé par aucune action humaine ; et qu'il est cependant nécessaire de réserver cette faculté pour certains cas. — Nous n'examinons pas ici si cette nécessité est réelle, nous l'avons fait ailleurs (448). Mais, en la supposant telle, on pourrait encore y satisfaire, même dans l'hypothèse d'une collation immédiate de l'autorité au prince. Il suffirait pour cela de supposer que cette collation, quoique directe, fut cependant conditionnelle du côté de Dieu, ce qui ne répugne nullement. Dieu pourrait dire, en effet : Je veux conférer le pouvoir à la personne légitimement désignée par un fait humain, mais sous la condition qu'elle le perdra, si telles circonstances viennent à se présenter.

Or si l'on prouve par des raisons déduites de la nature de la société qu'il est nécessaire que le pouvoir se perde ainsi en certains cas, alors la condition ou restriction sous laquelle Dieu confère naturellement l'autorité deviendra elle-même naturellement certaine.—Si au contraire on ne déduit la nécessité de cette amissibilité du pouvoir que de principes révélés, alors c'est la révélation elle-même qui enseignera qu'il existe une telle condition ou restriction dans la volonté divine instituant le souverain.

Ainsi donc, quel que soit le sentiment que l'on admette sur cette révocabilité du pouvoir politique, il pourra s'expliquer aussi bien dans l'hypothèse de la collation immé-

peut joindre à bon droit de Maistre, de Bonald, et presque tous ceux qui ont défendu l'Eglise et la société contre le philosophisme et la Révolution au XVIIIe siècle. Il en a été de même jusqu'en 1830, époque où M. de La Mennais introduisit parmi les catholiques le libéralisme, *repoussé de tous jusque-là*, comme l'avoue le P. Lacordaire, dans sa correspondance.

diate que dans celle qui lui est opposée. Seulement c'est à ceux qui soutiennent cette révocabilité de prouver, soit par les exigences de la nature, soit par les principes révélés que Dieu a réellement voulu soumettre la collation directe ou indirecte (car il faut prouver cela dans les deux cas) qu'il fait du pouvoir à une condition résolutoire.

Il n'y a par conséquent aucune raison solide tirée de l'utilité de l'Eglise ou de celle de la cité, qui appuie l'hypothèse démocratique de la collation médiate, et les motifs extrinsèques qui l'ont fait soutenir si vivement par plusieurs n'ont aucun fondement. Comme d'ailleurs, quoiqu'elle puisse s'interpréter en soi d'une manière assez inoffensive, on peut en abuser beaucoup dans ce temps, et qu'elle renferme des contradictions manifestes ; il nous semble qu'on doit l'abandonner.

Il est bon, en terminant, d'enregistrer ici un aveu de Rousseau. Après avoir établi pour les sujets le droit de reprendre quand ils le veulent leur indépendance, en vertu des principes du contrat social ; il ajoute ces paroles remarquables : « Mais les dissensions affreuses, les désordres » infinis qu'entraînerait nécessairement ce dangereux pou- » voir, montrent, plus que toute autre chose, combien » les gouvernements humains avaient besoin d'une base » plus solide que la seule raison ; et combien il était » nécessaire au repos public, que la volonté divine inter- » vînt pour donner à l'autorité souveraine un caractère » sacré et inviolable, qui otât aux sujets le funeste droit » d'en disposer. Quand la religion n'aurait fait que ce » bien aux hommes, c'en serait assez pour qu'ils dussent » tous la chérir et l'adopter, *même avec ses abus*, puis- » qu'elle épargne encore plus de sang que le fanatisme » n'en fait couler. » — *Discours sur l'origine de l'inégalité*, p. 306. — A merveille ! et de Maistre a bien raison de dire : *Il faut veiller sans relâche cet homme... et le surprendre lorsqu'il laisse échapper la vérité par distraction.* — *Considérations sur la France,* chap. VIII.

NOTE XX

DOCTRINE DE SUAREZ SUR L'AMISSIBILITÉ DU POUVOIR

(§ 122, *p.* 138).

Voici comment Suarez traite cette question dans sa *Défense de la foi*, L. III, Ch. III.

« Postquàm populus suam potestatem in regem transtulit, non potest justè eâdem fretus potestate, suo arbitrio seu quoties voluerit se in libertatem vindicare. Nàm si potestatem suam regi concessit, quam ille acceptavit, eo ipso Rex *dominium* acquisivit; ergò, quamvis rex habuerit à populo illud dominium per donationem vel contractum, non ideò licebit populo dominium illud Regi auferre, nec libertatem suam iterùm usurpare. Sicut particularis persona quæ suæ libertati renuntiavit et in servum se vendidit, aut donavit, non potest posteà suo arbitrio se à servitute eximere. Idem ergò est de personâ fictâ seu communitate, postquàm se alicui principi plenè subjecit. Item postqùam populus suam potestatem Regi contutit, jàm se illâ privavit; ergò non potest illâ fretus justè in Regem insurgere, quia nitetur potestate quam non habet; et ita non erit usus justus, sed usurpatio potestatis...... (sed)...... Si populus transtulit potestatem in Regem reservando eam sibi pro aliquibus gravioribus causis aut negotiis, in eis poterit licitè illâ uti, et jus suum conservare. Oportebit autem ut de tali jure, vel antiquis et certis instrumentis, vel immemorabili consuetudine sufficienter constet. Et eâdem ratione, si Rex justam suam potestatem in tyrannidem verteret, illâ in *manifestam* civitatis perniciem abutendo, posset populus naturali potestate ad se defendendum uti, hâc enim nunquàm se privavit. Extra hos verò et similes casus nunquàm licet populo à legitimo Rege suâ potestate fretus deficere ; et itâ cessat omnis seditionis fundamentum aut occasio.

» Atque eadem ratione, non licet populo semel subjecto, potestatem Regis magis restringere, quàm in primâ translatione, seu conventione restricta fuit ; quia id non permittit lex illa justitiæ quæ docet legitima pacta servanda esse, et donationem absolutam semel validè factam revocari non posse, neque in totum, neque ex parte ; et maximè quandò onerosa fuit. Imò nec leges principis justas potest populus suâ potestate nixus abrogare, sed solùm tacito vel expresso ejusdem principis consensu fretus, ut D. Thomas suprà docuit, et nos alibi latiùs diximus. Undè non est simpliciter verum, Regem pendere in suâ potestate à populo, etiam si ab ipso eam acceperit, quia poterit pendere *in fieri*, ut aiunt, et posteà non pendere in conservari, si plenè et absolutè eam accepit. Quòdcircà, postquàm rex legitimè constitutus est, supremam habet potestatem in his omnibus ad quæ illam accepit, etiamsi à populo eam acceperit, quia lex justitiæ hoc exigit, ut declaravimus. »

C'est ce que l'Empereur Valentinien, quoique souverain électif, dit nettement aux soldats qui voulaient exercer une pression sur sa volonté. *Ut me ad imperandum eligeretis in vestrâ, ô milites, erat potestate : at verò postquàm me elegistis, quod petitis, in meo est arbitrio, non in vestro.* — On voit combien cette doctrine de Suarez s'éloigne des erreurs de la politique moderne. C'est que le flambeau de la foi, que ces anciens docteurs portaient devant leur philosophie, assurait leurs pas, et les préservait même du venin qui pouvait se trouver dans certaines théories périlleuses, lorsqu'ils se rapprochaient d'elles à quelques égards.

NOTE XXI

LA SOURCE DE L'AUTORITÉ EST EN DIEU

(§ 425, *p.* 143.)

Voici en substance comment le P. Martin démontre que la source de l'autorité ne peut être dans le peuple, mais seulement en Dieu :

« Hominum congregatio ad formandum corpus sociale, positâ ipsorum aptitudine naturali ad societatem, tali corpori existentiam tribuit. Sed ea est essentia omnis corporis, ut sit unum ex multis membris constans quæ sibi invicem cohæreant, transeundo singula ab anteriore conditione *totius* et individui quâ gaudebant, in conditionem partis, et sic decidendo in certo gradu à jure suo et libertate individui propriâ, atque transeundo in jus et sub potestate corporis, ex quo singula suum etiam bonum privatum percipiant. — Ergò non possunt homines in unum hujusmodi corpus convenire, neque corpus istud constitui valet, nisi hâc ipsâ suâ constitutione acceptam habeat ac constitutam potestatem membra sua movendi ac dirigendi ad suum finem et bonum. Undè de essentiâ corporis est ut membris suis dominetur habeatque jus ea in ordine ad finem communem regendi, adeoque in ipsâ corporis socialis constitutione constituitur, vi essentialis et intrinsecæ necessitatis, auctoritas regiminis à corpore in membra omnia ac singula exercenda. Porrò hæc auctoritas exerceri nequit nisi à personâ à singulis membris distinctâ, et per actionem distinctam ab actione singulorum membrorum singulariter propriâ ; quia essentialis est distinctio inter auctoritatem et subjectionem, inter actionem imperantem et obsequentem, inter personam regentem et partes quæ reguntur, nec constare potest hæc distinctio regentis et subditorum, nisi quatenùs persona illa est vel totum corpus seipsum regens ac membra sua, vel membrum aliquod principale seu caput quod totum corpus repræsentet, hujusque personam gerat et officium exerceat. Ergò ex ipsâ constitutione corporis socialis essentialiter exurgit auctoritas, vel à toto corpore, vel à capite in omnia ac singula membra exercenda. Ergò auctoritas civitatem regens oritur ex essentiali hominis sociabilitate in ordine temporali et ex essentiâ essentialique ordine corporis moralis et membrorum rationalium..., et est quædam naturæ humanæ proprietas et facultas, cuilibet quidem homini individuo accidentalis, sed hominum collectioni in corpus sociale concretæ essentialis... Ergò provenit à Deo ut auctore illius naturæ et societatis ex tali naturâ et illius propensionibus, necessitatibus et aptitudinibus consequentis, quia quatenùs hæc principiœ societatis humanæ naturæ indidit, est auctor societatis ipsius civilis, ac proindè auctoritatis quæ in ipsius constitutione essentialiter, imbibitur, absque alio actu positivo Dei. Ergò non est à populo ut fonte. Nam hæc auctoritas ea est quâ corpus membris suis dominatur: porrò corpus non accipit auctoritatem suam à membris ipsis; sed ipso facto constitutionis suæ eam habet sibi ex ipsâ corporis moralis essentiâ et ex naturali ordine statuto à Deo juxtâ hanc essentiam creante, inhærentem. » *(De Matrimonio*, T. I, p. 84 à 89.)

Le cardinal Maury résume brièvement cette doctrine en ces termes : « Les peuples ne créent donc point l'autorité quand ils en transmettent l'exercice à un roi; je dirai plus : ils ne la créent pas quand ils se la réservent à eux-mêmes. La souveraineté n'étant que l'ensemble des pouvoirs nécessaires au gouvernement, elle est manifestement antérieure à toutes les conventions publiques, puisque sans elle l'état social serait impossible... En se soumettant à un souverain, le peuple ne donne rien; il renonce simplement à l'anarchie..... En supposant même, contre toute vérité, que la souveraineté vînt du peuple, elle ne saurait jamais retourner au peuple dans une monarchie héréditaire, jusqu'à l'extinction entière de la race appelée au trône en vertu des lois fondamentales qu'elle n'aurait point enfreintes; et enfin c'est manifestement égarer la multitude que de lui parler d'un droit de souveraineté qu'elle ne pourrait pas plus réclamer dans tous les systèmes que son droit primitif de propriété souveraine sur tout le territoire national. Si le peuple voulait s'attribuer la suprême puissance, au lieu de rétablir l'ordre, il s'environnerait d'un immense chaos. (*Opinion sur la souveraineté du peuple*, pages 107, 111, 112.)

NOTE XXII

CONTRADICTIONS DU SYSTÈME QUI SUPPOSE LA DÉMOCRATIE COMME L'ÉTAT NATUREL ET PRIMITIF DE LA SOCIÉTÉ.

(§ 428, *p.* 149.)

Nous croyons utile d'exposer ici le système des scolastiques sur ce point, en empruntant les paroles de Suarez lui-même, et de montrer en même temps la contradiction manifeste qu'il renferme, en supposant que la souveraineté réside déjà dans la communauté au moment où la communauté elle-même n'existe pas encore formellement comme telle.

« Advertendum est, dit-il, multitudinem hominum duobus modis considerari, primò solùm ut est aggregatum quoddam sine ullo ordine vel unione physicâ vel morali, quo modo non efficiunt unum quid, nec physicè, nec moraliter; et ideò non sunt propriè unum corpus politicum, ac proindè non indigent ullo capite aut principe. Quapropter in eis consideratis hoc modo, nondùm intelligitur hæc potestas (politica) propriè ac formaliter; sed ad summum quasi radicaliter. — Alio ergò modo consideranda est hominum multitudo, quatenùs speciali voluntate seu communi consensu in unum corpus politicum congregantur uno societatis vinculo, et ut mutuò se juvent in ordine ad unum finem politicum; quo modo efficiunt unum corpus mysticum, quod moraliter dici potest per se unum; illudque consequenter indiget uno capite. In tali ergò communitate, ut sic, est hæc potestas ex naturâ rei, ità ut non sit in hominum potestate ità congregari et impedire illam potestatem. Undè si fingamus homines utrumque velle, scilicet, ità congregari veluti sub conditione ut non manerent subjecti huic potestati, esset repugnantia, et ideò nihil efficerent. Quia sine gubernatione politicâ vel ordine ad illam non potest intelligi unum corpus politicum : tum quia hæc unitas magnà ex parte insurgit ex subjectione ad idem regimen et ad aliquam communem et superiorem potestatem : tum etiam quia aliàs corpus illud non posset dirigi ad unum finem et commune bonum; et ideò naturali rationi repugnat dari congregationem humanam quæ per modum unius corporis politici uniatur, et non habere aliquam potestatem communem cui singuli de communitate parere teneantur; ideòque si illa potestas non sit in aliquâ personâ determinatè, necesse est ut in totâ communitate existat. — Suarez, *De leg., L. III, C. II, n° 4.*

» Assero hanc potestatem politicam non resultare in humanâ naturâ donec homines in unam communitatem perfectam congregentur *et politicè uniantur*. Probatur, quia hæc potestas non est in singulis hominibus divisim sumptis, nec in collectione vel multitudine eorum quasi confusè, et sine ordine et unione membrorum in unum corpus : ergò prius est tale corpus politicum constitui, quàm sit in hominibus talis potestas, quia prius esse debet subjectum potestatis, quàm potestas ipsa; saltem ordine naturæ. Semel autem constituto illo corpore statim ex vi rationis naturalis est in illo hæc potestas. Ergò rectè intelligitur esse per modum proprietatis resultantis ex tali corpore mystico jàm constituto in tali esse, et non aliter. Quocircà sicut homo, eo ipso quod creatur, et habet usum rationis, habet potestatem in seipsum et in suas facultates, et membra ad eorum usum, et eâ ratione est naturaliter liber, id est, non servus, sed dominus suarum actionum; ità corpus politicum hominum, eo ipso quod suo modo producitur, habet potestatem et regimen suî ipsius, et consequenter habet etiam potestatem super membra sua, et peculiare dominium in illâ. Atque eâdem proportione, sicut libertas data est unicuique homini ab auctore naturæ, non tamen sine interventu causæ proximæ seu parentis à quo producitur; ità hæc potestas datur communitati hominum ab auctore naturæ, non tamen sine interventu voluntatum et consensuum hominum, ex quibus talis communitas perfecta congregata est. Tamen sicut in priori exemplo voluntas parentis solùm est necessaria ad generandum, non tamen requiritur specialis voluntas dandi filio libertatem aut alias facultates naturales, quæ per se non pendent ab speciali voluntate generantis, sed naturaliter consequuntur; ità in præsenti, voluntas hominum solùm est necessaria ut unam communitatem perfectam componant. Ut autem illa prædicta communitas habeat prædictam potestatem, non est necessaria specialis voluntas hominum, sed ex naturâ rei consequitur, et ex providentiâ auctoris naturæ, et in hoc sensu rectè dicitur ab ipso immediatè collata. » Suarez, *De legibus*, *lib. III*, *C. III*, nº 6.

Bellarmin parle à peu près de même :

« Si natura humana socialem vitam requirit, certè requirit etiam regimen et rectorem. Nàm impossibile est multitudinem diù consistere, nisi sit, qui eam contineat, et cui sit curæ bonum commune; sicut in unoquoque nostrûm, nisi esset anima quæ contineret et constringeret partes, et potentias, et elementa contraria, ex quibus constamus, statim omnia solverentur. Unde Proverb. XI. *Ubi non est gubernator populus corruet.* Deindè societas est multitudo ordinata, non enim dicitur societas, multitudo confusa et dispersa; ordo autem quid aliud est, quam series quædam inferiorum et superiorum? Necessariò igitur rectores habendi sunt, si societas futura est. » — *De Laicis, lib. III, cap. V.*

En présence de ces textes, on peut demander à Suarez ce que vaut, pour unir et gouverner une communauté concrète, ce pouvoir dont il affirme l'existence dans la société, s'il est purement abstrait?

Une société concrète, en effet, demande aussi un supérieur concret, comme le remarque très-bien Bellarmin; de même que l'essence d'une société abstraite renferme l'idée pareillement abstraite de l'autorité; car ces choses sont corrélatives et doivent se correspondre dans les deux ordres, l'abstrait à l'abstrait, et le concret au concret. On ne peut nier cette assertion qui se vérifie en toute matière. Or, cela posé, comment peut-on concevoir comme constituée et existante, même pour un instant de raison, une société formelle, que l'on suppose n'avoir pas encore de supérieur concret et réel; puisque dans l'hypothèse de Suarez, c'est elle-même qui doit le choisir et l'instituer, en vertu de la souveraineté qui lui est propre; mais qu'elle n'a, de son aveu, qu'en tant que société formellement constituée, et non comme simple multitude confuse? — Ce grand philosophe tombe ici dans une contradiction manifeste, et cela sur le fondement même de tout son système. Car il suppose ces deux choses : 1° qu'il n'existe pas de supérieurs purement désignés, avant une élection préalable, ni de supérieurs institués avant une institution faite par la communauté formelle; — 2° qu'il n'existe point de communauté formelle, à moins qu'il ne préexiste en elle, au moins d'une priorité de raison, un chef, c'est-à-dire un supérieur réel, élu et institué par elle. Je dis *réel*, parce que, comme nous venons de le montrer, une autorité abstraite ne suffit pas.

Suarez suppose donc que la communauté formelle est à la fois antérieure et postérieure à elle-même, car, selon lui, elle opère déjà comme société en instituant son chef, à un moment où elle n'est pas encore elle-même constituée en être social; puisque cette constitution suppose l'existence d'un supérieur? Que les partisans de ce système voient comment ils peuvent se tirer de là et échapper à une contradiction manifeste.

Pour nous, il nous semble qu'ils n'ont pas assez examiné les bases de ce problème social et qu'ils ne les ont pas exposées avec assez d'exactitude; ce qui ne paraîtra peut-être pas étonnant si l'on pense aux circonstances du temps où ils écrivaient, qui n'en faisaient pas si bien ressortir l'importance. *Mais ce qui serait surprenant,* dit Taparelli, *c'est que nous, instruits par une expérience si terrible, nous ne comprissions pas encore une leçon qui nous est proposée au bruit de si grands orages et à la lueur d'éclairs si sinistres.* — *Saggio di diritto natural.,* T. I. p. 325. — *Napoli,* 1850.

Il faut aller ici au-devant d'une difficulté. On pourrait vouloir rétorquer notre argument contre nous, et nous reprocher de commettre le même cercle vicieux au sujet de la communauté agissant avant d'exister, parce que nous lui accordons du moins la simple détermination du sujet en lui refusant l'institution. — Mais il n'y a pas de parité, et la rétorsion n'est pas valable. Car, 1° en admettant que ces déterminations se fassent par une élection proprement dite, celle-ci, qui n'est qu'un acte matériel, semble pouvoir être faite par une collection confuse, mais peu nombreuse comme nous le supposons. Il n'en est pas de même de l'*insti-*

tution ou de la collation du droit de souveraineté qui ne peut, de l'aveu des adversaires, résulter dans la multitude que de son association *formelle*, laquelle suppose déjà la présence d'un supérieur, puisque sans lui il n'y a pas de société, mais une simple multitude. 2° Quoi qu'il en soit de la possibilité d'une élection explicite faite par une réunion d'hommes purement matérielle, nous ne prétendons point qu'une telle élection soit le moyen unique et nécessaire de désigner le *sujet* de l'autorité. Nous supposons au contraire, ou bien qu'elle n'a lieu que dans une société déjà constituée, et à l'occasion d'un interrègne ou d'un changement de régime, comme nous l'avons expliqué ailleurs; ou bien que si elle se rencontre quelquefois à la première origine des sociétés, elle ne se fait que par quelques pères de famille, dont le consentement sur la reconnaissance d'un chef est assez facile, et n'exige pas une société si formellement et si pleinement constituée qu'elle possède déjà la souveraineté. Mais la difficulté est bien plus grande pour ceux qui exigent le consentement de toute une multitude considérable. Et enfin ils restent toujours sous le coup de la difficulté qui concerne l'*institution*, difficulté qui ne nous touche en aucune manière.

3° Enfin ce qui nous met complétement à l'abri de cette rétorsion, quoi qu'il en soit de sa valeur et de celle des deux réponses précédentes, c'est que, comme nous l'avons dit en parlant de la formation originelle des sociétés, nous pensons que la monarchie dérive de la paternité : qu'elle est la forme primitive, comme elle est la plus naturelle, et que la société s'est formée de haut en bas et non de bas en haut, ainsi que le veulent ceux qui prétendent que la démocratie est sa forme naturelle. En effet, nous n'admettons point comme primitive une société démocratique ou contractuelle entre un grand nombre d'égaux qui auraient vécu d'abord dans l'état d'anarchie. Nous n'admettons la démocratie que comme une forme secondaire, née de la relaxation du lien d'une supériorité antérieure, par exemple de l'émigration de plusieurs frères quittant ensemble la maison paternelle. Encore ne la croyons-nous possible dans ces conditions qu'entre très-peu de personnes, car le grand nombre, s'il n'y apporte pas un obstacle métaphysique, y met au moins un obstacle moral très-difficile à surmonter. Aussi, quoi qu'il en soit des changements qui surviennent postérieurement dans la cité, et dont les conditions sont fort différentes, nous regardons comme moralement impossible la formation originaire et *à priori* d'une grande démocratie, ce qui exigerait un contrat social selon l'esprit de Rousseau. C'est à ceux qui regardent la formation primitive d'une telle démocratie non seulement comme possible, mais encore comme la voie normale de l'association humaine, de voir comment ils peuvent résoudre cette difficulté. Pour nous, nous sommes à l'abri des contradictions dans lesquelles leur système les jette, et qui ne peuvent être légitimement rétorquées contre nous.

NOTE XXIII

NATURE ET ORIGINE DE LA DÉMOCRATIE

(§ 429, *p.* 152).

Il faut avant tout distinguer ici deux sortes de démocratie : la démocratie *historique*, seule réelle, et la démocratie *philosophique*, imaginée pour rendre compte de la formation de la souveraineté et de sa transmission à ceux qui l'exercent, suivant le principe qui n'admet d'autre sujétion civile que celle qui provient d'un libre consentement. Nous en avons déjà dit assez pour montrer que celle-ci est une hypothèse gratuite, impossible même et contradictoire, dont on n'a nul besoin pour expliquer l'origine du pouvoir; et qui, pour satisfaire à la logique, devrait comprendre les femmes et les mineurs : ce qui ne s'est jamais vu. Nous ne nous occuperons donc ici que de la démocratie historique.

Toute autorité existante demande dans ceux qui la possèdent l'unité, ou de personne, ou du moins de volonté, par l'accord de la majorité des gouvernants. Or cet accord est d'autant plus difficile à obtenir qu'ils sont plus nombreux ; et par conséquent il devient nécessaire de soustraire d'autant plus de choses à leur décision, parmi celles qui constituent l'administration, et qui demandent une action forte et prompte. Ainsi, dans la démocratie, à mesure que le peuple devient plus nombreux, son action se restreint, et sa souveraineté se réduit à l'élection des magistrats et des corps politiques, et peut-être à la ratification de quelques actes plus importants. C'est là le régime de la démocratie représentative, le seul possible dans un grand pays, et qui ne laisse guère au peuple qu'une souveraineté virtuelle ou radicale et presque fictive ; tandis que le pouvoir actuel et réel passe à ses élus. Cela suffit dans l'ordre métaphysique pour sauver le principe abstrait du droit populaire, dont la multitude (1) retient la possession, quoiqu'elle n'en ait pas l'exercice. C'est elle dans ce régime qui, comme souveraine, reçoit immédiatement de Dieu l'autorité et qui la délègue à ses magistrats ; car, non seulement elle *désigne* ceux-ci; mais encore il semble qu'elle les *institue*, chose que nous avons déniée à la prétendue démocratie philosophique universelle, qui n'a point comme celle-ci d'existence réelle et consacrée par le droit positif et arbitraire.

La démocratie réelle, encore qu'elle soit la *souveraineté* de tous les citoyens actifs (à l'exclusion des femmes, des

(1) Par *multitude* on désigne ici le *corps* du peuple politique ou des citoyens *actifs*, et non tous les *habitants*.

mineurs et autres qui ne jouissent pas des droits civiques) n'est pas le *gouvernement* de tous, mais seulement de quelques hommes choisis par le peuple et dans son sein, qui gouvernent en son nom. Voilà quelle est sa nature. Voyons quelle est son origine.

Cette démocratie n'est point, comme celle du contrat social, l'état primitif de la société humaine; elle naît toujours d'un état social antérieur, et cela peut arriver de deux manières : ou bien dans le cours des siècles, par les révolutions qu'une nation peut éprouver; ou bien à la formation primitive d'une certaine cité particulière; et ces deux manières ont chacune leurs conditions propres.

La première a lieu lorsque dans un État monarchique ou aristocratique déjà constitué, l'autorité venant à disparaître par l'extinction ou l'expulsion de la race royale, les sujets deviennent *sui juris.* C'est ainsi que commencèrent toutes les démocraties grecques. On en a vu encore bien d'autres exemples, et rien de plus facile à concevoir que la manière dont s'établissent alors les démocraties que nous appellerons *secondaires.*

La seconde manière, que nous appelons *originaire* ou *primitive*, est toujours précédée néanmoins par la société de famille ou patriarchale, dont quelques-uns se séparent, en émigrant par exemple, sans avoir de liens de subordination entre eux au moment de cette séparation. Chacun d'eux toutefois peut emmener avec lui toute une famille qui lui soit soumise, et qui ne participe point à l'égalité qui existe entre ces co-émigrants. Ce sont ces quelques pères de famille qui peuvent s'associer dans la forme républicaine, et donner ainsi naissance à une démocratie réelle et de droit positif. Quant à leurs familles respectives, elles sont passives dans cette constitution du nouvel État, qui par conséquent est dans ce premier instant plus aristocratique que réellement démocratique. Mais cette dernière qualité se développe avec le temps, lorsque les conditions de ce pacte social s'y prêtent. On le voit, nous sommes bien loin de l'hypothèse chimérique du contrat social formé *à priori* par une multitude indépendante, où l'on trouve d'immenses difficultés pratiques qui ne se rencontrent point ici.

Néanmoins cette formation originaire de la démocratie que nous venons de décrire, toute possible qu'elle est, n'a point laissé de traces dans l'histoire des premiers temps. On n'y voit partout que la monarchie. La cause en est peut-être que l'égalité supposée par nous entre les premiers fondateurs de ces sociétés qui se séparaient d'une autre préexistante, ne se rencontrait guère dans la pratique au moment de la séparation. Presque toujours quelqu'un de ces pères de famille avait de fait sur les autres une supériorité de génie, de force, de richesses qui lui donnait une influence tacitement acceptée dès le premier instant. Ainsi dès qu'ils quittaient la société patriarchale, à l'autorité de laquelle ils avaient été soumis jusque là, ils se trouvaient assujettis à une autorité nouvelle, sans passer réellement par cet état d'anarchie que les politiques supposent dans leurs abstractions, comme s'il devait toujours précéder la formation d'un Etat; hypothèse assurément fort peu historique.

Mais ce qui n'a point eu lieu (à notre connaissance du moins) au commencement du monde, s'est présenté quelquefois plus tard dans des associations d'émigrants toujours peu nombreux, quittant leur pays et leur souverain pour aller fonder au loin une colonie. Toutefois, ici encore nous ne trouvons point ce pacte radical *à priori* d'une grande multitude imaginé par les philosophes. Les choses se passent bien autrement; quelques hommes hardis conçoivent l'entreprise, la proposent et la font goûter à d'autres sur lesquels ils acquièrent ainsi une influence qui les désigne comme leurs chefs au moins provisoires. On se groupe autour d'eux par des accessions individuelles, comme on courait à l'asile de Romulus. Tout cela se passe au sein d'une société déjà constituée, et au moment où on la quitte, on a déjà une organisation établie, soit par une élection formelle, soit par une multitude de pactes et d'accessions individuelles. Les changements qu'éprouvera plus tard cette organisation, à mesure que la colonie se développera, appartiennent, non plus à la constitution primitive; mais aux modifications secondaires des sociétés, dont nous avons parlé plus haut. On trouverait aisément dans l'histoire la confirmation de ce que nous venons de dire ; c'est la meilleure preuve de notre exactitude dans l'explication des diverses origines démocratiques. Cette forme sociale n'est donc point primitive ni la seule naturelle; elle est au contraire accidentelle, et procédant toujours d'un état social antérieur, soit civil, soit au moins patriarchal, et par conséquent monarchique.

Il reste une observation à faire sur la démocratie *secondaire* succédant à un autre régime politique dans le même Etat; c'est qu'à l'extinction de cette première forme, on conçoit tout d'abord un état d'*interrègne*, qui n'est point la dissolution totale de la société préexistante ; car le pouvoir demeure provisoirement entre les mains des anciens magistrats, qui la gouvernent et la dirigent même dans les opérations relatives à l'établissement du nouveau régime. Il ne s'agit donc point de société à former, ni de contrat social radical selon l'idée de Rousseau. Il peut y avoir lieu tout au plus à un pacte entre le peuple ou ses magistrats d'une part, et de l'autre les supérieurs qui sont substitués aux anciens, pacte qui détermine la nouvelle forme du gouvernement, ainsi que les droits et les devoirs du nouveau souverain. C'est ce qu'on appelait autrefois *pacta conventa*. Ce n'est pas un contrat formant la société; mais un simple pacte fixant le régime politique. Toute la multitude n'y concoure point en vertu des droits essentiels de l'humanité, comme le veut le système philosophique. Il n'y a que le peuple politique, c'est-à-dire ceux qui ont droit de suffrage dans cet établissement et qui sont plus ou moins nombreux, suivant des circonstances tout-à-fait contingentes.

Souvent même l'établissement du gouvernement est l'œuvre d'un bien petit nombre d'hommes. Un seul, s'il est populaire, peut en décider ; tandis que le peuple laisse faire et est censé approuver tacitement, suivant cette parole de Tacite, qui contient l'histoire de toutes les révolutions : *Pauci audent, plures agunt, omnes patiuntur.*

NOTE XXIV

DE L'OBÉISSANCE AU POUVOIR DE FAIT

(§ 466, p. 217).

Voici en quels termes le cardinal Gabrielli trace aux sujets du Souverain Pontife, de la part de celui-ci, la ligne de conduite politique qu'ils devaient tenir vis-à-vis de l'usurpation française, en 1809 :

« .... On ne peut, dit-il, regarder comme permis aux sujets du Souverain Pontife, tant ecclésiastiques que laïques, tout acte qui tendrait directement ou indirectement à seconder une usurpation aussi notoirement injuste et sacrilége et à en établir ou consolider l'exercice. Il suit de là :

» 1° Qu'il n'est point permis, s'il venait jamais à être intimé par le gouvernement intrus, de lui prêter serment de fidélité, d'obéissance et d'attachement, exprimé dans des termes illimités et qui comprendraient en eux la déclaration d'une fidélité et d'une approbation positive, parce que ce serait un serment d'infidélité et de félonie envers le souverain légitime, par lequel on serait tenu de s'opposer aux protestations et aux réclamations faites par le Pape, pour lui et pour l'Eglise, contre une injustice si notoire; un serment d'un scandale grave qui favoriserait un fait qui ne peut tourner qu'au détriment de la foi et à la perte des âmes; un serment dans tous les sens repréhensible, injuste et sacrilége;

» 2° Qu'il n'est pas permis d'accepter, et bien moins encore d'exercer des emplois et des commissions qui auraient une tendance plus ou moins directe à reconnaître, à appuyer, à aider, à consolider le nouveau gouvernement dans l'exercice de son pouvoir usurpé; puisqu'il est évident qu'on ne peut faire cela sans y prendre part et sans en devenir acteur volontaire. Que si, de plus, de pareils emplois et de pareilles commissions devaient directement influer sur l'exécution de lois et d'ordonnances contraires aux principes et aux lois de l'Eglise, leur acceptation et l'exercice qu'on en ferait seraient beaucoup plus coupables : étant de principe général qu'il n'est point permis d'entrer et de persévérer dans un Etat, quoique nécessaire à sa subsistance, s'il est incompatible avec la conscience et les intérêts du salut éternel;

» 3° Qu'il n'est point permis aux évêques et aux autres pasteurs ecclésiastiques de se prêter au chant du *Te Deum*, s'il venait jamais à être prescrit à l'occasion de l'établissement du gouvernement usurpateur... Telle est la règle qu'après les réflexions les plus sérieuses et l'examen le plus mûr, Sa Sainteté a cru devoir prescrire à ses sujets chéris, l'intrusion du gouvernement usurpateur se réalisant, comme elle ne s'est que trop réalisée... »

L'instruction parle ensuite du cas où le gouvernement usurpateur exigerait des serments, en colorant cette violence du prétexte de sa sûreté et de la tranquillité publique.

» Dans ce cas, dit-elle, on pourrait lui donner satisfaction sans contrevenir aux principes incontestables que nous avons établis plus haut, par une formule qui, se restreignant à une promesse de fidélité et d'obéissance passive, c'est-à-dire de soumission et de non opposition, en même temps qu'elle garantit la sûreté publique (qu'il n'est jamais permis aux particuliers de troubler par des complots et par des factions, à cause des désordres et des scandales qui en résultent pour l'ordinaire), ne fait tort ni à la justice, ni à la religion. C'est pourquoi Sa Sainteté voulant toujours, autant qu'il lui est possible, réclamer pour elle les droits de l'Eglise romaine et du glorieux prince des apôtres, protestant hautement que la permission qu'elle va donner puisse jamais être prise pour une abdication ou renonciation à la souveraineté sur ses sujets et aux autres droits qui lui appartiennent, permet à ses sujets ecclésiastiques et séculiers, lorsqu'ils ne pourront s'exempter de le faire sans un grave danger ou préjudice, qu'ils prêtent le serment conçu dans les termes suivants : « *Je promets et je jure de ne prendre part* » *à aucune conjuration, complot ou sédition contre le gouverne-* » *ment actuel, comme aussi de lui être soumis et obéissant* » *dans tout ce qui ne sera point contraire aux lois de Dieu* » *et de l'Eglise.* »

(Voyez pièces officielles relatives à l'invasion de Rome par les Français, p. 197. Rome, 1809.)

NOTE XXV

DE LA PERSÉVÉRANCE DU DROIT POLITIQUE EN PRÉSENCE D'UN FAIT OPPOSÉ ET TRIOMPHANT

(§ 466, *p.* 217).

Après la révolution de 1830, l'école catholique libérale, fondée par M. de Lamennais et propagée par ses disciples, après même qu'ils eurent répudié leur chef, professa sur le droit politique des maximes qui auraient semblé bien étranges aux anciens publicistes catholiques, malgré la prétention qu'elle affichait souvent de s'appuyer sur leur doctrine. Une des plus paradoxales était la confusion qu'elle établissait entre le fait et le droit, comme si les principes de justice qui règlent les rapports des particuliers n'avaient point d'application en matière politique. Elle poussa cet indifférentisme jusqu'à contester, dans l'*Avenir,* la criminalité des délits politiques, à justifier les conspirations dirigées contre la Restauration, et spécialement celle qui la renversa, la *sainte* révolution de juillet, comme on l'appelait. Sous prétexte que *la légitimité n'est pas un dogme*, et qu'il importait d'en finir avec le *droit divin* et la royauté *inamissible*, elle soutenait que le prince qui a perdu la possession du pouvoir ne conserve aucun droit sur lui, mais que le *droit* et le *fait* sont tellement confondus qu'ils ne peuvent exister séparément, et que la conscience n'a plus aucune différence à mettre entre eux. C'était, on le voit, la théorie anticipée des faits accomplis et de la légitimité du succès.

Voici en quels termes un publiciste plus sage critiquait cette doctrine, au moment de sa plus grande faveur, dans la *Gazette de Metz*, de mars 1844 :

« Une école catholique, disait-il, s'est formée de nos jours, qui prétend tenir pour non avenus les événements de la politique, et qui pense que l'Eglise n'a que faire de s'enquérir qui est-ce qui commande, qui est-ce qui fait les lois, qui est-ce qui préside enfin à l'ordre extérieur de la société.

» Cette école se fait illusion sans doute ; elle ne voit pas que, sous ce dehors de l'indifférence, elle favorise après tout un ordre politique, c'est celui qui est, quel qu'il soit d'ailleurs.

» Cependant il est bien vrai qu'il y a dans le gouvernement de la société humaine des principes généraux qui font partie de la morale, et qui à ce titre entrent dans l'ensemble des lois chrétiennes. Détruire violemment la constitution d'un Etat et lui en substituer une autre ; chasser un pouvoir, le remplacer par un autre pouvoir d'une autre sorte ; méconnaître le droit général d'un peuple, lui ravir ses lois s'il est en république, son roi s'il est en monarchie, et puis disposer capricieusement des droits des citoyens et leur disputer leurs libertés naturelles ; c'est là en tout pays et en tout temps violer la morale humaine au même titre que si on livrait au pillage les propriétés privées, et si l'on abandonnait la vie des personnes aux entreprises des scélérats.

» Les actes d'iniquité politique qui troublent les empires intéressent donc le christianisme, par la seule raison que le christianisme est la raison même de la morale. Et comment se fait-il que l'école catholique dont je parle ait cru pouvoir utilement défendre l'Eglise, en laissant s'établir dans les âmes une certaine indifférence pour les violences publiques, qui manifestement blessent le sentiment du juste, et par conséquent blessent la foi ? Je ne l'ai jamais compris, et je maintiens que si une pareille théorie pouvait s'établir dans notre vieille Europe, ce serait l'annonce d'un ordre systématique de violences semblables à celles du Bas-Empire. La religion, sans doute, suivrait, comme alors, ses destinées parmi les fureurs humaines ; mais les nations seraient dévouées à des malheurs sans terme, à des exterminations sans remède. »

Il y avait de la prophétie dans ces paroles. On a pu le reconnaître depuis que nous avons vu appliquer directement à la souveraineté du Saint-Siége la théorie du fait accompli, si imprudemment préconisée par l'école en question contre les autres souverainetés. 1860 n'a été que le complément naturel de 1830.

Du reste, l'Eglise elle-même, qui a infligé tant de démentis à l'école catholico-libérale, qui prétendait parler en son nom, s'est spécialement expliquée plus d'une fois sur la distinction réelle du fait et du droit. Souvent elle a protesté qu'en traitant avec les pouvoirs de fait pour les nécessités spirituelles des peuples, elle n'entendait préjudicier en rien aux droits que pouvaient conserver d'autres personnes. On a vu Pie VII, en 1808, s'exposer à l'invasion de ses propres Etats, plutôt que de consacrer un fait triomphant et d'y coopérer contre les exigences du droit.

« Le Gouvernement français, dit-il dans une circulaire du 8 février 1808, nous signifie de couronner et sacrer roi de Naples Joseph Bonaparte ; mais comment pourrions-nous le faire sans délit? Ferdinand de Bourbon, roi légitime de ce pays, est plein de vie ; nous n'avons pas connaissance qu'il ait fait cession de ses Etats, et même nous sommes pleinement assurés des prétentions qu'il y a. Comment pourrions-nous lui substituer un autre souverain sans être injuste et inconsidéré? » — (*Pièces officielles relatives à l'invasion de Rome.* — *Rome,* 1809, p. 381 *bis* et suiv.)

Pie IX, de son côté, réfute, dans son allocution consistoriale du 18 mars 1861, la doctrine des faits accomplis, et, dans son encyclique du 19 janvier 1860, il proteste qu'il ne peut ratifier la révolte d'une partie de ses Etats par ce motif, entre autres, que cela nuirait aux droits des autres princes victimes de semblables rébellions.

Non possumus, dit-il, *commemoratas pontificiæ nostræ ditionis in Æmiliâ provincias abdicare, quin solemnia quibus obstricti sumus juramenta violemus, quin querelas motusque in reliquis nostris provinciis excitemus, quin catholicis om-*

nibus injuriam inferamus, quin denique infirmemus jura, non solum Italiæ principum, qui suis dominiis injustè spoliati fuerunt, verùm etiam omnium totius christiani orbis principum, qui indifferenter videre nequirent PERNICIOSISSIMA QUÆDAM INDUCI PRINCIPIA.

Nous recommandons ces dernières paroles à la méditation de ces catholiques qui ont si longtemps exalté la *sainteté* du fait accompli, et qui ne la contestent encore aujourd'hui qu'en faveur de l'Eglise seule, comme si les règles de la justice n'étaient pas universelles.

Il est, du reste, assez piquant de rapprocher de leur opinion les paroles suivantes d'un auteur qui ne semblait pas fait pour donner des leçons de sagesse et de probité politique à des catholiques, paroles qui ont une double autorité dans sa bouche :

« L'hérédité, dit M. Guizot, n'a d'autre objet que de mettre le droit sur le trône, afin qu'il soit partout : à ce titre seul, l'hérédité est légitime; mais à ce titre aussi, elle devient une véritable légitimité, et de ce caractère découlent en même temps tous les avantages. Il faut bien que ces avantages soient grands; car tous les pouvoirs et tous les partis les ont recherchés avec ardeur. J'ignore ce que récèle l'avenir; mais jusqu'à présent, dans les sociétés qui ont duré longtemps et où la légitimité a poussé ses racines, elle n'a pu être abolie : elle a changé de place, de condition, de nom; elle a survécu à tous ces changements. Les temps qui avaient vu sa ruine ont vu sa résurrection; les hommes qui l'ont renversée l'ont rétablie; les pouvoirs qu'elle condamnait s'en sont emparés; elle donne à la vie sociale, dans le passé et dans l'avenir, cette étendue, cette perpétuité qui est un des plus profonds besoins de notre nature. Comme superstition, la légitimité a dû périr; comme institution, elle est très-forte et très-précieuse.... » Le même écrivain ajoute, quelques pages plus bas, ces paroles remarquables :

« Rien n'est plus douloureux qu'un changement de dynastie : la guerre civile, avec ses horreurs, l'accompagne presque toujours ; et s'opérât-il sans résistance, il entraîne infailliblement et pour de longues années l'agitation, la discorde des citoyens, des complots, des révoltes, l'oppression des faibles, la tyrannie des forts, tous ces maux que l'ordre constitutionnel a mission de repousser. La révolution de 1688 s'est faite en Angleterre sans combat; mais pendant soixante ans elle a corrompu ses auteurs et persécuté ses adversaires : les annales britanniques de cette époque sont pleines d'injustices révoltantes et de déplorables infortunes. Toute idée de devoir à part, cela vaut la peine d'être évité. » Guizot, *Du gouvernement de la France depuis la Restauration, et du ministère actuel*, pages 204 et 213. — V. Mgr Tharin, *Du gouvernement représentatif*, page 292. — Voyez sur le même sujet Fénélon, *Essai sur le gouvernement civil*, chapitre IX.

NOTE XXVI

SENTIMENT DE PLATON SUR LA DÉMOCRATIE

(§ 485, *p.* 253).

Voici en quels termes Platon décrit les caractères et les conséquences de la démocratie :

« Voyons, mon cher Adimante, dit-il, comment se forme le gouvernement tyrannique : et d'abord il est presque évident qu'il doit sa naissance à la démocratie. — Cela est certain. Le passage de la démocratie à la tyrannie n'est-il pas à peu près semblable à celui de l'oligarchie à la démocratie? — Comment cela? — Ce qu'on regarde dans l'oligarchie comme le plus grand bien, ce qui même a donné naissance à cette forme de gouvernement, ce sont les richesses excessives des particuliers, n'est-ce pas? — Oui. — Ce qui cause sa ruine, n'est-ce pas le désir insatiable de s'enrichir, et l'indifférence que cet unique objet inspire pour tout le reste? — Cela est encore vrai. — Par la même raison, la démocratie trouve la cause de sa perte dans le désir insatiable de ce qu'elle regarde comme son vrai bien. — Quel est ce bien? — La liberté. Entre dans un Etat démocratique, tu entendras dire de toutes parts qu'il n'est point d'avantage préférable à celui-là, et que, pour ce motif, tout homme né libre y fixera son séjour plutôt que partout ailleurs. — Rien n'y est plus ordinaire qu'un pareil langage. — N'est-ce pas, et c'est ce que je voulais dire, cet amour de la liberté porté à l'excès et accompagné d'une indifférence extrême pour le reste qui perd enfin ce gouvernement et rend la tyrannie nécessaire? — Comment? — Lorsqu'un Etat démocratique, dévoré d'une soif ardente de liberté, est gouverné par de mauvais échansons qui la lui versent toute pure et le font boire jusqu'à l'ivresse; alors, si les gouvernants ne portent pas la complaisance jusqu'à lui donner de la liberté tant qu'il veut, il les accuse et les châtie, sous prétexte que ce sont des traîtres qui aspirent à l'oligarchie. — Assurément. — Il traite avec le dernier mépris ceux qui ont encore du respect et de la soumission pour les magistrats; il leur reproche qu'ils sont des gens de néant, des esclaves volontaires. En public comme en particulier, il vante et honore l'égalité qui confond les magistrats avec les citoyens. Se peut-il faire que dans un pareil Etat la liberté ne s'étende pas à tout? — Comment cela ne serait-il pas? — Qu'elle ne pénètre pas dans l'intérieur des familles, et qu'à la fin l'esprit d'indépendance et d'anarchie ne passe jusqu'aux animaux? — Qu'entends-tu par là? — Je veux dire que les pères s'accoutument à traiter leurs enfants comme leurs égaux, à les craindre même; ceux-ci à s'égaler à leurs pères, à n'avoir ni respect ni crainte pour eux, parce qu'autrement leur liberté en souffrirait; que les citoyens et les simples habitants, que les étrangers même aspirent aux mêmes droits. — C'est ainsi que les choses se passent. — Et pour descendre à de moindres objets, les maîtres, dans cet Etat, craignent et ménagent leurs disciples; ceux-ci se moquent de leurs maîtres et de leurs gouverneurs. En général les jeunes gens veulent aller de pair avec les vieillards et leur tenir tête, soit en paroles, soit en actions. Les vieillards, de leur côté, descendent aux manières des jeunes gens et s'étudient à copier leurs façons dans la crainte de passer pour des gens d'un caractère bourru et despotique. — Cela est vrai. — Mais l'abus le plus intolérable que la liberté introduise dans ce gouvernement, c'est que les esclaves de l'un et de l'autre sexe sont aussi libres que ceux qui les ont achetés. J'allais presque oublier de dire à quel point de liberté et d'égalité vont les relations entre les hommes et les femmes. — N'oublions rien, et, selon l'expression d'Eschyle, disons tout ce qui nous viendra à la bouche. — Fort bien. C'est aussi ce que je fais. On aurait peine à croire, à moins de l'avoir vu, combien les animaux qui sont à l'usage des hommes sont plus libres que partout ailleurs. De petites chiennes, selon le proverbe, y sont sur le même pied que leurs maîtresses; les chevaux et les ânes, accoutumés à marcher tête levée et sans se gêner, heurtent tous ceux qui se rencontrent si on ne leur cède le passage. Enfin tout y jouit d'une pleine et entière liberté. — Tu me racontes mon propre songe : je ne vais presque jamais à la campagne que cela ne m'arrive.

— Or, vois-tu le mal qui résulte de tout cela? Vois-tu combien les citoyens en deviennent ombrageux, au point de se soulever, de se révolter à la moindre apparence de contrainte? Ils en viennent à la fin, comme tu sais, jusqu'à ne tenir aucun compte des lois écrites ou non écrites, afin de n'avoir absolument aucun maître. — Je le sais. — C'est de cette forme de gouvernement, si belle et si charmante, que naît la tyrannie, du moins à ce que je pense. — Charmante, en vérité! mais continue de m'en expliquer les effets. — Le même fléau qui a perdu l'oligarchie, prenant de nouvelles forces et de nouveaux accroissements par la licence générale, pousse à l'esclavage démocratique : car il est vrai de dire qu'on ne peut donner dans un excès sans s'exposer à tomber dans un excès contraire. C'est ce qu'on remarque dans les saisons, dans les plantes, dans nos corps et dans les Etats, comme ailleurs. — Cela doit être. — Ainsi par rapport à un Etat comme par rapport à un simple particulier, la liberté excessive doit amener tôt ou tard une extrême servitude. — Cela doit être encore. — Il est donc naturel que la tyrannie ne prenne naissance d'aucun autre gouvernement que du gouvernement populaire; c'est-à-dire qu'à la liberté la plus pleine et la plus entière succède le despotisme le plus absolu et le plus intolérable. — C'est l'ordre même des choses. — Mais ce n'est pas là ce que tu me demandes. Tu veux savoir quel est ce fléau qui, formé dans l'oligarchie et accru ensuite dans la démocratie, conduit celle-ci à la tyrannie. — Tu as raison.

— Par ce fléau, j'entends cette foule de gens oisifs et prodigues, dont les uns, plus courageux, vont à la tête, et les autres, plus lâches, marchent à la suite. — Nous avons comparé les premiers à des frêlons armés d'aiguillons, et les seconds, à des frêlons sans aiguillons. — Cette comparaison me paraît juste. — Ces deux espèces d'hommes font dans tout corps politique les mêmes ravages que le flegme et la bile dans le corps humain. Le sage législateur, en habile médecin de l'Etat, prendra à leur égard les mêmes précautions qu'un homme qui élève des abeilles prend à l'égard des frêlons. Son premier soin sera d'empêcher qu'ils ne s'introduisent dans la ruche ; et si, malgré sa vigilance, ils s'y sont glissés, il les détruira au plus tôt avec les alvéoles qu'ils ont infestés. — Il n'a pas d'autre parti à prendre. — Pour comprendre encore mieux ce que nous voulons dire, faisons une chose. — Quoi ? — Séparons par la pensée l'Etat populaire en trois classes, dont en effet il est composé. La première comprend ceux dont je viens de parler ; la licence publique les y fait naître en aussi grand nombre que dans l'oligarchie. — La chose est ainsi. — Il y a néanmoins cette différence, qu'ils sont beaucoup plus malfaisants dans l'Etat démocratique. — Pour quelle raison ? — C'est que dans l'autre Etat, comme ils n'ont aucun crédit, et qu'on a soin de les écarter de toutes les charges, ils ne peuvent ni agir, ni se fortifier ; au lieu que dans l'Etat démocratique, ce sont eux presque exclusivement qui sont à la tête des affaires. — Les plus ardents parlent et agissent ; les autres bourdonnent autour de la tribune, et ferment la bouche à quiconque voudrait donner un avis contraire : de sorte que, dans ce gouvernement, toutes les affaires passent entre leurs mains, à l'exception d'un très-petit nombre. — Cela est vrai. — La seconde classe fait bande à part, et n'a nul commerce avec la multitude. — Quelle est-elle ? — Comme dans cet Etat tout le monde travaille à s'enrichir, ceux qui sont plus sages et plus modérés dans leur conduite sont aussi pour l'ordinaire les plus riches. — Cela doit être. — C'est de ces gens-là sans doute que les frêlons tirent le plus de miel et avec le plus de facilité. — Quel butin feraient-ils sur ceux qui n'ont rien ou peu de chose? — Aussi donne-t-on aux riches le nom d'herbes aux frêlons. — Ordinairement. — La troisième classe est le même peuple, composé de manouvriers, étrangers aux affaires et ayant à peine de quoi vivre. Dans la démocratie, cette classe est la plus nombreuse et la plus puissante lorsqu'elle est assemblée. — Oui ; mais elle ne s'assemble guère, à moins qu'il ne doive lui revenir pour sa part quelque peu de miel. — Aussi ceux qui président à ces assemblées font-ils tout ce qui dépend d'eux pour lui en fournir. Dans cette vue, ils s'emparent des biens des riches, qu'ils partagent avec le peuple, gardant toujours pour eux la meilleure part. — C'est là le fond des distributions qu'on lui fait. »

Tels sont les sentiments de Platon sur la démocratie. Il ne sera pas sans intérêt d'en rapprocher le jugement que porte sur ces assemblées tumultueuses un philosophe qui a pu les observer dans des temps plus modernes.

« Je maintiens, dit-il, que toute assemblée publique » nombreuse, qui ne sera pas gouvernée despotiquement, » fera toujours toute chose aussi mal qu'elle peut être » faite.......... Certainement 500 personnes assemblées » sont dix fois plus capables de connaître l'art de gou- » verner les finances d'un Etat que 5,000. — 50 que 500 » et 5 que 50....... Sans savoir qui sont les hommes qui » composent une assemblée, il suffit d'en connaître le » nombre pour obtenir par la spéculation la mesure de sa » capacité........ Je prétends que le gouvernement absolu » de la maison des communes est une des lois fondamen- » tales de l'Angleterre comme il l'était de la France (pour » les Etats généraux) et que les tyrans les plus déterminés » qui ont maintenu cette loi ont causé moins de malheurs » à leur Empire, que les Rois les plus vertueux qui n'ont » pas su lui donner la même vigueur........ Chacune des

» bonnes ou belles choses que nous avons dans ce monde
» a été d'abord conçue par la solitude et la réflexion d'un
» seul homme ; elles se sont ensuite perfectionnées par
» l'expérience d'un nombre choisi et borné d'autres hommes.
» Il y aurait moins d'erreurs commises sur la chose
» publique si les hommes voulaient y apporter le même
» jugement, y appliquer le même principe qu'ils font dans
» leurs affaires particulières. Si tout homme qui a fait une
» acquisition, ou obtenu une jouissance mentale, cherchait
» à découvrir à qui il la doit, il trouverait que c'est à ses
» réflexions dans la solitude ou à la conversation d'une so-
» ciété bornée à 8 ou 10 personnes. Lord Chesterfield, qui
» dit qu'une bonne société est au moins du nombre des
» grâces et au plus de celui des Muses, n'a raison que dans
» ce dernier cas. Mais augmentez le nombre de 10, vous
» détruisez la proportion nécessaire des écouteurs ; il se
» trouve plusieurs parleurs, la conversation, perdant son
» unité, perd son intérêt. Plus de cérémonie ou plus de
» licence s'introduisent ; la liberté et la raison s'éloignent,
» et cela dans la proportion que vous augmentez ce
» nombre. Faites-le arriver à 20 personnes, votre so-
» ciété sera plus froide qu'un congrès d'Allemagne, ou
» bien elle dégénérera en orgie ; mais qu'on ne parle ja-
» mais de plusieurs centaines de personnes s'assemblant
» pour donner à leur raison un exercice plus vigoureux.
» Que les Princes de l'Europe s'assemblent : ou bien ils
» auront choisi d'avance un chef aux opinions duquel ils
» entendent se soumettre, ou bien, par la discussion comme
» par la décision, on verra qu'ils n'ont formé entre
» eux, moralement parlant, qu'une aggrégation de popu-
» lace. Dans une assemblée de 8 à 10 personnes, celui qui
» mènera la bande sera celui que chacun préférerait
» comme parent, voisin ou supérieur, ce sera au contraire

» celui qu'on craindra le plus sous ces titres qui va se
» trouver le chef de cent personnes qui s'assemblent sans
» un chef. »

Rubichon, de *l'Angleterre*, page 225 — (page 497, première édition.)

NOTE XXVII

DES LOIS ET DES MŒURS

(§ 506, *p.* 308).

« On a toujours cru qu'il y avait dans la société quelque chose de mystérieux et qu'il n'était pas bon de sonder. Remonter à l'origine de tous les droits, c'est un jeu périlleux. On peut reprocher aux politiques modernes de ne tenir aucun compte de la nature humaine; on dirait qu'à leurs yeux l'homme est un pur esprit, tant ils le soumettent aux abstractions, aux formules de géométrie sociale... Les peuples obéissent à de grands sentiments, et non à de froids calculs... Les notions du juste ne s'impriment fortement dans les âmes qu'accompagnées de signes matériels, et sous un cortège d'habitudes et de traditions qui les rendent presque palpables. La symbolique du droit a exercé un puissant empire..... La mémoire frappée des cérémonies juridiques ne pouvait plus se détacher des idées qu'elles expriment..... Le législateur moderne a effacé le droit vivant, passé dans les mœurs et les usages, et dont la connaissance se transmettait par l'éducation de la famille et par le témoignage des anciens... L'abondance des lois a remplacé les mœurs; c'est par des lois qu'on a prétendu guérir les vices de l'ordre social. La société chrétienne s'est maintenue jusqu'au XVIe siècle. L'Europe se brise alors en morceaux sous le choc des idées payennes ressuscitées. La manie législative et réformatrice s'empare du monde. Montaigne signale le danger de ces utopies : « *Nous prenons*, dit-il, *un monde déjà fait et formé à certaines coutumes; nous ne l'engendrons pas comme Pyrrha et comme Cadmus; par quelque moyen que nous ayons loi de le redresser et renger de nouveau, nous ne pouvons guère le tordre de son accoutumé pli que nous ne rompions tout.* » (*Essais*, L. III.) La France a plusieurs fois vérifié ces paroles d'un si grand sens. La discussion ébranle plus d'âmes qu'elle n'en affermit; et si la religion reposait uniquement sur la raison, elle ne tiendrait pas longtemps... La société politique n'est pas une œuvre d'art et de raisonnement; elle vit de traditions sucées avec le lait et passées dans le sang... La foi sociale tarit quand tout est livré aux chances des discussions et des scrutins... La conscience des peuples ne se forme que par l'habitude, et elle est un frein et un levier puissant... Le législateur moderne ne s'aperçoit pas que ses lois n'existent que sur le papier; ce qui ne veut pas dire qu'elles ne sont pas obéies. L'obéissance devient aussi une habitude; mais alors elle n'offre aucun appui solide au gouvernement. Car le peuple n'est plus identifié à son gouvernement, comme dans les sociétés où le gouvernement n'est que la mise en exercice des sentiments et des traditions populaires. Un grand déploiement d'administration et de police est seul capable de suppléer à cette absence de mœurs publiques dont le poids tient tout l'ordre public en équilibre.....

On ne choisit pas un gouvernement, par la raison toute simple qu'on ne choisit pas ce qu'on a déjà. Il n'y a que dans Hérodote que l'on voit les Persans délibérer sur la forme de gouvernement qu'ils adopteront. Hérodote amusait les Grecs. Les choses se passent différemment; la question est toujours tranchée au moment où s'ouvre la discussion; et le peuple adhère par instinct de conservation... Dans ces circonstances, il s'attache nécessairement à l'élément gouvernemental qui s'offre à lui, comme un noyé qui saisit au hasard la première planche qui lui tombe sous la main.

Le temps ne respecte pas ce qu'il n'a pas contribué à fonder. Nous en appelons à la raison pure; nous dédaignons l'expérience. C'est ainsi que la vie civile, atteinte dans ses éléments de conservation et de durée, est comme la politique en proie à une instabilité perpétuelle, à une *démangeaison d'innover sans fin*.... La méthode cartésienne conduisait chaque individu à s'adorer. Quelle tradition pourrait résister à cette idolâtrie de soi-même? La sagesse des siècles n'étant plus comptée pour rien, toutes les institutions ont dû passer au crible d'une nouvelle analyse. Cette vaste prescription qui s'étendait sur le domaine intellectuel et moral des générations a été attaquée. Dans les faits et dans les idées, elle a été violemment interrompue. « (M. Coquille, *Les Légistes*, p. 517.)

NOTE XXVIII

DE CEUX QUI SONT PROPRES AUX AFFAIRES D'ÉTAT

(§ 510, *p.* 317).

Voici comment le célèbre Burke apprécie l'invasion des avocats dans les assemblées politiques : « Qui pouvait concevoir, dit-il, que des hommes qui sont habituellement fureteurs, entreprenants, subtils, actifs, dont les penchants sont litigieux et l'esprit inquiet, consentissent aisément à retourner à cette condition, anciennement la leur, d'une contention obscure, et d'une chicane laborieuse, basse et stérile. Qui pouvait douter que, quoiqu'il en pût coûter à l'Etat (au gouvernement duquel ils n'entendaient rien), ils ne dussent être principalement occupés de leurs intérêts, qu'ils n'entendent que trop bien? Il n'y avait à tous ces évènements ni hasard, ni futur contingent : ils étaient inévitables, ils étaient nécessaires, ils étaient enracinés dans la nature même des choses. De tels êtres devaient *se joindre* (si leur talent ne leur permettait pas de *conduire*) aux projets qui tendraient à leur procurer une *constitution litigieuse*, une constitution propre à leur offrir ce grand nombre de bons coups à faire, qui se présentent toujours à la suite des grandes convulsions, dans les révolutions d'un Etat, et particulièrement dans les grands et violents mouvements de propriétés. Pouvait-on s'attendre à voir concourir aux moyens de rendre les propriétés stables, ceux dont l'existence a toujours dépendu du talent de rendre la propriété douteuse, ambiguë et incertaine? Par leur élévation soudaine, ils ont été transportés il est vrai au milieu d'une multitude d'objets bien agrandis pour leurs facultés; mais leurs inclinations, leurs habitudes, leurs vues et leur manière de procéder devaient rester les mêmes..... »

Il montre ensuite le danger de confier les affaires d'Etat à des médecins, à des marchands, à des banquiers et autres hommes de semblables professions. « Je ne puis m'empêcher, ajoute-t-il, d'observer à cette occasion que lorsque des hommes sont trop enfoncés dans les habitudes de leur profession, ils sont comme incrustés dans ce cercle étroit et toujours renaissant de leurs fonctions; mais quant à celles qui dépendent de la connaissance du genre humain, de l'expérience des affaires de différentes natures, du coup-d'œil qui embrasse et qui détaille à la fois tous ces grands objets variés et compliqués, soit à l'extérieur du royaume, soit dans son intérieur, qui concourent à former cette machine à mouvements indéfinis qu'on appelle *Etat*, je crois que loin de les y rendre propres en aucune manière, cela les rend au contraire très-incapables. *Réflexions sur la Révolution française*, p. 83, 87.

« Non, dit de son côté M. Rubichon, il n'est pas naturel

que les peuples soient gouvernés, comme ils le sont aujourd'hui, par une administration composée d'artistes, de banquiers, d'écrivains, de journalistes, de légistes, de manufacturiers, de marchands, de mathématiciens, de médecins, de notaires, de poètes, de professeurs, gens qui certes peuvent avoir le mérite de leur vocation, mais qui n'ont ni la connaissance des hommes, ni la bienveillance, ni les doctrines que donnent aux propriétaires de terres le rang et la nature de leurs occupations habituelles. » *Extrait des enquêtes anglaises,* tome III, p. 13. — Paris, 1842.

Il faut entendre M. de Cormenin se moquer des assemblées législatives ainsi composées : « Nous, honnêtes députés, nous, négociants de toiles, fournisseurs de goudrons pour la marine, avocats de murs mitoyens, professeurs de grammaire, agioteurs de chemins de fer, et juges en jugeries, nous rangions en bataille les escadrons de Soliman Pacha..... Les avocats, sans quitter leur sac et leur bonnet carré, tirent le canon, mettent les flottes à la voile, griffonnent des dépêches, expédient des courriers, signent des traités et font asseoir devant eux sur la sellette les généraux d'armée, les ambassadeurs et les rois. L'avocat parle, l'avocat négocie, l'avocat guerroie, l'avocat règne, l'avocat gouverne, l'avocat fait tout, et aussi rien ne se fait. Je dis que rien ne se fait de ce qui serait à faire. » Cormenin, *Des orateurs*, art. Mauguin.

« L'apothéose des *capacités*, dit un autre auteur, est une illusion philosophique aussi chimérique que leur définition, et le droit de les contester appartient à tous, comme celui d'y prétendre. Elles seront toujours la proie du plus fort ou l'instrument du plus pervers. Cette thèse ne tend à rien moins qu'à renverser les dernières digues que la loi naturelle maintient encore parmi les hommes, malgré leurs vains efforts pour anéantir tout esprit de famille et toute hiérarchie sociale. Nous la tenons pour la fiction la plus envenimée qne l'orgueil humain ait encore inventée, et le piège le plus perfide dans lequel puissent tomber les nations dégénérées. Si le gouvernement des capacités était possible, son premier signe serait la sincérité et l'abnégation. Bien loin de se mettre au-dessus des autres notabilités, il n'aurait pas de plus grande sollicitude que de les rechercher et de leur faire place. Il n'aurait besoin ni d'intrigues pour se fonder, ni d'exclusion pour se maintenir..... Il serait difficile de reconnaître à ces signes caractéristiques les capacités doctrinaires que nous avons vues à l'œuvre..... On peut avoir une perception facile, de la dextérité, de l'audace et une certaine tactique parlementaire, sans avoir l'application consciencieuse, le coup-d'œil rapide et sûr, et aucune des qualités ministérielles qui font les Colbert et les Richelieu. Il ne suffit donc pas d'avoir une capacité indéfinie et une supériorité dont on est toujours soi-même un juge récusable, pour se croire toute ambition permise. Après s'être introduit au pouvoir par un antagonisme injustifiable et des brigues déloyales, il n'est pas rare de s'y trouver aussi étranger à la science des affaires qu'à celle de l'homme, et de n'y travailler ni à sa propre gloire, ni à celle du pays. — L. Révélière, *Supplément aux mémoires de M. Guizot*. V. l'*Univers* du 6 février 1849.

NOTE XXIX

SUR L'INSTITUTION DU JURY

(§ 518, *p.* 335).

L'institution du jury, que les uns préconisent comme une conquête de la démocratie moderne, et les autres comme une des institutions les plus précieuses du moyen-âge, peut être envisagée à un double point de vue, comme moyen d'assurer la bonne administration de la justice entre les particuliers, ou comme moyen de les protéger contre l'oppression juridique du pouvoir. En deux mots, on peut la considérer comme une institution judiciaire ou comme une institution politique. De plus, si l'on veut en faire une appréciation juste, il faut tenir compte de l'esprit qui en a été l'âme à diverses époques.

Comme institution judiciaire, surtout en matière civile, M. de Tocqueville, admirateur de cette institution, avoue que son utilité peut être contestée. « L'institution du jury, » dit-il, a pris naissance dans une société peu avancée, où » l'on ne soumettait guère aux tribunaux que de simples » questions de fait, et ce n'est pas une tâche facile que de » l'adapter au besoin d'un peuple très-civilisé, quand les » rapports des hommes entre eux se sont singulièrement » multipliés et ont pris un caractère savant et intellectuel. »

Lorsqu'un peuple, en effet, est régi par des coutumes simples qui sont connues de tous, on conçoit que tous aussi puissent, sans avoir fait une étude de la science du droit, juger des causes civiles qui ne dépendent que de ces usages ou de simples questions de fait. C'est ce qui avait lieu dans les sociétés du moyen-âge, et ce qui subsiste encore jusqu'à un certain point en Angleterre, restée pays de coutume. Voilà pourquoi le jury, en matière civile, y est encore absolument possible, malgré les difficultés qui naissent aujourd'hui de la complication plus grande des affaires, et qui en font une juridiction fort défectueuse.

Mais, lorsque le droit est devenu une science et que les Codes ont pris la place des usages, il devient impossible d'en confier l'application au premier venu. Si, dans cet état de choses, on conserve le jury en matière civile, de deux choses l'une, ou bien les jurés se livreront aveuglément à la direction du magistrat qui les préside, comme cela arrive d'ordinaire en Amérique, ou bien ces décisions seront un tissu d'absurdités et d'incohérences dont les pauvres plaideurs feront les frais. C'est aux dépens de ceux-ci que chacun viendra à son tour faire son apprentissage du métier de juges et se former à ces habitudes juridiques qui, selon M. de Tocqueville, sont pour un peuple une excellente préparation à la liberté (1), et, partant, une compensation suffisante de toutes les injustices qui se commettent dans la décision des procès. Qu'est-ce en effet que la sécurité des fortunes et l'intérêt des familles en comparaison de la *liberté!* On avait cru jusqu'ici que le principal but de la juridiction contentieuse et de l'institution des tribunaux, était de mettre les citoyens à l'abri des injustices qu'ils sont exposés à subir chaque jour de la part de leurs voisins. Mais nous avons découvert que cet objet importe peu, et que ce qu'il faut chercher dans les tribunaux, c'est surtout une garantie contre la pression du souverain, qui ne peut être cependant que fort rare en matière civile. C'est ainsi que le libéralisme comprend le bien public. Pour nous, il nous semble qu'en face de ces considérations et des aveux de ses partisans, il est difficile de défendre l'institution du jury, appliquée aux matières civiles dans les sociétés modernes.

Quant aux sociétés du moyen-âge, auxquelles on veut

(1) « Le jury, dit M. de Tocqueville, sert incroyablement à » former le jugement et à augmenter les lumières naturelles du » peuple. C'est là, à mon avis, son plus grand avantage. On doit » le considérer comme une école gratuite et toujours ouverte, où » chaque juré vient s'instruire de ses droits.... Je ne sais si le » jury est utile à ceux qui ont des procès, mais je suis sûr » qu'il est très-utile à ceux qui les jugent ! » — *Démocratie,* » tome I, chap. XVI.

faire honneur de son invention, il y a loin de leur principe du jugement de chaque homme par ses pairs à notre jury démocratique et égalitaire; et ce n'est pas chez elles que l'on se fût avisé de faire juger un gentilhomme ou des bourgeois d'une cité par quelques paysans réunis au hasard. Le jugement par les pairs était une conséquence de la hiérarchie dans une société classée. Chaque classe avait ses usages et ses intérêts propres. Il était naturel que l'on prît dans son sein ceux qui devaient en connaître. Si l'on voulait trouver encore parmi nous quelques applications de ce principe antique, c'est dans les tribunaux de commerce et les conseils de prud'hommes, et non dans le jury, qu'il faudrait aller les chercher. Nos pères tenaient beaucoup aux jurisdictions spéciales (l'Angleterre en est encore couverte), et nous les avons en horreur; quelle comparaison peut-on établir entre eux et nous? Entre leurs tribunaux et les nôtres, il n'y avait guère de ressemblance dans la forme, et l'esprit était encore plus différent. Laissons donc pour ce qu'elles étaient les institutions judiciaires des temps féodaux, qui ne peuvent avoir rien de commun avec celles d'une époque où tout est confondu et abaissé sous le même niveau.

Ce qui est certain, c'est que ceux qui auraient vu fonctionner le jury anglais en matière civile, ne seraient guère tentés de remettre leur procès entre ses mains. Il existe un moyen plus simple et plus sûr d'obvier aux inconvénients qu'offrent les magistratures permanentes avec leurs formalités exagérées et les frais énormes qu'elles entraînent. Ce moyen, c'est l'arbitrage, tribunal d'équité, qui substitue avantageusement des hommes nommés par les personnes les plus intéressées à les choisir honnêtes et capables, à des jurés pris au hasard.

Le jury appliqué aux matières criminelles semble au

premier coup d'œil une institution plus raisonnable, puisqu'on ne lui soumet qne des questions de fait, dont l'appréciation est moins difficile. L'expérience toutefois ne lui est pas favorable dans une société corrompue, où il assure l'impunité de certains crimes et de ceux-là mêmes qui nuisent le plus à la morale publique. Les coupables trouvent trop de connivence dans le cœur de bien des jurés. Dans les temps d'agitation et de passion politique, le jury devient trop souvent ou l'instrument servile d'un pouvoir violent qui sait s'en emparer, ou le complice des passions populaires contre un pouvoir modéré et honnête.

Ici encore, l'institution judiciaire est bien défectueuse et ne satisfait pas aux conditions d'impartialité et de bonne administration de la justice, au nom desquels on la recommande.

Mais, plus franc que beaucoup d'autres, M. de Tocqueville nous avertit que ce n'est point de cela qu'il s'agit; mais bien d'une nouvelle application du principe de la souveraineté du peuple.

« Ce serait singulièrement rétrécir sa pensée, dit-il, que de se borner à envisager le jury comme une institution judiciaire ; car, s'il exerce une grande influence sur le sort des procès, il en exerce une bien plus grande encore sur les destinées mêmes de la société. Le jury est donc avant tout une institution politique. C'est à ce point de vue qu'il faut toujours se placer pour le juger......

» Appliquer le jury à la répression des crimes, me paraît introduire dans le gouvernement une institution éminemment républicaine. Je m'explique :

» L'institution du jury peut être aristocratique ou démocratique, suivant la classe dans laquelle on prend les jurés; mais elle conserve toujours un caractère républicain, en ce qu'elle place la direction réelle de la société dans les mains des gouvernés ou d'une portion d'entre eux, et non dans celles des gouvernants.

» La force n'est jamais qu'un élément passager de succès : après elle vient aussitôt l'idée du droit. Un gouvernement réduit à ne pouvoir atteindre ses ennemis que sur le champ de bataille, serait bientôt détruit. La véritable sanction des lois politiques se trouve donc dans les lois pénales, et si la sanction manque, la loi perd tôt ou tard sa force. L'homme qui juge au *criminel* est donc réellement le maître de la société. Or, l'institution du jury place le peuple lui-même, ou du moins une classe de citoyens, sur le siège du juge. L'institution du jury met donc réellement la direction de la société dans les mains du peuple ou de cette classe.

» En Angleterre, le jury se recrute dans la portion aristocratique de la nation. L'aristocratie fait les lois, applique les lois et juge les infractions aux lois. Tout est d'accord : aussi l'Angleterre forme-t-elle à vrai dire une république aristocratique. Aux États-Unis, le même système est appliqué au peuple entier. Chaque citoyen américain est électeur, éligible et juré. Le système du jury, tel qu'on l'entend en Amérique, me paraît une conséquence aussi directe et aussi extrême du dogme de la souveraineté du peuple que le vote universel. Ce sont deux moyens également puissants de faire régner la majorité.

» Tous les souverains qui ont voulu puiser en eux-mêmes les sources de leur puissance, et diriger la société, au lieu de se laisser diriger par elle, ont détruit l'institution du jury ou l'ont énervée. Les Tudors envoyaient en prison les jurés qui ne voulaient pas condamner; et Napoléon les faisait choisir par ses agents.

» Quelque évidentes que soient la plupart des vérités

qui précèdent, elles ne frappent point tous les esprits, et souvent, parmi nous, on ne semble encore se faire qu'une idée confuse de l'institution du jury. Veut-on savoir de quels éléments doit se composer la liste des jurés, on se borne à discuter quelles sont les lumières et la capacité de ceux qu'on appelle à en faire partie, comme s'il ne s'agissait que d'une institution judiciaire. En vérité, il me semble que c'est là se préoccuper de la moindre portion du sujet; le jury est avant tout une institution politique; on doit le considérer comme un mode de la souveraineté du peuple; il faut le rejeter entièrement quand on repousse la souveraineté du peuple, ou le mettre en rapport avec les autres lois qui établissent cette souveraineté. Le jury forme la partie de la nation chargée d'assurer l'exécution des lois, comme les chambres sont la partie de la nation chargée de faire les lois; et pour que la société soit gouvernée d'une manière fixe et uniforme, il est nécessaire que la liste des jurés s'étende ou se resserre avec celle des électeurs. C'est ce point de vue qui, suivant moi, doit toujours attirer l'attention principale du législateur. Le reste est pour ainsi dire accessoire. » *Démocratie*, T. I, ch. XVI.

» Le secret de l'engouement du libéralisme pour le jury est révélé dans ces paroles : il faut avant tout que la nation se dirige elle-même, ce qui veut dire en pratique qu'elle sera conduite par des meneurs, qui n'auront pour cela d'autre titre que leurs intrigues et leurs flatteries à son égard. Néanmoins, en principe, au lieu d'être gouvernée par une autorité parlant au nom de Dieu, elle le sera par des tribuns parlant au nom du peuple, celui-ci se gouvernera lui-même, comme s'il n'était pas essentiellement fait pour être gouverné; à tel point qu'il n'échappe à un pouvoir que pour tomber sous un autre. C'est à cette utopie du *self-governement* que l'on sacrifie ici la bonne administration de la justice, après tant d'autres choses. Sans le jury, dit M. Guizot, *un peuple peut être bien gouverné, bien jugé, mais il n'est pas libre !* Pour être libre, il faut donc désarmer l'autorité, même la plus juste, et chercher des armes contre elle, non pour la forcer à bien gouverner, à bien juger ; — tout cela elle le fait déjà, on le suppose ; — mais pour juger et gouverner à sa place, et faire conduire la tête par la queue de la société !...... Nous avons bien le droit, il faut en convenir, d'être fiers de nos progrès dans la science sociale ! L'antiquité ne se fût jamais avisée de tout cela ! »

NOTE XXX

CONDITIONS D'UNE AGRICULTURE PROSPÈRE

(§ 532, *p.* 361).

« Sans l'état florissant de la culture, aucune nation n'a été ni heureuse, ni riche, ni puissante. Si en négligeant la culture de son sol, un peuple paraît prospérer par le produit de ses conquêtes, ou par les profits d'un commerce d'économie, son état de bonheur est toujours précaire, et ses voisins, restés dans l'inaction par faiblesse ou par ignorance, reprennent leurs droits en renversant ce colosse à pieds d'argile. La prospérité d'un Etat n'est fondée que sur des richesses réelles, qui peuvent être multipliées suivant les besoins des habitants.

» Il suffit de faire attention à la marche naturelle des occupations de l'homme, pour voir à quel point on doit accorder la préférence à l'art de la culture, au-dessus des autres arts. Sans avoir une subsistance assurée, personne n'a ni le temps ni la volonté de travailler à la façon des matières premières, ni à rapprocher les marchandises du consommateur. Tout le mouvement de la société reçoit sa première impulsion par la surabondance des subsistances. Si ces subsistances sont suffisantes pour entretenir un plus grand nombre d'hommes que ceux qui sont nécessaires à les produire, tout ce surplus des habitants s'appliquera aux arts et au commerce. C'est donc ce premier essor que le gouvernement doit remonter sans cesse : en abandonnant la machine de la société à son mouvement, et en accordant une liberté plénière à l'industrie, tout ira au mieux par son propre mécanisme.

» Toutes les institutions fondamentales de la société sont bonnes si elles visent à donner la plus grande activité à la culture : toutes les lois sont conformes à l'ordre, si elles favorisent cette activité. Ces institutions et ces lois ont pour but, dans une société bien organisée, d'opérer le plus grand bonheur du plus grand nombre de ses membres. Si les productions de la culture sont abondantes, les hommes ne sont pas réduits à se contenter d'une subsistance modique et uniquement suffisante à la conservation de leur existence : ils peuvent consommer davantage et ajouter le commode au nécessaire ; ils seront plus forts, plus vigoureux, moins accablés de fatigues et par conséquent ils seront plus heureux. Supposé même que la population n'augmente pas en proportion de l'accroissement des subsistances ; l'Etat riche sera toujours plus puissant qu'un Etat pauvre plus peuplé, parce que le premier contient des sujets plus robustes et plus propres au travail. Une agriculture florissante est donc en tous temps la base du bonheur des peuples et un indice certain de leur félicité.

» La culture, comme la source des richesses, mérite la plus grande attention de la part du législateur ; mais la culture ne peut pas subsister, ni parvenir à un certain degré de prospérité sans le secours des avances. Il est donc indispensable au bien-être d'une nation, que les lois et les institutions excitent les hommes à confier à la terre leurs richesses mobilières. Si l'état du propriétaire foncier est le meilleur parmi les différents états des classes de la société, si la profession du cultivateur n'est pas avilie, si enfin les avances de la culture ne sont pas exposées à des vexations, on sera porté naturellement à placer les richesses de la manière la plus solide et la plus lucrative, en augmentant les avances que la fécondité de la terre double toutes les années, sans que le fond en soit jamais anéanti. Toutes les lois, toutes les coutumes, au contraire, qui occasionnent une diminution de ces avances, ou qui détruisent la sûreté de leur emploi, diminuent la prospérité de la nation, en empêchant la reproduction des subsistances. Quand de cette manière on étouffe les richesses dans leur naissance, la nation la plus riche s'appauvrit, et les progrès, quoique lents, de cet appauvrissement, vont jusqu'à rendre désertes les contrées les plus fertiles. Par l'impuissance du cultivateur, la plus belle partie de l'Europe n'est qu'un amas de friches qui détruisent leurs habitants au lieu de les nourrir.....

» Quelle différence entre le savoir et les procédés d'un pauvre laboureur, qui, à force de bras, ou tout au plus avec l'aide de quelque bête étique, remue un peu la surface du sol ; et les procédés et le savoir d'un riche fermier d'un pays agricole qui, avec des animaux bien entretenus, avec les machines nécessaires, avec un petit nombre d'ouvriers bien dirigés, et avec des avances de toute espèce, met en action tous les principes de la fécondité de la terre! La différence est aussi grande entre le produit de ces deux manières de cultiver : le pauvre laboureur tire de ses champs à peine sa propre chétive subsistance, pendant que le fermier opulent produit une surabondance de subsistances propre à entretenir une multitude d'hommes employés à des occupations profitables à la société. C'est donc avec raison qu'on appelle la dernière manière de cultiver la grande culture, pendant que la première se nomme la petite culture. Cette grande culture a visiblement deux avantages très-importants pour la prospérité de la société : elle fournit plus de subsistances et elle épargne le travail des hommes. Il suffirait de comparer l'état d'un pays où la grande culture est établie, avec l'état de ces pays où la petite est en usage, pour juger de la différence du produit de ces cultures.....

..... Un calcul simple achève de prouver l'avantage de la grande culture : on n'a qu'à examiner le produit d'un arpent de terre cultivé dans une grosse ferme avec un arpent de terre de même qualité, exploité par un pauvre laboureur, et l'on sera étonné de la différence du revenu. Dans la grande culture, l'épargne des hommes est plus considérable qu'elle ne paraît. Par la petite, cent hommes ne produisent pas plus de subsistances qu'il n'en faut pour nourrir cent et dix personnes : il n'y aurait donc que dix hommes sur cent qui pourraient s'appliquer aux autres occupations dont la société a besoin. Par la grande culture, au contraire, cent hommes, avec le secours des avances, des machines et des bêtes de labour, tirent de la terre assez de productions pour fournir la subsistance à quatre cents, et peut-être six cents hommes; il serait donc possible à un pays, assez heureux pour avoir adopté cette manière de cultiver, d'employer aux arts six ou dix fois plus de ses habitants que n'en pourrait employer un pays réduit à la petite culture. Le premier de ces pays sera donc nécessairement plus riche et plus puissant, et ses habitants, pouvant consommer davantage et varier leurs jouissances, seront plus vigoureux et plus heureux. Observons en général que, dans les pays de petite culture, presque toute la nation doit être composée de laboureurs. Il sera difficile de trouver dans cette supposition cet excédant de population, qui forme le militaire, le marin, et toute la classe industrieuse d'une nation. La marche naturelle des peuples vers l'état policé, paraît être de commencer par la coutume des barbares, où chaque individu laboure sa portion de terre : à mesure que les lumières gagnent la masse de ce peuple, les arts enlèvent à la terre une partie des bras occupés à la cultiver, et ces bras sont remplacés par l'invention des machines et par le secours du bétail. Parvenu à l'état parfaitement policé, ce peuple s'adonne à la grande culture, comme à la source unique de ses subsistances et de ses richesses. La petite culture est toujours un indice des restes de la barbarie, dont un peuple ne s'est pas encore défait. Il est assez singulier de voir des gens, éclairés d'ailleurs, applaudir à la perfection des arts en général, et blâmer celle de l'art de la culture. Cette contradiction tire son origine de la fausse idée qu'on se forme de la nature et des avantages de la population. On ne cherche la nation que dans les campagnes, et on compte pour trop peu de chose les villes si peuplées et si florissantes. On croit suffire à la prospérité d'un pays s'il contient un grand nombre d'habitants, sans faire attention à l'aisance et à l'entretien de ces habitants. Cependant, comme nous avons vu, un État moins peuplé, mais où le peuple est heureux, est plus puissant et plus riche que l'État surchargé d'une foule de misérables.....

» On voit, par l'exposition des effets de ces différentes cultures, qu'il n'est pas de l'intérêt de la société d'accorder à tous les laboureurs la propriété des fonds. Si tous sont propriétaires, il ne se formera pas de grandes propriétés, et la petite culture continuera à mettre l'Etat dans la médiocrité. C'est le préjugé d'une prétendue égalité entre les fortunes, qui ne peut jamais exister, et l'opinion que le zèle pour la culture est augmenté par l'esprit de propriété, qui trompent les gouvernements dans leur désir de voir tous les laboureurs propriétaires. Le fermier à long bail acquiert une espèce de propriété de sa ferme, et s'y attache comme si elle lui appartenait en toute propriété. Ce sont donc les baux à longs termes qui doivent être favorisés, au lieu de la défense de les prolonger, donnée, dans l'esprit du fisc, pour tirer quelques minces droits seigneuriaux.

» La même erreur, sur les avantages des laboureurs propriétaires, occasionne un arrangement préjudiciable à l'Etat, dans les pays où l'on commence à affranchir le paysan de la servitude de la glèbe : on lui accorde trop aisément, contre une redevance, la propriété du champ qu'il avait cultivé pour son seigneur, sans faire attention si ce paysan possède les avances nécessaires pour entreprendre la bonne culture sur son compte. Il serait plus profitable, pour la société et pour les autres intéressés, si le seigneur gardait la propriété de ses fonds, en employant ses richesses mobilières pour mettre son serf en état d'embrasser la profession d'un bon fermier. Sans cette précaution, on fait la même faute que celle d'envoyer des colons pauvres et sans ressources pour peupler un pays désert : l'affranchi, dénué des avances suffisantes, languit, néglige nécessairement sa nouvelle propriété, et il est plus malheureux peut-être qu'il n'était dans la servitude.

» Par les mêmes raisons, il sera d'une utilité reconnue de prévenir par les lois les partages trop fréquents des fonds de terre. Les propriétés morcelées et dispersées ne sont jamais mises en valeur comme sont celles d'une certaine étendue, rassemblées dans un enclos et continuellement présentes à l'œil et à la main du cultivateur. Une espèce de fiefs indivisibles et assujettis à un ordre fixe de succession entre les mâles, serait plus nécessaire peut-être à la prospérité du laboureur et de la culture que les fiefs ordinaires ne sont utiles au soutien de la noblesse. Le droit des filles de partager également avec leurs frères un héritage rural est au moins un abus dont l'abolition serait favorable à la culture.

» Il importe sans doute à la société de conserver à la campagne les bras nécessaires à son exploitation ; mais les défenses de changer d'état, faites au laboureur, ou les costumes qui mettent une séparation trop marquée entre le paysan et l'habitant des villes, ne contribuent en rien à conserver la population des villages. Si l'habitant de la campagne est heureux, il ne sera jamais tenté d'abandonner sa profession libre et tranquille, pour la servitude et la vie précaire des villes ; si, au contraire, sa situation le rend malheureux, aucune défense, aucune coutume ne l'empêchera de se dérober à la misère et à l'oppression, et de chercher un meilleur sort. Mais si le laboureur quitte la campagne faute d'occasion d'y placer son travail qui est devenu superflu, il est avantageux pour lui et pour la société qu'il change d'état et de profession : ce déplacement est alors un indice certain de la perfection du grand art de cultiver la terre. »

(*Principes de la législation universelle,* par Schmid d'Avenstein, livre IV, chap. III, IV, V, Tome I, p. 242 et suivantes. — Amsterdam, chez Rey. 1776.)

Tout ceci paraîtra peut-être bien *vieux;* nous croyons cependant qu'on y peut trouver matière à d'utiles réflexions et peut-être la solution de plus d'un problème économique.

NOTE XXXI

SUR LA DIVISION DES TERRES ET LE COMMERCE

(§ 533, *p.* 363).

« Il est nombre d'Etats en Europe où le gouvernement se flatte de pouvoir allier et conserver à la fois de grands et de petits propriétaires. L'expérience doit leur démontrer l'impossibilité d'un pareil système. On a vu qu'en France les petits propriétaires devenus puissants par leur nombre ont englouti les grandes propriétés, et qu'en Angleterre les grands propriétaires puissants par leur fortune ont englouti les petites. C'est pour développer les effets de ces deux systèmes que l'extrait de ces enquêtes a été fait; car la vie ou la mort d'un Etat dépendent de la tenure des terres.

» En disant que les grandes propriétés ont été englouties, nous n'avons pas entendu appliquer cela aux grands propriétaires. Il en reste encore en France à peu près 20,000 qui possèdent au moins la superficie nécessaire pour constituer une ferme de 200 jochs (100 hectares), et ceux-là pourraient former le noyau d'un nouveau système; mais, d'après les causes déjà déduites, leurs propriétés se trouvent divisées en une si grande multitude de parcelles, éloignées les unes des autres, qu'elles n'offrent guère plus de ressources au pays que celles des familles de paysans qui ne possèdent pas même un joch.

» On peut parler sciemment de cette destruction. Le cadastre qui se continue depuis quarante ans, et qui coûte cinquante millions de francs, ne laisse rien à désirer sur les détails. La France, sur quatre-vingt-quinze millions de jochs, en a vingt-cinq en forêts, routes, rivières, bâtiments, etc., etc. Les soixante-dix millions restants sont dévolus à l'agriculture, et le cadastre nous les représente comme divisés en 120 millions de parcelles, avec cette observation juste, que les parcelles cadastrées il y a 10, 20 ou 30 ans, ont probablement doublé de nombre. La population qui, en 1790, était de 28 millions, s'est élevée, en 1840, à 35 millions, faisant à peu près 7 millions de familles; mais, en 1790, sur 100 familles, il y en avait 60 de paysans, et en 1840, il y en avait 75, c'est-à-dire que, sur 7 millions de familles, il y en a 5,500,000 de paysans, dont la moitié possède, l'un dans l'autre, moins de deux jochs. Voyons le résultat : en 50 ans, la population s'élève de 5,500,000 familles à 7,000,000; c'est donc 1,500,000 familles de plus, et cependant il y a 2,000,000 de familles de paysans de plus, ce qui veut dire que non seulement tout l'accroissement de la population a été en familles de paysans, mais que 500,000 familles de petits bourgeois qui possédaient de 30 à 70 jochs de terres sont tombées à l'état de paysans par suite des partages; et encore, élevés dans cette idée moderne que la terre doit appartenir à celui qui la travaille, ils regardent les riches propriétaires comme des usurpateurs, et croient que tout agriculteur doit être un paysan. En effet, tout le continent de l'Europe marche plus ou moins vers ce système; c'est là du moins la tendance la plus prononcée.

» Il a paru nécessaire de faire précéder nos remarques sur les fabriques de laine par ce rapport sur l'état actuel des propriétés. Aujourd'hui les bons esprits reconnaissent que le mouton est un des dons les plus précieux que la Providence ait faits à l'homme, mais en même temps ils prétendent que les plus petits propriétaires peuvent l'élever. En effet, cet animal se nourrit sur les bords des routes, des fossés, des bois, des buissons, des marais, et même sur les rochers qui paraissent les plus arides. Mais malheureusement l'expérience ne confirme pas cet espoir. Cet animal est sujet à tant de maladies et d'épidémies, il exige tant de soins, qu'un propriétaire pauvre élève plutôt une vache que des brebis, et que la diminution dans le nombre des bestiaux est bien plus grande encore en moutons qu'en bœufs. La disette dans le nombre des bestiaux est arrivée à un tel point qu'elle a réveillé l'attention des administrateurs, des assemblées publiques et des corps scientifiques, partisans si zélés du partage des propriétés. Un de ces derniers établit, dans un rapport, l'état de la viande consommée par tête en Angleterre. Il calcule qu'elle est quadruple de ce qu'elle est en France. Mais, à lire ce rapport, on croirait que c'est une affaire de choix; que les Français, préférant les légumes et les fruits, sont plutôt herbivores, et les Anglais carnivores, sans réfléchir que le peuple qui, pour se garantir de la faim, consomme quatre fois plus de viande, a pour se défendre du froid quatre fois plus d'habits, de bas, de chapeaux, de souliers, de matelas et de couvertures de lits, tandis que les légumes et les fruits ne laissent rien après eux.

» On a pu observer par cette enquête que les Anglais n'ont pas sur le commerce extérieur les mêmes idées que les habitants du continent. Les manufacturiers de drap remarquent que, depuis dix ans, la quantité de la production et de l'importation des laines a beaucoup augmenté, et ils s'applaudissent de ce que l'exportation des draps soit restée à peu près stationnaire, ce qui prouve que les habitants du pays sont chaque année mieux habillés. Si ce raisonnement est juste, on est autorisé à dire de l'Allemagne ce qui a été dit de la Baltique au sujet des cuirs, qu'elle s'est successivement appauvrie, puisqu'elle exporte toujours plus de laines fines en Angleterre. D'abord les habitants n'ont rien gagné en fait de nourriture, puisqu'ils laissent vieillir et mourir de mort naturelle le mouton qui produit ces laines, et lorsqu'un pays élevé, froid comme l'Allemagne, exporte une denrée aussi précieuse que la laine, nous pouvons juger que les habitants ne sont pas chaudement habillés. On ne peut faire le même raisonnement sur l'Espagne, parce que la chaleur de son climat est cause qu'elle consomme moins de cette sorte de production. D'ailleurs les Anglais ne sont pas des consommateurs solides pour les laines; ils trouvent déjà leur intérêt à y substituer celles de l'Australie. Indépendamment, ce sont des débiteurs dangereux, moins par mauvaise foi que par imprudence. Si les négociants paient en temps de prospérité, on est certain qu'ils ne paieront pas en temps d'adversité. Alors la banqueroute est un état naturel, et de l'année 1835 à 1838, les producteurs de laine sur le continent ont perdu plus qu'ils n'ont gagné les cinq années précédentes et les cinq suivantes. Les Allemands feraient donc mieux de s'adonner à l'éducation de ces races de moutons qui, comme celles des Anglais, produisent beaucoup de viande et beaucoup de laine, et de consommer l'une et l'autre. »

(*Extrait des enquêtes et des pièces officielles publiées en Angleterre par le Parlement, depuis* 1833 *jusqu'à ce jour, accompagné de quelques remarques, par* MM. Rubichon *et* L. Mounier. *Paris*, 1843, *chez* Truttel *et* Würtz. — Tome V, p. 106.)

NOTE XXXII

RÉSULTATS COMPARÉS DE L'AGRICULTURE ET DE L'INDUSTRIE SUR LES MŒURS

(§ 538, *p.* 368).

Toute notion de ce qui est juste ou injuste, de ce qui est vrai ou faux paraît perdue. Si les intelligences ne sont pas éteintes, elles sont égarées, et la société, dans ses opinions comme dans ses expressions, imite les malfaiteurs, en appelant bien ce qui est mal, et mal ce qui est bien. On vient de voir, dans l'enquête précédente, une très-légère esquisse du mal qui dévore cette portion de la société qui tient aux manufactures et au commerce, et personne, pas même ce célèbre et intègre magistrat, M. Alison, qui connaît la profondeur des plaies de la ville qui est sous sa tutelle, ne pense à proposer pour cette société industrielle du moins quelque faible imitation des institutions de la société agricole qui, dans ce royaume, s'avance à tant de prospérité. Là, nous avons vu un million de familles dans un tel ordre, que les fermiers sont venus déposer que la parole des propriétaires devenue suffisante leur tenait lieu de bail. Là, depuis 50 ans, il n'est plus question de litiges ni de procès entre les propriétaires et leurs tenanciers; là surtout, point de banqueroutes, quoique les transactions soient d'une importance presque égale à celle de l'industrie. Là, le pain et le gîte des journaliers sont assurés; là, s'il est plus difficile de s'élever, il est impossible de tomber. C'est ce million de familles agricoles qui est la vie, la force de l'Angleterre, et qui la rend si redoutable à ses ennemis.

Mais si l'Angleterre a formé, dans un ordre naturel et sans effort, cette société d'un million de familles, la plus puissante qu'ait jamais eu le globe et qui lui en assure le sceptre, elle a, d'un autre côté, formé avec une suite de douleurs et de peines inconcevables une société de 300,000 familles, la plus hideuse, la plus honteuse, non pas qui ait existé, mais qui puisse exister; enfin l'opprobre de l'humanité. Si les maîtres, n'ayant pas de lois écrites, ne connaissent que celles d'une cupidité arbitraire, les ouvriers ne connaissent que celles de la violence; si les maîtres se livrent à tant de fraudes, les ouvriers se livrent au vol, et les trois royaumes qui, en 1806, époque de la mort de M. Pitt, envoyaient 9,000 accusés aux assises, en envoient à présent bien au-delà de 50,000, c'est-à-dire, relativement à la population, quatre fois plus qu'elle ne le faisait alors, et huit fois plus que la France aujourd'hui.

Le ministre du commerce a invoqué les tempêtes bienfaisantes de la concurrence; voilà leurs bienfaits, quatre fois plus d'emprisonnements, quatre fois plus de galériens, quatre fois plus de déportés, et encore, il faut le dire, soixante fois plus d'impunités, d'indulgence, de pardon et dix fois plus de victimes innocentes des malfaiteurs.

D'ailleurs ces bienfaits ne sont pas de même nature dans les trois royaumes, puisque, calculant sur un grand nombre d'années précédentes, sur 100 délits portés aux assises, il y en a contre les personnes :

En Angleterre..................	8
En Ecosse......................	22
En Irlande.....................	32

Aussi on a vu, par l'extrait précédent des enquêtes sur ces trois royaumes, que les efforts de cette concurrence sont bien plus tragiques en Irlande qu'en Ecosse, et en Ecosse qu'en Angleterre. En effet, les ouvriers anglais, dans leur désespoir, incendient, détruisent, pillent, mais ne tuent guère. On en peut juger par les désordres survenus à Bristol, à Myrthir, à Notthingham, et en 1831 dans les campagnes, tandis qu'à Dublin et à Glasgow, il n'est question que de coups de bâton ou de coups de feu.

Les Anglais sont accusés d'être orgueilleux et surtout dédaigneux; ils n'acceptent pas un service dans la crainte de contracter une obligation ou une liaison; mais ils sont plus doux que les Ecossais et les Irlandais. L'imagination de ces derniers est tellement susceptible de s'enflammer subitement, que le proverbe prétend qu'un Irlandais qui voit deux hommes se battre est jaloux même de celui qui est battu. C'est donc cette différence des caractères et des mœurs des peuples qui faisait que, dans chaque fief, les corporations s'étaient donné des lois différentes; la discipline était, avec raison, plus stricte, et les punitions plus sévères dans certains pays que dans d'autres. Voilà ce qui a attiré tant de critiques, et ce qui méritait tant d'admiration. Mais partout il y avait le même classement, celui des apprentis, des ouvriers, des maîtres et des prud'hommes. Chaque corporation avait ses armoiries, les chefs avaient le port d'armes, et les gens âgés ont encore vu l'époque où on ne pouvait entrer à la bourse que l'épée au côté. Les professions les plus humbles pouvaient mener ceux qui s'y livraient à quelque dignité. Il est vrai que les membres de la corporation étaient contrôlés et même arrêtés dans leurs entreprises trop hasardées; mais ils étaient soutenus dans leurs adversités, et les capitaux que le public leur confiait étaient en sûreté.

Toutes ces institutions ont paru gothiques, surannées, et cependant elles ne tombaient que lentement en désuétude; mais en 1826, toute cette portion de la société, qui a le plus besoin de discipline, a été mise à la débandade. Bientôt après, elle s'est ralliée. Les maîtres se sont fait des lois, les ouvriers s'en sont fait de leur côté. Chacun a été juge et partie dans sa propre cause. On vient d'en voir les effets. Mais encore de mauvaises lois valent mieux que point de lois : c'est ce que l'extrait suivant va prouver.

(*Extrait des enquêtes et des pièces officielles publiées en Angleterre par le Parlement.* — Tome V, p. 338.)

NOTE XXXIII

EFFETS DE L'INDUSTRIE SUR LA POPULATION

(§ 544, *p.* 377).

« La tendance la plus prononcée des hommes pris soit en société, soit individuellement, est de dominer. La force et le talent pour y réussir peuvent leur manquer; mais quand ils ont eu ces avantages, ils les ont exercés dans toute leur latitude; ainsi Rome, dans l'antiquité, et, parmi les Etats modernes, l'Espagne sous Charles-Quint, la France sous Louis XIV et sous Bonaparte, et l'Angleterre depuis cinquante ans, n'ont négligé aucun moyen pour prendre une suprématie sur les autres peuples.

» Mais jusqu'à présent ces prétentions des peuples à la suprématie consistaient à établir leur religion, leurs lois, leurs coutumes, leur langage et leurs arts; enfin à identifier les peuples étrangers à eux-mêmes.

» Les Anglais présentent une exception à ce système général; il a fallu le siècle bizarre où nous vivons et les idées bizarres dans lesquelles nous sommes élevés, pour que le peuple le plus riche et le plus puissant de l'Europe ne visât à faire des conquêtes ou des alliances que dans le but de se faire l'esclave des peuples alliés ou vaincus, en remplissant pour eux les occupations humiliantes auxquelles une petite partie de toutes les sociétés a été condamnée par la Providence.

» Miner et forger fut de tout temps l'emploi destiné aux esclaves, aux prisonniers ou aux criminels, et cependant on voit les Anglais mettre leur orgueil à miner ou à forger pour tout le globe. Les modernes découvrent un art qui demande encore moins de facultés, qui, loin d'exiger aucune vie, comprime et anéantit l'intelligence, l'art enfin de filer et de tisser le coton ; et voilà les Anglais qui se font une gloire de s'y adonner, et qui forment le plan de s'emparer exclusivement de cette industrie. En conséquence, ils encouragent la culture du coton chez les Américains, et par là enrichissent leurs rivaux ou plutôt leurs ennemis, et cela dans le but de ruiner leurs sujets dans l'Inde, en substituant les toiles de manufactures anglaises à celles que fabriquaient les Indiens, toiles qui étaient les seules ressources de ces pays pauvres. Et comment auraient-ils senti quelque pitié pour les Indiens, lorsqu'ils ont établi, aux risques et aux dépens de leurs propres agriculteurs, une concurrence si inégale de la laine avec le coton.

» Les personnes qui les premières exploitèrent cette industrie toute nouvelle y employèrent d'abord, dans leur ignorance, des hommes faits, ensuite des femmes, de là des adolescents, et enfin, voyant que cette molle substance, le coton, pouvait se manier plus aisément que les filaments plus vigoureux de l'Europe, elles y employèrent des enfants. Il n'y eut d'abord que quelques milliers de familles, dont le sort fut attaché à celui de ces aventuriers pour lesquels une banqueroute est une prime; mais chaque faillite paraissant encourager dix établissements de plus, c'est aujourd'hui des centaines de mille familles, dont les femmes et les enfants, les garçons et les filles sont jetés pèle-mèle dans ces serres chaudes qu'on nomme manufactures.

» Le public poussa un cri d'alarme sur cette nouvelle calamité qui se répandait sur la société, le Parlement institua donc des enquêtes, qui, si elles ne portaient aucun remède, faisaient du moins connaître la maladie. Il y a eu nécessairement beaucoup de contradictions parmi les témoins appelés, d'abord parce que, sur ces milliers d'établissements, il en est qui sont moins mal ordonnés que les autres; ensuite les commissaires, les magistrats et les médecins, ne faisant qu'une société avec les manufacturiers, ont été influencés par eux ; d'autres, au contraire, ont pu être hostiles ; mais tous cependant ont été d'accord sur un fait, c'est que de tenir des enfants de moins de quinze ans 12, 14 et même 16 heures au travail, où les doigts et les yeux sont obligés de suivre le mouvement monotone d'une machine, paralyse chez eux toute intelligence ; et s'il y a dégradation dans la vie intellectuelle, peut-on s'occuper de la dégradation dans l'existence matérielle? Qu'importe alors que les filles arrivent plutôt à l'époque de la puberté, et que les garçons n'atteignent jamais leur vigueur naturelle, qu'ils pèsent 2 pfund 5 onces de moins, et qu'ils soient plus petits de quelques pouces? Si les enfants qui ne peuvent pas encore marcher sont destinés à éprouver un jour la même flétrissure, qu'importe qu'on leur donne de l'opium à la maison, ou qu'il en meure la moitié avant l'âge de cinq ans? Qui peut les plaindre si, par la suite, ils ne doivent connaître ni dimanches, ni fêtes, ni religion, ni repos, ni plaisirs ; s'ils doivent vivre dans cette atmosphère poudreuse, qui, chez les femmes, exige des purgations continuelles, et, chez les hommes, des émétiques pour vomir le coton ; et si arrivés à quarante ans ils ne doivent plus avoir de profession ? tout cela pour avoir obtenu jusqu'alors, mais seulement par intervalles, du travail et du pain ! Heureux qui meurt avant son temps peut-on dire de tous ceux qui ont été élevés d'après les théories philosophiques !

» Mais que dire d'un homme d'un poste si élevé que celui de commissaire, qui vient justifier tant de turpitudes, en disant que les enfants qui sont dans les manufactures de coton ne sont pas plus malheureux que ceux qui travaillent aux épingles? Mais ce nombre d'enfants qui travaillent aux épingles est limité à 50 ou 60 pour fabriquer un article à peu près nécessaire, tandis qu'en 1835 on en comptait dans les manufactures plus de 100 mille au-dessous de quinze ans, et aujourd'hui ce nombre est peut-être double.

» Il s'ensuit donc que parce que la magistrature dans le ressort de laquelle a eu lieu cette monstruosité de mutiler 50 enfants l'a tolérée, il sera loisible d'en mutiler par centaines de mille. Et n'est-ce pas un monument de honte pour notre siècle, pour l'humanité, pour l'Angleterre, de voir que des populations entières aient été réduites à ce degré de misère et d'avilissement qu'il faille que le Parlement rende des lois, restant, il est vrai, pour la plupart, sans exécution, pour protéger des enfants contre les exigences de leurs parents dans le dénûment? Ou plutôt n'admirera-t-on cette immense charité de l'Angleterre, qui d'abord a fait tant d'efforts pour abolir la traite des noirs, qui ensuite a limité à quarante-cinq heures par semaine le travail des nègres, et qui enfin a sacrifié 200 millions de florins pour ôter à l'agriculture de ses colonies 500,000 esclaves, les hommes les plus robustes du globe, quand elle ne sait pas nourrir ses adolescents, ni même ses enfants sans les soumettre aux travaux forcés des galériens? Et encore ces tristes histoires ne sont-elles pas finies!

» On doit s'étonner de voir les Anglais s'appuyer à cet égard de l'autorité des Américains, vu le dédain qu'ils ont toujours professé pour ce pays. Mais ici il semble que ce sont les Américains qui ont le droit d'être dédaigneux; ils occupent en effet des enfants, mais ils en ont plusieurs relais pour chaque nature d'ouvrage; ils ne les occupent qu'une partie du temps et peuvent veiller à leur éducation. Leurs manufactures ayant des chutes d'eau pour moteur ne peuvent pas s'accumuler; les enfants jouissent d'un air vif, et la poussière du charbon ne se mêle pas à la poussière du coton; d'ailleurs, le coton est une des productions de leur sol et les toiles sont pour eux un objet de première nécessité, le pays ne pouvant encore être préparé pour élever le mouton avec avantage. Malgré ces différences, la religion et la raison regardent ce travail sédentaire des enfants de moins de 15 ans comme très-blâmable ; car les enfants, pour obtenir tout leur développement, ont besoin de beaucoup de nourriture, de beaucoup d'exercice et de beaucoup de repos. Les lois des corporations ne permettaient pas qu'un enfant fût lié à un apprentissage avant 14 ans ; mais alors les lois étaient faites par des chrétiens, et ces aventuriers qui aspirent à la fortune ne le sont pas. »

(*Extrait des enquêtes et des pièces officielles publiées en Angleterre par le Parlement*, Tome V, page 288.)

FIN.

ERRATA DU SECOND VOLUME

Pages	lignes	corrigez	lisez
Epigraphe		*misereros*	*miseros*
6	9	former,	former
8	14	*porò*	*porrò*
28	15	l'enfant : celui-ci	l'enfant. Car celui-ci
53	10	*penæ*	*pœnæ*
63	4	société	cité
103	20	partisans, même	partisans même
127	3	péciale	spéciale
153	22	*totæ*	*toti*
156	7	le	la
192	1	92	192
189	21	*pouvoir humain*	*pouvoir national*
195	22	semblables ;	semblables,
197	8	fondements	fondement
206	22	interpollation	interpolation
207	22	entourées	entouré
220	10	ses droits	ce droit
221	23	auxquels	auxquelles
221	28	*quàm, evenire*	*quàm evenire*
224	10	*, aut etiam; id*	*; aut etiam, id*
233	18	*Dominus*	*dominus*
235	30	*Sive*	*sive*
235	18	par	pour
250	16	tous points	tout point
255	2	grand besoin	besoin
256	6	par	pour
257	19	d'unité	d'unité,
257	24	monarchie,	monarchie
263	12	modération	pondération
273	18	système	système,
274	11	saisit, et	, saisit et
274	20	est donc	est
278	29	actes :	actes.
292	22	théoriques,	théoriques ;

Pages	lignes	corrigez	lisez
293	27	*smplicibus*	*simplicibus*
314	15	principal,	principal ;
316	19	après	en
317	14	501	511
324	19	Aussi se pratique	Aussi cela se pratique
324	28	mauvaises	mauvaises,
325	25	fondée par	fondée sur
328		SECTION IV.	ARTICLE IV.
337	16	, le choix	le choix,
337	27	dépens,	dépens :
339	13	personne et auquel	personne, auquel
340	8	mesure	mesure,
342	15	ces	ses
347	14	public	public,
347	15	principes	principes,
348	20	sociaux	sociaux,
357	20	désastreuses	désastreuses,
363	16	abjectes	abjects
365	5	propriété	propriété,
370	14	valeur	valeur,
375	7	commerce	commerce,
375	18	indépendant	distinct
375	25	à un	au
376	8	sages	sages,
376	19	bien-être	bien-être,
377	29	intérêts	intérêt
380	4	taxe	taxe,
389	11	public,	public ;
394	5	malheureux	malheureux,
395	11	princes	princes,
401	22	but	but,
402	1	bien	lien
402	18	barbares,	barbares ;
411	25	matériel	matériel,
413	14	qui établissent	qui résultent de
414	30	civils,	civils ;
421	26	biens,.... immeubles,	biens..... immeubles,
424	22	sociétés	sociétés,
431	26	inquiète	inquiète,
431	27	l'Etat ;	l'Etat,
434	1	cett	cette
435	4	des autres	pour les autres
437	16	tit. v. 4.	Tit. V. 4.
445	8	sujets : et	sujets ; et

Pages	lignes	corrigez	lisez
450	12	point	point assez
458	8	implicite,	implicite ;
458	21	civil	civil,
459	5	introduire,	introduire
459	9	positif.	positif ou mixte (584).
463	14	que par	que, par
463	16	nature, qui,	nature ; qui,
464	13	deux à trois	deux ou trois

TABLE DES MATIÈRES

CONTENUES

DANS LE SECOND VOLUME

LIVRE VIII

LIVRE IX

LIVRE X

Pages.

LIVRE XI

APPENDICE

Notes et éclaircissements.

Imp. Ch. OBERTHUR, à Rennes. — Mon à Paris, rue des Bl.-Manteaux, 35.

Imprimé en France
FROC032232121120
25698FR00019B/472

9 782329 487632